Staatsbürgerschaft im Einwanderungsland Deutschland

Henning Storz/Carolin Reißlandt (Hrsg.)

Staatsbürgerschaft im Einwanderungsland Deutschland

Handbuch für die interkulturelle Praxis in der Sozialen Arbeit, im Bildungsbereich, im Stadtteil

Leske + Budrich, Opladen 2002

Gedruckt auf säurefreiem und altersbeständigem Papier.

Die Deutsche Bibliothek – CIP-Einheitsaufnahme
Ein Titeldatensatz für die Publikation ist bei
Der Deutschen Bibliothek erhältlich

ISBN 3-8100-3420-7

Satz: Verlag Leske + Budrich, Opladen
Druck: DruckPartner Rübelmann, Hemsbach
Printed in Germany

Inhalte auf einen Blick

Inhaltsverzeichnis

Teil V: Das neue Staatsangehörigkeitsrecht – Anregungen für den Unterricht (*Kuno Rinke*)

V. Anhang

„Wir brauchen eine neue, gemeinsame Anstrengung für das Zusammenleben in unserem Lande. Wir müssen in allen Bereichen des gesellschaftlichen Lebens und des politischen und staatlichen Handelns umdenken.

Wir müssen die Wirklichkeit zur Kenntnis nehmen, wenn wir sie erfolgreich gestalten wollen – ohne Angst und Träumereien. Gelungene Integration ist in unserem eigenen vitalen Interesse. Sie mobilisiert Kräfte, die wir für die Zukunft brauchen. ... Die Förderung der Integration ist eine gesellschaftspolitische Aufgabe allererster Ordnung. Wir müssen sie wirklich ernst nehmen. Sie sollte uns so wichtig sein, dass wir dafür eine gesetzliche Grundlage schaffen."

(aus der ‚Berliner Rede' von Bundespräsident Johannes Rau am 12. Mai 2000: „Ohne Angst und Träumereien: Gemeinsam in Deutschland leben")

Dank

Die Publikation dieses Handbuches erfolgte mit finanzieller Unterstützung der Bundeszentrale für politische Bildung (BpB). Die zugrunde liegenden Arbeiten im Projekt „Multiplikatorenseminar zum neuen Staatsangehörigkeitsrecht" (MUSSTAR) wurden unterstützt durch die Arbeiterwohlfahrt (AWO), Bezirk Mittelrhein e.V., die BpB, die GEW-Stiftung Köln, den Interkulturellen Rat in Deutschland (IKR) und die Fachhochschule Köln.

Neben den Autorinnen und Autoren dieses Handbuches haben wir vielen Personen für ihre Unterstützung bei dem Projekt MUSSTAR und der Fertigstellung des Handbuches zu danken, vor allem Wolfgang Barth (AWO Bundesverband), Bernd Geiß (Büro der Bundesausländerbeauftragten), Heino Gröf (BpB) und Dr. Sabine Jungk (Landeszentrum für Zuwanderung NRW) aus dem MUSSTAR-Beirat, Michael Sewenig und Edeltraud Stecher-Breckner vom Bezirk Mittelrhein der AWO, den Studierenden, die in den MUSSTAR-Projekten mitgearbeitet haben und Mario Kubitza, besonders für die sorgfältige Zusammenstellung des Glossars und der Internet-Adressen im Anhang.

Köln, den 31.10. 2001 *Henning Storz, Carolin Reißlandt*

Adressaten

Das Handbuch „Staatsbürgerschaft im Einwanderungsland“ richtet sich vor allem an Personen, die im Rahmen ihrer beruflichen oder ehrenamtlichen Arbeit mit Menschen mit Migrationshintergrund – seien es Arbeitnehmer, deren Familien, Kinder oder Jugendliche – zu tun haben. Zielgruppen sind diejenigen, die im Kontext ihrer Arbeit in den Bereichen von Integration oder politischer Bildung ein Interesse daran haben, mehr über die Themen Einwanderung in Deutschland, Integration im Stadtteil und das reformierte Staatsangehörigkeitsrecht zu erfahren.

Darüber hinaus dient das Handbuch insbesondere der Information von Interessierten und Betroffenen, die sich über die politischen und rechtlichen Hintergründe und Aspekte einer Einbürgerung umfassend informieren möchten.

Angesprochen werden vor allem Multiplikatoren aus den folgenden Bereichen:

- Erzieherinnen und Erzieher aus Kindertagesstätten und Horten
- Lehrerinnen und Lehrer aller Schularten und Weiterbildungseinrichtungen
- Sozialarbeiterinnen und Sozialarbeiter
- Sozialpädagoginnen und Sozialpädagogen
- Jugendgruppenleiterinnen und -Leiter
- Personal von Jugendzentren oder Sportvereinen
- Ehrenamtlerinnen und Ehrenamtler aus den Kommunen und Stadtteilen
- Mitarbeiterinnen und Mitarbeiter von Migrantenselbstorganisationen und Ausländerbeiräten
- Gewerkschafterinnen und Gewerkschafter
- Mitarbeiterinnen und Mitarbeiter von Jugend- und Ausländerämtern, Berufsberatungsstellen und Arbeitsvermittlungsstellen
- Polizistinnen und Polizisten
- Interessierte mit und ohne deutschen Pass

Einleitung

Henning Storz

Zum neuen Jahrtausend, am 1. Januar 2000, ist in Deutschland ein neues Staatsangehörigkeitsrecht in Kraft getreten: Erstmalig in der deutschen Rechtsgeschichte wird im neuen Staatsangehörigkeitsrecht das Abstammungsprinzip („ius sanguinis") durch Elemente des Geburtsorts- oder Territorialprinzips („ius soli") ergänzt. Abstammungsprinzip heißt: Ein Kind erhält bei der Geburt die deutsche Staatsbürgerschaft, wenn es einen deutschen Vater oder eine deutsche Mutter hat – dies bleibt auch so. Geburtsortsprinzip heißt: Ein Kind ausländischer Eltern, das in Deutschland geboren wird, erhält neben der Staatsangehörigkeit seiner Eltern automatisch die deutsche, wenn zumindest ein Elternteil seit acht Jahren über einen gesicherten Aufenthaltsstatus verfügt. Allerdings ist dies mit einer Optionspflicht verbunden: Im Alter von 18 Jahren soll sich der junge Mensch für die eine oder die andere Staatsbürgerschaft entscheiden. Dies ist der Kern der Reform am neuen Staatsangehörigkeitsrecht. Zudem werden die Fristen für eine „Anspruchseinbürgerung" von fünfzehn Jahren auf acht Jahre verkürzt. Damit wird auch eine Annäherung an die europäische Entwicklung erreicht.

Im Gesetzgebungsprozess im Jahr 1999 gab es dazu heftigen politischen Streit zwischen den politischen Parteien und in der Bevölkerung. Das im Mai 1999 verabschiedete neue Staatsangehörigkeitsgesetz (StAG) ist ein Kompromiss, der viele Erwartungen von Wissenschaftlern, Praktikern und von Migrantenfamilien enttäuscht hat. In seinen Einzelheiten und den Verwaltungsvorschriften zu seiner Umsetzung ist das neue Recht so kompliziert, dass Experten gebraucht werden, um es zu erklären und umzusetzen. Nach zwei Jahren Geltung kann festgehalten werden, dass es weder die Erwartungen seiner Befürworter noch die Befürchtungen seiner Gegner erfüllt hat.

Gleichwohl: Die Reform ist ein kleiner, aber wichtiger Schritt in die richtige Richtung, denn Deutschland ist mit einem Ausländeranteil von fast 10 Prozent im Jahr 2000 seit langem faktisch ein Einwanderungsland. Auf einen Punkt gebracht: Im Jahr 1998 wurden in Deutschland 785.000 Kinder geboren, fast 100.000 (13 Prozent) von ihnen ohne deutschen Pass; in westdeutschen Großstädten wie Köln lag der Anteil der „Ausländer" unter den Neugeborenen bei über 25 Prozent. Die absehbare demografische Entwicklung wird auch ohne weitere Zuwanderung die Größe, die Altersstruktur und die ethnische Zusammensetzung der Bevölkerung in

Deutschland in naher Zukunft weiter und nachhaltig verändern. Neue Zuwanderung aus ökonomischen und humanitären Gründen im Prozess der Globalisierung und der europäischen Einigung wird diesen Prozess verstärken. Darin sind sich alle Experten einig. Wenn dieser Prozess demokratisch und sozial verträglich verlaufen soll, dann müssen sich die dauerhaft und rechtmäßig in Deutschland lebenden Migrantenfamilien an der Gestaltung des politischen Gemeinwesens beteiligen können. Nur über ihre Einbürgerung und ihre gleichberechtigte politische Teilhabe kann verhindert werden, dass sich die Schere zwischen Wohnbevölkerung und wahlberechtigter Bürger immer weiter öffnet. Nur so können Migrantinnen und Migranten zur notwendigen politischen Teilnahme motiviert werden.

Im Einwanderungsland Deutschland ist daher ein grundsätzliches Umdenken notwendig, hin zu einem republikanischen Verständnis von Staatsbürgerschaft, wie es in der französischen Revolution entwickelt worden und in vergleichbaren Ländern üblich ist. Es beruht auf Menschenrechten und dem Demokratieprinzip: Wer hier dauerhaft und rechtmäßig lebt, wer hier geboren wird und aufwächst, hier seinen Lebensmittelpunkt hat, Steuern bezahlt und sich zu den Grundprinzipien der Verfassung bekennt, der/die soll sich auch mit allen Rechten und Pflichten verantwortlich an der politischen Gestaltung des Gemeinwesens beteiligen können, soll dazugehören und als gleichberechtigt anerkannt werden. Das lange und hartnäckige Leugnen der Tatsache, dass Deutschland bereits seit langem faktisch ein Einwanderungsland ist, hat auch zur Folge, dass vielen Einheimischen dieses notwendige Umdenken schwer fällt.

Aber auch die Migrantenfamilien sind gefordert. Aus der deutschen Staatsangehörigkeit ergeben sich neben Rechten auch Pflichten: Das Bekenntnis zu den Grundwerten der Verfassung gehört ebenso dazu wie ein redliches Bemühen um Integration in die „Mehrheitsgesellschaft“ mit ihren Traditionen und Gebräuchen, Stärken und Schwächen. Besonders wichtig ist dabei die deutsche Sprache. Das republikanische Prinzip der Staatsbürgerschaft fordert Toleranz, aber nicht die Aufgabe der persönlichen und kulturellen Bindungen an das Herkunftsland oder gar der Religion.

Migration ist kein Tourismus. Sie ist Schicksal für die betroffenen Menschen; viele persönliche, familiäre, soziale, kulturelle und politische Probleme sind mit ihr verbunden. Die Frage der Einbürgerung fordert den vom neuen Recht „begünstigten“ Familien sehr schwierige Entscheidungen ab, vor allem dann, wenn sie ihre bisherige Staatsangehörigkeit aufgeben müssen. Vorteile und Nachteile sind gegeneinander abzuwägen. Viele befürchten Nachteile im Herkunftsland, den Verlust von eigener Identität und von Ansehen dort wie hier, fragen, ob der Status als „deutscher Staatsbürger“ vor Rassismus und Diskriminierung schützt und scheuen vor den Bedingungen der Einbürgerung wie dem Sprachtest oder den Kosten zurück. Viele sorgen sich auch um den Zusammenhalt ihrer Familie. Dem stehen die dauerhafte Sicherung des Aufenthalts, die Vorteile des deutschen Passes im In- und Ausland und mit dem Wahlrecht die volle politische Gleichberechtigung gegenüber.

„Multiplikatorenseminar zum neuen Staatsangehörigkeitsrecht"

Der Erwerb der vollen staatsbürgerlichen Rechte und Pflichten ist nicht der einzige, aber ein wichtiger Aspekt bei der notwendigen Integration der dauerhaft und rechtmäßig in Deutschland lebenden Migrantenfamilien. Eine neue, energische Integrationspolitik muß vor allem dort ansetzen, wo Deutsche und Migranten sich begegnen und wo sich die Folgen der ungesteuerten Zuwanderungspolitik der letzten Jahrzehnte besonders deutlich zeigen: in Stadtteilen mit hohem Ausländeranteil, in Kindertagesstätten, in Schulen und Hochschulen, in sozialen Beratungsstellen, in der offenen Jugendarbeit, in Einrichtungen der Fort- und Weiterbildung, in Kirchengemeinden, in Gewerkschaften, bei der Polizei und gerade auch in den Selbstorganisationen der Migranten. Dies waren Motiv und Arbeitsansatz des Projektes „Multiplikatorenseminar zum neuen Staatsangehörigkeitsrecht" (MUSSTAR), das der Fachbereich Sozialarbeit der Fachhochschule Köln gemeinsam mit der AWO, Bezirk Mittelrhein e.V. im November 1999 begonnen hat.

Ziel des von der Bundeszentrale für politische Bildung geförderten Projekts war, in Stadtteilen mit hohem Ausländeranteil Multiplikatoren besonders aus den Bereichen KiTA, Schule und Sozialarbeit, aber auch aus Kirchen und Migranten-Selbstorganisationen in Fortbildungen über die komplexen Zusammenhänge des neuen Staatsangehörigkeitsrechts und des interkulturellen Zusammenlebens zu informieren und sie zu eigenen Aktivitäten an ihrem Arbeitsplatz – und nach Möglichkeit gemeinsam im Stadtteil – anzuregen.

Handbuch „Staatsbürgerschaft im Einwanderungsland Deutschland"

Das Handbuch „Staatsbürgerschaft im Einwanderungsland Deutschland" fasst Analysen und Erfahrungen des Projektes MUSSTAR zusammen und ergänzt sie um Erfahrungen anderer Projekte. Es wendet sich im Vorfeld der Rechtsberatung an Menschen, die sich in haupt- oder ehrenamtlicher Funktion, als Deutsche oder Ausländer, mit oder ohne eigene Migrationserfahrung für das Ziel der Integration und des friedlichen Zusammenlebens im Einwanderungsland Deutschland einsetzen. Sie will das Handbuch in ihrer interkulturellen Arbeit unterstützen. Dabei wird der Bogen von der Theorie zur Praxis gespannt:

Teil I enthält den theoretischen Teil. Die juristischen Informationen zum neuen Recht selbst und zu den Rechten und Pflichten als Staatsbürger in Deutschland sind eingebettet in politologische Beiträge zum Einwanderungsland Deutschland und zu den Möglichkeiten einer kommunalen Integrationspolitik. In Teil II wird eine erste Bilanz zu den Auswirkungen des neuen Rechtes gezogen. Dabei werden die Probleme in der Anwendung des Staatsangehörigkeitsgesetzes und die Hemmnisse deutlich, die viele Migrantenfamilien daran hindern, das Angebot der deutschen Staatsangehörigkeit anzunehmen. Es wird gefragt, ob eine Reform der Reform nötig ist und wie die Chancen dafür stehen. Teil III führt von der politischen Bildung zur interkulturellen Kompetenz, veranschaulicht anhand des Neue-Medien-Projekts STEP 21 die Rolle, die neue Medien dabei spielen können und zeigt eine Methode, wie Projekte trotz knapper Ressourcen in der Praxis gelingen können. In Teil IV werden Projekte zum neuen Staatsangehörigkeitsrecht aus der Praxis dargestellt. Teil V gibt Anregungen, wie das Thema „Staatsangehörigkeitsrecht" im schulischen Unterricht aufgegriffen werden kann. Der Anhang enthält ein ausführliches Glossar, einen Katalog häufig gestellter Fragen und Antworten aus der Einbürgerungsberatung, eine Liste wichtiger Internet-Adressen, ein knapp gehaltenes Literaturverzeichnis und ein Verzeichnis der Autorinnen und Autoren.

Eine Vorbemerkung zum Sprachgebrauch: Seit es Zu- und Einwanderer in der Bundesrepublik gibt, wurden immer wieder neue Bezeichnungen für sie erfunden und diese stets von anderer Seite kritisiert. Die in der Politik-, Rechts- und Verwaltungssprache üblichen Bezeichnungen „Ausländer" oder „nichtdeutsche Einwohner" bezeichnen ihren Rechtsstatus korrekt, legen aber Ausgrenzung nahe. Sie werden von uns nur verwendet, soweit dies sachlich nötig ist. In Anlehnung an die internationale Debatte verwenden wir überwiegend die Begriffe „Migrant" (= Wanderer) oder „Zuwanderer".

Wenn von Personengruppen die Rede ist, müsste eigentlich stets die männliche und die weibliche Form ausgesprochen werden („Migrantinnen und Migranten"). Da dies den Text langatmig machen würde, bitten wir um Nachsicht, dass wir meist nur die männliche Form gebrauchen und dabei weibliche Personen einschließen.

Teil I: Staatsbürgerschaft im Einwanderungsland Deutschland

1. Einwanderungsland Deutschland

Henning Storz

Einleitung

Teil I enthält mit zwei politologischen und zwei juristischen Beiträgen den theoretischen Teil dieses Handbuches.

Im ersten Beitrag analysiert Henning Storz, Fachhochschule Köln, wichtige Gegebenheiten, Entwicklungstendenzen und Probleme im Einwanderungsland Deutschland. Die gleichberechtigte politische Teilhabe der dauerhaft und rechtmäßig hier lebenden Migrantenfamilien über ihre Einbürgerung ist eine wichtige Voraussetzung für die friedliche und demokratische Gestaltung der Zukunft.

Der Beitrag von Helga Spindler, Gesamthochschule/Universität Essen, hilft, sich durch das Dickicht der diversen Aufenthaltstitel durchzuschlagen und die Voraussetzungen für die Einbürgerung nach dem neuen Staatsangehörigkeitsrecht zu verstehen. Die fünf wichtigsten „Fallgruppen" für den Erwerb der Staatsangehörigkeit werden dargestellt.

Die Rechte und die Pflichten als deutscher Staatsbürger sind das Thema von Klaus Riekenbrauk, Fachhochschule Düsseldorf. Er weist auch beispielhaft auf Probleme hin, die sich Neubürgern bei der Aufgabe ihrer angestammten Staatsbürgerschaft stellen können.

Michael Krummacher, Evangelische Fachhochschule Bochum, und Viktoria Waltz, Universität Dortmund, schließlich plädieren für eine interkulturelle Stadtentwicklungspolitik, die auf die Stärken der Menschen im Stadtteil setzt. Denn die Aufgaben der Integration bestehen unabhängig von Einbürgerung und Nicht-Einbürgerung.

1.1 Das neue Staatsangehörigkeitsgesetz: Eine schwere Geburt

Seit dem 1.1.2000 ist das neue Staatsangehörigkeitsgesetz (StAG) in seinen wesentlichen Teilen in Kraft. Es wurde im Mai 1999 nach heftigen Debatten in Bundestag und Bundesrat verabschiedet und enthält gegenüber dem bisherigen Recht wesentliche Änderungen:

- Seit dem 1. Januar 2000 erhalten Kinder ausländischer Eltern, die in Deutschland geboren werden, automatisch neben der Staatsangehörigkeit der Eltern auch die deutschen Staatsangehörigkeit, wenn ein Elternteil zum Zeitpunkt der Geburt des Kindes seit acht Jahren rechtmäßig in Deutschland lebt und eine Aufenthaltsberechtigung oder seit drei Jahren eine unbefristete Aufenthaltserlaubnis hat. Mit 18 Jahren müssen sich die jungen Erwachsenen allerdings für eine Staatsangehörigkeit entscheiden (Optionspflicht) und dies muß bis zum 23. Lebensjahr vollzogen sein, sonst wird ihnen – in der Regel – die deutsche Staatsangehörigkeit entzogen.
- Einen entsprechenden Einbürgerungsanspruch erhielten Kinder, die zum 1. Januar 2000 das zehnte Lebensjahr noch nicht vollendet hatten und für die zum Zeitpunkt ihrer Geburt die entsprechenden Voraussetzungen vorgelegen haben. Die Möglichkeit der „Kindereinbürgerung“ auf Antrag war allerdings auf ein Jahr – bis zum 31.12.2000 – befristet. Für die Antragstellung wurde eine Gebühr von DM 500 für das 1. Kind und DM 100 für jedes weitere Kind festgesetzt.
- Die Fristen für einen Rechtsanspruch auf Einbürgerung von rechtmäßig und dauerhaft in Deutschland lebenden Ausländern wurden von 15 auf 8 Jahre verkürzt, verbunden mit Auflagen wie Straffreiheit, Sicherung des Lebensunterhaltes ohne Inanspruchnahme von Sozial- oder Arbeitslosenhilfe, Verfassungsbekenntnis und ausreichenden Deutschkenntnissen. Weiterhin gilt: Wer deutscher Staatsbürger werden will, muß – in der Regel – die Staatsbürgerschaft des Herkunftslandes aufgeben. Für die Antragstellung wurde eine Gebühr von DM 500 für Erwachsene und DM 100 für Kinder festgesetzt (vgl. Renner, 1999).

Der Kreis der „Begünstigten“ des neuen Staatsangehörigkeitsrechts ist groß:

Von den 7, 32 Millionen Ausländern, die zum Zeitpunkt des Inkrafttretens des neuen Rechts in Deutschland lebten, erfüllten nach einer Schätzung vier Millionen Menschen die Kriterien von Aufenthaltsdauer und Aufenthaltsstatus (Beauftragte der Bundesregierung für Ausländerfragen, 1999); für das Jahr 20000 wurde mit rund einer Million Einbürgerungen gerechnet.

Vor allem an der Frage der doppelten Staatsbürgerschaft („Doppelpass“) hat sich im Verlauf des Gesetzgebungsverfahrens ein heftiger politischer Streit zwischen Koalition und Opposition und in der Bevölkerung entzündet. Bereits in ihrem Koalitionsabkommen vom November 1998 hat die neue, rot-grüne Bundesregierung eine Gesetzesinitiative angekündigt, die eine weitgehende Hinnahme der doppelten Staatsangehörigkeit enthielt; im Januar 1999 hat Bundesinnenminister Otto Schily einen entsprechenden Entwurf vorgelegt. Darauf haben CDU und CSU mit einer bundesweiten Kampagne und einer Unterschriftenaktion „Ja zur Integration – nein zur doppelten Staatsbürgerschaft“ reagiert, in der mit groben Argumenten an Überfremdungsängste in der deutschen Bevölkerung appelliert wurde. Nicht zuletzt dieser „Doppelpass-Kampagne“ hat die CDU ihren knappen Wahlsieg im hessischen Wahlkampf im Frühjahr 1999 zu verdanken, der zu einer CDU-FDP-Koalition in Hessen geführt und die Mehrheiten im Bundesrat verändert hat (s.u. Teil I, 1.7).

Daher war es nicht der Gesetzentwurf der Bundesregierung, sondern ein „Gruppenantrag“ von Abgeordneten der SPD, Bündnis 90/Die Grünen und der FDP, mit der das „Gesetz zur Reform des Staatsangehörigkeitsrechts“ am 7. Mai 1999 nach heftigen parlamentarischen Debatten schließlich mit 365 Ja-Stimmen, 182 Nein-

Stimmen und 39 Enthaltungen angenommen worden ist. Der Kompromiß besteht im wesentlichen darin, dass das Geburtsortsprinzip nur für Neugeborene und Kinder unter 10 Jahren (Ius soli) und nur befristet (Optionspflicht) eingeführt und ansonsten am Prinzip der Vermeidung der Doppelstaatlichkeit festgehalten worden ist. Abstimmungsergebnis und Erklärungen von Abgeordneten im Protokoll zeigen, dass 23 CDU-Abgeordnete sich nicht dem Nein der Mehrheit ihrer Fraktion anschließen konnten; 68 Abgeordnete der Koalition und 9 Abgeordnete der PDS haben dem Kopromiß nur mit großen Bedenken zugestimmt, weil sie eine weitergehende Lösung für notwendig hielten *(siehe Kasten: Deutscher Bundestag)*. Die Sprecher der Selbstorganisationen der Migranten und der überwiegende Teil der Experten in Wissenschaft und Praxis zeigten sich enttäuscht (s.u. Teil I, 1.9 und Teil II, 2).

Das neue Staatsangehörigkeitsrecht ist kompliziert. In dem Gesetz wird das Reichsstaatsangehörigkeitsgesetz (RuStAG) von 1913 in wichtigen Punkten geändert und umbenannt in „Staatsangehörigkeitsgesetz“ (StAG); zugleich werden Vorschriften anderer einschlägiger Gesetze, besonders im Ausländergesetz (AuslG) von 1990, geändert. Diese Gesetze behalten aber ihren Namen. Die „insgesamt anstehende Totalrevision“ (Renner, 2000, S. 15) des Ausländerrechts, die von juristischen Experten und auch von der Bundesregierung bereits aus Gründen der Übersichtlichkeit und der verwaltungstechnischen Umsetzbarkeit für notwendig erachtet wurde, ist mit der Reform noch nicht erreicht. Bundesinnenminister Otto Schily hat im August 2001 den Entwurf für ein Zuwanderungsgesetz (ZuwG), das dies leisten soll (s.u. Teil I, 1.9 und Teil II, 3) vorgelegt.

Auch die „Allgemeinen Verwaltungsvorschriften zum Staatsangehörigkeitsrecht“ (VwV-StAR) des Bundes sind kompliziert. Sie sind im Februar 2001 in Kraft getreten, binden die Bundesländer, lassen aber Raum für länderspezifische Bestimmungen, wo keine eindeutigen Regelungen getroffen worden sind. Auch die Kommunen und einzelne Sachbearbeiter haben Ermessensspielräume. Folge ist, dass das neue Recht im Detail unterschiedlich umgesetzt werden kann und wird, wobei auch die politische Zusammensetzung der Landesregierung und die Verwaltungspraxis vor Ort eine Rolle spielen. Wie kompliziert das neue Recht ist und wie schwierig seine Anwendung, zeigt auch der Katalog häufig gestellter Fragen und Antworten (siehe Anhang). Eine Rechtsprechung zum neuen Staatsangehörigkeitsrecht entwikkelt sich erst in den Anfängen.

Nach anderthalb Jahren Geltung des neuen Staatsangehörigkeitsrechts lässt sich feststellen, dass das neue Recht weder die Hoffnungen seiner Befürworter, noch die Befürchtungen seiner Gegner erfüllt hat: Das zunächst sehr große Interesse in der Öffentlichkeit und bei begünstigten Migranten hat schnell und stark nachgelassen, der erhoffte oder befürchtete „Run“ auf die deutsche Staatsbürgerschaft ist trotz vieler Informationskampagnen bisher ausgeblieben (s.u.: Teil II, 1).

Erklärung zum Protokoll bei der Abstimmung über das neue StAG im Deutschen Bundestag am 7. Mai 1999 (Auszüge)

Erklärung nach § 31 GO von 21 Abgeordneten der CDU, 16 Abgeordneten der SPD, 2 Abgeordneten von Bündnis 90/ Die Grünen und 2 Abgeordneten der PDS

3. Für die erste Ausländergeneration, die zum Teil über Jahrzehnte hinweg geholfen hat, das Gesellschafts- und Wirtschaftssystem der Bundesrepublik aufzubauen, ist der vorliegende Gesetzentwurf ein völlig unzureichendes Angebot. Zwar ist zu begrüßen, dass die Frist für die Anspruchseinbürgerung von fünfzehn auf acht Jahre herabgesetzt wird. Die nur geringfügig erweiterte Zahl der Ausnahmetatbestände für die Hinnahme doppelter Staatsbürgerschaft wird jedoch im Ergebnis an der derzeitigen Rechtslage bzw. Verwaltungspraxis und der uns gegenwärtig nicht zufriedenstellenden Integrationsmöglichkeit dieser Generation nur wenig ändern.
4. Bei der Reform des Staatsangehörigkeitsrechts für die hier in Deutschland geborenen Kinder ausländischer Eltern ist die Durchbrechung des aus dem letzten Jahrhundert überkommenen sogenannten Abstammungsprinzip mehr als überfällig. Durch die jetzt allerdings mit dem Gesetzentwurf vorgenommene Beschränkung auf die Altersgrenze des 23. Lebensjahres – sogenanntes Optionsmodell – wird für die Betroffenen und für die Behörden ein erheblicher Aufwand verursacht und der Integrationserfolg letztendlich doch wieder in Frage gestellt, wenn anschließend mit den gleichen Beschränkungen wie bei den ausländischen Mitbürgerinnen und Mitbürgern der ersten Generation Mehrstaatlichkeit nur in Ausnahmefällen hingenommen werden soll.

Erklärung nach § 31 GO von 40 Abgeordneten der SPD und der gesamten Fraktion von Bündnis 90/ Die Grünen

Erstens. Die vorgelegte Neuregelung des Staatsangehörigkeitsrechts stellt einen historischen Einschnitt in der deutschen Rechtsgeschichte dar. An der Schwelle zum 21. Jahrhundert wird nach 86 Jahren das alte wilhelminische Staatsbürgerschaftsrecht mit seiner völkischen Philosophie des deutschen Blutes durchbrochen. An die Stelle des alten Ius sanguinis tritt das in den meisten Staaten der Europäischen Gemeinschaft und den meisten demokratischen Staaten der Welt geltende Ius soli. Künftig erwerben in Deutschland geborene Kinder ausländischer Eltern bei der Geburt die deutsche Staatsangehörigkeit. Das ist ein Fortschritt für unser Land und ein Schritt hin zu einem vereinten Europa.
Zweitens. Wir sehen die Probleme, die das im Gesetzentwurf vorgesehene Optionsmodell mit sich bringt. Aus unserer Sicht wäre einklares und vorbehaltloses Angebot an die hier geborenen Kinder der Immigrantinnen und Immigranten, gleichwertige Rechte und Pflichten als deutscher Staatsbürger zu erhalten, notwendig und angemessen gewesen.
Wir bedauern auch, dass dieses Gesetz zwei Generationen von Immigrantinnen und Immigranten, die ein unverzichtbarer Bestandteil unserer Gesellschaft sind, nicht durch ein großzügiges Einbürgerungsangebot unter Hinnahme von Mehrstaatlichkeit berücksichtigt. Sie sind die Verlierer der Auseinandersetzung um diese Reform.

Quelle: Deutscher Bundestag 14. Wahlperiode – 40. Sitzung. Bonn, Freitag den 7. Mai 1999, Referat Öffentlichkeitsarbeit, Berlin 1999, Seite 590/594

1.2 Der republikanische und der ethnisch-kulturelle Nationbegriff

In der Diskussion um die Begründung der Staatsangehörigkeit aus dem Abstammungsprinzip (ius sanguinis) und dem Territorialprinzip (ius soli) werden idealtypisch zwei unterschiedliche Begriffe von Nation verwandt: Der republikanische und der ethnisch-kulturelle Nationbegriff; entsprechend werden in der Literatur, auch im dem Sechsten Familienbericht der Bundesregierung Familienbericht (BMFSFJ, 2000, S. 20) die Begriffe „Staatsnation" und „Kulturnation" einander antithetisch gegenübergestellt.

Der republikanische Begriff von Nation und von Staatsbürgerschaft ist in der französischen Revolution entwickelt worden. Die französische Nationalversammlung hat 1789 mit dem Prinzip der „gottgewollten" Herrschaft des Königs gebrochen; dagegen hat sie das Prinzip der Volkssouveränität gestellt. Sie hat mit dem Feudalismus die Privilegien des Adels beseitigt und aus Untertanen freie Bürger mit gleichen Rechten geschaffen. Sie hat unter der Parole „Freiheit, Gleichheit, Brüderlichkeit" Menschen- und Bürgerrechte mit universeller Geltung proklamiert, die von keiner Staatsgewalt rechtmäßig beschnitten werde können *(siehe Kasten: Präambel 1789).* Sie hat schließlich die Trennung von Staat und Kirche herbeigeführt und Religion zur Privatsphäre erklärt. Nation ist in einer berühmten Formulierung des französischen Religionswissenschaftlers Ernest Renan von 1882 ein „ plébiscite de tous les jours" (Renan 1882, S. 904), eine tägliche Willensbekundung. Zur Nation gehört, wer sich – unabhängig von ethnischer Herkunft oder Religion – zu den Menschen- und Bürgerrechten bekennt.

Präambel der „Erklärung der Rechte des Menschen und des Bürgers" vom 26. August 1789

„Die Vertreter des französischen Volkes, konstituiert als Nationalversammlung, die der Ansicht sind, dass die Unkenntnis, das Vergessen oder die Verachtung der Menschenrechte die einzigen Ursachen der öffentlichen unglücklichen Zustände und der Verderbtheit der Regierungen sind, haben beschlossen, in einer feierlichen Erklärung die natürlichen, unveräußerlichen und heiligen Rechte des Menschen der Öffentlichkeit vorzustellen, damit diese Erklärung unablässig allen Mitgliedern des Gemeinwesens gegenwärtig sei und sie ohne Unterbrechung an ihre Rechte und Pflichten erinnere; damit die Handlungen der Gesetzgebung und der exekutiven Gewalt, die zu jedem Augenblick mit dem Ziel der politischen Einrichtung verglichen werden können, höher geachtet werden; damit die Rechtsansprüche der Bürger, die von jetzt an auf einfache und unbestreitbare Prinzipien gegründet sind, sich immer der Aufrechterhaltung der Verfassung und dem Glück aller zuwenden. In der Folge erkennt und erklärt die Nationalversammlung, in Gegenwart und unter der Hilfe des allerhöchsten Wesens, die folgenden Rechte des Menschen und des Bürgers."

(siehe Brieskorn, 1997)

Dieses Verständnis von Nation und Staatsbürgerschaft ist auch in Frankreich nie in seiner reinen Form, sondern je nach politischer Lage und politischen Mehrheiten modifiziert umgesetzt worden. Aber im Grundsatz gilt: Die französische Staatsbürgerschaft erwirbt ein Kind nicht nur durch die Abstammung von Eltern mit französischer Staatsbürgerschaft, sondern auch dann, wenn es in Frankreich geboren wird (Hentges/Reißlandt in Heither/Wiegel, 2001, S. 172ff.).

In Reaktion auf – und in Abwehr gegen – dieses republikanische Verständnis von Nation und Staatsbürgerschaft entwickelte sich in Deutschland und in Osteuropa, besonders in der Romantik zu Beginn des 19. Jahrhunderts, ein Nationenbegriff, der sich vor allem auf das besondere Wesen des eigenen Volkes, auf seine Selbstbehauptung und auf das Ziel der nationalen Einheit bezog. Als wesentliche Elemente werden hier die gemeinsame Abstammung, Sprache, Kultur, Religion, Heimat und Geschichte hervorgehoben; Geschichte wird als Erbe und zugleich als Verpflichtung verstanden. Die Existenz eines besonderen, unverwechselbaren Volkscharakters wird unterstellt; das einzelne Individuum wird – quasi organisch – hineingeboren in eine „vorgegebene" Einheit von Volk, Geschichte, Kultur und Sprache und bleibt schicksalhaft mit ihr verbunden. In einem solchen Verständnis von Volk und Nation wird zugleich Wert gelegt auf die Betonung der Unterschiede zu anderen Völkern und Nationen, bis hin zur Behauptung der eigenen Überlegenheit.

Der vordemokratische Charakter dieses Nationenbegriffs ist offenkundig. Er beruht auf der Behauptung ursprünglich vorgegebener Unterschiede zwischen den Völkern als Nationen und versteht Geschichte als Rivalität dieser Nationen. Daher musste es die Aufgabe der politischen Elite und des Staates sein, die Existenz des „deutschen" Volkes im „ewigen" Existenzkampf der Völker zu sichern. Dies konnte nur gelingen, wenn der einzelne bereit war, sich in den Dienst des Nationalstaates zu stellen und seine eigenen sozialen und politischen Interessen zurückzustellen. Wer sich an die von der politischen Führung proklamierten „Nationalinteressen „ nicht gebunden glaubte, wer sie auch nur zu kritisieren versuchte, konnte nun der nationalen Unzuverlässigkeit, des nationalen Verrats bezichtigt werden. Der ethnisch-kulturelle Nationenbegriff dient damit auch dazu, demokratisch nicht legitimierte Herrschaft zu begründen und soziale Konflikte zu verschleiern. Er kann aber auch aggressiv nach außen gerichtet werden und Eroberungskriege rechtfertigen. Der Satz von Kaiser Wilhelm II. zu Beginn des ersten Weltkrieges „Ich kenne keine Parteien mehr, ich kenne nur noch Deutsche!" belegt dies ebenso wie das Prinzip „Du bist nichts, dein Volk ist alles!" der Nationalsozialisten.

Zwischen den beiden Polen des politisch begründeten, demokratischen und republikanischen Nationenbegriffs auf der einen und des ethnisch-kulturell begründeten Nationenbegriffs auf der anderen Seite gibt es heute zahlreiche Zwischenformen. Aber kein heutiger Staat verzichtet auf ein – wie immer begründetes- „Nationalgefühl" und entsprechende nationale Symbole, um eine Identifikation der Staatsbürger mit „ihrem" Staat zu erreichen (vgl. vor allem: Oberndörfer 1991).

Das Grundgesetz der Bundesrepublik Deutschland enthält bereits in Artikel 1 ein Bekenntnis zu den „unverletzlichen und unveräußerlichen Menschenrechten als Grundlage jeder menschlichen Gemeinschaft, des Frieden und der Gerechtigkeit in der Welt" und verbietet in Artikel 3 jede Benachteiligung von Menschen aufgrund ihres Geschlechts, ihrer Abstammung, ihrer Rasse ihrer Sprache, Heimat und Herkunft, ihres Glaubens, ihrer religiösen oder politischen Anschauungen. Es nimmt damit die wesendlichen Elemente des republikanischen Nationenbegriffs in sich auf. Aber es unterscheidet im Grundrechtsteil zwischen Menschenrechten und Bürgerrechten, also Rechten, die deutschen Staatsbürgern vorbehalten sein sollen, und es bezieht in Artikel 116 GG den Begriff „Deutscher" nicht nur auf deutsche Staatsbürger, sondern auch auf Menschen „deutscher Volkszugehörigkeit" *(siehe Kasten: GG Art. 1, Art. 3, Art. 116 GG)*. Die Väter und Mütter des Grundgesetzes haben damit auch eine Fürsorgepflicht gegenüber Menschen wahrgenommen, die als Folge der Niederlage im 2. Weltkrieg außerhalb der deutschen Grenzen lebten. Sie haben sich aber auch bewusst in die Tradition des deutschen Staatsangehörigkeitsrechts gestellt, das auf dem Abstammungsprinzip (Ius sanguinis) beruht. Daher ist das neue Staatsangehörigkeitsrecht mit der Einführung von Elementen des Geburtsortprinzips ein weiterer wichtiger Schritt in Richtung auf ein republikanisches Verständnis von Nation.

Grundgesetz der Bundesrepublik Deutschland

Artikel 1 GG

(1) Die Würde des Menschen ist unantastbar. Sie zu achten und zu schützen ist Verpflichtung aller staatlichen Gewalt.
(2) Das Deutsche Volk bekennt sich darum zu unverletzlichen und unveräußerlichen Menschenrechten als Grundlage jeder menschlichen Gemeinschaft, des Friedens und der Gerechtigkeit in der Welt.
(3) Die nachfolgenden Grundrechte binden Gesetzgebung, vollziehende Gewalt und Rechtsprechung als unmittelbar geltendes Recht.

Artikel 3 GG

(1) Alle Menschen sind vor dem Gesetz gleich.
(2) Männer und Frauen sind gleichberechtigt. Der Staat fördert die tatsächliche Durchsetzung der Gleichberechtigung von Frauen und Männern und wirkt auf die Beseitigung bestehender Nachteile hin.
(3) Niemand darf wegen seines Geschlechtes, seiner Abstammung, seiner Rasse, seiner Sprache, seiner Heimat und Herkunft, seines Glaubens, seiner religiösen oder politischen Anschauungen benachteiligt oder bevorzugt werden. Niemand darf wegen seiner Behinderung benachteiligt werden.

Artikel 116 GG

(1) Deutscher im Sinne dieses Grundgesetzes ist vorbehaltlich anderweitiger gesetzlicher Regelung, wer die deutsche Staatsangehörigkeit besitzt oder als Flüchtling oder Vertriebener deutscher Volkszugehörigkeit oder als dessen Ehegatte oder Abkömmling in dem Gebiete des Deutschen Reiches nach dem Stande vom 31. Dezember 1937 Aufnahme gefunden hat.
(2) 1. Frühere deutsche Staatsangehörige, denen zwischen dem 30. Januar 1933 und dem 8. Mai 1945 die Staatsangehörigkeit aus politischen, rassischen oder religiösen Gründen entzogen worden ist, und ihre Abkömmlinge sind auf Antrag wieder einzubürgern. 2. Sie gelten als nicht ausgebürgert, sofern sie nach dem 8. Mai 1945 ihren Wohnsitz in Deutschland genommen haben und nicht einen entgegengesetzten Willen zum Ausdruck gebracht haben.

In der abschließenden Debatte des Deutschen Bundestages zum Staatsangehörigkeitsgesetzes am 07.05.1999 bezog sich Bundesinnenminister Otto Schily auf Ernest

Renan und zitierte den Historiker Hagen Schulze, um seine eigene Position in diesem Zusammenhang deutlich zu machen:

> „Dass das zerstörerische Prinzip der Ethnokratie, des Primats des durch Blutsbande geeinten Volkes, die Demokratie immer noch bedrohen und Europa in neue schwere Bewährungsproben stürzen kann, beweist der schaurige Massenmord im zerfallenen Jugoslawien. Nicht die Idee der Nation muss in Europa überwunden werden, sondern die Fiktion der schicksalhaften, objektiven und unentrinnbaren Einheit von Volk, Nation, Geschichte, Sprache und Staat" (Deutscher Bundestag, 1999, S. 543).

1.3 Deutschland: ein Einwanderungsland

Zu Beginn des Jahres 2000 hatte Deutschland 82,2 Millionen Einwohner. Fast 9 Prozent von ihnen, etwa 7,35 Millionen Menschen, hatten keinen deutschen Pass, waren also Ausländer. Hinzu kommen etwa 3,2 Millionen Menschen, die als Aussiedler oder Spätaussiedler zugewandert sind und knapp eine Million Menschen, die im Inland eingebürgert wurden. Insgesamt liegt der Anteil der ein- und zugewanderten Bevölkerung – der Menschen mit Migrationshintergrund – bei fast 12 Prozent (Unabhängige Kommission „Zuwanderung" 2001, im Folgenden: „Süssmuth-Kommission", zitiert: UKZU, S. 14ff.).

Den größten Teil der zugewanderten Bevölkerung machen Personen aus, die im Zuge der Anwerbung von Gastarbeitern und des Familienachzuges nach Deutschland gekommen oder als deren Kinder bereits hier geboren sind. 1955 wurde mit Italien die erste Anwerbevereinbarung abgeschlossen, es folgten entsprechende Verträge mit Spanien und Griechenland (1960), mit der Türkei (1961), Portugal (1964) und Jugoslawien (1968) sowie mit Marokko und Tunesien (hier mit vergleichsweise geringer quantitativer Bedeutung). Seit 1971 ist die aus Zuwanderungen aus der Türkei hervorgegangene Bevölkerung mit 2,1 Millionen Menschen im Jahr 2000 die größte Gruppe (siehe Tabelle 1: Ausländer nach Staasangehörigkeiten).

Im Jahr 1973 verhängte die Bundesregierung aus ökonomischen Gründen („Ölpreisschock") einen Anwerbestopp für Bürger aus Staaten außerhalb der Europäischen Gemeinschaft („Drittstaaten") – seither ist eine Zuwanderung zu Arbeitszwecken nur in Ausnahmefällen und in der Regel nur für einen knapp bemessenen Zeitraum möglich. Trotzdem ist die Zahl der Zuwanderer aus den ehemaligen Anwerbeländern aufgrund von Geburten und Familiennachzug kontinuierlich angestiegen (UKZU, S. 15).

Die Gruppe der Flüchtlinge und Asylsuchenden umfasst in Deutschland mehrere Statusgruppen: Asylbewerber, Asylberechtigte, Konventionsflüchtlinge, Kontingentflüchtlinge, Kriegs- und Bürgerkriegsflüchtlinge sowie De-facto-Flüchtlinge. Ihre Zahl ist von 700.000 im Jahr 1987 auf rund 1,9 Millionen im Jahr 1993 angestiegen. Nach der Änderung des Grundrechts auf Asyl in Art. 16 Grundgesetz durch den „Asylkompromiß", der am 1. Juli 1993 in Kraft getreten ist, ist diese Zahl im Jahr 1997 auf 1,4 Millionen gesunken; Ende 1998 hielten sich nur noch etwa 1,1 Millionen Flüchtlinge im Bundesgebiet auf. Dies entsprach 1998 knapp 15 Prozent aller Zuwanderer.

Tabelle 1: Ausländer in der Bundesrepublik Deutschlandnach den häufigsten Staatsangehörigkeiten am 31. Dezember 1998

Staatsangehörigkeit	Ausländer im Bundesgebiet			
	insgesamt	männlich	weiblich	%[1]
Ausländer insgesamt	7.319.593	4.027.265	3.292.328	100,0
1. Türkei	2.110.223	1.145.057	965.166	28,8
2. BR Jugoslawien (Serbien/Montenegro)	719.474	409.157	310.317	9,8
3. Italien	612.048	366.095	245.953	8,4
4. Griechenland	363,514	200.045	163.469	5,0
5. Polen	283.604	149.383	134.221	3,9
6. Kroatien	208.909	107.358	101.551	2,9
7. Bosnien und Herzegowina	190.119	98.661	91.458	2,6
8. Österreich	185.159	101.671	83.488	2,5
9. Portugal	132.578	76.634	55.944	1,8
10. Spanien	131.121	69.352	61.769	1,8
11. Iran, Islam. Republik	115.094	68.756	46.338	1,6
12. Großbritannien	114.055	67.915	46.140	1,6
13. Niederlande	112.072	60.320	51.752	1,5
14. USA	110.680	63.416	47.264	1,5
15. Frankreich	105.808	48.912	56.896	1,5
16. Rumänien	89.801	51.590	38.211	1,2
17. Vietnam	85.452	48.056	37.396	1,2
18. Marokko	82.748	50.257	32.491	1,1
19. Afghanistan	68.267	37.873	30.394	0,9
20. Libanon	55.074	32.538	22.536	0,8
21. Ungarn	51.905	33.012	18.893	0,7

	EU-Ausländer im Bundesgebiet			
	insgesamt	männlich	weiblich	%[2]
EU-Staaten	1.854.321	1.033.629	817.885	100,0
1. Italien	612.048	366.095	245.953	33,0
2. Griechenland	363.514	200.045	163.469	19,6
3. Österreich	185.159	101.671	83.488	10,0
4. Portugal	132.578	76.634	55.944	7,1
5. Spanien	131.121	69.352	61.769	7,1
6. Großbritannien	144.055	67.915	46.140	6.2
7. Niederlande	112.072	60.320	51.752	6,0
8. Frankreich	105.808	48.912	56.896	5,7
9. Belgien	23.266	11.581	11.685	1,3
10. Dänemark	20.383	8.887	11.496	1,1
11. Schweden	17.923	8.078	9.845	1,0
12. Irland	15.512	8.299	7.213	0,8
13. Finnland	15.150	4.566	10.584	0,8
14. Luxemburg	5.732	3.100	2.632	0,3

1 Anteil an der ausländischen Bevölkerung insgesamt; 2 Anteil an den EU-Ausländern insgesamt

Quelle: Bundesausländerbeauftragte, Bericht 2000, S. 233

Die DDR kannte nur eine relativ geringe Zuwanderung: 1989 waren unter den 19.000 Ausländern in der DDR 59.000 Vietnamesen und 15.000 Mosambikaner als Vertragsarbeitnehmer beschäftigt. Ein strenges Rotationssystem erlaubte ihnen faktisch keine Familienzusammenführung (Bade 2000, S. 339).

Über 40 Prozent der Ausländer leben seit mehr als 15 Jahren in Deutschland. Fast zwei Drittel der ausländischen Kinder und Jugendlichen sind hier geboren: 1,1 Millionen. Insgesamt wurden im Jahr 1998 Deutschland 785.000 Kinder geboren, fast 13 Prozent von ihnen ohne deutschen Pass. Die ausländische Bevölkerung ist im Vergleich zur deutschen wesentlich jünger: Fast jeder vierte Ausländer (23 Prozent) war unter 18 Jahre alt (deutsche Bevölkerung: 19 Prozent), drei Viertel (74 Prozent) waren zwischen 18 und 66 Jahre (deutsche Bevölkerung: 65 Prozent) und nur 3,2 Prozent waren 66 Jahre alt und älter (deutsche Bevölkerung: 16 Prozent) (Beauftragte der Bundesregierung für Ausländerfragen, 2000, S. 17f.).

Migration ist ein „westdeutsches Großstadtphänomen“: Neun Zehntel der Ausländer leben in Westdeutschland und machen dort 10 Prozent der Bevölkerung aus, nur ein Zehntel in den neuen Bundesländern (2 Prozent der Bevölkerung). Acht Zehntel leben in westdeutschen Großstädten. Der Ausländeranteil lag Ende 2000 in Frankfurt am Main bei fast 28 Prozent, in Stuttgart bei knapp 24 Prozent und in München bei 22 Prozent. Auch in den westdeutschen Großstädten verteilen sich die Zuwanderer nicht gleichmäßig über die ganze Stadt, sondern sie konzentrieren sich auf benachteiligte Stadtteile mit besonderem *Erneuerungsbedarf* (siehe Teil I. 4., Tab. 2)

Tabelle 2: Bewohner und Ausländeranteil in Köln, Kalk, Höhenberg 1985 bis 2000).

	1985	2000
Köln		
Einwohner	965.274	1.017.721
AusländerInnen	147.045	189.030
Ausländeranteil	14,2%	18,6%
Stadtbezirk Kalk		
Einwohner	106.172	106.425
AusländerInnen	18.200	26.800
Ausländeranteil	16,4%	25,2%
Stadtteil Höhenberg		
Einwohner	13.081	12.381
AusländerInnen	2.286	4.009
Ausländeranteil	17,5%	32,4%

Quelle: Amt f. Statistik Köln

Einbürgerung hat in Deutschland in der Vergangenheit eine vergleichsweise geringe Rolle gespielt. Ende 1999 lebten in Deutschland (ohne Berücksichtigung von Aussiedlern) rund 928 000 eingebürgerte Deutsche mit zwei ausländischen Eltern, was einen Anteil von 1, 1 Prozent an der Gesamtbevölkerung ausmachte (UKZU, S. 31).

1.4 Demografische Entwicklung

Die deutsche Bevölkerung altert und schrumpft. Mit dieser Entwicklung sind dramatische Auswirkungen verbunden, die in der Öffentlichkeit vor allem im Zusammenhang mit ihren Folgen für die sozialen Sicherungssysteme diskutiert werden: Es war vor allem das demografische Argument, mit dem Bundesregierung, Bundestag und Bundesrat bei der Rentenreform 2001 die Einrichtung einer „freiwilligen", staatlich geförderten privaten Zusatzversicherung und damit einen grundlegenden Einschnitt in das in Deutschland entwickelte Solidarprinzip begründet haben, um die Senkung des Rentenniveaus abzumildern. Entsprechende Einschnitte in die gesetzliche Krankenversicherung werden diskutiert.

Die demografische Entwicklung hat auch zu einer Diskussion über eine Öffnung des Arbeitsmarktes für Zuwanderer geführt – trotz einer mit fast 4 Millionen Arbeitslosen im Jahr 2000 deutlich höheren Arbeitslosigkeit als im Jahr des „Anwerbestopps" 1973. Die „Greencard-Initiative" von Bundeskanzler Gerhard Schröder vom Frühjahr 2000, ein Kontingent von 20.000 IT-Spezialisten mit einem auf 5 Jahre befristeten Aufenthalt in die Bundesrepublik Deutschland zuwandern zu lassen, diente dabei als „Türöffner" für die Zuwanderungsdebatte seither.

Die deutsche Bevölkerung schrumpft wie in allen entwickelten Industrieländern. In Deutschland werden seit etwa 30 Jahren weniger Kinder geboren, als zur zahlenmäßigen Bestandserhaltung der Bevölkerung notwendig wäre. Dazu müßte jede Frau durchschnittlich 2,1 Kinder bekommen (Geburtenrate oder Fertilität: Anzahl der Kinder pro Frau). In Westdeutschland ist die Geburtenrate in einem kontinuierlichen Prozeß seit dem „Baby-Boom" der sechziger Jahre von 2,5 auf 1,35 Kinder pro Frau gesunken, Tendenz anhaltend. In der DDR war die Geburtenrate höher, nach der Vereinigung ist sie zunächst auf 0,8 gesunken. Sie nähert sich allmählich dem westdeutschen Niveau an und hat im Jahr 1998 1,1 Kinder pro Frau erreicht. Folge: „Im Jahr 2010 werden voraussichtlich über 300.000, im Jahr 2025 über 500.000 mehr Deutsche pro Jahr sterben als geboren werden" (UKZU, S. 28).

Im europäischen Vergleich liegt die deutsche Geburtenrate an der unteren Grenze: nur in Griechenland und Italien liegt sie mit 1,3 und in Spanien mit 1,2 Geburten pro Frau niedriger; Frankreich erreicht demgegenüber eine Geburtenrate von 1,7, Schweden und Polen 1,5 (UKZU, S. 28).

Bei der Abnahme der Geburtenzahlen handelt es sich um eine sich selbst verstärkende Entwicklung, da sowohl die Zahl der potentiellen Eltern als auch die Geburten pro Frau abnehmen. Dieser Prozeß kann durch politische Maßnahmen beeinflußt, eine Trendwende kann erreicht werden, etwa durch die Möglichkeiten einer aktiven Familienpolitik, die die wirtschaftliche Benachteiligung der Familien abmildert, die Vereinbarkeit von Familie und Beruf fördert und die Arbeitswelt familienfreundlicher gestaltet. Frankreich oder Schweden bieten dafür Beispiele.

Abbildung 1: Fertilität in beiden Teilen Deutschlands, 1950-1998

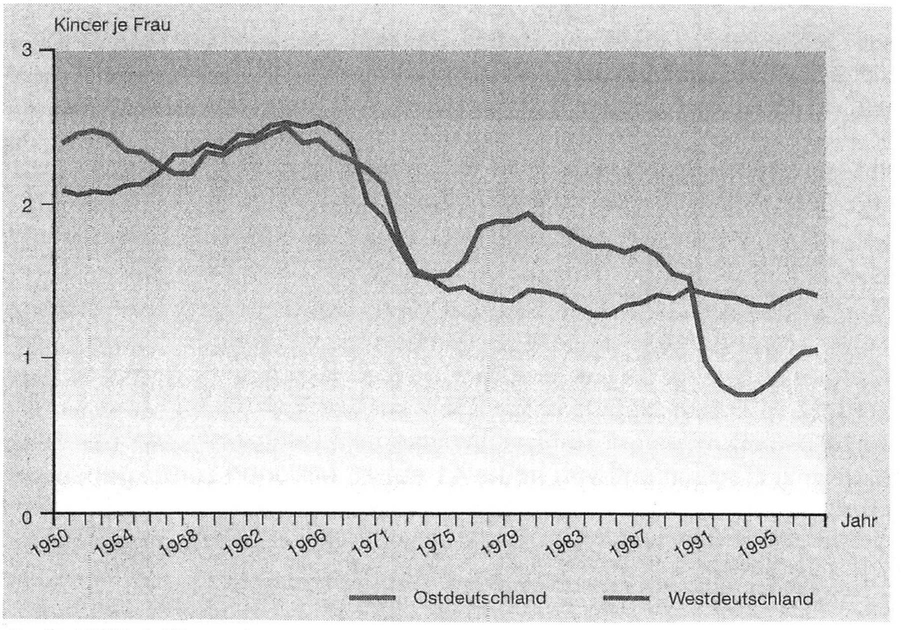

Quelle: VKZU, S. 27

Abbildung 2: Altersaufbau in der deutschen Bevölkerung 1910, 1999 und 2050

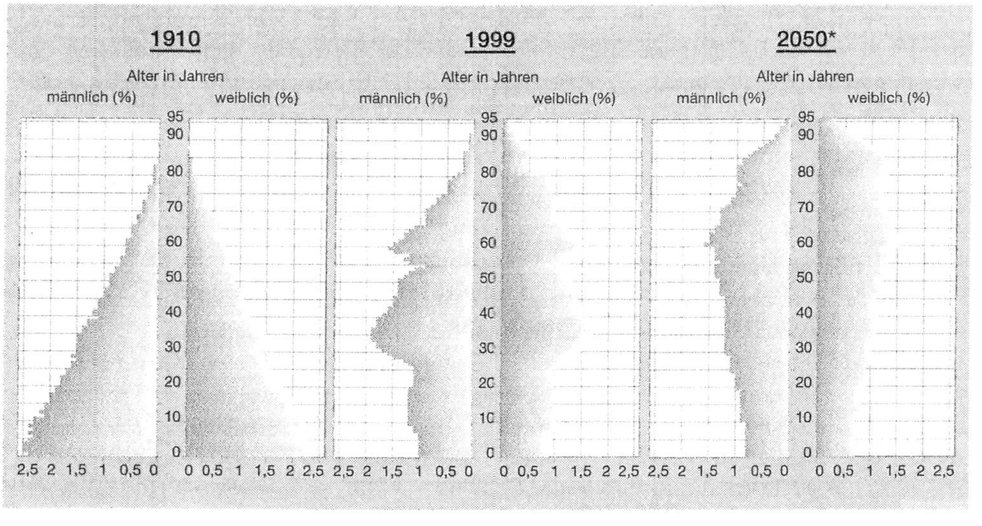

* Annahme (mittlere Prognose): jährliche Nettozuwanderung von 200.000 Personen
Darstellung Humboldt-Universität Bevölkerungswissenschaft
Quelle: UKZU, S. 29

Aber dies erfordert viel Zeit und ein anderes, kinderfreundliches „Klima“. Kurz- oder auch mittelfristige Änderungen des Trends sind nicht zu erwarten, denn der demografischen Entwicklung liegen tiefgreifende, durch die sozialpolitische Entwicklung bedingte Einstellungsänderungen der Frauen und Männer in Deutschland zugrunde.

Zugleich altert die deutsche Bevölkerung: Die durchschnittliche Lebenserwartung von Neugeborenen hat seit Jahrzehnten kontinuierlich zugenommen, sie liegt bei den Frauen gegenwärtig bei 80 Jahren, bei Männern bei 74 Jahren. Sie wird, wenn der langfristige Trend anhält, bis 2050 um rund weitere vier Jahre zunehmen. Es sind vor allem die Fortschritte der Medizin und die geringere physische Belastung durch Arbeit, denen die höhere Lebenserwartung zu verdanken sind. Auch die Folgen des Alterungsprozesses sind tiefgreifend: Auf 100 Menschen im erwerbsfähigen Alter von 20 bis 60 Jahren (Altenquotient) kommen heute rechnerisch 40 Personen über 60 Jahre. Auch bei einem moderaten Zuwanderungsüberschuss (positiver Zuwanderungssaldo) mit 100.000 Menschen pro Jahr werden dies innerhalb von 50 Jahren bereits 80 Personen sein. „Die rechnerische Alterslast wird sich verdoppeln. Dies kann nicht ohne Auswirkungen auf die Alterssicherungssysteme bleiben: Immer weniger jüngere Menschen müssen immer mehr alte Menschen in den sozialen Sicherungssystemen versorgen, der Generationenvertrag wird erheblich belastet werden“ (UKZU, S. 33; siehe Abbildung 1 und 2).

Alterung und Schrumpfung der Bevölkerung in Deutschland sind in den vergangenen Jahrzehnten durch Zuzüge von Deutschen und Ausländern ausgeglichen worden. Im Durchschnitt sind in den vergangenen 40 Jahren etwa 165.000 Menschen pro Jahr mehr nach Deutschland zu- als weggezogen. Dadurch ist die Bevölkerung in den letzten 40 Jahren von 73 auf 82 Millionen angestiegen. Der durchschnittliche positive Zuwanderungssaldo unterlag allerdings großen Schwankungen.

Abnehmende Geburtenrate und zunehmende Alterung in wahrscheinlichen Annahmen vorausgesetzt und einen mittleren positiven Zuwanderungssaldo von 200.000 Menschen pro Jahr unterstellt, wird die Bevölkerung in Deutschland in 50 Jahren völlig anders zusammengesetzt sein als heute: Sie wird von heute rund 82 Millionen Menschen auf rund 68 Millionen Menschen geschrumpft sein. Die ethnische Zusammensetzung wird sich verändert haben: Die Zahl der Deutschen von heute und ihrer Nachkommen wird von rund 74 Millionen Menschen auf rund 52 Millionen Menschen gesunken sein. Die Zahl der Ausländer von heute (und ihrer Nachkommen sowie weiterer zugewanderter Menschen) wird auf rund 16 Millionen Menschen angewachsen. Der Anteil der ein- und zugewanderten Bevölkerung liegt heute bei fast 12 Prozent, er wird auf fast 25 Prozent steigen. Das Arbeitskräfteangebot wird bis zum Jahr 2010 nur gering absinken, da die geburtenstarken Jahrgänge vorerst im erwerbsfähigen Alter bleiben. Danach wird die Zahl der Erwerbspersonen von 41 Millionen im Jahr 2000 auf weniger als 30 Millionen im Jahr 2050 zurückgehen (UKZU, S. 28).

1.5 Versäumnisse der Ausländerpolitik

Unter der Überschrift „Langfristig Wohlstand sichern“ analysiert die Süssmuth-Kommission in Kapitel II ihres Berichts die Folgen von Alterung und Schrumpfung der Bevölkerung besonders im Hinblick auf die ökonomische Entwicklung unter den Bedingungen der Globalisierung: Entwicklung von Arbeitsmarkt und Arbeitskräfteangebot, Gefahren für Produktivitätsfortschritt, Wirtschaftswachstum und soziale Sicherung, Probleme wie der steigenden Staatsverschuldung pro Kopf. Sie stellt fest, dass die „fundamentalen Herausforderungen an Gesellschaft, Wirtschaft, Arbeitsmarkt und soziale Sicherungssysteme ... sich durch Zuwanderung nicht abwenden (lassen). Mittelfristig ansteigende Zuwanderung kann jedoch einen Beitrag zur Abmilderung der demografischen Entwicklung leisten". Sie empfiehlt der Politik, sich bei der arbeitsmarktorientierten Zuwanderung an die von ihr entwickelten „Leitlinien für die Zuwanderungspolitik" zu orientieren und schlägt dafür ein Verfahren, Auswahlkriterien, vorerst moderate Zahlen und obligatorische „Integrationskurse" für Neuzuwanderer vor (UKZU, S. 82f. sowie 260f.; *siehe Kasten „Leitlinien")*.

Leitlinien für die arbeitsmarktorientierte Zuwanderung:

- Die demografische Alterung und der Rückgang der Bevölkerung sollten sowohl mittels einer aktiveren Familienpolitik als auch durch Zuwanderung gemildert werden. Gesteuerte Zuwanderung von qualifizierten Arbeitskräften sollte das Arbeitskräfteangebot und die Erwerbstätigkeit erhöhen und damit einen Beitrag zur Stabilisierung der sozialen Sicherungssysteme leisten.
- Der künftige Arbeitskräftebedarf kann nicht präzise vorhergesagt werden. Es muss daher ein flexibles Zuwanderungssystem entwickelt werden, das den jeweiligen zahlenmäßigen und qualifikationsbezogenen Entwicklungen auf der Angebots- und Nachfrageseite des Arbeitsmarktes Rechnung tragen kann.
- Zuwanderung sollte so gestaltet werden, dass sie nicht in Konflikt mit dem Abbau der Arbeitslosigkeit tritt. Kurzfristig ist arbeitsmarktbezogene Zuwanderung in geringerem Umfang erforderlich. Mittel- und langfristig wird der Bedarf ansteigen. Arbeitsmarktbezogene Zuwanderung zielt primär auf qualifizierte Arbeitskräfte, die zusätzliche Beschäftigungschancen für einheimische Arbeitskräfte erschließen. Gegenwärtig kommt eine gezielte Anwerbung niedrig qualifizierter Arbeitskräfte außerhalb von Saisonbeschäftigung nicht in Betracht.
- Zuwanderung darf nicht die Anreize schwächen, mittels Aus- und Weiterbildungsentscheidungen, Änderungen der Lohn- und Arbeitsbedingungen und anderen Maßnahmen die Arbeitskräftelücken aus dem Potenzial der einheimischen Arbeitskräfte zu schließen. Dies ist sowohl bei der qualifikatorischen Zusammensetzung von Zuwanderung wie auch bei ihrer Zahl zu berücksichtigen.
- Zuwanderung sollte die Leistungsfähigkeit der Wirtschaft steigern. Kein Wirtschaftsunternehmen sollte gezwungen sein, aus Mangel an Arbeitskräften ins Ausland auszuweichen, Investitionen nicht zu tätigen oder Wachstumspotenziale brach liegen zu lassen. Besonders wichtig ist es, hoch qualifizierte Zuwanderer zu gewinnen, deren innovative und technologische Kenntnisse einen entscheidenden Beitrag zur wirtschaftlichen Zukunftssicherung leisten.
- Die Interessen der Herkunftsländer dürfen nicht unbeachtet bleiben. Gesteuerte internationale Wanderungen von Arbeitskräften sollten so gestaltet werden, dass alle Beteiligten Nutzen davon haben.
- Zuwanderer, die Deutschland aus wirtschaftlichen und demografischen Gründen ins Land holt, müssen so ausgewählt werden, dass ihre Integration in die Gesellschaft und den Arbeitsmarkt erfolgreich verläuft.

Quelle: UKZU S. 82

Ein Kontingent von 50.000 Plätzen in diesen neu einzurichtenden Integrationskursen (insgesamt 220.000 Plätze) soll für „im Land lebende Migranten" vorbehalten werden: „Die Bezieher von Sozial- und Arbeitslosenhilfe sind in besonderer Weise zur Teilnahme verpflichtet. Ihnen bieten die Kurse die Möglichkeit, ihre Chancen auf dem deutschen Arbeitsmarkt durch sprachliche Qualifizierung zu erhöhen. Wer das Kursangebot nicht annimmt, sollte eine Kürzung der Sozialbezüge erfahren" (UKZU, S. 262). Denn die Süssmuth-Kommission konstatiert in Kapitel IV schwerwiegende Mängel in der Ausländerpolitik der vergangenen Jahrzehnte, die zu Defiziten in der sozialen Integration geführt hätten und empfiehlt eine „neue Integrationspolitik" (UKZU, S. 199ff.).

Bei Zahlen zur sozialen Integration der Zuwanderer muß differenziert werden nach Migrationsmotiven, nach Herkunftsländern, nach Aufenthaltsdauer und Aufenthaltsstatus, nach sozialer Lage oder nach erreichter Integration, etwa im Bildungssystem oder in der Arbeitswelt. Die Statistiken und zahlreiche wissenschaftliche Untersuchungen belegen aber übereinstimmend, dass Zuwanderer im Durchschnitt gegenüber der deutschen Bevölkerung größeren Belastungen und Risiken ausgesetzt und in fast allen Bereichen deutlich benachteiligt sind: Dies beginnt bei der Säuglingssterblichkeit, setzt sich fort in Schulerfolg und Berufsausbildung und reicht über das Arbeitslosigkeits- und Armutsrisiko bis zur Versorgung der alten Zuwanderer mit angemessenen Einrichtungen. Insoweit ist es auch kein Wunder, dass die Zuwanderer in den Endstationen des sozialen Netzes, also in der Arbeitslosen- und Sozialhilfe, in der Jugendgerichtshilfe und in Justizvollzugsanstalten, auch in Frauenhäusern, überrepräsentiert sind.

Ein Beispiel aus der Bildungsstatistik: Der Vergleich deutscher und ausländischer Schüler nach Schulabschlußarten 1994/1997/1999 (UKZU, 2000, S. 215, siehe Tab. 3) weist aus, dass ausländische Schüler – „Bildungsinländer" – auf allen Schulebenen deutlich geringere Erfolge erreichen als deutsche Schüler. Dies setzt sich fort in der beruflichen Bildung und verstärkt sich im Hochschulbereich. Es ist nicht zu bestreiten, dass unter den Bedingungen der Globalisierung noch viel stärker als in früheren Zeiten der berufliche Erfolg von erreichten Bildungsabschlüssen abhängt und dass strukturelle Benachteiligung großer Minderheitengruppen im Bereich der Bildungspolitik zur Anhäufung von sozialem Sprengstoff führt.

Der Migrationssoziologe Hartmut Esser, Universität Mannheim, konstatiert in seinem Gutachten für die Süssmuth-Kommission: „Insgesamt muß daher von einem Fortbestand einer ethnischen Unterschichtung der BRD auch noch für die Folgegenerationen der ehemaligen Gastarbeiter gesprochen werden", die Migrantenkinder seien im Bildungswettbewerb die Verlierer, die ethnischen Schichtungen hätten „gewisse Ähnlichkeiten mit Feudal- und Kastensystemen" (Esser, 2001, S. 3, S. 46 und S. 65).

Bezieht man die ungleiche Verteilung der Zuwanderer auf die alten und die neuen Bundesländer, ihre Konzentration auf westdeutsche Großstädte und Berlin und dort auf benachteiligte Stadtteile mit ein, wird die Dramatik der demografischen Entwicklung noch deutlicher. Der Bevölkerungswissenschaftler Herwig Birg, Universität Bielefeld, hat sie für die einzelnen Städte in Nordrhein-Westfalen berechnet. Er kommt zu dem Ergebnis, dass dort bereits in der absehbaren Zeit von 15 bis 20 Jahren in vielen Stadtteilen und Städten in der Altersgruppe der unter 40jährigen der

Anteil der Zugewanderten auf über 50 Prozent angewachsen sein wird. Er schlägt den Begriff „Multi-Minoritäten-Gesellschaft“ vor, die dadurch gekennzeichnet sei, „... dass die bisherige Mehrheitsgesellschaft ihre absolute Mehrheit verliert und zu einer Minorität unter anderen Minoritäten wird“ (Birg, 1999, S. 11). Auch wer dieser begrifflichen Zuspitzung nicht zustimmt, wird die sozialpolitische Brisanz nicht bestreiten, die aus der demografischen Entwicklung, den Defiziten in der sozialen Integration der zugewanderten Bevölkerung und den verbreiteten rassistischen Einstellungen resultiert.

Tabelle 3: Deutsche und ausländische Absolventen an allgemeinbildenden Schulen im Schuljahr 1999 (in Prozent)

Abschlussart	Deutsche Absolventen			Ausländische Absolventen		
	1994	1997	1999	1994	1997	1999
Ohne Hauptschulabschluß	7,8	7,7	5,7	20,4	19,4	15,1
Mit Hauptschulabschluß	25,4	25,2	20,9	43,5	42,7	40,0
Mit Realschulreife	41,0	40,9	43,3	28,5	28,1	32,7
Mit Fachhochschulreife	0,8	0,7	1,1	0,7	0,8	1,3
Mit allgem. Hochschulreife	25,0	25,5	29,0	8,9	9,0	10,9

Quelle: UKZU S. 215

1.6 Rassismus, Rechtsextremismus und Fremdenfeindlichkeit

„Eine erfolgreiche Eingliederung ist nicht nur an die rechtliche und soziale Gleichstellung gebunden. Kontakte zwischen Migranten und Deutschen sind ebenfalls eine wichtige Vorraussetzung für eine erfolgreiche Integration. Hingegen führen soziale Distanzen, rassische, ethnische und religiöse Vorurteile und Diskriminierung durch die Einheimischen dazu, dass Eingliederungsbemühungen auch bei einer hohen Motivation der Migranten scheitern können“ (UKZU S. 241).

Es gibt zahlreiche Begriffe, unter denen diese „Vorurteile“ in der Wissenschaft, der Politik und in den Medien diskutiert und zahlreiche unterschiedliche Methoden aus verschiedenen wissenschaftlichen Disziplinen, mit denen ihre Ursachen und ihre Erscheinungsformen analysiert und ihre Verbreitung gemessen werden. Der Stand der zum Teil kontroversen wissenschaftlichen Fachdiskussion kann hier nicht wiedergegeben werden (vgl. Butterwegge, 1996; Schubert/Stöss, 2000). In der öffentlichen Diskussion werden die Forschungsergebnisse und die Ergebnisse von Meinungsumfragen oft verkürzt oder verzerrt dargestellt.

Trotz dieser Schwierigkeiten lassen sich Aussagen zu rassistischen, rechtsextremistischen und fremdenfeindlichen Einstellungen in der einheimischen Bevölkerung treffen:

- Begriffe wie Fremdenangst, Fremden- oder Ausländerfeindlichkeit, Rechtsradikalismus oder Rechtsextremismus, Ethnozentrismus u.s.w. können unter dem Begriff Rassismus zusammengefasst werden.

- Rassismus bezeichnet Denkmuster und Lehren, die Menschen oder Gruppen von Menschen auf Grund von biologischen, ethnischen oder kulturellen Merkmalen oder Zuschreibungen als andersartig und zugleich als minderwertig gegenüber der „eigenen" Gruppe definieren. Damit liefert der Rassismus eine scheinbare Begründung für die Diskriminierung, Unterprivilegierung und Unterdrückung von (besonders ethnischen) Minderheiten, um eigene Machtansprüche oder eigene Aggressionen zu legitimieren – und ist ein Kernelement jeder rechtsextremistischen Ideologie.
- Der Begriff Rechtsextremismus bezieht sich – spiegelbildlich zu dem Begriff Linksextremismus – auf das Prinzip der „wehrhaften Demokratie" des Grundgesetzes, wie es in den Art. 9 Abs. 2, Art.18 und Art. 21 Abs. 2 niedergelegt ist; er ist eine „... Sammelbezeichnung für unterschiedliche politische Gesinnungen und Bestrebungen ..., die sich in der Ablehnung des demokratischen Verfassungsstaates und seiner fundamentalen Werte und Spielregeln einig wissen" (Backes/Jesse, 1993, S. 40; siehe im Anhang „Online-Aktionen gegen Rechts"; Abb. 4)
- Rassismus steht in schroffem Gegensatz zu dem Konzept der pluralistischen Demokratie des Grundgesetzes, das auf der prinzipiellen Gleichheit der Menschen und der Universalität der Menschenrechte basiert und Toleranz anderen gegenüber fordert. Deshalb haben Bundesregierung, Bundestag und Bundesrat ihre Anträge beim Bundesverfassungsgericht auf Feststellung der Verfassungswidrigkeit (und damit auf Verbot) der NPD insbesondere mit der völkisch- nationalistischen, also rassistischen Programmatik und der militanten ausländerfeindlichen Praxis der NPD-Mitglieder und Anhänger begründet.
- Rassistische Einstellungen sind in Deutschland weit verbreitet. Sie äußern sich in „Witzen" am Arbeitsplatz oder am Stammtisch, in den kleinen und großen Diskriminierungen von Minderheiten im Alltag und in Straf- und Gewalttaten bis hin zum Mord. Die gibt es gerade auch in den neuen Bundesländern, obwohl hier der Ausländeranteil mit weniger als 2 Prozent – verglichen mit 9 Prozent in Gesamtdeutschland – gering ist und weniger als 20 Prozent der Deutschen hier leben: Etwa die Hälfte der rassistischen bzw. rechtsextremistischen Straftaten wurden in den neuen Bundesländern verübt.
- Die polizeiliche erfasste Zahl der Straftaten mit erwiesenem oder vermutetem rechtsextremistischen Hintergrund hat nach der Wiedervereinigung stark zugenommen: von weniger als 500 im Jahr 1989 auf über 10.500 im Jahr 1993. In diesen Zeitraum fielen auch die rassistischen Anschläge auf Asylsuchende und türkische Familien in Hoyerswerda im September 1991, in Rostock-Lichtenhagen im August 1992, in Mölln im November 1992 und Solingen im Mai 1993. Nach einem Abflauen dieser Straftaten nach 1994 sind im Jahr 1999 wieder über 10.000 und im Jahr 2000 sogar fast 16.000 Straftaten, darunter fast 1000 Gewalttaten registriert worden. (Bundesamt für Verfassungsschutz, 2001, S. 20ff.; UKZU. S. 242) Diese Zahlen werden durch Definitionsprobleme bei der statistischen Zuordnung eher verkleinert, andererseits weist der Verfassungsschutz darauf hin, dass sich aufgrund rechtsextremistischer Gewalt und möglicher Verbote rechtsextremistischer Organisationen in der Öffentlichkeit die Anzeigebereitschaft erhöht hat.

Abbildung 3: Gewalttaten mit erwiesenem oder zu vermutendem rechtsextremistischen Hintergrund je 100.000 Einwohner in den Ländern

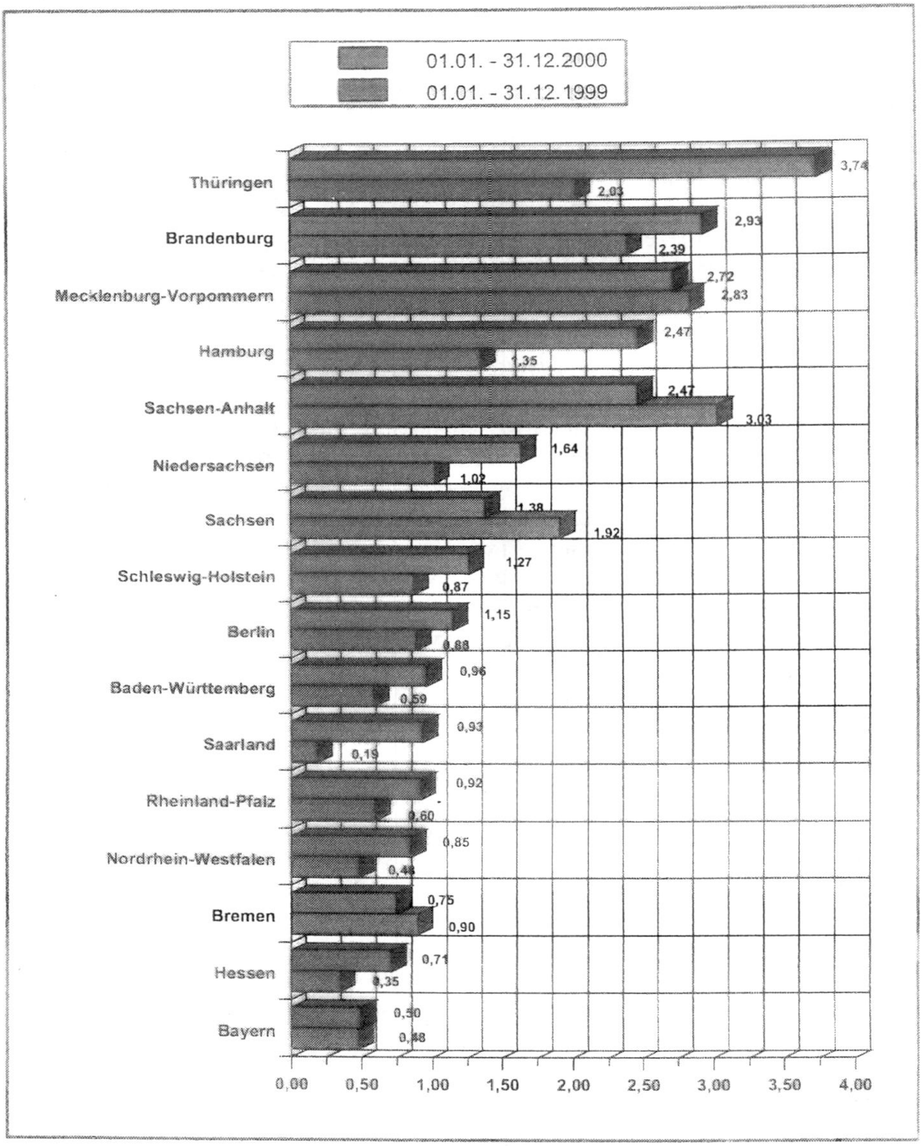

- Rassismus ist jedoch nicht auf rechtsextremistische Parteien und Organisationen oder einzelne Straftattäter am rechten Rand der Gesellschaft beschränkt: Rassistische Einstellungen sind in allen Teilen der Bevölkerung und in allen Altersgruppen in erheblichem Umfang nachzuweisen. Sie „...korrelieren, wie zahlreiche sozialwissenschaftliche Untersuchungen zeigen, mit dem Alter und dem Bildungsniveau... je älter die Befragten sind, desto eher tendieren sie zu fremdenfeindlichen Einstellungen. Dagegen sinkt die Neigung zu fremdenfeindlichen Haltungen mit zunehmendem Bildungsniveau... Es ist also davon auszugehen, dass es einen engen Zusammenhang zwischen Bildungsniveau und Fremdenfeindlichkeit gibt" (UKZU, S. 244). Die im Frühjahr 2000 veröffentlichte, wegen der sozialwissenschaftlichen Qualität ihrer Analysen anerkannte 13. Shell-Jugendstudie (Jugend 2000, Bd, 256) kommt zu dem Ergebnis, 27 Prozent der deutschen Jugendlichen zwischen 15 und 24 Jahren seien „hoch ausländerfeindlich", auch wenn die Autoren der Studie betonen, auf Grund der von ihnen gewählten Befragungsmethoden sei das Ergebnis lediglich als ein „Stimmungsbarometer" zu bewerten (zur Schell-Jugendstudie siehe Freise, 2001, S. 6ff). Zu ähnlichen Ergebnissen, wenn auch mit unterschiedlichen Akzenten, kommen Studien des Deutsches Jugendinstitut München (DJI-Jugendsurvey, vgl. Kleinert/de Rijke, 2001, S. 167ff.) und des Instituts Sinus Sociovision in Heidelberg (vgl. Wippermann, 2001, S. 2ff.). Der Rassismus ist in der Mitte der Gesellschaft verankert.

Abbildung 4: Übersichtüber Gewalttaten und sonstige Straftaten mit erwiesenem oder zu vermutendem rechtsextremistischen Hintergrund*

	1999	2000
Gewalttaten):**		
Tötungsdelikte	1	2***
Versuchte Tötungsdelikte	13	15
Körperverletzungen	630	874
Brandstiftungen	35	41
Herbeiführen einer Sprengstoffexplosion	2	7
Landfriedensbruch	65	59
gesamt	**746**	**998**
Sonstige Straftaten:		
Sachbeschädigungen	373	704
Nötigung/Bedrohung	220	320
Verbreiten von Propagandamitteln und Verwenden von Kennzeichen verfassungswidriger Organisationen	6.719	10.435
Störung der Totenruhe und anderer Formen der Schändung jüdischer Friedhöfe und Gedenkstätten	47	56
Andere Straftagen, insbesondere Volksverhetzung	1.932	3.428
gesamt	**9.291**	**14.953**
Straftaten insgesamt	**10.037**	**15,951**

* Die Zahlen basieren auf Angaben des Bundeskriminalamts (BKA)
Die Übersicht enthält ausgeführte und versuchte Straftaten. Jede Tat wurde nur einmal gezählt. Sind zum Beispiel während eines Landfriedensbruchs zugleich Körperverletzungen begangen worden, so erscheint nur der Landfriedensbruch als eine Straftat der Statistik. Wurden mehrere Straftaten verübt, wurde ausschließlich der schwerer wiegende Straftatbestand gezählt.

** Ab 1997 werden Sachbeschädigungen mit Gewaltanwendung nicht mehr den Gewalttaten zugerechnet.

*** Ein nachträglich gemeldetes vollendetes Tötungsdelikt vom 13.09.2000 in Schleswig-Holstein zum Nachteil eines Obdachlosen ist in dieser Darstellung nicht enthalten.

Quelle: Verfassungsschutzbericht 2000

- Eine bedeutende Rolle spielen in diesem Zusammenhang die Medien. Im Auftrag der Landesarbeitsgemeinschaft der Ausländerbeiräte NRW haben die Kölner Politikwissenschaftler Christoph Butterwegge und Alexander Häusler in einer Expertise analysiert, dass „die Berichterstattung in etablierten Medien über Zuwanderung und Asyl zunehmend ethnisierende Bedrohungsszenarien aufweist, die teilweise von der Berichterstattung in rechtsextremen Medien nicht zu unterscheiden ist" (siehe Kasten „Themen der Rechten – Themen der Mitte).

7 Thesen: Themen der Rechten – Themen der Mitte

1. Rechtsextremismus kommt nicht aus dem Nirgendwo, sondern fußt auf den herrschenden politischen Strukturen bzw. Diskursen und reicht, seinem Entstehungs- und Begründungszusammenhang nach, bis in die „Mitte der Gesellschaft" hinein.
2. In der Öffentlichkeit werden Migrant(inn)en stigmatisiert und zu Feindbildern stilisiert bzw. soziale Probleme und Konflikte ethnisiert, wodurch rechtsextreme Forderungen gesellschaftliche Wirkungsmacht entfalten.
3. Die etablierte Politik verstärkt diesen Prozess durch Bedrohungskampagnen. Die extreme Rechte hat z.B. durch die Kampagne gegen den „Doppelpass" sowie die Debatten über eine sog. Deutsche Leitkultur und die Notwendigkeit des „Nationalstolzes" inhaltliche Bestätigung erfahren. Rechtsextremisten empfinden sich mit ihrer Propaganda und ihren Gewalttaten als Vollstrecker eines allgemeinen „Volkswillens".
4. Rechtsextreme Gruppierungen und Medien versuchen, an ethnisierende Diskurse in der gesellschaftlichen Mitte anzuknüpfen und diese zu radikalisieren. Dass der Brückenschlag von rassistischen Kampagnen zum politischen Establishment in einigen Bereichen schon heute gelingt, zeigen die genannten Beispiele.
5. In der öffentlichen Diskussion über Zuwanderung und Asyl liegt ein zentraler Grund für die gesellschaftliche Wirkungsmächtigkeit des Rechtsextremismus. Den Medien kommt hierbei eine Schlüssel- und Scharnierfunktion zu. Kritische Inhaltsanalysen belegen, dass die Thematisierung von Zuwanderung und Asyl in etablierten Medien zunehmend ethnisierende Bedrohungsszenarien aufweist, die teilweise von der Berichterstattung in rechtsextremen Medien nicht mehr zu unterscheiden sind.
6. Völkischer bzw. Standortnationalismus und Rassismus bilden Kernideologeme der extremen Rechten. Sie erhalten dadurch Auftrieb, dass die multikulturelle Realität des Einwanderungslandes Bundesrepublik Deutschland in der gesellschaftlichen Mitte mit völkisch-nationalistischen Argumentationsmustern bestritten wird.
7. Um rechtsextremen Erscheinungsformen wirkungsvoll begegnen zu können, müssen ethnisierende Zuschreibungen und Kampagnen unterbunden werden. Voranzutreiben ist die Integration und gleichberechtigte Einbindung von Zugewanderten, offensiv zu thematisieren die Frage, ob eine demokratische Gesellschaft im viel beschworenen „Zeitalter der Globalisierung" überhaupt „nichtmultikulturell" sein kann.

Quelle: Butterwegge, Christoph/Häusler, Alexander: LAGA NRW – Landesarbeitsgemeinschaft der Ausländerbeiräte NRW, Düsseldorf, 2001

Ein Blick von außen ist nützlich: Die Europäische Kommission gegen Rassismus und Intoleranz (ECRI) ist ein Organ des Europarates. Sie setzt sich aus unabhängigen Mitgliedern zusammen und hat die Aufgabe, Rassismus, Fremdenhass, Antisemitismus und Intoleranz in den Mitgliedstaaten des Europarates zu bekämpfen. Dazu berichtet sie in regelmäßigen Abständen über entsprechende Entwicklungen und schlägt Maßnahmen zur Bekämpfung vor.

Die ECRI hat im Juli 2001 ihren 2. Bericht über Deutschland veröffentlicht. In diesem Bericht (abgeschlossen am 15. Dezember 2000) zeigt sie sich besorgt über „die Situation von und die Einstellung gegenüber denen, die als „Ausländer" betrachtet werden, die unzureichenden Maßnahmen für die Integration und die fehlende Anerkennung, dass die deutsche Identität mit anderen Identitätsformen als den traditionellen einher gehen können". Sie empfiehlt, weitere Maßnahmen zur Bekämpfung von Rassismus, und betont die Notwendigkeit, einen gesetzlichen Rahmen gegen Diskriminierung in den Schlüsselbereichen wie Wohnungsbau, Ausbildung und Beschäftigung zu schaffen sowie „die Notwendigkeit, die Verbindung zwischen rassistischen, fremdenfeindlichen und antisemitischen Gewalttaten und dem allgemeinen Rassismus, Antisemitismus und Intoleranz anzuerkennen und unterschiedliche Aktionen gegen dieses ernste Problem zu ergreifen" (ECRI, 2001, S. 5).

1.7 Doppelte Staatsbürgerschaft – doppelte Rechte, halbe Identifikation?

„All persons are entitled to possess one nationality, but one nationality only" – Alle Menschen haben das Recht auf eine Nationalität (i.S. von Staatsbürgerschaft), aber nur auf eine Nationalität – dieser Satz aus der Präambel der Haager Konvention des Völkerbundes von 1930 kennzeichnet das Bemühen der damals bestehenden Nationalstaaten, doppelte und mehrfache Staatsbürgerschaften so weit wie möglich zu vermeiden Im Grundsatz ist dies in dem Übereinkommen des Europarates über die Verringerung von Staatenlosigkeit und Mehrstaatigkeit im Jahr 1963 bestätigt worden (Council of Europe 1963). Die Frage ist, ob – und wie weit – dieser Grundsatz angesichts der Realitäten von heute und unter den Bedingungen der Globalisierung von heute und morgen für die demokratische Entwicklung förderlich ist und aufrechterhalten werden kann, soll und wird (Faist, Thomas, 2001, S. 250).

Hervorzuheben ist dabei, dass diese Übereinkommen – anders die Menschenrechtskonventionen – einen bindenden Charakter für die jeweiligen Regierungen nicht haben. „Die europäischen Staaten tendieren zu einem flexibleren Ansatz bei der Frage der doppelten Staatsangehörigkeit" (ECRI, 2001, S. 8). Die Regierung der rot-grünen Koalition befand sich nicht im Widerspruch zu geltendem Europarecht, als sie in ihrem Gesetzentwurf zum neuen Staatsangehörigkeitsrecht vom Februar 1999 doppelte Staatsbürgerschaften in erheblichem Umfang hinzunehmen bereit war. Die Gegenposition wurde und wird am deutlichsten von der CSU in Bayern formuliert: „Einbürgerung steht am Ende eines erfolgreich abgeschlossenen Integrationsprozesses" (vgl. unten Kap. II).

Auch der Erfolg der CDU/CSU-Kampagne im hessischen Landtagswahlkampf vom Frühjahr 1999 gegen die „doppelte Staatsangehörigkeit" führt zum Problem der gesellschaftlichen Akzeptanz von Zuwanderung im Einwanderungsland Deutschland mit seiner Tradition des ethnisch-kulturell geprägten Verständnisses von Nation, Abstammung und Staatsbürgerschaft und einem in Teilen der Bevölkerung verbreiteten biologisch begründeten, offen rassistischen Nationbegriff. Rund zwei Drittel der einheimischen Bevölkerung lehnen eine doppelte Staatsbürgerschaft ab (UZKU, S. 241).

Jenseits der wahlkampfbedingten und populistischen Vereinfachungen und Überspitzungen der CDU/CSU-Kampagne sind eine Reihe wichtiger Fragen zu beantworten: Wieviele Deutsche haben bereits eine doppelte Staatsbürgerschaft, aufgrund welcher Bestimmungen? Verstößt doppelte Staatsangehörigkeit gegen das demokratische Gleichheitsprinzip („one man, one vote") dadurch, dass, wer sie besitzt, seine politischen Rechte in zwei Staaten ausüben kann, gibt es weitere Vorteile? Wie steht es um die Loyalität von „Doppelbürgern" im Fall von Krisen oder gar Kriegen zwischen den beiden Staaten, deren Bürger sie sind, besteht die Gefahr des Imports politischer Konflikte aus dem Herkunftsland nach Deutschland? Welche Anpassungsleistungen sind an die Menschen und ihre Familien zu stellen, die „deutsche Staatsbürger" werden wollen? Gehört dazu etwa auch die Anpassung an eine „deutsche Leitkultur", wie dies der Vorsitzende der CDU/CSU Bundestag Friedrich Merz im Herbst 2000 gefordert hat? Schließlich: Warum tun sich so viele Migranten-Familien – zumal in der ersten Generation – so schwer, die Staatsangehörigkeit ihres Herkunftslandes aufzugeben, um deutsche Staatsbürger zu werden, wenn sie doch wissen, dass im „Familienprojekt Migration" zumindest der jüngere Teil der Familie nicht mehr dauerhaft in das Herkunftsland zurückkehren wird?

- Personen, die neben der deutschen Staatsbürgerschaft noch eine oder mehrere weitere Staatsbürgerschaften besitzen, lassen sich in vier Gruppen einteilen: Erstens Kinder aus binationalen Ehen, also mit einem deutschen und einem ausländischen Elternteil – dies beruht auf internationalem Recht; zweitens Aussiedler und Spätaussiedler, die bei der Einreise nach Deutschland die deutsche Staatsbürgerschaft erhalten, ihre bisherige Staatsbürgerschaft beibehalten können – dies beruht auf Art. 116 Grundgesetzt; drittens Ausnahmen bei Ermessens- und Anspruchseinbürgerungen. Hinzu kommen – viertens – die Kinder ausländischer Eltern, die nach dem „ius soli" Prinzip des neuen StAG seit dem 1.1.2000 automatisch (oder, wenn sie zu diesem Zeitpunkt unter 10 Jahre alt waren auf Antrag) die mit Optionspflicht verbundene deutsche Staatsangehörigkeit erhalten. Erstaunlich, aber wahr: Die Zahl der „Doppelbürger" lässt sich nur schätzen; sie lag Ende 1999 nach Angaben der Ausländerbeauftragten des Bundes zwischen 2 und 3 Millionen Menschen (Beauftragte der Bundesregierung für Ausländerfragen, 1999).
- Das bei doppelter Staatsbürgerschaft und ständigem Wohnsitz in beiden Staaten im Prinzip mögliche doppelte Wahlrecht „...gefährdet nicht die gleiche politische Freiheit. Denn Doppelbürger verfügen über Wahlrechte in voneinander unabhängigen Staaten" (Faist, 2001, S. 258). Empirische Untersuchungen zeigen, dass „Doppelbürger" ihr Wahlrecht in der Regel in dem Land wahrnehmen, in dem sie ihren Lebensmittelpunkt haben. Weitere Probleme, die sich aus der doppelten Staatsbürgerschaft ergeben könnten, können durch bilaterale Abkommen bzw. durch das Instrument der „ruhenden Staatsbürgerschaft" gelöst werden:

Rechte und Pflichten werden jeweils in dem Land der tatsächlichen Niederlassung aktiviert und wahrgenommen (Faist, S. 259).

- Die Argumente mangelnder Loyalität im Krisenfall und Konfliktimport verfehlen ihr Ziel. Wenn solche Probleme und entsprechende Verdächtigungen auftreten sollten, existieren sie unabhängig von dem Status als „einfacher" oder „doppelter" Staatsbürger als oder „Ausländer". Beispiele aus den Weltkriegen zeigen, dass gerade Neubürger dem Niederlassungsland gegenüber eine besondere Loyalität zeigen und es gibt auch aus der Zeit des Kalten Krieges keinen Hinweis darauf, dass „Doppelbürger" häufiger als Spione tätig geworden sind, als „Einfachbürger". „Eine stabile Demokratie erlaubt Bürgern plurale Bindungen" (Faist, 2001, S. 259).
- Der Sechste Familienbericht verweist darüber hinaus auf die Entwicklung im Familien- und Kindschaftsrecht in modernen Gesellschaften, das – im Fall der Scheidung und des Neuaufbaus von Familien – „die besondere Bedeutung des Aufbaus gleichberechtigter Bindungen von Kindern zu ihren biologischen und ihren hinzugekommenen sozialen Eltern betont" (BMFSFJ, S. 213, siehe Kasten „6. Familienbericht").
- Mit seiner Forderung nach Anpassung der Einwanderer an „die deutsche Leitkultur" hat Friedrich Merz eine breite öffentliche und kontroverse Debatte provoziert: Was ist „Kultur"? Gibt es „eine" Kultur, gibt es eine „deutsche Kultur", gibt es „eine deutsche Leitkultur"? Was sind ihre Inhalte? Wie könnte die Anpassung an sie überprüft werden? Wie steht es mit der Anpassung der Deutschen an „ihre Leitkultur"? Im Ergebnis der Debatte haben CDU und CSU auf den Begriff verzichten müssen.
- Die Forderung des StAG, bei der Einbürgerung die Staatsangehörigkeit des Herkunftslandes aufzugeben, stellt bei vielen der Berechtigten das wichtigste Hindernis gegen die Annahme der deutschen Staatsangehörigkeit da (dazu ausführlich Kap. II).

Zugunsten des Prinzips der Vermeidung von Mehrstaatigkeit ist anzuführen, dass es trotz der universellen Anerkennung und Ausbreitung der Menschenrechte (vgl. Brieskorn, 1997, BMFSFJ, S. 212) nach wie vor der Nationalstaat ist, der sie auf seinem Territorium für die gesamte Wohnbevölkerung durchzusetzen und aufrechtzuerhalten hat. Auch in Zeiten wachsender transnationaler Beziehungen und Bindungen muß die Rückkoppelung zwischen Regierenden und Regierten garantiert bleiben. Auch aus verwaltungstechnischen Gründen sind der schrankenlosen Ausbreitung doppelter oder mehrfacher Staatsbürgerschaften Grenzen gesetzt.

Die doppelte Staatsangehörigkeit aus familienwissenschaftlicher Sicht

(...) Aus familienwissenschaftlicher Sicht (muss) bezweifelt werden, dass die mit Vehemenz geführte Diskussion um doppelte Staatsbürgerschaft ihre Berechtigung hat bzw. sich angemessener Argumente bedient. Regelmäßig wird nämlich angeführt, eine solche Doppelmitgliedschaft führe zu Identitätskonfusionen, mindestens jedoch zu fehlender oder mangelnder Loyalität mindestens einem der Nationalstaaten gegenüber. Diese Argumentation hat durchaus Parallelen zu Diskussionen, die zum Thema der Familienloyalität und zu vermeintlichen Problemen der Identitätsbildung bei Kindern in „nicht-eindeutigen" Beziehungssituationen geführt worden sind. Aus der Sozialgeschichte der Familie ist z.B. bekannt, dass eine eindeutige Familienloyalität in Agrargesellschaften eine hohe Funktionalität hatte, sicherte sie doch die Eindeutigkeit der Erbschaftsregelungen bei der Weitergabe des Grundbesitzes. Deshalb sehen viele solcher Gesellschaften, z.B. bei Heirat das vollständige Hinüberwecheln eines Ehepartners in das Verwandtschaftssystem des anderen unter Verlust aller Beziehungen zu einer Großelternlinie zu unterhalten haben. Demgegenüber haben sich in modernen Gesellschaften ganz eindeutig sog. ambilineare Abstammungslinien als Kulturmuster vollständig durchgesetzt. Beide Verwandtschaftslinien stehen gleichberechtigt nebeneinander – wobei kaum jemals ernsthaft argumentiert worden ist, es müsse bei Kindern zwangsläufig zu „Identitätskonfusionen" kommen, weil es Umgang mit zwei Großmüttern unterhält, zumal es Kindern spielend gelingt, die Loyalitäten auszubalancieren. Konsequent weiterentwickelt worden ist das Kulturmuster ambilinearer Loyalitäten in jüngerer Zeit auch im Hinblick auf Stiefkindschaftsverhältnisse: Noch bis vor kurzem war es das akzeptierte Kulturmuster, im falle einer Neuzusammensetzung der Familien (mit den gleichen Argumenten) frühere Beziehungen entweder zu unterbinden oder drastisch einzuschränken. Demgegenüber wird heute die besondere Bedeutung von Kindern zu ihren biologischen und ihren hinzugekommenen sozialen Eltern betont. Wer die Stützung und Aufrechterhaltung von ambilinearen Bindungen als Grundlage aller neueren Gesetzgebungen zum Kindschaftsrechts befürwortet, dem steht in der Migrationspolitik das Argument der Identitätskonfusion und der fehlenden Loyalität in der Frage der Zulassung doppelter Staatsbürgerschaft nicht mehr zur Verfügung.

Quelle: BMFSFJ, 2001, S. 213

Dem steht die große Bedeutung der politischen Beteiligung der dauerhaft hier lebenden Wohnbevölkerung über Staatsbürgerschaft und Wahlrecht für die Integration des politischen Gemeinwesens, von Einheimischen und Zuwanderern, gegenüber – gerade unter den Bedingungen der Globalisierung, der demografischen Entwicklung und des ökonomischen Wandels. Die Süssmuth-Kommission unterstreicht diesen integrationspolitischen Aspekt, regt „zu gegebener Zeit" eine Überprüfung der „Konzeption des Optionsmodells" an und empfiehlt eine „großzügigere Handhabung der Zulassung von Mehrstaatigkeit" (UKZU, S. 230). Auch die ECRI „fordert Deutschland auf, seine Haltung zum Erwerb der doppelten Staatsangehörigkeit zu überdenken ... Öffentliche Amtsträger (sollten) sich bemühen, das Thema in der Öffentlichkeit zu entdramatisieren ... Der vorherrschende Glaube, dass sich daraus beträchtliche Vorteile ergeben würden, sollte ebenfalls durch Fakten entkräftet werden" (ECRI, 2001, S. 7f).

1.8 Wahlrecht und Wahlbeteiligung

Das allgemeine und gleiche Wahlrecht für Frauen und Männer macht den Kern der Demokratie und der Staatsbürgerschaft aus. Artikel 20 Grundgesetz bestimmt: „Alle Staatsgewalt geht vom Volke aus. Sie wird vom Volke in Wahlen und Abstimmungen und durch besondere Organe der Gesetzgebung, der vollziehenden Gewalt und der Rechtsprechung ausgeübt".

Das allgemeine Wahlrecht ist entstanden aus dem Steuerbewilligungsrecht: Wenn die Obrigkeit zum Beispiel für öffentliche Angelegenheiten wie Armee und Polizei, oder für die Verwaltung oder für Schulen und Hochschulen finanzielle Mittel benötigt und daher Steuern festgesetzt hat, dann haben die Steuerzahler eine Mitwirkung bei Bewilligung und Verwendung der Steuermittel für sich beansprucht und schließlich durchgesetzt – dies zeigt die Geschichte der parlamentarischen Demokratie. Das Wahlrecht war über lange Zeit begrenzt auf die „besitzenden Schichten" und ist erst im Laufe des 19. Jahrhunderts auf alle männlichen Bürger und erst nach dem 1. Weltkrieg auch auf die Frauen ausgeweitet worden. Dazu waren lange und heftige Kämpfe vor allem der Arbeiterbewegung und der Frauenbewegung erforderlich. Das deutsche Kaiserreich (1871 – 1918) kannte für die Wahlen zum Reichstag bereits ein allgemeines und gleiches Männerwahlrecht; im Staat Preußen galt jedoch bis 1918 das „Drei-Klassen-Wahlrecht", das die Bezieher hoher und mittlerer Einkommen privilegiert hat. Erst in der Novemberrevolution nach dem 1. Weltkrieg wurde das allgemeine und gleiche Wahlrecht für Frauen und Männer durchgesetzt und bei den Wahlen zur verfassungsgebenden Nationalversammlung im Januar 1919 erstmalig angewandt. Auch in den „klassischen Demokratien" wie England, Frankreich oder den USA wurde das Wahlrecht bis weit in das 20. Jahrhundert hinein von Besitz oder Bildung abhängig gemacht (Nohlen, 1996, S. 845ff.). Mit dem Inkrafttreten des „Internationalen Paktes über bürgerliche und politische Rechte" der Vereinten Nationen im Jahr 1976 gehört das allgemeine und gleiche Wahlrecht zum völkerrechtlich verbindlichen Bestand der Menschenrechte.

In der Theorie der pluralistischen Demokratie (Fraenkel, 1964; Eisfeld, 1994, S. 537) gibt es kein – etwa durch eine Religion oder durch „nationale" und „ethnische" Interessen vorgegebenes – Gemeinwohl. Das Gemeinwohl entsteht hier vielmehr relativ, als Ergebnis des Kampfes unterschiedlicher, aber im Prinzip legitimer Interessen von einzelnen Menschen oder von sozialen Gruppen wie Gewerkschaften und Arbeitgebern im Prozess der politischen Willensbildung. Damit dies funktionieren kann, müssen besonders zwei Bedingungen erfüllt sein: Es muß – erstens – ein anerkannter politischer Rahmen für die politische Willensbildung vorhanden sein: Die Menschenrechte, die Verfassung und Toleranz in dem Sinn, auch andere Interessen als die eigenen als legitim anzuerkennen. Zweitens müssen sich die Menschen aktiv um die Wahrung ihrer eigenen Interessen kümmern; dazu können und sollen sie sich in sozialen Gruppen zusammenschließen, um dabei effektiv zu sein. Ein passives Verhalten – sei es im Vertrauen auf die „Obrigkeit", sei es im Misstrauen ihr gegenüber – beschädigt nicht nur die eigenen Interessen, sondern auch die Demokratie selbst. Sie lebt von der aktiven Mitwirkung der Bürger und von der Legitimierung politischer Herrschaft durch Wahlen: die Teilnahme an Wahlen gehört zu den politischen Pflichten der Bürger.

Wenn in modernen Demokratien auf eine rechtlich verbindliche Wahlpflicht mit Sanktionen für den Fall der Nicht-Beteiligung an Wahlen verzichtet wird, so liegt dies an der Schwierigkeit, dies umzusetzen und an den Gefahren des Missbrauchs einer solchen Regelung. Eine „anwaltschaftliche" Vertretung der Interessen von Minderheiten in öffentlichen Einrichtungen und durch private Initiativen kann ein Korrektiv sein, sie hat aber paternalistischen, fürsorglichen Charakter. Bereits wegen der quantitativen Größe der Zuwanderung kann dies das aktive und gleichberechtigte Eintreten der Zuwanderer für ihre Interessen nicht ersetzen. Dies gilt auch für die Ausländerbeiräte, die im wesentlichen auf eine beratende Funktion reduziert sind.

In Deutschland und in vergleichbaren Ländern gibt es eine wachsende „Politikverdrossenheit", die sich in abnehmender Wahlbeteiligung ausdrückt; eine Analyse ergibt zudem das Paradox, dass gerade die „unteren" sozialen Schichten von ihrem Wahlrecht weniger Gebrauch machen als der Durchschnitt der Bevölkerung. Dies läßt sich exemplarisch an der Wahlbeteiligung am Beispiel Köln nachweisen (siehe Tabelle 5).

Tabelle 5: Wahlbeteiligung in Köln und dem Stadtteil Köln – Kalk in %

	Köln	Kalk
Landtagswahlen NRW, 1995	69,7%	47%
Bundestagswahlen, 1998	81,5%	71,3%
Europaparlament, 1999	41,2%	29,7%
Kommunalwahlen, 1999	45,8%	28,8%
Landtagswahlen NRW, 2000	52%	36,7%
OB Köln (1. Wahlgang), 2000	40,8%	30,4%
OB Köln (2. Wahlgang), 2000	39%	23%

Quelle: Amt für Statistik der Stadt Köln

Viele Gründe werden dafür diskutiert: Inhalte und Abläufe von Wahlkämpfen, verkrustete Parteistrukturen, illegale Parteienfinanzierung, geringe Einflussmöglichkeiten auf wichtige ökonomische und politische Entscheidungen (etwa die Einführung des Euro oder die Osterweiterung der Europäischen Union). Die Komplexität politischer Entscheidungsprozesse, die Formen ihrer Vermittlung mit den Methoden der Massenkommunikation und der verbreitete Verdacht gegenüber „Politikern", sich trotz aller schönen Worte persönliche Vorteile zu verschaffen, haben bei vielen Bürgern offenbar zu einem Gefühl eigener Ohnmacht und zur Geringschätzung ihres Wahlrechts geführt. Diese Gründe haben einen richtigen Kern, sprechen aber nicht gegen das Prinzip der Demokratie, sondern weisen hin auf Probleme im gegenwärtigen Zustand der Demokratie.

Trotz Politikverdruß und Wahlmüdigkeit gibt es eine Reihe praktischer Argumente dafür, dass dauerhaft zugewanderte Menschen mit der Einbürgerung das Wahlrecht erwerben und nutzen:

- Einbürgerungsberechtigte unterliegen, wenn sie einer Berufstätigkeit nachgehen, der Steuerpflicht und müssen Sozialversicherungsbeiträge leisten. Warum also darauf verzichten, über das Wahlrecht darüber mitzubestimmen, wie die Steuern verwendet, die Sozialversicherungssysteme gestaltet werden?
- Auch wenn die einzelne Stimme wenig Gewicht hat: Wahlen führen immer wieder und auf allen politischen Ebenen zum Wechsel von Mehrheiten und Regierungen und tragen so zum Aufbrechen verkrusteter Strukturen bei.
- Die politischen Parteien konkurrieren in Wahlkämpfen um jede einzelne Stimme, sie müssen sich daher personell und programmatisch für die Wähler öffnen – und tun dies auch. Gerade in Städten und Stadtteilen mit hohem Ausländeranteil eröffnen Einbürgerung und Wahlbeteiligung bedeutende Chancen zur Mitgestaltung. Diese Chancen wahrzunehmen ist auch notwendig, um die Probleme zu lösen, die sich als Folge der Versäumnisse der „Ausländerpolitik" der vergangenen Jahrzehnte angesammelt haben.

1.9 Von der Ausländerpolitik zur Integrationspolitik

Im Jahr 1994, vier Jahre nach der Wiedervereinigung durch den Beitritt der DDR zur Bundesrepublik Deutschland, zugleich auf dem Höhepunkt einer – ersten – Welle rassistischer Gewalttaten, veröffentlichte der Verlag C.H. Beck, München unter dem Titel „Das Manifest der 60: Deutschland und die Einwanderung" ein Buch mit 10 provozierenden Thesen. Die Thesen waren formuliert und in einer auch für Laien verständlichen Sprache wissenschaftlich begründet worden von 10 in Sachen Migrationspolitik ausgewiesenen Hochschullehrern unterschiedlicher Disziplinen und Universitäten; 50 weitere bedeutende Hochschullehrer haben dem „Manifest der 60" zugestimmt (Bade, 1994). Inhaltlich reicht das Spektrum der Thesen von Bevölkerungsentwicklung und Wanderungsprozessen in der Welt, Europa und Deutschland über ökonomische, politische, kulturelle Probleme bei der Gestaltung des sozialen Zusammenlebens in multiethnischen Gesellschaften bis hin zu Fragen des internationalen, europäischen und deutschen Zuwanderungsrechts. Das „Manifest der 60" belegt, dass in den Fragen zu Einwanderung und Integration innerhalb der Wissenschaft ein hohes Maß an Übereinstimmung besteht. Claus Leggewie, Universität Gießen, bringt dies mit der Überschrift zu der von ihm formulierten 10. These „Das Ende der Lebenslügen: Plädoyer für eine neue Einwanderungspolitik" zum Ausdruck (Bade,1994, S. 213ff.).

Initiator und Herausgeber des „Manifest der 60", Klaus J. Bade, Universität Osnabrück, in der Einleitung:

> „Im Umgang mit Migration geht es nicht nur um globale und gesamteuropäische Aufgaben, sondern auch um eigene Interessen auf nationaler Ebene: Eine weitere Vernachlässigung der politischen Hausaufgaben im Problemfeld Migration gefährdet inneren Frieden und kulturelle Toleranz im vereinigten Deutschland. Es geht um die Situation von Einheimischen und Zuwanderern auf dem Wohnungs- und Arbeitsmarkt, in den Schulen, im Alltag von heute. Es geht um die gegenseitige Akzeptanz von deutscher Mehrheit und zugewanderten Minderhei-

ten. Und es geht um den Sozialstaat von morgen, um die Sicherung seiner sozialen Leistungssysteme bei einer alternden und schrumpfenden Bevölkerung".

Seit mehr als einem Jahrzehnt sei eine Debatte um Einwanderungsgesetzgebung und Migrationspolitik überfällig, in der Sache sei „zum Teil schon seit Jahren" fast alles gesagt, die 1980er Jahre seien „in punkto Migration ein verlorenes Jahrzehnt" geblieben (Bade, 1994, S.13).

Aus dem Kern der Gruppe von Wissenschaftlern des „Manifest der 60" ist im Jahr 1998 der „Rat für Migration" entstanden, der in seinen Empfehlungen an Bundestag und Bundesrat (1998) die wesentlichen Forderungen des „Manifest der 60" übernommen hat. Die sind auch einbezogen worden in die ökumenische Denkschrift der beiden christlichen Kirchen „...und der Fremdling, der in deinen Toren ist" von 1997 in dem 6. Familienbericht der Bundesregierung zur „Lagen der Familien ausländischer Herkunft in Deutschland". Im Jahr 2000 haben Klaus J. Bade und Rainer Münz für den Rat für Migration einen ersten „Migrationsbericht 2000", der Fakten, Analysen und Perspektiven für eine neue Integrationspolitik im Einderungsland Deutschland zusammenfasst (Bade/Münz, 2000).

Ist nach der Verabschiedung des neuen Staatsangehörigkeitsrechtes und der breiten öffentlichen Debatte über den Bericht der Süssmuth-Kommission und den Gesetzentwurf von Bundesinnenminister Schily über ein Zuwanderungsgesetz nunmehr ein Paradigmenwechsel in Sachen Einwanderung und Integration auch in der politischen Wirklichkeit in Deutschland in Sicht? Cornelia Schmalz-Jacobsen (Mitglied der FDP und der UKZU, von 1991 bis 1998 Ausländerbeauftragte der christlich-liberalen Bundesregierung) im Juli 2001 in der ZEIT:

> „Die ziemlich plötzliche gemeinsame Ankunft in der Wirklichkeit lässt hoffen – als politisches Signal kann sie gar nicht hoch genug eingeschätzt werden. Nur sollten wir und nichts vormachen – die mühevolle Kärrnerarbeit liegt noch vor uns. Arbeitsmigration und erleichterter Zugang zum Arbeitsmarkt, Sprachkurse für Neuankömmlinge, raschere Aufenthaltsverfestigung und der Abbau überflüssiger bürokratischer Hürden sind nur das eine. Die viel anspruchsvollere und schwierigere Aufgabe jedoch besteht darin, die Einsicht im Lande zu vermitteln, dass Einwanderung und Integration Akzeptanz brauchen... Wir brauchen viele `vertrauensbildende Maßnahmen´, wenn der Paradigmenwechsel in Sachen Einwanderung gelingen soll... Jetzt beginnt die nüchterne Zeit. Als politisches Schlachtfeld freilich hat die Ausländerpolitik ausgedient".

Die Vorsitzende der Unabhängigen Kommission „Zuwanderung", Rita Süssmuth (CDU, ehem. Bundesgesundheitsministerin und Präsidentin des Deutschen Bundestages) im Vorwort des Berichtes:

> „Die Umsetzung der Empfehlungen ist eine langfristige Aufgabe. Ihre Dringlichkeit ist unbestritten. Es geht um die Zukunft unseres Landes."

Empfehlungen der UKZU zur Integrationspolitik

Die Kommission empfiehlt,
die Arbeit der Wohlfahrtsverbände und der Kirchen weiterhin von staatlicher Seite zu unterstützen. Die Vernetzung zwischen Wohlfahrtsverbänden, anderen freien Trägern, Kommunen und staatlichen Behörden sollte verbessert, das in den Regeldiensten tätige Personal interkulturell geschult, Personal mit Migrationshintergrund eingestellt und die Regeldienste sollten für alle geöffnet werden. Eine Untersuchung über die finanziellen Aufwendungen von Kommunen und Wohlfahrtsverbänden für Integrationsmaßnahmen ist notwendig.

Die Kommission empfiehlt,
- Erzieher verstärkt im Fach interkulturelle Pädagogik aus bzw. und weiterzubilden;
- auf kommunaler Ebene bei ausländischen Familien nachhaltig für den Kindergartenbesuch zu werben und über den Bildungsauftrag des Kindergartens zu informieren;
- verstärkt Erzieher mit Migrationshintergrund in den Kindergärten zu beschäftigen;
- das Kindergartenplatzangebot in Stadtgebieten, in denen überwiegend Zuwanderer leben, bedarfsorientiert auszuweiten und auch ein Betreuungsangebot für den Nachmittag anzubieten.

Die Kommission empfiehlt,
- eine ausreichende Zahl von Lehrkräften für die Vermittlung von Deutsch als Zweitsprache aus bzw. und fortzubilden;
- die Lehrerausbildung um das Fach Interkulturelle Pädagogik zu erweitern;
- das Fach Deutsch als Zweitsprache für die Kinder mit Migrationshintergrund in den regulären Unterricht und nicht als Zusatzangebot in den Nachmittagsstunden mit aufzunehmen;
- muttersprachlichen Schulunterricht, der nicht den Fremdsprachenunterricht ersetzen darf, als nachmittägliches Zusatzangebot für Kinder mit Migrationshintergrund einzurichten;
- aus integrationspolitischen Gründen verstärkt Ganztagsschulen einzurichten und an herkömmlichen Schulen auch am Nachmittag ein Lehr- und Freizeitangebot bereitzustellen;
- Schulklassen mit einem hohen Anteil an Migrantenkindern und sozial Benachteiligten kleiner zu gestalten und mit Lehrkräften besser auszustatten;
- allen im Land lebenden Migrantenkindern eine Schulausbildung zu ermöglichen. Kindern von Asylbewerbern sollte der Schulbesuch zur Pflicht gemacht werden;
- die statistische Erfassung der Schul- und Bildungssituation von Aussiedler- und Ausländerkindern zu verbessern. Dabei sollte insbesondere das Phänomen der Pendelmigration, die zu häufigen Brüchen in der Bildungskarriere führt, genauer erfasst und untersucht werden.

UKZU, Seite 211, 214, 217

Literatur

Backes, Uwe/Jesse, Eckhard: Politischer Extremismus in der Bundesrepublik Deutschland, Bonn, 1993

Bade, Klaus J.(Hrsg.): Das Manifest der 60. Deutschland und die Einwanderung.
München, 1994

Bade, Klaus J.: Europa in Bewegung. Migration vom späten 18. Jahrhundert bis zur Gegenwart, München 2000

Bade, Klaus J., Münz, Rainer, Migrationsreport 2000, Fakten – Analysen – Perspektiven, Bundeszentrale für politische Bildung, Bonn, 2000

Beauftragte der Bundesregierung für Ausländerfragen, Daten und Fakten zur Ausländersituation, Bonn 1999
Beauftragte der Bundesregierung für Ausländerfragen. Bericht über die Lage der Ausländer in der Bundesrepublik. Berlin 2000
Birg, Herwig: Ein zweifaches Tabu. Deutschland braucht Bevölkerungspolitik und ein Einwanderungsgesetz. In: Frankfurter Allgemeine Zeitung vom 24. 2. 1999, S. 11
Brieskorn, Norbert: Menschenrechte. Eine historisch-philosophische Grundlegung, Stuttgart, Berlin, Köln 1997
BMA – Bundesministerium für Arbeit und Sozialordnung (Hrsg.): Lebenslagen in Deutschland. Erster Armuts- und Reichtumsbericht. Berlin 2001
BMFSFJ – Bundesministerium für Familie, Senioren, Frauen und Jugend: Familien ausländischer Herkunft in Deutschland. Leistungen, Belastungen, Herausforderungen. Sechster Familienbericht. Berlin 2001
Butterwegge, Christoph: Rechtsextremismus, Rassismus und Gewalt. Erklärungsmodelle in der Diskussion, Darmstadt 1996
Butterwegge, Christoph/Häusler, Alexander: Themen der Rechten – Themen der Mitte. In: LAGA NRW – Landesarbeitsgemeinschaft der Ausländerbeiräte NRW, Düsseldorf, 2001
Bundesamt für Verfassungsschutz, Verfassungsschutzbericht 2000, Köln 2001
Deutscher Bundestag, Referat Öffentlichkeit (Hrsg.): Reform des Staatsangehörigkeitsrechte – die parlamentarische Debatte. Berlin 1999 (BT-Plenarprotokoll 14. Wahlperiode – 28. Sitzung vom 19. März 1999)
ECRI – Europäische Kommission gegen Rassismus und Intoleranz, Zweiter Bericht über Deutschland – verabschiedet am 15. Dezember 2000. Europarat Straßburg, 3. Juli 2001 (www.ecri.coe.int)
Eisfeld, Rainer: Pluralismus/Pluralismustheorie. In: Nohlen, Dieter (Hrsg.): Wörterbuch Staat und Politik, München, Zürich, 4. Auflage 1991 (1. Auflage 1991), S. 537 – 542
Esser, Hartmut: Integration und ethnische Schichtung. Gutachten für die Geschäftstelle der Unabhängigen Kommission „Zuwanderung“ des Bundesministeriums des Inneren, Berlin 2001
Faist, Thomas: Doppelte Staatsbürgerschaft als überlappende Mitgliedschaft. In: Politische Vierteljahresschrift, 42. Jg. (2001) Heft 2, S. 247 – 264
Fraenkel, Ernst: Deutschland und die westlichen Demokratien, Stuttgart 1964
Freise, Josef: Fremdenfeindlichkeit bei Jugendlichen. Überlegungen im Anschluß an die Schell-Studie „Jugend 2000“. In: Thema Jugend, 1/2001, S. 6 – 12
Hentges, Gudrun/Reißlandt, Carolin in Heither/Wiegel (Hrsg.) „Die Stolzdeutschen“, 2001
Kleinert, Corinna/de Rijke, Johann: Rechtsextreme Orientierungen bei Jugendlichen und jungen Erwachsenen. In: Schubarth, Wilfried/Stöss, Richard (Hrsg.): Rechtsextremismus in der Bundesrepublik Deutschland. Eine Bilanz. Schriftenreihe Band 368 der Bundeszentrale für politische Bildung. Bonn, 2000
Leggewie, Claus: Das Ende der Lebenslügen: Plädoyer für eine neue Einwanderungspolitik. In: Bade, Klaus J. (Hrsg),1994
Münz, Rainer, Seifert, Wolfgang, Ulrich, Ralf: Zuwanderung nach Deutschland, Strukturen, Wirkungen, Perspektiven, 2. Auflage, Frankfurt/New York 1999
Nohlen, Dieter, Wahlen/Wahlrecht. In: Nohlen, Dieter (Hrsg.): Wörterbuch Staat und Politik, München, Zürich, 4. Auflage 1991 (1. Auflage 1991), S. 845 – 852
Oberndörfer, Dieter: Die offene Republik. Freiburg i.Br. 1991
Renan, Ernest, in: Psichari, Henriette: Oeuvres Complètes de Ernest Renan, Tome 1, Calmann-Lévi, Paris o.J.,
Renner, Günter: Was ist neu am neuen Staatsangehörigkeitsrecht? In: ZAR 4/99, S. 154 – 163
Renner, Günter: Reform des deutschen Staatsangehörigkeitsrechts. In: Neue Justiz 1/2000 S. 15 – 17
Schmalz-Jacobsen, Cornelia: „Wo sind die türkischen Lehrer und Ärzte?“ In DIE ZEIT 29/2001
Schubarth, Wilfried/Stöss, Richard (Hrsg.): Rechtsextremismus in der Bundesrepublik Deutschland. Eine Bilanz. Schriftenreihe Band 368 der Bundeszentrale für politische Bildung. Bonn, 2000

Wippermann, Carsten: Ideologie und Erlebnissehnsucht. Aktuelle Ereignisse des Instituts Sinus Socionvision (Heidelberg). In: Thema Jugend 1/2001, S. 2 – 6

Wollenschlager, Michael: Migrationspolitik und Zuwanderungsrecht, Illegalität und Legalisierung, Integration und Staatsangehörigkeitsrecht. In: Bade, Klaus J. (Hrsg.): 1994

UKZU – Unabhängige Kommission „Zuwanderung“ des Bundesministerium des Inneren, Berlin 2001

2. Das neue Staatsangehörigkeitsrecht: Ziele, Inhalte der Vorschriften und Umsetzung

Helga Spindler

Einleitung

Der Umgang mit Recht ist für viele Nichtjuristen mit Vorbehalten verbunden. Aber das Recht hat einen Vorteil: es ist nachprüfbar, es schafft Klarheit, es stellt für alle gültige Regeln bereit und nicht nur für diejenigen, die einem selbst oder einer Behörde sympathisch sind oder genug Geld haben. Die Geltung und Beachtung von Recht, die Rechtssicherheit, ist Grundlage für das Zusammenleben verschiedener Menschen in einer Demokratie. Bei der Schaffung und Änderung von Recht müssen immer viele, oft widerstreitende Interessen und Anschauungen berücksichtigt werden. Auch wenn mancher bedauern mag, dass manche Regelungen seinen Interessen nicht optimal entsprechen, muss er sie trotzdem respektieren – jedenfalls bis sie in einem demokratischen Verfahren geändert werden.

Den Vorteil der Transparenz und Klarheit kann man allerdings nur für sich nutzen, wenn man die einschlägigen Vorschriften – Paragraphen – auch einmal liest. Dazu wird eine gut zusammengestellte, preiswerte Gesetzessammlung empfohlen, die man fast jedes Jahr auf aktuellem Stand kaufen kann. Soweit sich der folgende Text auf solche Paragraphen bezieht, sind sie auch zitiert, damit man sie nachlesen kann. Leider ist der Gesetzestext manchmal aber doch nicht einfach zu verstehen. Manches ist sehr abstrakt ausgedrückt, manche Begriffe müssen erst ausgelegt werden, weil man Verschiedenes darunter verstehen kann. Erst Urteile oder wissenschaftliche Abhandlungen tragen mit der Zeit zu mehr Eindeutigkeit bei. Manchmal ist ein durchsetzbarer Rechtsanspruch formuliert, manchmal hat die Behörde ein Ermessen, d.h. eine gewisse Freiheit bei der Entscheidung, aber auch da muss sie sich an Regeln halten.

Die folgenden Ausführungen wollen die Vorschriften nicht bis in alle Einzelheiten kommentieren (das ist Aufgabe der Fachliteratur und der Gerichte), sondern zum Verständnis der Vorschriften beitragen und die auftretenden Probleme sortieren helfen.

2.1 Allgemeines zur Staatsangehörigkeit

Erwerb durch Geburt

In jedem Staat der Welt ist der Erwerb der Staatsangehörigkeit in irgendeiner Weise geregelt. Üblicherweise erwirbt man durch Abstammung, d.h. mit der Geburt, die

Staatsangehörigkeit seiner Eltern (ius sanguinis). Wenn die Eltern verschiedene Staatsangehörigkeiten haben, erwirbt das Kind nach dem Recht der jeweiligen Herkunftsstaaten entweder beide Staatsangehörigkeiten oder nur eine – und dann meist die des Vaters. Ergänzt werden kann das dadurch, dass ein Kind, das außerhalb des Herkunftsstaats der Eltern geboren wird, zusätzlich die Staatsangehörigkeit des Staates erwirbt, auf dessen Gebiet es geboren wird (ius soli). Es ist jedem Staat überlassen, inwieweit er diese Möglichkeit einführt und wie er die Voraussetzungen gestaltet. Deshalb gibt es hier eine unterschiedliche Praxis, die oft auch viel mit den gesellschaftlichen und historischen Besonderheiten des jeweiligen Staates zu tun hat.

Erwerb durch Einbürgerung. Verlust der Staatsangehörigkeit

Außer durch Geburt kann man aber auch im weiteren Verlauf seines Lebens in den meisten Staaten der Welt die Staatsbürgerschaft erwerben (Einbürgerung) und auch wieder verlieren oder aufgeben. Der Erwerb ist meist nur durch begründeten Antrag möglich, der Verlust kann auf Antrag oder durch Eintritt bestimmter Voraussetzungen erfolgen oder auch ausgeschlossen sein.

Auch hier ist es jedem Staat überlassen, wie er das regelt. Insbesondere können unterschiedliche Voraussetzungen für diese spätere Einbürgerung festgelegt werden. Meist wird überprüft, wie weit der Bewerber in dem Aufnahmestaat integriert ist. Es kann sowohl ein breiter Ermessenspielraum für die Behörde als auch ein Rechtsanspruch für bestimmte Ausländergruppen eingeführt werden (vgl. Kasten unten).

> Ein Rechtsanspruch wird oft so formuliert:
> „hat Anspruch auf „ „ ist zu erteilen, einzubürgern usw."
>
> Ermessen wird so formuliert:
> „kann erteilt werden" „ von der Voraussetzung kann abgesehen werden"

Doppelte Staatsbürgerschaft

Schon wegen der vielen Gestaltungsmöglichkeiten, die sich ergeben, sind doppelte Staatsbürgerschaften nichts ungewöhnliches. Sie sind auch nicht durch internationale Abkommen verboten. Es gibt aber wohl einen Grundsatz der Vermeidung von Mehrstaatigkeit, der in der Rechtsprechung des Bundesverfassungsgerichts von 1974 und dem Mehrstaaterübereinkommen des Europarats von 1963 eine Grundlage findet. Er dient der Klarheit im internationalen Rechtsverkehr und soll da, wo die Staatsangehörigkeit nicht automatisch erworben wird, sondern Entscheidungen getroffen werden können, berücksichtigt werden. Dabei muss man sich vor Augen führen, dass Mehrstaatigkeit nicht nur bedeutet, dass jemand zwei Staatsangehörigkeiten hat, sondern dass sich daraus leicht drei oder mehr Staatsangehörigkeiten ergeben können, was komplizierte Folgeprobleme etwa im Familienrecht oder im internationalen Rechtsverkehr auslösen kann.

Es geht zwar hier zunächst nur um die deutsche Staatsbürgerschaft, aber mit der deutschen Staatsbürgerschaft geht es um etwas, was in Zukunft womöglich noch viel wichtiger ist, nämlich um die *europäische Bürgerschaft*. Deutsche sind automatisch

Bürger eines Mitgliedsstaats der europäischen Union und haben damit weitestgehende Freizügigkeitsrechte. Für alle Ausländer aus Drittstaaten bedeutet die deutsche Staatsbürgerschaft deshalb bereits eine *im europäischen Sinne doppelte Staatsbürgerschaft,* die nicht unterschätzt werden sollte.

Wie es die europäischen Staaten untereinander mit der doppelten Staatsbürgerschaft halten, scheint im übrigen auch noch nicht klar zu sein. Grundsätzlich soll nach § 87 Abs.2 AuslG Mehrstaatigkeit in Deutschland bei Angehörigen von Mitgliedstaaten der Europäischen Union anerkannt werden, wenn das dort auch so gehandhabt wird. Das ist aber bisher nur in vier Staaten der Fall.

2.2 Kontinuität und Wandel im deutschen Staatsangehörigkeitsrecht

Rechtliche Grundlagen bis 1999

Man konnte auch vor dem Jahr 2000 in verschiedenen Lebensaltern und Situationen die deutsche Staatsbürgerschaft erwerben und viele dieser Möglichkeiten bleiben auch nach wie vor erhalten.

Das heißt: es gab auch bisher schon Gesetze, die diesen Bereich regelten. Das war vor allem das schon etwas betagte Reichs- und Staatsangehörigkeitsgesetz (RuStAG), aus dem eine Reihe von Vorschriften beibehalten wurden (vgl. Kasten unten). Und auch das Ausländergesetz (AuslG) von 1990 enthielt bereits die Möglichkeit der erleichterten Einbürgerung von Jugendlichen zwischen 16 und 23 Jahren und die von Erwachsenen nach einem Aufenthalt von mehr als 15 Jahren.

Beibehalten wurden aus dem RuStAG im neuen Staatsangehörigkeitsgesetz (StAG) die Einbürgerung von

a) Kindern mit einem deutschen Elternteil durch Geburt, §4 Abs.1 StAG ,
b) Ehegatten von Deutschen auf Antrag nach § 9 StAG
c) Personen, die Antrag auf Einbürgerung im Ermessenswege stellen § 8 StAG.

Diese schon länger bestehenden Möglichkeiten werden im folgenden nicht behandelt.

Früher gab es folgende rechtliche Grundlagen für die Einbürgerung in Deutschland:

- Reichs- und Staatsangehörigkeitsgesetz, 1913
- Einbürgerungsrichtlinien, 1977
- Ausländergesetz 1990

Diese wurden abgelöst durch:

- Staatsangehörigkeitsgesetz 2000
- Ausländergesetz 2000
- Allgemeine Verwaltungsvorschriften 2000

Neuregelung seit 2000

Seit 1.1.2000 ist das Reichs- und Staatsangehörigkeitsgesetz durch das neue Staatsangehörigkeitsgesetz (StAG) abgelöst, das teilweise neue Regeln enthält. Auch die Einbürgerungsvorschriften im Ausländergesetz sind in den §§ 85f. AuslG teilweise neu gefasst worden.

Eine Schwierigkeit im Umgang mit dem Recht liegt darin, dass es sich weiterhin auf zwei Gesetze verteilt, die unterschiedliche Strukturen und Regelungsbereiche aufweisen. Um die gleichmäßige Umsetzung der Gesetze zu erleichtern sind inzwischen allgemeine Verwaltungsvorschriften mit bundesweiter Geltung erlassen worden.

Die wichtigsten Neuerungen.

Die wichtigsten Neuerungen liegen darin,

- dass beim Erwerb durch Geburt Elemente des „ius soli" für das in Deutschland geborene Kind eingeführt werden, wenn seine Eltern einen gefestigten Aufenthaltsstatus haben. Das gilt auf Antrag auch für Kinder, die am 1.1. 2000 noch nicht zehn Jahre alt waren.
- dass die Voraussetzungen für den Anspruch auf Einbürgerung nach dem Ausländergesetz verändert worden sind: teilweise wurden sie erleichtert, wie bei der Mindestaufenthaltszeit und bei Sozialhilfebeziehern, teilweise werden verstärkte Integrationsanforderungen gestellt, wie bei den Sprachkenntnissen und dem Bekenntnis zur Verfassung.
- dass der Verlust der deutschen Staatsbürgerschaft auch eintritt, wenn man eine weitere Staatsbürgerschaft beantragt.

Darauf ist besonders hinzuweisen, weil bisher unter Anhängern einer weitergehenden doppelten Staatsbürgerschaft als Geheimtipp galt, seine Herkunftsstaatsbürgerschaft zunächst aufzugeben, und sie nach der Einbürgerung einfach wieder anzunehmen. Das war zwar auch bisher schon nicht erwünscht, hatte aber nach der Rechtslage bis Ende 1999 keine weiteren Folgen. Seit 1.1.2000 gilt für diese Personen wie für alle Deutschen der neu gefasste § 25 StAG: Wer eine ausländische Staatsangehörigkeit beantragt, verliert seine deutsche Staatsangehörigkeit automatisch wieder, wenn er nicht vorher eine Ausnahmegenehmigung bei der zuständigen deutschen Behörde eingeholt hat.

2.3 Allgemeine Voraussetzung für die Einbürgerung und Aufenthaltstitel

In irgendeiner Form geht es beim Erwerb der Staatsbürgerschaft immer um die gleichen Elemente und Voraussetzungen. Sie gleichen oft denen, die schon lange als Voraussetzungen für die Verfestigung von Aufenthalt nach dem Ausländergesetz (siehe 2.3 Dauerhafte Aufenthaltstitel) beispielsweise für die Aufenthaltsberechtigung existieren.

Man kann diese Bereiche wie folgt umschreiben (vgl. Kasten):

> *Allgemeine Voraussetzungen für Verfestigung von Aufenthalt und /oder Erwerb der Staatsbürgerschaft*
>
> - Aufenthaltsdauer in Deutschland
> - Sprachkenntnisse
> - Straffreiheit
> - eigenständige Existenzsicherung
> - Aufgabe der Herkunftsstaatsbürgerschaft.
> - Verfassungstreue

Diese Voraussetzungen haben etwas mit den Zielen, aber auch mit den Vorbehalten zu tun, die im Aufnahmestaat existieren

Die Ziele sind sehr vielfältig: Fördern der Integration, Ermöglichen der aktiven Teilnahme am politischen und gesellschaftlichen Leben, gleiche Rechte und Pflichten, Sicherung des Lebensmittelpunktes durch Wegfall ausländerrechtlicher Beschränkungsmöglichkeit des Aufenthalts, Gewinnung von Arbeitnehmern, Beitragszahlern, Investoren und Wählern für den Aufnahmestaat.

Aber es gibt auch Vorbehalte: Furcht vor Zerfall und Spaltung der Gesellschaft durch fehlende sprachliche wie politische, religiöse und kulturelle Verständigungsmöglichkeit, durch zusätzliche, besonders schwer zu kontrollierende Kriminalität und Extremismus, Sorge vor übermäßiger Belastung eines sozialen Systems, das ein relativ hohes Niveau hat und einen Anreiz zur Zuwanderung bietet, den es nicht finanzieren kann.

Umgekehrt haben auch die Einzubürgernden Ziele und Forderungen, insbesondere nach Rechten, aber auch Unsicherheiten und Vorbehalte, was sich insbesondere in dem Vorbehalt ausdrückt, die bisherige Staatsbürgerschaft aufzugeben.

Diese verschiedenen, auch widerstreitenden Interessen und Ziele mussten in einem einheitlichen Regelwerk zusammengeführt werden.

Spezielle Voraussetzungen, insbesondere Bedeutung der Aufenthaltstitel

Grundsätzlich bleibt es so, dass die Staatsbürgerschaft über das ganze Leben hinweg erlangt werden kann. Meist ist es jedoch in Kinder- und Jugendalter „einfacher", weil weniger an Voraussetzungen und bewussten Entscheidungen verlangt wird als beim Erwachsenen und weil manches dem, der in Deutschland aufgewachsen ist, leichter fällt – wie z.B. das Erlernen der Sprache. Auch hier läuft nicht alles automatisch, weil

a) manche Voraussetzungen auf die Eltern „vorverlagert" werden und
b) Entscheidungen dann nachträglich getroffen werden müssen.

Die zweite Gruppe, die erleichterte Bedingungen hat, sind Ehepartner von Deutschen oder Ausländern mit verfestigten Aufenthaltstiteln. Das gilt aber oft nur während des Bestands der Ehe und nicht mehr nach der Trennung.

Die verschiedenen Zugangsvoraussetzungen zu Staatsbürgerschaft sind geprägt von den bisherigen rechtlichen Grundlagen, insbesondere vom Aufenthaltstitel, den man nach geltendem Recht erworben hat. Deshalb wird diese Systematik hier zuerst anhand einer Übersicht dargestellt und im Folgenden kurz erläutert.

Abb.: Übersicht über Aufenthaltsstitel:

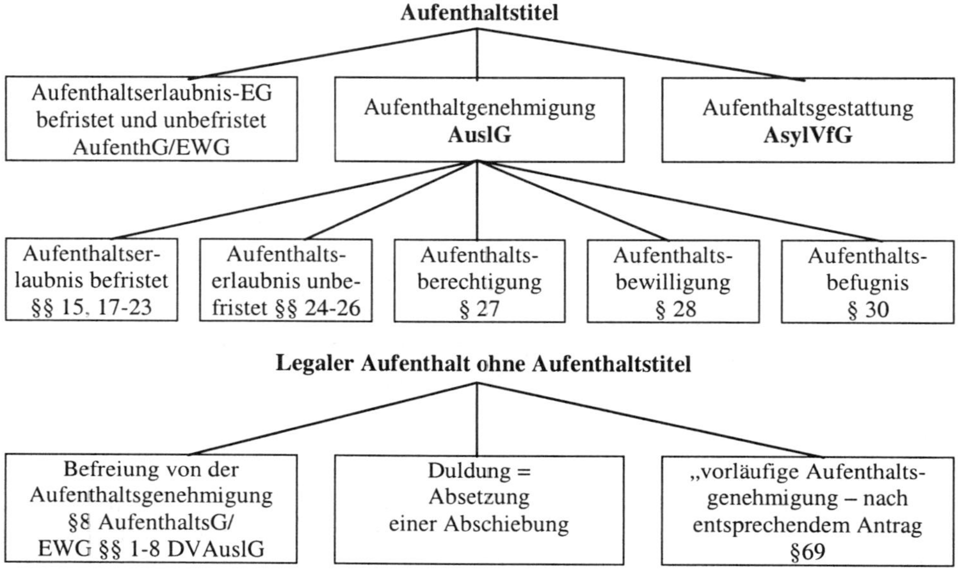

Dauerhafte Aufenthaltstitel

Das Grundprinzip der verschiedenen Aufenthaltstitel ist so zu verstehen, dass nicht jeder, der sich in Deutschland aus welchen Gründen auch immer aufhält, daraus ein Recht auf Daueraufenthalt ableiten kann. Manchen ist der Aufenthalt nur vorübergehend oder zu einem bestimmten Zweck gestattet, manche haben das Recht auf Dauer in Deutschland zu leben.

Im Zusammenhang mit dem neuen Staatsangehörigkeitsrecht sind als Voraussetzungen die unbefristeten Titel aus dem Ausländergesetz besonders wichtig; die Titel, die einen verfestigten Aufenthaltsstatus kennzeichnen. Das sind *die unbefristete Aufenthaltserlaubnis* (§ 24 AuslG), auch *die unbefristete Aufenthaltserlaubnis EG und die Aufenthaltsberechtigung* (§ 27 AuslG)

Nach statistischen Erhebungen hatten Ende 1999 von ca.7,3 Millionen Ausländern etwa 2,027 Millionen Ausländer die unbefristete Aufenthaltserlaubnis und etwa 824 000 die Aufenthaltsberechtigung.

Diese Titel sind nach wie vor nur unter bestimmten Voraussetzungen zu erhalten, die vor allem bei der Erteilung erfüllt sein müssen. Wenn sie nachträglich wegfallen, schadet das im Regelfall nicht mehr. Um diese Voraussetzungen einmal deutlich zu machen, werden sie in einer Übersicht kurz zusammengefasst. (vgl. folgenden Kasten)

Voraussetzungen für Aufenthaltsberechtigung § 27 AuslG, (in Klammern für unbefristete Aufenthaltserlaubnis § 24 AuslG)

a) 8 Jahre rechtmäßiger Aufenthalt mit Aufenthaltserlaubnis (= AE) (5 Jahre AE)
b) Fähigkeit sich auf einfache Art in deutscher Sprache mündlich zu verständigen
c) in den letzten 3 Jahren keine Verurteilung zu einer Strafe über 6 Monate/ Geldstrafe über 180 Tagessätze
d) keine sonstigen Ausweisungsgründe z.B. Strafurteile und Ordnungswidrigkeiten eines bestimmten Umfangs, Bezug bestimmter Jugendhilfeleistungen, Sozialhilfe-bezug, Obdachlosigkeit, Rauschgiftgebrauch und -kriminalität, Prostitution, politische Gewalttätigkeit oder Gefährdung der demokratischen Grundordnung, vergl. § 46 AuslG
e) Lebensunterhalt aus eigener Erwerbstätigkeit, eigenem Vermögen, eigenen Mitteln gesichert. Mindestens 60 Monate Beiträge zur Altersvorsorge (Besitz von Arbeitsberechtigung oder Gewerbeerlaubnis. Ansonsten genügt auch der Bezug von Arbeitslosengeld oder die ersten 6 Monate Arbeitslosenhilfe, nicht aber Sozialhilfe)
f) ausreichender Wohnraum für die Familie vorhanden

Die verfestigten Aufenthaltstitel geben auch schon alleine guten Abschiebeschutz, Daueraufenthalt und Integrationsmöglichkeiten. Sie sind in vielen Fällen aber auch Voraussetzung für die Erlangung der Staatsbürgerschaft, die noch mehr Gestaltungsspielräume eröffnet.

Es gibt dabei auch einige Erleichterungen: die unbefristete Aufenthaltserlaubnis können Jugendliche ab 16 Jahre unter günstigeren Bedingungen beantragen (§ 26 AuslG), ähnliches gilt für Ehepartner, die noch in ehelicher Lebensgemeinschaft leben (§ 25 AuslG). Besonders privilegiert sind auch immer Ehepartner von Deutschen (§ 25 Abs.3 AuslG), aber das soll hier nicht vertieft werden.

Befristete Aufenthaltstitel

Hier ist als erstes die *befristetet Aufenthaltserlaubnis* nach §§ 15,12 AuslG zu erwähnen.

Für EU Angehörige gilt ein spezielles Gesetz, das Aufenthaltserlaubnisgesetz/ EG. Die *befristete Aufenthaltserlaubnis EG* ist wegen der grundsätzlichen Freizügigkeit einfach zu erlangen und erstreckt sich meist auf 5 Jahre, weswegen die in diesem Gesetz auch mögliche unbefristete Aufenthaltserlaubnis EG seltener beantragt wird.

Auch diese beiden befristeten Titel, von denen es Ende 1999 1,75 Millionen gab, genügen, wenn sie lang genug verlängert worden sind, zumindest als Voraussetzung für die Einbürgerung auf Antrag (siehe unten 2.5).

Die folgenden befristeten Aufenthaltstitel sind dagegen als Voraussetzung für die Einbürgerung nicht geeignet !

Das heißt: wer die im folgenden aufgezählten Aufenthaltstitel hat, kann – auch wenn er sich schon länger in Deutschland aufhält – keine Einbürgerung beantragen.

Dazu gehören:

- die *Aufenthaltsbewilligung* nach § 28 AuslG, die immer nur befristet für einen vorübergehenden Zweck, z.B. Studium oder Saisonarbeit erteilt wird.
- die *Aufenthaltsbefugnis* nach § 30 AuslG, die aus humanitären Gründen auch nur befristet erteilt wird.
- die *Aufenthaltsgestattung*, die nach dem Asylverfahrensgesetz (AsylVfG) nur während des Asylverfahrens erteilt wird. Wenn das Verfahren beendet ist wird man entweder anerkannt und bekommt dann Aufenthaltstitel nach dem Ausländergesetz oder man wird abgelehnt oder nur noch begrenzt geduldet.
- Eine *Duldung* (§ 55 AuslG) ist *kein Aufenthaltstitel* und kann somit auf keinen Fall zur Einbürgerung führen. Auch der *vorläufig erlaubte Aufenthalt* (§ 69 AuslG) bei verspäteter Antragstellung ist kein Titel, kann aber später bei Zählung der Zeiten rechtmäßigen Aufenthalts wichtig werden.

Die wichtigsten Fallgruppen für den Erwerb der Staatsangehörigkeit

Nach diesen allgemeinen Grundlagen und Informationen werden nun die wichtigsten Fallgruppen gebildet, damit das neue Recht an konkreten Beispielen deutlich wird:

Gruppe 1) Kinder, die nach dem 1.1.2000 in Deutschland geboren werden
Gruppe 2) Kinder, die zwischen 2.1.1990 und 31.12.1999 geboren wurden.

Diese Gruppen und vor allem die für sie bestehende Optionspflicht werden in *Abschnitt 2.4* behandelt.

Danach folgen in *Abschnitt 2.5.*

Gruppe 3) Ausländer über 23 Jahre, die sich über 8 Jahre in Deutschland aufhalten, mit einer eingehenden Beschreibung der für sie erforderlichen Antragsvoraussetzungen.

Anschließend folgen

Gruppe 4) Junge Ausländer unter 23 Jahren, die sich schon länger in Deutschland aufhalten, und
Gruppe 5) Ehegatten/innen von Ausländern.

2.4 Der Erwerb der Staatsangehörigkeit durch Geburt

Gruppe 1) Kinder von ausländischen Eltern, die nach dem 1.1.2000 in Deutschland geboren werden.

Hier findet sich die wichtigste Neuerung im Staatsangehörigkeitsgesetz. Die Staatsangehörigkeit wird mit der Geburt in Deutschland nach § 4 Abs. 3 StAG automatisch erworben und vom Standesbeamten beurkundet, wenn die Voraussetzungen im einzelnen vorliegen (ius soli). Diese Regelung hat besonders die zukünftigen Generation im Auge, die jungen Menschen, die hier geboren werden und voraussichtlich auch hier aufwachsen.

Die ausländische Staatsangehörigkeit (oder -angehörigkeiten, wenn die Eltern unterschiedlicher Abstammung sind), werden nach dem Recht der jeweiligen Herkunftsstaaten ebenfalls erworben, so dass das Kind dann zwei oder drei Staatsangehörigkeiten haben kann (doppelte oder mehrfache Staatsangehörigkeit).

Das Neugeborene muss zwar im Moment keine weiteren Voraussetzungen erfüllen, das darf jedoch nicht zu dem Missverständnis führen, dass automatisch alle in Deutschland geborenen Kinder ausländischer Eltern Deutsche werden. Denn die Eltern müssen bestimmte Voraussetzungen erfüllen (vgl. Kasten unten).

Es muss mindestens *ein Elternteil* zum Zeitpunkt der Geburt
- seit 8 Jahren rechtmäßig seinen gewöhnlichen Aufenthalt im Inland haben und
- Aufenthaltsberechtigung/ oder seit 3 Jahren unbefristete Aufenthaltserlaubnis besitzen

Das heißt nicht anderes, als dass ein Teil der Voraussetzungen in diesem Fall auf die Eltern sozusagen „vorverlagert" wird. Und hier hilft der vorhergegangene Überblick über die Aufenthaltstitel: alle befristeten Aufenthaltstitel bei den Eltern (siehe oben 2.3 Befristete Aufenthaltstitel) erfüllen diese Voraussetzung nicht, auch nicht die befristete Aufenthaltserlaubnis – EG und natürlich auch nicht die Duldung oder der Aufenthalt während des Asylverfahrens. Es ist daher wichtig, *den Aufenthaltsstatus der Eltern oder zumindest eines Elternteils* in Erfahrung zu bringen – was der Standesbeamte übrigens auch machen muss – bevor man Erwartungen in die neue Regelung weckt.

Diese Geltung des „ius soli" ist auch ausgeweitet worden auf schon geborene Kinder der Gruppe 2.

Gruppe 2) Kinder von ausländischen Eltern, die zwischen dem 2.1.1990 und dem 31.12.1999 geboren sind.

Für diese Kinder galt nach § 40b StAG auf Antrag das gleiche wie für die Gruppe 1). Dieser Antrag musste bis zum 31.12.2000 gestellt werden und es bestand hier ein besonders großer Beratungsbedarf. Diese Kinder sind oft schon in Kindergarten, Schule und Hort, so dass sich hier vielfältige Möglichkeiten bieten, die Eltern anzusprechen. Mit zwei Problemen ist hier zu rechnen:

Einmal kann es Vorbehalte der Eltern geben, dass sich das Kind von ihnen entfremdet. Das gilt besonders, wenn die Eltern selbst keine deutsche Staatsbürgerschaft anstreben. Zweitens ist hier die Frage der Voraussetzungen noch etwas komplizierter, denn sie müssen genauso wie bei Gruppe 1) zum Zeitpunkt der Geburt vorgelegen haben und die entsprechende Überprüfung kann weit in die Vergangenheit zurückreichen. Man muss also, um etwa eine Entscheidung im Jahre 2000 zu treffen, die Verhältnisse bis zurück zum Jahr 1987 überprüfen, was ja auch bei der Behörde einen gewissen Aufwand bedeutet.

Das ist möglicherweise auch der Grund für die für dieses Verfahren relativ hohe Gebühr von 500.- DM, die im Einzelfall ermäßigt werden kann, vor allem, wenn ein weiteres Kind mit eingebürgert wird. Es empfiehlt sich, sich vor Ort nach der Verwaltungspraxis zu erkundigen. An manchen Orten versucht man zumindest das Kostenrisiko zu mindern: in Köln etwa werden die Gebühren zurückerstattet, wenn die Überprüfung ergibt, dass der Antrag wegen fehlender Voraussetzungen abgelehnt werden muss. Außerdem ist geplant, die Gebühr ab 2001 ganz wegfallen zu lassen. (Das Gesetz ist aber (Stand 1.3.2001) noch nicht verabschiedet. Zu der Alternative der Einbürgerung zusammen mit den Eltern siehe unten, unter 2.5 Kinder unter 16 Jahren)

Im Hinblick auf die Zukunft des Kindes sollte man ihm doch diese verhältnismäßig einfache Möglichkeit eröffnen. Auch wenn die Eltern selbst die deutsche Staatsangehörigkeit nicht annehmen wollen oder können, ergeben sich für sie deutliche Vorteile in ihrem Aufenthaltsrecht als Elternteil eines minderjährigen Deutschen, § 23 AuslG.

Optionsregel und Erklärungspflicht

Das Kind behält allerdings diese durch Geburt erworbene deutsche Staatsangehörigkeit nicht auf Dauer. Es verliert sie, wenn es nicht spätestens bis zum 23. Lebensjahr schriftlich erklärt, dass es sie alleine behalten will. In Ausnahmefällen kann es allerdings eine Beibehaltungsgenehmigung beibringen (§ 29 StAG, siehe dazu unten 2.5 Bereitschaft die Herkunftsstaatsbürgerschaft aufzugeben). Es verliert sie auch, wenn es sich nicht äußert oder wenn es erklärt, seine andere Staatsbürgerschaft wählen zu wollen. Hier wird also eine Entscheidung, die beim Erwerb der Staatsbürgerschaft auf Antrag sofort erfolgen muss und die das Kleinkind noch nicht treffen kann, zeitlich nach hinten verlegt. Das hängt damit zusammen, dass grundsätzlich die Beibehaltung einer doppelten Staatsangehörigkeit nicht erwünscht ist. Davon gibt es aber viele Ausnahmetatbestände, die unten bei § 87 AuslG besprochen werden, und die ihm, wenn sie vorliegen, eine Beibehaltungsgenehmigung einbringen werden (siehe unten 2.5 Bereitschaft die Herkunftsstaatsbürgerschaft aufzugeben).

Diese Entscheidung wird aber erst in der Zukunft zu treffen sein, frühestens mit der Volljährigkeit am 1.1.2018. Dann werden die Jugendlichen bereits angeschrieben werden mit der Aufforderung, sich zu erklären. Die Erklärung muss dann bis spätestens bis zum 1.1.2023 getroffen sein. Etwas früher liegt der Zeitpunkt bei den Kindern der Gruppe 2), wo der früheste Volljährigkeitszeitpunkt am 2.1.2008 und der früheste Entscheidungszeitpunkt am 2.1.2013 liegen kann.

Das dauert alles noch lange und die Entscheidung wird um so weniger ein Problem sein, je mehr die Integration bis dahin geglückt ist. Selbst wenn sie nicht geglückt ist: wenn das Kind erklärt, die deutsche Staatsbürgerschaft als einzige beibehalten zu wollen, kann es gegen seinen Willen die deutsche Staatsbürgerschaft nicht verlieren, es muss .z.B. selbst bei umfangreichen Straftaten (Stichwort „Mehmet“) keine Ausweisung befürchten. Diese Rechtsposition sollte man seinem Kind sichern.

Unklar ist noch, welchen Aufenthaltstitel der junge Erwachsene erhält, der die Option, die deutsche Staatsbürgerschaft beizubehalten, ausschlägt. Es dürfte sich anbieten, ihm entsprechend § 26 AuslG eine unbefristete Aufenthaltserlaubnis unter erleichterten Voraussetzungen zu erteilen, aber automatisch wird diese Folge vermutlich nicht eintreten.

Staatsangehörigkeit durch Geburt erfasst nur einen Teil der jungen Ausländer

Abschließend ist an dieser Stelle festzuhalten, dass es noch viele ausländische Kinder und Jugendliche geben wird, die nicht unter den unter 4.1. genannten Bedingungen die deutsche Staatsbürgerschaft erwerben können. Nach Schätzungen wird nur etwa jedes zweite in Deutschland geborene ausländische Kind die Voraussetzungen erfüllen. Für manche wird diese Möglichkeit wegen ihres aufenthaltsrechtlichen Status auch auf Dauer verschlossen bleiben. Anderen, die entweder zu alt sind, deren Eltern die Voraussetzungen nicht erfüllt oder die den Antrag nach § 40b StAG nicht gestellt haben, bleiben die Möglichkeiten, entweder ab dem 16. Geburtstag die unbefristete Aufenthaltserlaubnis zu erlangen oder die Anspruchseinbürgerung nach § 85 AuslG zu beantragen (vgl. 2.5). Allerdings müssen sie dann die dort vorgesehenen umfangreicheren Voraussetzungen erfüllen.

Es gibt also im Verlauf des Lebens immer wieder Möglichkeiten, nur wird dann unter Umständen mehr überprüft und verlangt.

Diese nun im folgenden zu besprechende Einbürgerungsregelung in § 85f. AuslG gilt aber in erster Linie für Erwachsene. Deshalb werden in der nächsten Fallgruppe zunächst die Vorschriften für Erwachsene besprochen, um dann in der Fallgruppe 4) wieder auf die Jugendlichen und jungen Erwachsenen bis zu einem Alter von 23 Jahren zurückzukommen.

2.5 Der Erwerb der Staatsangehörigkeit durch Anspruch auf Einbürgerung (§ 85 AuslG)

Gruppe 3) Ausländer über 23 Jahren, die sich seit 8 Jahren in Deutschland aufhalten.

Für Erwachsene besteht nach § 85 AuslG ein (gerichtlich durchsetzbarer) Rechtsanspruch auf Einbürgerung, wenn ein entsprechender Antrag gestellt wird. Der Anspruch besteht allerdings nur, wenn man eine Reihe von Voraussetzungen erfüllt, Voraussetzungen, die oben unter Punkt 3 schon angedeutet wurden, die man zwar grob in einer Textübersicht zusammenfassen kann (vgl. Kasten) aber doch etwas genauer erläutern muss:

Voraussetzungen für die Anspruchseinbürgerung nach § 85 AuslG

- *Aufenthaltsdauer: 8 Jahre rechtmäßiger Aufenthalt mit Aufenthaltserlaubnis oder Aufenthaltsberechtigung*
  Abweichung: nur 3 Jahre oder halbe Aufenthaltszeit bei unter 16 – jährigen, die mit eingebürgert werden und in ihrer Familie leben.
  Nur 4 Jahre und 2 Jahre Ehebestandszeit bei Miteinbürgerung von Ehegatten
- *Sprachkompetenz*
  Anspruch hängt von ausreichenden Kenntnissen der deutschen Sprache ab.
  Abweichungen: bei Personen unter 18, die mit eingebürgert werden genügt die Fähigkeit, sich im Alltag ohne nennenswerte Probleme mündlich verständigen zu können.
  Bei Miteinbürgerung von Ehegatten können Bildungsstand und gewisse Schwierigkeiten berücksichtigt werden, wenn die übrigen Familienangehörigen ausreichend Deutsch beherrschen
- *Straffreiheit*
  Geldstrafe bis zu 180 Tagessätzen/Bewährungsstrafe unter 6 Monaten (bei Jugendstrafe Bewährungsstrafe bis zu einem Jahr)
  schadet nicht, wenn die Bewährungszeit erfolgreich abgelaufen ist.
- *eigene Existenzsicherung*
  Arbeitslosen- und Sozialhilfebezug schadet nur, wenn er zu vertreten ist.
  Abweichung: nicht gefordert bei Personen unter 23 Jahren.
- *Aufgabe der Herkunftsstaatsbürgerschaft*
  Hinnahme von Mehrstaatigkeit nur bei sachlichem Grund
- *Verfassungstreue*
  Bekenntnis zur demokratischen Grundordnung
  Wird nicht gefordert bei Personen unter 16 Jahren

Aufenthaltsdauer

Den Anspruch haben alle, die seit 8 Jahren rechtmäßigen und gewöhnlichen Aufenthalt in Deutschland haben. Aber auch hier kommt es nicht nur auf das Element der Aufenthaltsdauer an, sondern man benötigt auch den richtigen Aufenthaltstitel: eine unbefristete Aufenthaltserlaubnis oder -berechtigung. Außerdem genügt es nach § 85 Abs.1, Ziff. 2 AuslG auch, wenn man zum Zeitpunkt der Antragstellung eine befristete Aufenthaltserlaubnis hat. Alle anderen Titel (siehe oben unter 2.3) berechtigen nicht zur Antragstellung, auch wenn man sich schon mehr als 8 Jahre hier aufhält.

Allerdings muss man diese Aufenthaltstitel nicht über die ganzen 8 Jahre hinweg gehabt haben, denn für den gesamten Zeitraum verlangt das Gesetz nur einen rechtmäßigen gewöhnlichen Aufenthalt.

Man fragt sich natürlich, wie man diesen Begriff verstehen soll, denn „rechtmäßiger" und „gewöhnlicher" Aufenthalt, das sind unbestimmte Rechtsbegriffe, die ausgelegt werden müssen. Damit das nicht jeder Sachbearbeiter anders macht, gibt es Verwaltungsvorschriften, die eine einheitliche Auslegung sichern. Zum Staatsangehörigkeitsrecht allgemein gibt es eine bundesweit geltende allgemeine Verwaltungsvorschrift, die hier weiterhilft.

Unter Nummer 85.1.1 dieser Vorschrift wird bestimmt, dass bei der Berechnung der acht Jahre alle Zeiten rechtmäßigen Aufenthalts, auch Aufenthaltsbewilligung,

-befugnis, -gestattung bei später anerkannten Asylbewerbern, ja selbst der vorläufig erlaubte Aufenthalt, mitzählen. Nur die Duldung zählt nicht. Leider ist auch noch nicht eindeutig geklärt, ob auch die Aufenthaltsbewilligung zum gewöhnlichen Aufenthalt zählt.

Ausreichende Kenntnisse der deutschen Sprache, § 86 Abs.1, Ziff.1 AuslG.

Diese Voraussetzung war dem Gesetzgeber ziemlich wichtig: Das „sich auf einfache Art mündlich verständigen zu können" soll ausdrücklich nicht genügen. Aber auch der Begriff „ausreichende Kenntnisse" ist wieder unbestimmt und muss ausgelegt werden.

Auch dazu existiert eine bundesweite Verwaltungsvorschrift. Nach Nummer 86.1.1. liegen ausreichende Kenntnisse vor, wenn man sich im täglichen Leben einschließlich der üblichen Kontakte mit Behörden in seiner deutschen Umgebung sprachlich zurecht findet und wenn ein dem Alter und Bildungsstand entsprechendes Gespräch geführt werden kann. Dazu gehört auch, dass man einen deutschsprachigen Text des alltäglichen Lebens lesen, verstehen und den wesentliche Inhalt mündlich wiedergeben kann.

Das ist als Mindestvorgabe zu verstehen. Es werden nicht, wie z.B. in den Niederlanden verpflichtend, Sprach- und Orientierungskurse vorgeschrieben. Es ist aber möglich, dass ein Bundesland durch weitere Vorschriften noch genauere Anforderungen, auch schriftliche Prüfungen regelt.

Nicht in jedem Fall muss die Behörde die Kenntnisse selbst prüfen. Es gibt durchaus die Möglichkeit, sich die Kenntnisse in einem anerkannten Sprachkurs zu erwerben. Nach Nummer 86.1.2. der Verwaltungsvorschrift genügen das Zertifikat Deutsch oder ein entsprechendes Sprachdiplom, Hauptschulabschluss, Versetzung in die 10.Klasse, mindestens vier Jahre erfolgreicher Besuch einer deutschsprachigen Schule und natürlich ein deutscher Studien- oder Ausbildungsabschluss als Nachweis.

Gerade weil viele Menschen vor Sprachprüfungen wie vor Prüfungen allgemein Angst haben, sollte man sich hier die aktuellsten Richtlinien geben lassen, um sich ein Bild vom Umfang der Prüfung zu machen. Grundsätzlich sollen dabei aber nicht alle gleich behandelt werden, sondern es soll nach Alter und Bildungsstand differenziert vorgegangen werden.

Keine strafrechtliche Verurteilung

Nicht berücksichtigt werden nach § 88 AuslG wieder Geldstrafen bis zu 180 Tagessätzen und Bewährungsstrafen bis zu 6 Monaten nach Erlass der Strafe. Bei Jugendstrafen bis zu einem Jahr kann erst nach Ablauf der Bewährung, bei höheren Strafen muss nicht mehr eingebürgert werden – es kann aber aufgrund einer Ermessensentscheidung im Einzelfall.

Während eines laufenden Ermittlungsverfahrens wird allerdings nichts entschieden.

Lebensunterhalt für die Familie muss eigenständig gesichert sein.

Beim Bezug von Arbeitslosenhilfe und Sozialhilfe, die aus Steuermitteln ohne Vorleistungen finanziert werden, ist das grundsätzlich nicht der Fall.

Aber wenn man den Grund für den Bezug dieser Leistungen nicht zu vertreten hat, dann kann man trotzdem eingebürgert werden (§ 85 Abs. 1, Ziff. 3 und Satz 2 AuslG). Auch hier hilft die Verwaltungsvorschrift wieder beim Verständnis weiter. Nach Nummer 85.1.2 hat man alles zu vertreten, was man durch zurechenbares Handeln oder Unterlassen selbst beeinflussen kann, insbesondere wenn man seine Arbeitslosigkeit selbst verschuldet hat, was im Regelfall durch die Festsetzung einer Sperrzeit nach § 144 SGB III vom Arbeitsamt dokumentiert wird. Aber auch Hinweise auf Arbeitsunwilligkeit, z.B. zu wenig intensive Suche, fallen darunter. Wer dagegen aus gesundheitlichen, betriebsbedingten oder konjunkturellen Gründen seinen Arbeitsplatz verloren hat, der soll darunter nicht leiden und kann trotzdem eingebürgert werden. Vergleicht man diese Vorschrift mit den Voraussetzungen für die verfestigten Aufenthaltstitel, dann wird hier – allerdings erst nach recht eingehenden Überprüfungen, ob man nicht zu den „unwürdigen Armen" gehört – verhältnismäßig großzügig verfahren.

Bereitschaft die Herkunftsstaatsbürgerschaft aufzugeben, § 85 Abs.1, Ziff. 4 AuslG.

Nach den langen und sehr kontroversen Diskussionen um *die doppelte Staatsbürgerschaft* macht das Gesetz deutlich, dass die Mehrstaatigkeit nach wie vor Ausnahme sein soll und orientiert sich an dem Grundsatz der Vermeidung von Mehrstaatigkeit. Dieser Grundsatz ist es auch, der bei den Jugendlichen der Gruppe 1) und 2), die ja zunächst die doppelte Staatsbürgerschaft haben, dazu führt, dass sie sich im Regelfall mit der Volljährigkeit für eine Staatsangehörigkeit entscheiden müssen (Optionspflicht s.o. unter 2.4)

Es gilt aber vor allem auch hier: keine Regel ohne Ausnahme. Die Ausnahmen, bei denen doppelte Staatsbürgerschaft akzeptiert wird, sind im § 87 AuslG: „Einbürgerung unter Hinnahme von Mehrstaatigkeit" aufgezählt. Die Vorschrift ist nicht neu. Sie existiert bereits seit 1990 und ist besonders für ältere Menschen ergänzt worden. Ohne die Regel im Einzelnen kommentieren zu wollen, kann man sie dahingehend zusammenfassen, dass sie Mehrstaatigkeit nur zulässt, wenn es einen schwerwiegenden, auch humanitären, sachlichen Grund dafür gibt – wenn z.B. der Herkunftsstaat nicht entlässt wie Mexiko oder Afghanistan, der Antragsteller als politisch verfolgt anerkannt ist oder objektiv festzustellende erhebliche Nachteile im Herkunftsland drohen.

Immer wenn die Mehrstaatigkeit nach dieser Vorschrift zulässig ist, wird auch für die Jugendlichen der Gruppen 1) und 2) die sog. Beibehaltungsgenehmigung nach § 29 Abs.4 StAG erteilt. Weil sich diese Voraussetzungen je nach Herkunftsland und persönlichem Schicksal verändern können, wird hier für den Einzelfall auf Verwaltungsvorschriften und aktuelle Kommentierungen verwiesen.

Bekenntnis zur freiheitlich demokratischen Grundordnung

und gegebenenfalls eine Abwendung von früheren entgegenstehenden Bestrebungen. § 85 Abs.1 Ziff.1 AuslG. Dies erfolgt durch eine schriftliche Loyalitätserklärung, deren Text in Nummer 85.1.1.1. der Verwaltungsvorschrift vorgegeben ist. (vgl. Kasten unten). Die Einbürgerung ist außerdem nach § 86 Abs.1 Ziff. 2 AuslG ausgeschlossen, wenn Anhaltspunkte die Annahme rechtfertigen, dass der Bewerber verfassungsfeindliche Bestrebungen unterstützt, wobei aber unklar ist, wie das überprüft wird. Die Bundesregierung plant hier, eine Regelanfrage beim Verfassungsschutz, wie es beispielsweise Bayern schon praktiziert, gesetzlich zu verankern, um zu überprüfen, ob der Einbürgerungsbewerber durch verfassungsfeindliche Bestrebungen aufgefallen ist.

Alle diese Voraussetzungen sind nicht unerfüllbar, vor allem wenn man bedenkt, dass auch schon ein Teil davon bisher für den Erwerb eines unbefristeten Aufenthaltstitels notwendig war, aber der Erwerb im Erwachsenenalter ist doch deutlich schwieriger als der Erwerb im Kindesalter, außerdem wird eine Gebühr von im Regelfall 500.- DM fällig.

Bekenntnis zur FDGO – Loyalitätserklärung (Vw-StAR §85.1.1.1)

1. Ich bekenne mich zur freiheitlich demokratischen Grundordnung des Grundgesetzes für die Bundesrepublik Deutschland. Insbesondere erkenne ich an:
a) das Recht des Volkes, die Staatsgewalt in Wahlen und Abstimmungen und durch besondere Organe der Gesetzgebung, der vollziehenden Gewalt und der Rechtsprechung auszuüben und die Volksvertretung in allgemeiner, freier, gleicher und geheimer Wahl zu wählen,
b) die Bindung der Gesetzgebung an die verfassungsmäßige Ordnung und die Bindung der vollziehenden Gewalt und der Rechtsprechung an Gesetz und Recht,
c) das recht auf Bildung und Ausübung einer parlamentarischen Opposition,
d) die Ablösbarkeit der Regierung und ihre Verantwortlichkeit gegenüber der Volksvertretung,
e) die Unabhängigkeit der Gerichte,
f) den Ausschluss jeder Gewalt- und Willkürherrschaft und
g) die im Grundgesetz konkretisierten Menschenrechte.

2. Ich erkläre, dass ich keine Bestrebungen verfolge oder unterstütze oder verfolgt oder unterstützt habe, die
a) gegen die freiheitlich demokratische Grundordnung, den Bestand oder die Sicherheit des Bundes oder eines Landes gerichtet sind oder
b) eine ungesetzliche Beeinträchtigung der Amtsführung der Verfassungsorgane des Bundes oder eines Landes oder ihrer Mitglieder zum Ziele haben oder
c) durch Anwendung von Gewalt oder darauf gerichtete Vorbereitungshandlungen auswärtige Belange der Bundesrepublik Deutschland gefährden.

Gruppe 4) Ausländer unter 23 Jahren, die sich schon länger in Deutschland aufhalten.

Nun zurück zu den Jugendlichen, die nicht schon unter Gruppe 1) und 2) erfasst sind. *Für sie gilt das gleiche, wie für die Gruppe 3),* d.h. soweit im folgenden keine Abweichung dargestellt ist, müssen alle bisher genannten Voraussetzungen erfüllt sein, *aber mit einigen Erleichterungen.* Besonders einfach ist die Miteinbürgerung mit einem Elternteil, weil man eine einheitliche Staatsangehörigkeit in der Familie fördern will. Die Vorschriften überschneiden sich allerdings etwas, deshalb wird nach dem Alter der Jugendlichen unterschieden:

Kinder unter 16 Jahren

Wenn Kinder mit ihren sorgeberechtigten Eltern eingebürgert werden, kann die Mindestaufenthaltszeit kürzer sein als 8 Jahre, § 85 Abs.2 AuslG. Es sollen bereits 3 Jahre Aufenthalt im Inland genügen, bei unter 6jährigen die Hälfte des Lebensalters, vergl. Nummer 85.2.1.2. 2 der allgemeinen Verwaltungsvorschrift. Auch das Bekenntnis zur freiheitlich demokratischen Grundordnung wird nicht verlangt. Außerdem gelten die Erleichterungen, die auch für die Jugendlichen zwischen 16 und 23 Jahren gelten (geringere Sprachkompetenz und keine eigenständige Existenzsicherung erforderlich, Mehrstaatigkeit bei fehlendem Wehrdienst möglich) und die Gebühr beträgt nach § 90 AuslG nur 100.-DM.

Es spricht vieles dafür, dass vermutlich die Mehrheit der Kinder, die auch unter die Gruppe 2) fallen (siehe oben 2.4 Gruppe 2), nach dieser Vorschrift im Jahr 2000 mit ihren Eltern eingebürgert wurden und damit die teuren Antragsmöglichkeiten nach § 40 b StAG für sie überflüssig waren.

Jugendliche von 16 bis 23 Jahren

Hier wird schon die volle Aufenthaltszeit und das Bekenntnis zur Verfassung verlangt.

Wer sich noch vor dem 18. Geburtstag mit den Eltern einbürgern lässt, bei dem genügt bezüglich der Sprachkompetenz, wenn er sich ohne nennenswerte Probleme im Alltagsleben in deutscher Sprache mündlich verständigen kann und seine Einordnung in die deutschen Lebensverhältnisse gewährleistet ist (Nummer 85.2.1.2.3.) Die Gebühr beträgt weiterhin 100 DM.

Bis zum 23.Geburtstag muss der Lebensunterhalt des Kindes oder Jugendlichen noch nicht eigenständig und ohne Sozial- und Arbeitslosenhilfe gesichert sein, § 85 Abs.3 AuslG.

Auch bei der Staatsangehörigkeit wird ein Zugeständnis gemacht: Wenn die Aufgabe der bisherigen Staatsbürgerschaft am fehlenden Wehrdienst oder mangelnder Volljährigkeit scheitert, kann Mehrstaatigkeit hingenommen werden – und zwar wenn der überwiegende Teil der Schulausbildung in Deutschland war und er im Bundesgebiet ins wehrdienstfähige Alter gewachsen ist, oder Einbürgerungszusagen erteilt werden. § 87 Abs.3 und 5 AuslG.

Eigenständige Handlungsfähigkeit ab 16 Jahre:

Nicht erst ab Volljährigkeit, sondern seit 1.1.2000 schon ab dem 16. Geburtstag ist ein Ausländer fähig, eigene Anträge auf Einbürgerung zu stellen, § 91 AuslG i.V. m. § 68 Abs.1 AuslG. Das heißt, man kann ab diesem Zeitpunkt ohne die Eltern, ja sogar ohne die Zustimmung der Eltern, selbständig die Einbürgerung beantragen. Das kostet dann wie die Einbürgerung von Erwachsenen (siehe Gruppe 3) 500.-DM Gebühr und die Erleichterungen für diejenigen, die sich unter 18 mit den Eltern einbürgern lassen, fallen weg.

Es ist abzusehen, dass dies zu Konflikten in Familien führen kann, wenn sich Eltern und Kinder nicht einigen können. Aber der/ die Jugendliche wird das weitere Leben in Deutschland verbringen und sollte deshalb über seine Rechte aufgeklärt werden.

Gruppe 5) Ausländische Ehegatten/ -innen von Ausländern

Werden Ehegatten mit ihren Partnern eingebürgert, gibt es – allerdings nur im Rahmen von Ermessen – die Möglichkeit, die geforderten Voraussetzungen etwas großzügiger auszulegen. Das gilt einmal für die Aufenthaltsdauer. Es kann hier ein Aufenthalt von 4 Jahren bei 2- jähriger Ehebestandszeit ausreichen, § 85 Abs.2 AuslG und Nummer 85.2.1.2.1. der Verwaltungsvorschrift. Und nach Nummer 85.2.1.2.3 sind zwar grundsätzlich auch ausreichende Sprachkenntnisse nötig. Aber der Bildungsstand und gewisse Schwierigkeiten, die deutsche Sprache zu erlernen, können beim Ehegatten stärker berücksichtigt werden. Dies gilt vor allem, wenn die übrigen Familienmitglieder der deutschen Sprache hinreichend mächtig sind und die Einbürgerung der ganzen Familie wünschenswert erscheint. Mehr Erleichterungen gibt es nicht.

Aber falls es mit der Einbürgerung der Ehegatten nicht auf Anhieb klappt, ist das nicht besonders schlimm. Ist nämlich erst einmal ein Ehepartner eingebürgert, dann hat der andere als ausländischer Familienangehöriger eines Deutschen sowohl bei der Aufenthaltserlaubnis als auch bei der Arbeitsgenehmigung eine Reihe von Privilegien und später immer noch nach § 9 StAG den Regelanspruch auf Einbürgerung.

2.6 Ausblick

Insgesamt liegt eine starke Einzelfallbezogenheit vor, die eine individuelle Beratung sinnvoll macht. Aber auf irgendeinem Weg ist unter normalen Umständen für jeden eine dauerhafte Ansiedlung in Deutschland möglich. Es haben deutlich mehr Menschen als früher den Zugang zur deutschen Staatsbürgerschaft. Wegen der Überprüfung von formalen Voraussetzungen, die sich auch auf Dokumente aus dem Herkunftsland beziehen und die auch bleiben, wenn das Gesetz noch geringfügig geändert werden sollte, ist ein bürokratischer Aufwand notwendig, der teilweise nicht zu verhindern sein wird.

Es kommt bei der Umsetzung nicht so sehr darauf an, welche Voraussetzungen strenger oder weniger streng gehandhabt werden, sondern darauf, wie beide Seiten damit umgehen und welche Unterstützung angeboten wird, damit man sie erfüllen kann. Das gilt für die berechtigten Ausländer genauso wie für die Bearbeiter in den Behörden.

Nützliche Literatur und Rechtstexte:

Deutsches Ausländerrecht, Beck Texte im dtv, mit einer Einführung von H. Rittstieg, ab 13. Auflage, 2000 (alle einschlägigen Gesetzes und Verordnungstexte)

Das neue Staatsangehörigkeitsrecht, Handreichung für Multiplikatoren. März 2000 Hansestadt Hamburg, Die Ausländerbeauftragte- Projekt Integration- Barmbeker Markt 19, 22081 Hamburg

Allgemeine Verwaltungsvorschriften zum Staatsangehörigkeitsrecht, Kabinettsbeschluß vom 18.10.2000, Bundesanzeiger,

Bericht der Beauftragten der Bundesregierung über die Lage der Ausländer in der Bundesrepublik Deutschland, Februar 2000

Zum Ausländerrecht allgemein, allerdings noch ohne Berücksichtigung des neuen Staatsangehörigkeitsrechts:

Dollinger/Speckmaier: Einführung in das Ausländerrecht, 1997

Brand, K.: Leitfaden zum Ausländergesetz, Stand 1999, AG TuWas, Kleiststr. 12, 60318 Frankfurt, Bestellung für Organisationen auch über Fax 069/1533 2633

3. Rechte und Pflichten als deutsche(r) Staatsbürger(in)

Klaus Riekenbrauk

Einleitung

Das Thema verleitet dazu, mit dem Lesen erst gar nicht anzufangen, weil es sich juristisch-trocken anhört und der Begriff „deutscher Staatsbürger“ an Abgrenzung gegenüber dem „Ausländer“ sowie eher an preußische Tugendlehre erinnert. Also, warum überhaupt ein solches Thema, mit dem wir uns auch noch an MigrantInnen in Deutschland wenden, die sich überlegen, einen Einbürgerungsantrag zu stellen?

Die Frage lässt sich leicht beantworten.

Für jeden einzelnen von uns ist es von großer Bedeutung, ob er in dem Land, in dem er lebt, alle Rechte und Pflichten eines Staatsbürgers besitzt oder als Ausländer nur auf der Grundlage eines Ausländergesetzes, das insgesamt eine schlechtere Rechtsstellung vorsieht und im schlimmsten Fall mit Ausweisung und Abschiebung den Aufenthalt selbst eines in Deutschland geborenen nichtdeutschen Staatsangehörigen zwangsweise beendet. Nach der Staatsangehörigkeit richtet sich unter anderem, ob der einzelne z.B. bei Bundestagswahlen selbst wählen oder sich wählen lassen kann, ob er uneingeschränkt sämtliche sozialen Leistungen des Staates wie Sozialhilfe oder Arbeitslosengeld erhält und ob er grundsätzlich ein öffentliches Amt z.B. als Beamter oder Richter ausüben kann. Für Inländer ohne deutsche Staatsangehörigkeit bedeutet der Ausländerstatus Ausgrenzung und Diskriminierung (Helmut Rittstieg, 2000, Einführung, S. IX).

Darüber hinaus ist es für MigrantInnen, die sich für eine Einbürgerung entscheiden, wichtig zu wissen, welche Rechte und Pflichten sie als Türken, Kroaten oder Italiener im Hinblick auf ihr Heimatland verlieren oder behalten können. Fragen zur Wehrpflicht oder zum Eigentums- bzw. Erbrecht nach dem Verlust der früheren Staatsangehörigkeit spielen hier eine bedeutsame Rolle. Gerade dieser Gesichtspunkt ist bei vielen, die eine Einbürgerung in Erwägung ziehen, mit großer Unsicherheit und Ängsten verbunden. Umso mehr ist eine genaue Information notwendig.

Wir haben uns darauf beschränkt, die Antworten auf die zuletzt angesprochenen Fragen allein im Hinblick auf die türkischen Migranten zu geben. Informationen über die rechtliche Situation anderer Nationalitäten lassen sich über Quellen finden, auf die wir weiter unten besonders hinweisen.

3.1 Deutscher – Ausländer – Mehrstaater

Die Begriffe „Deutscher“ und „Ausländer“ stammen aus Art. 116 Grundgesetz und dem Ausländergesetz vom 9.7.1990 (BGBl. I S. 1354):

Art. 116 Grundgesetz (GG)
(1) Deutscher im Sinne dieses Grundgesetzes ist vorbehaltlich anderweitiger gesetzlicher Regelung, wer die deutsche Staatsangehörigkeit besitzt oder als Flüchtling oder Vertriebener deutscher Volkszugehörigkeit oder als dessen Ehegatte oder Abkömmling in dem Gebiete des Deutschen Reiches nach dem Stande vom 31. Dezember 1937 Aufnahme gefunden hat.

§ 1 Ausländergesetz (AuslG)
(1) Ausländer können nach Maßgabe dieses Gesetzes in das Gebiet der Bundesrepublik Deutschland (...) einreisen und sich darin aufhalten, soweit nicht in anderen Gesetzen etwas anderes bestimmt ist.
(2) Ausländer ist jeder, der nicht Deutscher im Sinne des Artikel 116 Abs. 1 des Grundgesetzes ist.

Mit Erwerb der deutschen Staatsangehörigkeit erlangen MigrantInnen den Status von Deutschen im Sinne von Art. 116 GG. Dies gilt gleichermaßen für Kinder ausländischer Eltern, die nach dem neuen Staatsangehörigkeitsgesetz (StAG) durch Geburt (§ 4 Abs. 3) oder nach der Übergangsregelung von § 40b StAG die deutsche Staatsangehörigkeit erworben haben, wie für alle anderen, die nach § 85 AuslG eingebürgert werden. Die deutsche Staatsangehörigkeit besitzen in vollem Umfang auch diejenigen, die neben der deutschen noch eine oder mehrere Staatsangehörigkeiten besitzen, solange sie ihren dauernden Wohnsitz in Deutschland haben (sog. Mehrstaater).

Die theoretische Grundlage der Staatsangehörigkeit

Nach dem alten, noch aus dem Kaiserreich stammenden Staatsangehörigkeitsrecht von 1913 galt als wesentlicher Grund für den Erwerb der deutschen Staatsbürgerschaft das Prinzip der Abstammung, also das „Recht des Blutes“ (jus sanguinis). Von diesem Rechtsprinzip leitete sich das Verständnis des Staatsvolkes als einer „völkisch-nationalen-ethnischen“ Gemeinschaft ab, die sich durch Ideologien von Blut und Boden sowie einer besonderen Staatstreue auszeichnete.

Nach der Reform des Staatsangehörigkeitsrechts basiert die deutsche Staatsangehörigkeit nicht mehr allein auf dem Abstammungsprinzip, sondern gründet nunmehr auch mit der gesetzlichen Anerkennung des jus soli auf dem „republikanisch-demokratischen-konstitutionellen“ Prinzip (vgl. Henning Storz). Dieses Prinzip lässt sich als eine gemeinschaftsstiftende Klammer einer Gesellschaft begreifen, die insbesondere den Grundsätzen der Demokratie, des Rechtsstaates und vornehmlich der Menschenrechte verpflichtet ist.

3.2 Die Rechte

Im folgenden soll nun zunächst aufgezeigt werden, welche Rechte mit dem Status eines deutschen Staatsangehörigen verbunden sind. Insbesondere für diejenigen, die eine Einbürgerung erwägen, ist wichtig zu erfahren, welchen Zugewinn an Rechten die deutsche Staatsangehörigkeit mit sich bringt, das heißt eben auch, ob sich ein solcher Schritt überhaupt „lohnt".

Menschenrechte

Zu den Rechten sind einmal die allen – unabhängig von ihrer Nationalität – zustehenden – universellen – Menschenrechte zu zählen. Sie stehen Deutschen wie Nichtdeutschen gleichermaßen zu. Sie sind gesetzlich an verschiedenen Stellen, z.B. auch in völkerrechtlichen Konventionen, geregelt. Die für uns wichtigste Quelle ist das Grundgesetz.

An erster Stelle steht das Menschenrecht auf Achtung der Menschenwürde:

Art. 1 GG

(1) Die Würde des Menschen ist unantastbar. Sie zu achten und zu schützen ist Verpflichtung aller staatlichen Gewalt.

(2) Das Deutsche Volk bekennt sich darum zu unverletzlichen und unveräußerlichen Menschenrechten als Grundlage jeder menschlichen Gemeinschaft, des Friedens und der Gerechtigkeit in der Welt.

(3) (...)

Zu den weiteren Menschenrechten, die nach dem Grundgesetz auch Grundrechte genannt werden, gehören weiterhin

- Das Recht auf Leben (Art. 2 Abs. 2 GG):

Das menschliche Leben stellt innerhalb der grundgesetzlichen Ordnung einen Höchstwert dar. Es verbietet dem Staat unmittelbare Eingriffe in das – auch sich entwickelnde – Leben und gebietet ihm, sich schützend und fördernd vor dieses Leben zu stellen.

- Das Recht auf freie Entfaltung der Persönlichkeit (Art. 2 Abs. 1 GG):

Dieses Grundrecht gewährleistet die allgemeine Handlungsfreiheit, die allerdings durch die verfassungsmäßige Ordnung, also auch durch die Rechte der anderen BürgerInnen begrenzt ist.

- Der Gleichheitsgrundsatz (Art. 3 GG):

Zum einen gilt das Postulat: „Männer und Frauen sind gleichberechtigt!" Zum anderen beinhaltet der Gleichheitsgrundsatz, dass niemand wegen seines Geschlechtes, seiner Abstammung, seiner Rasse, seiner Sprache, seiner Heimat und Herkunft, seines Glaubens, seiner religiösen oder politischen Anschauungen benachteiligt oder bevorzugt werden darf. Auch ist eine Benachteiligung wegen einer Behinderung verboten.

- Die Glaubens-, Religions- und Bekenntnisfreiheit (Art. 4 GG):

Dieses Grundrecht garantiert die Freiheit des Einzelnen, ungehindert nach seinem Gewissen und seinem Glauben handeln zu dürfen sowie sich dazu offen zu bekennen. Auch hier bilden die Grundrechte, besonders die Menschenwürde der anderen, eine Grenze, die unbedingt zu respektieren ist. In diesem Zusammenhang gilt das Toleranzgebot. Der weltanschaulich neutrale Staat darf den Glauben oder den Unglauben seiner Bürger nicht bewerten oder kein bestimmtes Bekenntnis benachteiligen oder privilegieren.

- Die Meinungs- und Pressefreiheit (Art. 5 GG):

Nach diesem Grundrecht hat jeder das Recht, seine Meinung in Wort, Schrift und Bild frei zu äußern, zu verbreiten und sich ungehindert zu informieren. Dementsprechend wird die Pressefreiheit sowie die freie Berichterstattung durch andere Medien gewährleistet. Auch dieses Grundrecht ist nicht schrankenlos und findet seine Grenzen in den allgemeinen Gesetzen.

- Recht auf Schutz von Ehe und Familie (Art. 6 GG):

Dieses Grundrecht schützt zum einen Ehe und Familie vor störenden Eingriffen und garantiert das Recht der Eltern auf Pflege und Erziehung der Kinder. Zum anderen verpflichtet es den Staat, Familie und Ehe zu schützen und zu fördern.

- Die Koalitionsfreiheit (Art. 9 Abs. 3 GG):

Die Koalitionsfreiheit gewährleistet nicht nur die Freiheit, Gewerkschaften oder Arbeitgebervereinigungen zu bilden und damit verbunden die Tarifautonomie, sondern garantiert auch jedem, ungehindert Mitglied in solchen Vereinigungen zu werden.

- Das Eigentumsrecht (Art. 14 GG):

Mit diesem Recht werden Eigentum und Erbrecht gegen staatliche Eingriffe geschützt. Dabei bleibt es dem Gesetzgeber überlassen, Inhalt und Schranken dieses – sozial verpflichteten – Grundrechtes zu bestimmen.

Bürgerrechte

Während die genannten Menschenrechte allen Menschen zustehen, trifft dies bei den sog. Bürgerrechten nicht zu. Sie sind nur den deutschen Staatsangehörigen vorbehalten. Diese Rechte sollen vornehmlich dazu beitragen, dass sich alle Staatsangehörigen ihrer aktiven Rolle bei der Verfolgung politischer Interessen bewusst sind und sich am demokratischen Willensbildungsprozess beteiligen. Nur den StaatsbürgerInnen wird wegen ihrer besonderen Verbundenheit zu „ihrem" Land zugetraut sowie zugebilligt, sich in Ausübung ihrer demokratischen Bürgerrechte in alle öffentlichen Angelegenheiten einzumischen und mitzuentscheiden. Zu diesen Bürgerrechten zählen

- Die Versammlungsfreiheit (Art. 8 GG):

Dieses Recht gestattet allen Deutschen, sich ohne Anmeldung oder Erlaubnis friedlich und unbewaffnet zu versammeln. Versammlungen unter freiem Himmel werden durch das Versammlungsgesetz geregelt.

- Die Vereinsfreiheit (Art. 9 Abs. 1 GG):

Danach besteht das Recht, Vereine und Gesellschaften zu bilden.

Das Recht, z.B. Gewerkschaften zu bilden, steht demgegenüber nicht nur Deutschen, sondern auch anderen Staatsangehörigen zu.

- Das Recht auf Freizügigkeit (Art. 11 GG):

Dieses Recht bedeutet, innerhalb des Bundesgebietes an jedem Ort Aufenthalt und Wohnsitz zu nehmen, ungehindert zu reisen und das Bundesgebiet zu verlassen.

- Die Berufsfreiheit (Art. 12 GG):

Danach haben alle Deutschen das Recht, Beruf, Arbeitsplatz und Ausbildungsstätte frei zu wählen; Zwangsarbeit ist in der Regel unzulässig.

- Das Verbot der Entziehung der deutschen Staatsangehörigkeit (Art. 16 Abs. 1 GG):

Dieses grundsätzliche Verbot erhält durch das Optionsrecht im neuen StAG eine gewisse Einschränkung (vgl. Spindler Kap. I, 2.).

- Das Auslieferungsverbot (Art. 16 Abs. 2 GG):

Dieses Recht garantiert jedem Deutschen, nicht an einen ausländischen Staat ausgeliefert zu werden.

- Das Widerstandsrecht (Art. 20 Abs. 4 GG):

Danach haben alle deutschen Staatsangehörige das Recht zum Widerstand gegen jeden, der es unternimmt, die Ordnung des Grundgesetzes zu beseitigen.

- Die Parteienfreiheit (Art. 21 GG):

Die Gründung von Parteien, die an der politischen Willensbildung des Volkes mitwirken, ist danach frei.

- Das Recht auf Zugang zum öffentlichen Dienst (Art. 33 Abs. 2 GG):

Jeder deutsche Staatsangehörige hat nach seiner Eignung, Befähigung und fachlichen Leistung gleichen Zugang zu jedem öffentlichen Amt, kann also beispielsweise Beamter oder Richter werden.

- Das aktive und passive Wahlrecht bei Kommunal-, Landtags-, Bundestags und Europaparlamentswahlen (Art. 38 GG).

Das Recht auf Kriegsdienstverweigerung gem. Art. 4 Abs. 3 GG ist ebenfalls allein deutschen Staatsangehörigen vorbehalten, da nur sie der Wehrpflicht in der Bundesrepublik unterliegen.

Von manchen der aufgeführten Bürgerrechte, wie beispielsweise von dem Versammlungs- oder Vereinsrecht sowie von der Berufsfreiheit, können auch nichtdeutsche MigrantInnen mit einem gesicherten Aufenthaltsstatus Gebrauch machen. Jedoch ist zu bedenken, dass zumeist die gesetzlichen Voraussetzungen für die Inanspruchnahme dieser Rechte für AusländerInnen strenger sind.

Von dem bedeutsamsten politischen Bürgerrecht, dem Wahlrecht, bleiben Nichtdeutsche aber grundsätzlich ausgeschlossen. (Dies gilt nicht für Wahlen zum Europaparlament und für Kommunalwahlen; Staatsangehörige aus EU-Mitgliedsstaaten haben hier ein Wahlrecht). Allein durch die Einbürgerung erhält der Migrant bzw. die Migrantin dieses zentrale und bedeutsamste individuelle Demokratierecht. Mit Erhalt dieses Rechtes wird er oder sie in vollem Umfang politischer Aktivbürger bzw. politische Aktivbürgerin.

Exkurs: Die freiheitlich demokratische Grundordnung

Jede Demokratie basiert auf der Bereitschaft ihrer Bürger und Bürgerinnen, von ihren politischen Rechten aktiv Gebrauch zu machen. Dies setzt voraus, dass die staatlichen und gesellschaftlichen Grundlagen von Freiheit und Demokratie weitestgehende Akzeptanz finden. In diesem Zusammenhang erlangt das nach § 85 Abs. 1 Nr. 1 AuslG von allen Einbürgerungswilligen abverlangte Bekenntnis zur freiheitlich demokratischen Grundordnung Bedeutung. Mit dieser Erklärung sollen bestimmte Kernelemente des Grundgesetzes als verbindlich anerkannt werden. Das Bundesverfassungsgericht hat diese Verfassungselemente in der ersten Parteienverbotsentscheidung, dem sog. SRP-Urteil (BVerfG Bd. 2, S. 10ff.), konkretisiert. Zunächst hat es die freiheitlich demokratische Grundordnung als eine Ordnung bestimmt,

> „(...) die unter Ausschluss jeglicher Gewalt und Willkürherrschaft eine rechtsstaatliche Herrschaftsordnung auf der Grundlage der Selbstbestimmung des Volkes nach dem Willen der jeweiligen Mehrheit und der Freiheit und Gleichheit darstellt".

Zu den grundlegenden Prinzipien rechnet das Bundesverfassungsgericht mindestens:

- die Achtung vor den im Grundgesetz konkretisierten Menschenrechten, vor allem vor dem Recht der Persönlichkeit auf Leben und freie Entfaltung,

- die Volkssouveränität:

Es handelt sich um den in Art. 20 GG bestimmten Grundsatz, dass alle Staatsgewalt vom Volke ausgehen muss.

- die Gewaltenteilung:

Dies verlangt die klare Trennung der drei staatlichen Gewalten: Legislative (Gesetzgebung) – Exekutive (Regierung/Verwaltung) – Judikative (Rechtsprechung)

- die Verantwortlichkeit der Regierung:

Danach ist die Regierung verpflichtet, sich in allen Angelegenheiten gegenüber dem Parlament zu verantworten und Rechenschaft abzulegen.

- die Gesetzmäßigkeit der Verwaltung:

Dieses Prinzip verpflichtet die Verwaltung, auf der Grundlage der Gesetze zu handeln und nur dann in die Rechte der BürgerInnen einzugreifen, wenn dies gesetzlich erlaubt ist.

- die Unabhängigkeit der Gerichte:

Danach sind die Gerichte und RichterInnen in ihren Entscheidungen frei und unabhängig von Weisungen und allein dem Gesetz unterworfen.

- das Mehrparteienprinzip und die Chancengleichheit für alle politischen Parteien mit dem Recht auf verfassungsmäßige Bildung und Ausübung einer Opposition.

Mit der Verpflichtung der Einbürgerungswilligen, sich zur freiheitlich demokratischen Grundordnung des Grundgesetzes zu bekennen, wird diesen nicht ein Mehr an Pflichten abverlangt. Vielmehr bekräftigt diese Bekenntnisformel die konstitutiven Elemente einer Verfassung, die die deutschen StaatsbürgerInnen gegenüber Nichtdeutschen in besonderer Weise mit Rechten und Pflichten ausstattet.

Rechte nach internationalen Vereinbarungen

Ein Großteil dieser Menschen- und Bürgerrechte finden ihre Bestätigung, Konkretisierung und ihre Ergänzung durch völkerrechtliche Verträge und Konventionen, denen Deutschland beigetreten ist und die somit innerstaatliche Geltung erlangt haben (z.B. die Europäische Menschenrechtskonvention oder UN-Kinderrechtskonvention).

Das Vertragswerk der Europäischen Union erweitert für die Staatsangehörigen der Mitgliedsstaaten, also auch für Deutsche, in besonderem Maße ihre Rechtsstellung. So besteht für sie uneingeschränkt Reise-, Niederlassungs- und Berufsfreiheit im Gebiet der EU; das heißt, dass das Recht auf Freizügigkeit nicht nur auf das Bundesgebiet beschränkt ist, sondern für das gesamte Gebiet aller EU-Mitgliedsstaaten gilt. Es entfällt danach beispielsweise der Visumszwang bei Auslandsreisen innerhalb der EU. Mit der Einbürgerung erhalten MigrantInnen nicht nur den Rechtsstatus eines(r) deutschen Staatsangehörigen, sondern auch den eines(r) europäischen Unionsbürgers(in). In dem Maße, in dem die EU weiter zusammenwächst und sich auch um neue Mitgliedsstaaten erweitert, werden auch die Vorteile für die UninosbürgerInnen größer.

Schutzrechte im Ausland

Internationale Abkommen zur Regelung zwischenstaatlicher Beziehungen begründen für jeden deutschen Staatsangehörigen den Anspruch auf Schutz durch die deutschen Auslandsvertretungen wie Konsulate oder Botschaften. So besteht beispielsweise für die deutschen Auslandsvertretungen bei Inhaftierungen von deutschen Staatsangehörigen im Ausland die Pflicht, sich um die Inhaftierten zu kümmern, z.B. einen Anwalt zu vermitteln. Mehrstaatern steht dieser Schutz selbst gegenüber dem Herkunftsland zu, wenn dieser massive Menschenrechtsverletzungen begeht.

Soziale Rechte

Eine weitere wesentliche Verbesserung der Rechtsstellung bedeutet der uneingeschränkte Zugang zu dem System der Sozialleistungen. Eine Gegenüberstellung der Anspruchsvoraussetzungen für deutsche oder ausländische Staatsangehörige macht dies deutlich:

- Deutsche Staatsangehörige, also auch Eingebürgerte, sind hinsichtlich von Sozialleistungen grundsätzlich anspruchsberechtigt, wenn die allgemeinen gesetzlichen Voraussetzungen für den Bezug der Leistungen vorliegen.
- Für ausländische Staatsangehörige sind die Bedingungen für einen Leistungsbezug enger gefasst.

Ansprüche auf Leistungen nach dem

- Bundeskindergeldgesetz und
- dem Unterhaltsvorschussgesetz (Regelunterhalt für nichteheliche Kinder)

sind nur für diejenigen vorgesehen, die im Besitz einer Aufenthaltsberechtigung oder Aufenthaltserlaubnis sind. Allerdings bedeutet dies für einbürgerungsberechtigte Personen, die über eine Aufenthaltsberechtigung oder eine Aufenthaltserlaubnis verfügen, keine zusätzlichen Verbesserungen, wenn sie die deutsche Staatsangehörigkeit erhalten.

Leistungen nach dem Kinder- und Jugendhilfegesetz (SGB VIII) erhalten ausländische Staatsangehörige nur, wenn sie rechtmäßig oder aufgrund einer ausländerrechtlichen Duldung ihren gewöhnlichen Aufenthalt im Inland haben. Die Inanspruchnahme von bestimmten Leistungen wie Heimerziehung oder Hilfen für junge Volljährige kann unter bestimmten Umständen sogar mit dem Risiko der Ausweisung verbunden sein (§ 46 Nr. 7 AuslG).

Auch Leistungen nach dem

- Bundessozialhilfegesetz,
- dem Opferentschädigungsgesetz und
- dem Bundesausbildungsförderungsgesetz (Bafög)

unterliegen gewissen Einschränkungen, die mit dem Aufenthaltsstatus zusammenhängen.

Richtig ist, dass AusländerInnen mit einer Aufenthaltsberechtigung oder einer Aufenthaltserlaubnis in der Regel über fast die gleichen sozialen Rechte verfügen wie Deutsche. Folglich lässt sich über die Einbürgerung auf den ersten Blick keine soziale Verbesserung erreichen. Gleichwohl darf auch in diesem Zusammenhang nicht vergessen werden, dass sich auch ein gesicherter ausländerrechtlicher Status nicht in jedem Fall aufrechterhalten lassen kann. Nach dem Ausländergesetz ist der Verlust selbst einer Aufenthaltsberechtigung, der sichersten Rechtsstellung für nichtdeutsche MigrantInnen, nicht prinzipiell ausgeschlossen (§§ 43, 44 AuslG). Käme es tatsächlich soweit, würden damit ebenfalls zunächst als sicher geltende soziale Rechte verloren gehen.

Rechte auf Familienzusammenführung

Als Ausfluss des Grundrechtsschutzes von Ehe und Familie haben die nahen, ausländischen Verwandten des eingebürgerten deutschen Staatsbürgers oder der eingebürgerten deutschen Staatsbürgerin einen Anspruch auf Erteilung einer Aufenthaltserlaubnis (§ 23 AuslG); dazu gehören

- die ausländischen Ehegatten eines(r) Deutschen,
- die ausländischen minderjährigen ledigen Kinder eines(r) Deutschen und
- der ausländische Elternteil eines(r) minderjährigen ledigen Deutschen zur Ausübung der Personensorge.

Darüber hinaus besteht für Ehegatten von eingebürgerten Deutschen eine erleichterte Möglichkeit, selbst eingebürgert zu werden. Voraussetzung dafür ist nach § 9 StAG, dass eine nach deutschem Recht wirksame Ehe mindesten seit zwei Jahren besteht, der Ehegatte bzw. die Ehegattin sich seit 3 Jahren rechtmäßig in Deutschland aufhält, sich ohne nennenswerte Probleme im Alltagsleben in deutscher Sprache ausdrücken kann und sich zur freiheitlich demokratischen Grundordnung bekennt.

3.3 Besonderheiten im Familienrecht

Die Einbürgerung von Eheleuten kann zur Folge haben, dass sich die Rechte und Pflichten in Ehe und Familie ändern. Diese Änderungen ergeben sich aus den Vorschriften des Einführungsgesetzes zum Bürgerlichen Gesetzbuch (BGB).

- Wenn beide Ehegatten nach der Eheschließung eingebürgert werden, gilt in Angelegenheiten der Ehe, des Unterhaltes, des Sorgerechts und der Scheidung deutsches Recht. Beim ehelichen Güterstand gilt nur dann deutsches Recht, wenn sich die Ehegatten in Form notarieller Beurkundung dafür entschieden haben.
- Wenn nur ein Ehegatte eingebürgert wird, der andere seine bisherige fremde Staatsangehörigkeit behält, gilt z.B. für die elterliche Sorge oder die Scheidung das Familienrecht des Heimatstaates weiter. Anders ist es bei dem Unterhaltsrecht; hier ist deutsches Recht maßgeblich.

Das deutsche Familienrecht sieht keine Sonderstellung für den Ehemann vor. Es gilt vielmehr das Prinzip der Gleichberechtigung und Partnerschaft zwischen Mann und Frau in allen Fragen von Ehe und Familie.

3.4 Pflichten

Die Grundrechte sind nicht grenzenlos. Sie finden ihre Schranken u.a. dort, wo die verfassungsmäßig geschützten Rechte anderer verletzt werden (Art. 2 Abs. 1 GG). Die Inanspruchnahme der eigenen Rechte impliziert die Pflicht, die Rechte anderer zu respektieren. Am Beispiel der Religionsfreiheit lässt sich der Zusammenhang von Rechten und Pflichten verdeutlichen. Die Ausübung der Religionsfreiheit gebietet, Toleranz gegenüber anderen Religionen zu wahren. „Art. 4 GG schützt den Einzelnen nicht nur gegen die Intoleranz seiner Mitmenschen, sondern verpflichtet ihn auch, ihnen gegenüber die gleiche Duldsamkeit zu erweisen, die er für seine eigene Überzeugung in Anspruch nimmt“ (BVerwG Bd.15, 137). Dies gilt nicht allein für den Bereich der Religion, sondern auch im Hinblick auf alle anderen sozialverpflichteten Freiheitsrechte. Die verfassungsrechtlich vorgegebene Neutralität des Staates lässt nicht zu, eine Religion oder Weltanschauung anderen gegenüber zu benachteiligen oder zu bevorzugen. Deshalb kann sich niemand auf eine religiöse Sonderstellung z.B. des Christentum berufen. Nicht nur der Bürger/die Bürgerin, sondern auch der Staat mit seinen Behörden und Einrichtungen hat das Recht auf Andersartigkeit zu respektieren.

Wehr- und Zivildienstpflicht

Die Rechtsordnung der Bundesrepublik unterwirft die deutschen – männlichen – Staatsangehörigen der Wehrpflicht und – ersatzweise – der Zivildienstpflicht (§ 1 WPflG). Diese staatliche Verpflichtung ist der intensivste Eingriff in das Freiheitsrecht eines jeden Deutschen und die mit Abstand schwerwiegendste Pflichtenstellung. Nur in begründeten Ausnahmefällen ist eine Befreiung von der Wehr- bzw. Zivildienstpflicht möglich.

Völkerrechtliche Verträge gestatten Mehrstaatern, ihre Wehrpflicht nur gegenüber einem Vertragsstaat zu erfüllen. Ein solcher Vertrag ist das Europäische Übereinkommen über die Verringerung der Mehrstaatigkeit und über die Wehrpflicht von Mehrstaatern (v.18.12.1969, BGBl. II S. 2232).

Das deutsche Wehrpflichtrecht erkennt grundsätzlich den in fremden Streitkräften geleisteten Wehrdienst oder den ersatzweise geleisteten Zivildienst als gleichwertig an, wenn der Wehrdienst aufgrund einer gesetzlichen Verpflichtung des Aufenthaltsstaates zu leisten ist.

Türkei

Für Migranten aus dem Herkunftsland Türkei, die dem genannten Übereinkommen nicht beigetreten ist, gilt folgendes:

- Die Türkei entlässt weiterhin Männer, die ihren Wehrdienst nicht abgeleistet haben, nicht aus der türkischen Staatsbürgerschaft. Sie gibt ihnen jedoch in der Regel die Erlaubnis zur Übernahme einer zweiten Staatsangehörigkeit.
- Türkische Männer, die vor Eintritt der Volljährigkeit in Deutschland gelebt haben und zusätzlich zu der türkischen die deutsche Staatsangehörigkeit erworben haben, also Doppelstaater, haben nach dem türkischen Recht folgende Wahlmöglichkeit:
  - Sie können bis zur Vollendung des 38. Lebensjahres ihren Wehrdienst in der Türkei ableisten oder
  - Sie leisten ihren Wehrdienst oder Zivildienst unter den Bedingungen des deutschen Wehrpflicht- oder Zivildienstgesetzes in Deutschland ab. In diesem Fall gilt die in der Türkei bestehende Wehrpflicht als erfüllt und sie sind vollständig – auch ohne Zahlung eines Geldbetrages – vom Wehrdienst in der Türkei befreit. Von dieser Option können sie bis zur Vollendung des 38. Lebensjahres Gebrauch machen; bis zu diesem Zeitpunkt können sie sich vom Wehrdienst zurückstellen lassen.

- Ein deutsch-türkischer Doppelstaater, der seinen Grundwehrdienst in der Bundeswehr leistet, kann den bereits in der Türkei geleisteten Wehrdienst im Umfang der tatsächlichen Dienstleistung anrechnen lassen. Eine Anrechnung von Wehrdienst, der durch Zahlung einer Geldleistung erbracht wurde (also der verkürzte Wehrdienst von einem Monat), ist nicht möglich.
- Falls jemand ohne die Erlaubnis des türkischen Staates, zusätzlich zur türkischen die deutsche Staatsangehörigkeit zu erwerben, unter Hinnahme der Mehrstaatigkeit eingebürgert wurde, ist ihm zu empfehlen, im türkischen Konsulat einen Antrag auf „nachträgliche Bewilligung der Übernahme der deutschen Staatsbürgerschaft" zu stellen. In der Regel wird diese Bewilligung gewährt, so dass man vom Wehrdienst in der türkischen Armee befreit wird, wenn die Ableistung des Wehr- oder Zivildienstes in Deutschland nachgewiesen werden kann.
- Deutsch-türkische Doppelstaater werden jedoch vom Wehrdienst nicht befreit, wenn sie:
  - sich erst nach Vollendung des 18. Lebensjahres in Deutschland niedergelassen haben,
  - bereits in der Türkei den Wehrdienst begonnen haben,
  - sich während der Ableistung des Wehrdienstes in Deutschland gegen die innere und/oder äußere Sicherheit der Türkei z.B. durch Straftaten betätigt haben oder
  - in Deutschland vom Wehrdienst befreit sind und auch keinen Ersatzdienst leisten. Untauglichkeitsatteste deutscher Wehrdienstbehörden können allerdings anerkannt werden.

Wehr- und Zivildienstpflicht bei anderen Nationalitäten

Die Darstellung der Wehr- und Zivildienstpflicht wird hier allein auf die rechtlichen Verhältnisse von türkischen Migranten beschränkt. Informationen über die Problematik der Wehr- und Zivildienstpflicht bei anderen Staatsangehörigkeiten erhält man bei den jeweiligen Konsulaten und Botschaften. Auskünfte erteilt auch die Beauftragte der Bundesregierung für Ausländerfragen (11017 Berlin. Tel. 030-2007-2307).

Pflichten zu ehrenamtlicher Tätigkeit

Neben der Wehr- und Zivildienstpflicht besteht die weitere Verpflichtung, Ehrenämter als Wahlhelfer, Schöffen oder Laienrichter wahrzunehmen.

Sonstige Pflichten

Daneben besteht natürlich eine Vielzahl weiterer Pflichten, die jedoch alle Inländer mit oder ohne deutschen Pass in gleicher Weise besitzen. Eine Einbürgerung würde diesbezüglich nicht mit mehr Pflichten verbunden sein.

So gilt für alle in Deutschland – wie auch in anderen Ländern – die selbstverständliche Pflicht, sich an die Gesetze zu halten, z.B.

- die Strafgesetze zu beachten,
- Steuern und Sozialabgaben zu zahlen,
- der Schulpflicht nachzukommen,
- für den eigenen Unterhalt aufzukommen etc.

3.5 Rechte und Pflichten im Herkunftsland nach der Einbürgerung

Die Einbürgerung bedeutet in der Regel den Verlust der bisherigen Staatsangehörigkeit. Die Befürchtung vieler einbürgerungswilliger Personen ist, mit der verlorenen Staatsangehörigkeit auch Rechte im Herkunftsland zu verlieren. Die damit verbundenen Nachteile werden als derart gravierend betrachtet, dass man lieber von dem Vorhaben der Einbürgerung Abstand nimmt. Am Beispiel der Türkei sollen die wirklichen Veränderungen des Rechtsstatus bei Verlust der jeweiligen Staatsangehörigkeit dargestellt werden, um falsche Vorstellungen auszuräumen.

Um die rechtlichen Nachteile, die mit dem Verlust der türkischen Staatsangehörigkeit verbunden sind, auf ein Minimum zu begrenzen, ist es erforderlich, mit Erlaubnis der zuständigen türkischen Behörden aus der Staatsangehörigkeit entlassen zu werden. Für Männer ist dafür generell Voraussetzung, dass sie der Wehrpflicht nachgekommen sind. Allerdings können wehrpflichtige Türken auf ihren Antrag aus der türkischen Staatsangehörigkeit auch ohne Ableistung des Wehrdienstes entlassen werden, wenn sie urteilsfähig und mündig sind (d.h. 18 Jahre alt oder verheiratet) sowie eine fremde Staatsangehörigkeit erworben oder begründete Aussicht auf den Erwerb einer anderen Staatsangehörigkeit haben.

Grundsätzlich können Personen türkischer Abstammung sowie deren gesetzliche Erben auch nach behördlich erlaubter Entlassung aus der türkischen Staatsangehörigkeit unverändert die Rechte weiter ausüben, die den türkischen Staatsangehörigen zustehen. Dazu gehören

- die unbegrenzte Niederlassungsfreiheit,
- die Reisefreiheit,
- die freie Ausübung einer Beschäftigung in der Türkei,
- die ungehinderte Realisierung einer Erbschaft und
- die Freiheit des Erwerbs und der Veräußerung von beweglichen Sachen und Grundstücken (jedoch unterliegt der Erwerb von Grundstücken Beschränkungen, wenn diese innerhalb militärischer Verbots- und Sicherheitszonen liegen) und
- das Recht, sich im Heimatort beerdigen zu lassen.

Rentenansprüche, die aufgrund einer Erwerbstätigkeit in der Türkei erworben wurden, gehen mit einer Entlassung aus der türkischen Staatsangehörigkeit nicht verloren. Hat man von der Möglichkeit der Nachversicherung Gebrauch gemacht, die an die türkische Staatsangehörigkeit gebunden ist, so werden bei Entlassung aus der türkischen Staatsangehörigkeit die bereits geleisteten Versicherungsbeiträge in türkischer Währung ausbezahlt.

Entschließt sich eine Person, die die deutsche Staatsangehörigkeit angenommen hat, sich wieder in der Türkei einbürgern zu lassen, so ist dieser Wechsel unter erleichterten Bedingungen möglich. Die Entscheidung trifft der türkische Ministerrat. Allerdings ist damit regelmäßig der Verlust der deutschen Staatsangehörigkeit verbunden. Welchen Aufenthaltsstatus diese Person danach besitzt, ist gesetzlich nicht eindeutig geregelt. Man wird davon ausgehen können, dass der Status erhalten bleibt, der vor dem Erwerb der deutschen Staatsangehörigkeit bestand, also eine Aufenthaltsberechtigung oder eine unbefristete Aufenthaltserlaubnis.

Verliert eine Person die türkische Staatsangehörigkeit ohne Erlaubnis der türkischen Behörden, wird sie wie jeder andere Ausländer behandelt.

Informationen über die Probleme von Staatsangehörigen anderer Herkunftsstaaten sind bei den entsprechenden Auslandsvertretungen oder wiederum bei der Beauftragten der Bundesregierung für Ausländerfragen zu erhalten.

3.6 Schluss

Als Fazit lässt sich folgendes festhalten: Mit der Einbürgerung und dem Erhalt der deutschen Staatsangehörigkeit verbessern MigrantInnen ihren Rechtsstatus. Das bislang schon für jeden nichtdeutschen Bürger bestehende Maß an Pflichten wie die Steuer- und Sozialabgabenverpflichtung wird ausgeglichen durch ein Mehr an bedeutsamen Rechten. Insbesondere der Zuwachs an politischen Rechten, der nunmehr ungehinderte und fortwährende Zugang zum sozialen Leistungssystem sowie die Sicherheit des lebenslangen Verbleiben-Könnens in Deutschland bilden die -notwendige – Basis für wirkliche Integration. Auf dieser Basis sind allerdings auch Integrationsanstrengungen gerade in sprachlicher und kultureller Hinsicht für die MigrantInnen erforderlich, die insoweit noch Barrieren überwinden müssen.

Literatur

Hutter, Franz-Josef/Tessmer, Carsten (Hrsg.), Menschenrechte und Bürgergesellschaft in Deutschland, Opladen 1999 (Leske und Budrich)

Maunz, Theodor/Dürig, Günter/Herzog,Roman (Hrsg.), Grundgesetz Kommentar, Loseblattsammlung (Stand der Lieferung August 2000), München (Beck)

Kanein, Werner/Renner, Günter, Ausländerrecht Kommentar, 7. Auflage München 1999 (Beck)

4. Einbürgerung/ Nichteinbürgerung und was dann?

Integration und interkulturelle Arbeit im Stadtteil

Michael Krummacher, Viktoria Waltz

Einleitung: Die interkulturelle Herausforderung der Kommunen

Mancher Leser, manche Leserin werden sich fragen: Was soll das Thema 'Integration und interkulturelles Zusammenleben in den Städten bzw. Stadtteilen' in einem Multiplikatoren-Manual zur Einbürgerung bzw. zum Staatsangehörigkeitsrecht?

Unsere Begründung lautet:

1. Zum Zeitpunkt des Inkrafttretens des reformierten Staatsangehörigkeitsgesetzes im Jahr 2000 erfüllten maximal 4 Mio. von 7,3 Mio. Ausländern in der Bundesrepublik die rechtlichen Voraussetzungen für eine Einbürgerung, d.h. 3,3 Mio. Ausländer hatten keinen Rechtsanspruch auf Einbürgerung.
2. Die bisherige Entwicklung der Einbürgerungsanträge in den Ausländerbehörden und unsere Workshop-Diskussionen mit betroffenen Ausländern zeigen, dass sich große Teile auch der gut informierten Ausländer mit Einbürgerungsanspruch aus unterschiedlichen Gründen zumindest derzeit nicht einbürgern lassen wollen (z.B. Verlust der bisherigen Staatsbürgerschaft, befürchteter Identitätsverlust, Nachteile im Herkunftsland, unterschiedlicher Status innerhalb von Familien, hohe Hürden und Kosten der Einbürgerung). Dies mag bedauert, muss aber respektiert werden.
3. Die Einbürgerung bzw. der Status „deutscher Staatsbürger" bewirken zwar rechtliche und politische Gleichheit vor dem Gesetz. Soziale Integration, Chancengleichheit und Schutz vor Diskriminierung im Alltagsleben sind damit aber (noch) nicht gewährleistet. Zentrale Probleme und Konflikte der Integration und des interkulturellen Zusammenlebens bleiben auch unabhängig von der Einbürgerung/ Nicht-Einbürgerung bestehen. Dabei zeigt sich vor allem „Vor-Ort" in den Städten, Gemeinden und Wohnquartieren, ob Integration und interkulturelles Zusammenleben gelingen oder misslingen.

Die unmittelbare Verantwortung für die Gestaltung der Lebensverhältnisse von Zuwanderern und Einheimischen liegt auf der kommunalen Ebene. Toleranz und soziale Gleichberechtigung sind keine abstrakten Werte und Zielvorstellungen. Im Alltag vollziehen sich in Nachbarschaften, in Betrieben, in Schulen, in Sportvereinen immer wieder Prozesse, in denen Toleranz praktiziert oder verfehlt wird, in denen Integration gelingt oder misslingt. Die politische Ebene, die diesen unmittelbaren Lebensräumen und Lebensbedingungen von Menschen am nächsten ist, ist die Gemeinde, die Stadt und der Stadtteil. Soviel steht fest:

- Die Anteile der Zugewanderten aus anderen Ländern in den Städten und Gemeinden wachsen und werden es weiterhin tun. Ihre rechtlichen, politischen, ökonomischen und kulturellen Positionen sind unterschiedlich. Ihre Bedürfnisse und Ansprüche nach Gleichberechtigung und Chancengleichheit werden von ihnen zunehmend artikuliert.
- Einhergehend mit den multiethnischen Realitäten, der nach wie vor hohen Arbeitslosigkeit, der Krise der öffentlichen Haushalte und der Konsolidierungspolitik der Sozialfinanzen nehmen die Konkurrenzen um knappe Ressourcen und die interkulturellen Konflikte zwischen „Einheimischen und Fremden" in vergleichbarer sozialer Lage eher zu. Die aktuelle neue Welle rassistisch motivierter Gewalt und Mordanschläge bildet dabei nur die Spitze des Eisberges.
- Dies alles führt zu neuen Herausforderungen an die Integrationspolitik der Kommunen im neuen Jahrtausend. Die Städte und Gemeinden, ihre Stadtentwicklungs- und Sozialpolitik, ihre Kinder-, Jugend- und Familienarbeit müssen damit zukunftsorientiert umgehen, Selbsthilfepotenziale und Integration sowie interkulturelles Zusammenleben fördern, einschließlich der damit zwangsläufig verbundenen Konflikte, die sie aktiv gestalten müssen. Sie sind im eigenen Interesse darauf angewiesen. Im übrigen: Abgesehen von dem Argument des Ansehens Deutschlands in der Welt, sind wir und unsere Stadtgesellschaften es sich selber schuldig, dass Fremdenfeindlichkeit bekämpft und zurückgedrängt werden, wenn wir als Zivilgesellschaft bestehen wollen.

Vor diesem Hintergrund lautet die erkenntnisleitende Frage unseres Beitrages: Welche Herausforderungen stellen sich – unabhängig von Einbürgerung/Nicht-Einbürgerung – den Städten und Stadtteilen für die Integrationsarbeit und das interkulturelle Zusammenleben? Wenn wir von Integration sprechen, so verstehen wir darunter eine wechselseitige Herausforderung sowohl an die Zuwanderer wie an die Aufnahmegesellschaft zur Herstellung von Gleichberechtigung, sozialer Chancengleichheit, zum Respekt vor Anderssein im Rahmen der Gesetze, zur Förderung von interkulturellem Austausch und zur Austragung unvermeidlicher Konflikte mit friedlichen Mitteln. Unserer didaktische Absicht besteht darin, den Multiplikatoren einige Anregungen für ihre eigene interkulturelle Arbeit zu geben.

4.1 Das Problem: „Ausländerstadtteile" sind benachteiligte Stadtteile

Die Ausgangssituation der Migrationsrealität in der Bundesrepublik Deutschland lässt sich wie folgt zusammenfassen (Daten und Fakten vgl. z.B. Beauftragte der Bundesregierung für Ausländerfragen 2000; BMFSFJ 2000; Krummacher/ Waltz 1999; Unabhängige Kommission „Zuwanderung" 2001):

Die Bundesrepublik Deutschland ist seit etwa vier Jahrzehnten de facto ein Einwanderungsland. Immigration ist ein westdeutsches Großstadtphänomen: 1999 hatten 7,3 Mio. Einwohner bzw. rd. neun Prozent der deutschen Wohnbevölkerung keinen deutschen Pass. Über neun Zehntel der Ausländer leben in Westdeutschland, acht Zehntel von ihnen leben in westdeutschen Großstädten. Im Durchschnitt der westdeutschen Großstädte liegt der Ausländeranteil bei 15 Prozent der Wohnbevölkerung. In vielen Städten und Stadtteilen liegt er weit darüber. Bei Mitberücksichtigung der eingebürgerten Migranten und der zugewanderten Aussiedler mit Rechtsanspruch auf die deutsche Staatsangehörigkeit liegt der Anteil der Stadtbevölkerung mit Migrationshintergrund ohnehin deutlich höher.

Inzwischen hat sich herumgesprochen, dass wir aus demografischen, wirtschaftlichen und politischen Gründen Zuwanderung brauchen, dass die Bevölkerungsanteile der Einwohner in Deutschland mit Migrationshintergrund weiter wachsen – und zwar bevorzugt in den großen Städten und Ballungsregionen. Zuwanderung ist unabdingbarer Bestandteil von Stadtentwicklung. Ohne Zuwanderung gibt es nicht nur kein Bevölkerungswachstum, selbst Stabilität der Bevölkerung wird es ohne Zu- und Einwanderung nicht geben (vgl. Häußermann/ Oswald 1997: 9ff). Mit Blick auf den Altersaufbau der deutschen Bevölkerung und die künftige Versorgung der alternden Bevölkerung mit Einkommen, Gütern und Diensten sind unsere Gesellschaft, besonders aber die großen Städte, auf die wirtschaftlichen, sozialen und kulturellen Potenziale der Migranten angewiesen.

Der Status und die Lebenslagen der Migrantenbevölkerung unserer Städte und Stadtteile lassen sich nach Jahrzehnten der Einwanderung nicht einheitlich beschreiben. Vereinfachend lassen sich ihre Lebenslagen als soziale Differenzierung bei anhaltender Unterschichtung charakterisieren (vgl. Übersicht 1 und 2).

Übersicht 1: Lebenslagen von Migranten in unseren Städten und Stadtteilen

Die Migrantinnen und Migranten teilen sich

- in eine Mehrheit mit langer Aufenthaltsdauer und Bleibeabsichten (Einwanderer) und Minderheiten mit begrenzter Verweildauer (Flüchtlinge, Pendelmigranten, Erwerbstouristen und Irreguläre) mit prekären Lebenslagen;
- in eine Mehrheit mit sozialen und ökonomischen Unterschichtsmerkmalen und anhaltend schlechten Bedingungen in den Bereichen Arbeitsmarktintegration, Schul- und Berufsausbildung, Einkommen, Wohnen und Wohnumfeld und Gesundheit (Migrationsverlierer) und eine wachsende Minderheit mit sozialer Aufstiegsmobilität (Migrationsgewinner);
- in eine Mehrheit mit geringen oder fehlenden Möglichkeiten politischer Partizipation (v.a. Nicht-Unionsbürger) und eine wachsende Minderheit mit gleichen Bürgerrechten (v.a. Eingebürgerte);
- in erhebliche Teile mit großen Integrationsfortschritten in bezug auf deutsche Sprachkenntnisse, Bildung, kulturelle Handlungsmuster und soziale Kontakte, in Teile, die in dieser Hinsicht in einer ungeklärten Zwischenposition leben und in eine relevanter werdende Minderheit mit eher starker Betonung des Rückzuges in die eigene ethnische und/ oder religiöse Gruppe.

Innerhalb der großen Städte konzentrieren sich die Migranten in bestimmten Stadtteilen. Dabei handelt es sich entweder um Arbeiterquartiere aus dem späten 19. und frühen 20. Jahrhundert im Kernstadtbereich oder um Großsiedlungen der 1960er und 1970er Jahre in Randlagen mit ursprünglich hohem, inzwischen stark schrumpfenden Sozialwohnungsanteil. In solchen Stadtteilen liegen die Migrantenanteile bereits jetzt bei 25 bis zu 40 Prozent, bei Kindern und Jugendlichen sowie auf kleinräumiger Ebene z.T. noch deutlich höher; dies alles mit steigender Tendenz.

Übersicht 2: Ausgewählte Indikatoren zur sozialen Lage von deutschen und ausländischen Einwohner/-innen in der Bundesrepublik Deutschland

INDIKATOR	in	Deutsche	Ausländer
1. WOHNBEVÖLKERUNG – BR-Gesamt 1999	Mio.	74,6	7,3
2. ARBEITSMARKT – BR-West			
Stellung im Beruf 1997 – BR-West			
– ungelernte/ angelernte Arbeiter	%	10	51
– Facharbeiter/ Meister	%	15	20
– Angestellte und Beamte	%	63	23
– Selbständige	%	12	6
Anteil d. Auszubildenden an 15-18jährigen 1998	%	66	38
Arbeitslosenquote BR-West Mai 2001	%	7,1	16,4
3. EINKOMMEN – BR-West SOEP			
Netto-Haushaltseinkommen 1998	DM	4.353	4.111
Netto-Haushaltseinkommen 1998 pro Kopf	DM	2.174	1.587
Sozialhilfeempfänger-Anteil 1998 (HzL/AsylBLG)	%	3,0	9,0*)
*) betr. mehrheitlich Flüchtlinge			
4. ERZIEHUNG/ SCHULBILDUNG			
Kindergartenbesuch (3-6 Jahre) BR-West 1997	%	90	79
Abschluss der Schulabgänger 1999 – BR-Gesamt			
– ohne Hauptschulabschluss	%	6	15
– Hauptschulabschluss	%	21	40
– Realschulabschluss	%	43	33
– Abitur/ Fachabitur	%	29	11
5. WOHNEN			
Wohnfläche pro Person 1997 – BR-West	qm	39,2	24,7
Ausstattungsstandard der Wohnung 1993			
– gut: Bad, WC, Zentralheizung, Balkon/ Terrasse	%	70	40
– mittel: Bad/ WC/ Zentralheizung, ohne Balkon/T	%	20	35
– niedrig: ohne Zentralheizung, ohne Balkon/T	%	10	25
Miete pro qm/ Monat 1998 – NRW	DM	10,86	10,97
Mietbelastung (Miete : Einkommen) 1998 – NRW	%	26,8	29,3
Haushalte mit Wohnungseigentum 1998 – NRW	%	39,0	10,5

Quellen: Zusammenstellung Krummacher/Waltz, z. T. eigene Berechnung nach: Ausländerbeauftragte der Bundesregierung 2000; BMA 2001: 199ff; BMFSFJ 2000; Deutsches Institut für Urbanistik 1998:9; Kommunalverband Ruhrgebiet: Arbeitsmarkt Ruhrgebiet H. 6-2001; Hanesch/ Krause/ Bäcker 2000: 430ff; MASSKS-NRW 2000; Santel 1999; Statistisches Bundesamt 2000; Datenreport 1999: 571ff

Die meisten Stadtteile mit hohem Migrantenanteil sind räumlich und sozial als benachteiligte und benachteiligende Stadtteile einzustufen. Die typische Ausgangssituation dieser Stadtteile kann vereinfacht wie folgt charakterisiert werden:

Bewohnerstrukturen

Es bestehen hohe Konzentrationen von unterprivilegierten Gruppen, d.h. neben Migranten hohe Anteile von Langzeitarbeitslosen, Armen, alten Menschen, Alleinerziehenden, Suchtkranken sowie deutschen und ausländischen Jugendlichen ohne Ausbildung und Arbeit („urban underclass"). Sozial mobile Einwohner wandern ab, Ausländer und Arme ziehen nach. Die ansässigen Migranten haben vergleichsweise ausgeprägte Selbsthilfepotenziale. Teile von ihnen sind sozial mobil und wirken am ehesten stabilisierend auf die Stadtteilsituation.

Wohnen und Wohnumfeld

Es bestehen oft relativ schlechte Bau- und Wohnsubstanzen mit daran gemessen überhöhten Mieten, schlechte Wohnumfeldqualitäten und Freizeitangebote sowie unzureichende soziale und private Infrastrukturen für alte Menschen, Kinder und Jugendliche, Singles und Familien, egal ob sie deutscher oder ausländischer Herkunft sind. Die Kultur-, Religions- und Freizeitvereine der Migranten kompensieren dies zumindest teilweise für ihre Mitglieder.

Lokale Ökonomie

Seit langem sind hier die Investitionen der deutschen Privatwirtschaft bei Bauten, produktivem Gewerbe und Dienstleistungen rückläufig. Die Folge: entsprechend hohe lokale Arbeitsplatzverluste und eine Ausdünnung privatwirtschaftlicher Versorgungsangebote. Aber: Vor allem in den multiethnischen Altbauquartieren im Kernstadtbereich haben die Investitionen ausländischer Selbständiger über die ursprüngliche „Nischenökonomie" für Landsleute hinaus inzwischen vielfach relativ intakte private Versorgungsinfrastrukturen mit guten und preiswerten Angeboten für alle Einwohner geschaffen. Und: Neben staatlich geförderten behutsamen Modernisierungen der Wohnungsgesellschaften wirken sich auch die zunehmenden Haus- und Wohnungskäufe und die baulichen Selbsthilfepotenziale der Migranten tendenziell stabilisierend auf die Wohnbausubstanzen aus.

4.2 Interkulturelles Zusammenleben und interkulturelle Konflikte in benachteiligten Stadtteilen

Das Zusammenleben zwischen zugewanderten Minderheiten und einheimischen Mehrheiten in den skizzierten multiethnischen Stadtteilen wird zunächst geprägt durch die sozialräumlich benachteiligende Ausgangssituation, d.h. die Konzentration erfolgs- und durchsetzungsschwacher deutscher und ausländischer Minderheiten und durch materielle Konkurrenzen um knappe Arbeitsplätze, um gute und preiswerte Wohnungen, um bedürfnisgerechte Infrastrukturen und Raumnutzungen (vgl. Übersicht 3).

Übersicht 3: Prototypische Negativspiralen in benachteiligten multiethnischen Stadtteilen (Bsp. Altbauquartier)

Lokale Ökonomie und private Infrastrukturen
- Rückläufige Investitionsbereitschaft in Produktion, Wohnbereich und Einzelhandel, massive lokale Arbeitsplatzverluste im Produktions- und Dienstleistungssektor;
- Kaufkraftverluste der Quartiersbevölkerung;
- teilweise Investitionen von Migranten.

Wohnen und Wohnumfeld
- hohe Bewohnerdichte, wenig Frei-, Grün- und Spielflächen;
- baulich-räumliche Verfallstendenzen (Wohnen, öffentliche Plätze, Infrastruktur);
- z.T. schlechte Wohnbausubstanzen, Instandsetzungsrückstände, vereinzelt Aufwertungsspekulation;
- stark schrumpfender Sozialwohnungsanteil infolge auslaufender Sozialbindungen;
- ökologische Defizite (Dreck, Müll, Verkehrsbelastungen);
- Negativ-Image, hohe Mieterfluktuation, steigende Mieten.

Sozio-demografische und ökonomische Kettenreaktionen
- Abwanderung von jungen, qualifizierten, kaufkräftigen Schichten in andere Stadtteile;
- Konzentration einkommensschwacher Familien und Empfänger von Transfereinkommen (Arme, arme Alte, Alleinerziehende, Arbeitslose, Ausländer ...);
- weitere Kaufkraftverluste, Arbeitsplatzverluste, fortgesetzter baulich-räumlicher Verfall ...

Soziale Kontakte, interkulturelle Konflikte
- Familiale Netze und Nachbarschaftsnetze lösen sich auf;
- Sozialräumliche Negativentwicklungen führen zur Konzentration von sozial- und durchsetzungsschwachen Gruppen mit konkurrierenden Raumnutzungsansprüchen;
- soziale Konkurrenzen führen leicht zu sozialen und interkulturellen Konflikten der Unterprivilegierten untereinander.

Hinzu kommen einerseits die Auflösung von sozialen, familialen und sozialstaatlichen Auffangnetzen, andererseits die allzu oft als Bedrohung empfundenen fremden Lebensstile der jeweils anderen Ethnien. Fremde stellen Selbstverständliches in Frage und lösen damit Identitätskonflikte aus. In allen Einwanderungsgesellschaften überlagern sich soziale mit interkulturellen Konflikten. Die Grenzen zwischen interkulturellen Konflikten, latenter Fremdenfeindlichkeit bis hin zu offenem Rassismus sind dabei fließend. Dort, wo sich kulturelle Identität als gemeinsames Band größerer Zuwanderergruppen gleicher Herkunft sichtbar und selbstbewusst äußert, wo die verfassungsmäßig garantierte Religionsfreiheit aktiv gelebt wird, ist dies häufig auch Anlass für interkulturelle Differenzen und Konflikte, die unterschwellig wirken oder offen ausgetragen werden (vgl. Rütten 1998: 21f).

Die Nachbarschaften und sozialen Netze der „Alteingesessenen" lösen sich auf oder verflüchtigen sich und führen – bei gleichzeitig wachsendem Migrantenanteil – sehr leicht zu einer resignativen bis aggressiven Festungsmentalität und Überfremdungsangst. Ein derartiges Selbstverständnis der „Alteingesessenen" birgt hohes Konfliktpotenzial – besonders, wenn es einhergeht mit einem selbstbewussteren Auftreten der Migranten, die ihre eigenen Bedürfnisse formulieren (z.B. in Form von

Moscheen), und einer Cliquen- und Bandenbildung der ausgegrenzten deutschen und ausländischen Jugendlichen, die sich bisweilen durch aggressives und straffälliges Verhalten bemerkbar machen.

Bei alledem werden oft zu Unrecht die „Ausländer" zur Ursache der Misere erklärt und nicht die ökonomischen, sozialräumlichen Verhältnisse und lokalpolitischen Versäumnisse. Feststellbare Rückzüge von Teilen der Migrantenfamilien, aggressive Reaktionen Jugendlicher und Abwehrhaltungen populistischer Lokalpolitiker schaukeln die interkulturellen Konflikte und Konkurrenzen hoch. Eine viel beachtete Studie im Auftrag des Bundesverbandes deutscher Wohnungsunternehmen spricht in diesem Zusammenhang von „überforderten Nachbarschaften" (vgl. GDW 1998).

Ohne die Situation zu verharmlosen, warnen wir allerdings auch davor, die interkulturellen Konflikte zu dramatisieren. Von wirklichen Ghetto-Situationen z.B. US-amerikanischer Städte sind wir noch weit entfernt. Von daher sind weder Dramatisierung noch Verharmlosung angemessen. Das interkulturelle Zusammenleben zwischen „Einheimischen" und Migranten in den multiethnischen Stadtteilen ist zwar selten durch ein freundschaftliches Miteinander, im Regelfall jedoch durch ein friedlich-distanziertes Nebeneinander geprägt. Die zahlreichen persönliche Kontakte im Wohnumfeld, im Kindergarten, beim Einkaufen, bei der Arbeit und in der Kneipe reduzieren Konflikte im Alltagsleben deutlicher als dies Außenstehende, manche sozialwissenschaftlichen Analysen und Politikdebatten oft vermuten lassen. Außerdem bestehen gerade bei den Migranten im Stadtteil Potenziale, die erkannt und wirksam gefördert zu einer Stabilisierung der Lebenssituationen im Stadtteil beitragen können (vgl. Übersicht 4).

Übersicht 4: Potenziale der Migranten in multiethnischen Stadtteilen

Lokale Ökonomie und Infrastrukturen

- Aufbau einer Migrantenökonomie mit bedeutsamen Investitionen, Arbeitsplatzeffekten und Ausbildungspotenzialen
- Vergleichsweise hohe Kaufkraft, die zunehmend lokal gebunden ist
- teilweise Kompensation der Rückzüge deutscher Investoren im Handels- und Dienstleistungsbereich mit preiswerten und guten Angeboten für alle Einwohner.

Wohnen und Wohnumfeld

- erhebliche Selbsthilfepotenziale bei der Wohn- Wohnumfeld- und Raumnutzungsgestaltung
- Schaffung eines multikulturellen Stadtteilambientes (Gastronomie, öffentliches Leben, Plätze und Einrichtungen)

Soziale Netze

- Vergleichsweise intakte familiale und nachbarschaftliche Unterstützungsnetze
- Kulturelle und religiöse Migrantenvereine als Unterstützungsnetze und bedeutsames Selbsthilfepotenzial

Zusammenfassend zeigen unsere und andere Studien: Einerseits gilt, dass die Gesamtsituation in den benachteiligten Stadtteilen geprägt wird durch kollektive und individuelle Problem- und Notlagen, die zusammengenommen mit den räumlichen Defiziten zu massiven Konflikten und Konkurrenzen um knappe Ressourcen führen und in zunehmende interkulturelle Konflikte, Fremdenfeindlichkeit und Gewaltbereitschaft münden können. Andererseits bestehen in den benachteiligten Stadtteilen durchaus Potenziale und lokale Ressourcen, die – sofern sie erkannt, aktiviert und gefördert werden – gute Ansatzpunkte für eine sozialverträgliche Stabilisierung und Verbesserung der Lebenslagen bieten und damit auch zum Abbau latenter interkultureller Konflikte beitragen können.

4.3 Anmerkungen zur „Ghetto-Diskussion"

Fast immer, wenn von Stadtteilen mit hohem Migrantenanteil die Rede ist, wird leichtfertig von „Ausländer-Ghettos" gesprochen. Allzu oft werden dadurch die Migranten für die Probleme und Konflikte im Stadtteil verantwortlich gemacht. Hierzu einige Anmerkungen:

Der Streit um den planerischen und kommunalpolitischen Umgang mit ethnischen Konzentrationen im Stadtgebiet ist so alt wie es Zuwanderung in unsere Städte gibt und immer noch ungelöst. „Zulassen von ethnischer Segregation versus soziale Mischung" lauten die Grundpositionen in diesem Richtungsstreit (vgl. z.B. BMFSFJ 2000, S. 162ff; Esser/ Friedrichs 1990; Eichener 1990; Häußermann/ Oswald 1997; Krummacher 2000; Scholz 1999; Siebel 1997; Unabhängige Kommission „Zuwanderung 2001, S. 229ff).

Auf der einen Seite plädieren eine Reihe Autoren, darunter auch wir, für das Zulassen freiwilliger bzw. selbstgewollter (im Unterschied zu erzwungener) ethnischer Konzentration bzw. Koloniebildung von Migranten auf kleinräumiger Ebene. Sie und wir argumentieren, dass die räumliche Nähe zur eigenkulturellen Gruppe in einer fremden Umwelt zu Identität, Geborgenheit und Selbstbehauptung beiträgt, also gute Voraussetzungen für Integration bildet. Außerdem kann (muss nicht) diese Nähe dazu beitragen, kollektive Selbsthilfepotenziale besser zu nutzen und kollektive Interessen der Einwanderungsminderheiten gegenüber der Mehrheitsgesellschaft zu artikulieren. Dabei schließen sich räumliche Gruppenbildung und Offenheit gegenüber der Gesellschaft keineswegs aus.

Auf der anderen Seite warnen zahlreiche Autoren und Politiker vor der Bildung ethnischer Kolonien und führen dazu das Schreckgespenst des „Ausländerghettos" an. Sie plädieren für eine möglichst gleichmäßige Verteilung der Migranten über das Stadtgebiet mit planerischen, wohnungspolitischen und ggf. auch mit ordnungsrechtlichen Mitteln. Dem liegt das Leitbild der „gesunden sozialen Mischung" der Stadtteilbevölkerung zugrunde: Einerseits sollen dadurch sowohl Toleranzstrukturen ausgeprägt als auch fremdenfeindliche Einstellungen bei der Mehrheitsgesellschaft abgebaut werden. Andererseits werden damit bessere Bildungs-, Beschäftigungs- und Teilhabechancen, d.h. insgesamt bessere Integrationschancen auf Seiten der Migranten, verbunden („Ausländerghetto als Mobilitätsfalle").

Das Argument der ‚besseren Integrationschancen' ist wichtig, allerdings ist festzuhalten: „Dort, wo ... die Konzentration der Ausländerbevölkerung ... verhindert werden sollte, sind die Integrationsdefizite höchstens weniger sichtbar, da sich die

Zuwanderer in den städtischen Gesellschaften mehr verstreuen. Doch individuelle Integration, die hehre Zielbestimmung dieser ,ghettoverhindernden' Maßnahmen, ist nur durch gleichberechtigte Partizipation an den ,g00ds of modernity', insbesondere auf dem Arbeitsmarkt erreichbar." (Häußermann/ Oswald 1997, 22)

Hinzuzufügen ist, dass kommunale Versuche, eine Konzentration von Migranten zu verhindern, mittelfristig meist an der Realität der Wohnungsteilmärkte abgeprallt und gescheitert sind. Administrative Zuzugssperren sind in Deutschland rechtlich z.Zt. nur gegenüber Flüchtlingen durchsetzbar. Gegenüber Einwanderern im sozialen Wohnungsbau angewandt, sind sie undemokratisch und strukturell diskriminierend. Negative Höchstquoten funktionieren im privaten Wohnungssektor nicht. Planungsstrategien zur forcierten Aufwertung der „Ausländerstadtteile" verdrängen – wenn sie erfolgreich sind – gleichermaßen deutsche wie ausländische Arme und führen zur Neuentstehung von Armutsquartieren an anderem Ort.

Im Rahmen der Kontroverse „Segregation versus Mischung" weisen Häußermann und Siebel (1997) seit längerem darauf hin, dass die Frage falsch gestellt sei. Es gehe nicht um ein „Für" oder „Gegen" sozialräumliche Segregationen; sie gibt und gab es mehr oder weniger ausgeprägt in allen Städten und zu allen Zeiten. Zentral seien – angesichts der unaufhebbaren Ambivalenz von Abgrenzung und Integration – die Unterscheidung zwischen „freiwilliger" und „erzwungener" Segregation und die Frage, wie die erzwungenen abgebaut werden können.

„Die Alternative bestünde allein darin, sich auf die Dialektik von Integration und Abgrenzung einzulassen, und damit auf einen sehr langwierigen Prozess, der Geduld und Konfliktfähigkeit verlangt, funktionierende Arbeits- und Wohnungsmärkte und sozialstaatliche Sicherungssysteme ebenso voraussetzt wie urbane Städte, die Zonen des Übergangs und öffentlichen Raum bieten sowie Quartiere für fremdartige Lebensweisen." (Siebel 1997, 40).

Daran anknüpfend gilt aus unserer Sicht: Ghettovermeidend und längerfristig konfliktreduzierend sind in den „Ausländerstadtteilen" am ehesten solche Stabilisierungsstrategien, bei denen nachteilsausgleichende behutsame bauliche, ökonomische und soziale Infrastrukturverbesserungen mit wirksamer Partizipation und Konfliktmoderation kombiniert werden. Dementsprechend liegt das Leitziel der Integration nicht darin, durch Umschichtung der Quartiersbevölkerung eine „bessere" soziale und ethnische Mischung zu bekommen. Vielmehr müssen die lokalen Selbsthilfepotenziale der deutschen und ausländischen Quartiersbevölkerung mobilisiert und materiell unterstützt werden. Die Migranten, ihre Potenziale und Selbsthilfenetze bilden dabei eine wichtige Ressource. Zum Abbau erzwungener Segregation von Zuwanderern gehört selbstverständlich auch, dass sie mit Hilfe von Integrationsmaßnahmen dazu befähigt werden, berufliche Chancen, soziale Aufstiegsmöglichkeiten und Wohnchancen auch außerhalb von typischen „Ausländerstadtteilen" wahrnehmen können (vgl. Unabhängige Kommission „Zuwanderung" 2001, S. 231).

4.4 Zum Handlungsrahmen interkultureller Stadtteilentwicklung

Bevor wir im folgenden Abschnitt zu den Leitzielen und Handlungsmöglichkeiten interkultureller Stadtteilpolitik Stellung nehmen, ist es wichtig, den kommunalen Handlungsrahmen realistisch einzuschätzen. Um nicht in Träumerei zu verfallen, muss klar sein, dass eine gestaltende kommunale Integrationspolitik zwar auf bedeutsame Ressourcen und Potenziale zurückgreifen kann, anderseits aber Begrenzungen unterliegt. In der folgenden Übersicht werden die wichtigsten Begrenzungen und Potenziale stichwortartig aufgezeigt (vgl. Übersicht 5).

Übersicht 5: Zum Handlungsrahmen kommunaler Integrationspolitik

Begrenzungen

- Weite Bereiche der Integrationspolitik werden von den politischen und rechtlichen Vorgaben des Ausländerrechts und der Integrationspolitik der Bundes- und Landesregierungen bestimmt (Zuwanderung, Staatsangehörigkeitsrechte, Wahlrechte, Flüchtlingspolitik, „Magisches Dreieck“ der Ausländerpolitik, Gemeindeordnungen, Förderprogramme von Bund und Ländern etc.).
- Die Integration von Zuwanderungsminderheiten hängt v.a. von ihren Zugangschancen zu funktionierenden Arbeitsmärkten, Wohnungsmärkten und sozialen Sicherungssystemen ab. Die Kommunen haben nur sehr begrenzte Einflussmöglichkeiten darauf.
- Die kommunale Finanzkrise der meisten Städte schränkt die materiellen Handlungsspielräume der Integrationsförderung massiv ein.
- Die Handlungsspielräume kommunaler Integrationspolitik werden nicht zuletzt von wahlbestimmenden Mehrheiten, von öffentlicher Meinung und oft auch verbreiteten Ideologien der Fremdenabwehr begrenzt.

Ressourcen/ Potenziale

- bereits erzielte Integrationsfortschritte und vorliegende gute Konzeptansätze dazu;
- langjährige Aktivitäten und Erfahrungen zahlreicher lokaler Akteure der Migrationsarbeit aus Politik und Verwaltung, Schulen, sozialen Diensten und Kirchen, Verbänden, Migranten- und Sport-Vereinen und sonstigen Initiativen;
- teilweise gute vorhandene Förderprogramme von Bund, Ländern und EU;
- teilweise gute vorhandene interkulturelle Kontakte zwischen Migranten und Deutschen;
- ökonomische, soziale, kulturelle und politische Selbsthilfepotenziale der Migranten.

Fazit

Trotz einschränkender Rahmenbedingungen kann eine nachhaltig soziale und interkulturelle Stadtteilpolitik auf zahlreichen vorhandenen Ressourcen und Potenzialen aufbauen.

4.5 Herausforderungen interkultureller Stadtteilentwicklung

Die klassische sozialpolitische Aufgabe der Städte besteht darin, ihre Ressourcen auf die verschiedenen Gruppen ihrer Einwohner sozial und räumlich gerecht zu verteilen. Das dabei zu erreichende Ziel: gleichwertige Lebenschancen. Dabei muss sie besonders die Gruppen und Sozialräume berücksichtigen, die von sozialer Ausgrenzung bedroht oder bereits betroffen sind. Das heißt zunächst: Unabhängig von den sozialräumlichen Konzentrationen der Migranten sollte Kommunalpolitik die fortschreitende Sozialspaltung der Stadt in reiche, wohlhabende und benachteiligte Stadtteile erkennen und ihre sozialen Ausgleichsstrategien auf den Abbau der Sozialraumspaltungen konzentrieren.

Aktuell ist eindeutig festzustellen, dass wir – angesichts der rasant fortschreitenden Sozialspaltung der städtischen Gesellschaften – von einer „Gleichwertigkeit der Lebensverhältnisse" in den Stadtteilen weiter als vor einem oder zwei Jahrzehnten entfernt sind. Gleichwohl sind in der Stadtentwicklungspolitik die Leitziele einer forcierten baulich-räumlichen Aufwertung der benachteiligten Stadtteile und der Herstellung einer „gesunden sozialen Mischung" nach wie vor weit verbreitet. Dies äußert sich u.a. in der Auffassung, dass der Ausländeranteil im Stadtteil eine bestimmte Prozentmarke nicht überschreiten dürfe. Es werden Maßnahmen wie der Zuzugstopp von Migranten und anderen unterprivilegierten Gruppen ergriffen sowie Anreize zum Zuzug mittelständischer Bewohnerschichten entwickelt. Wie oben erwähnt wurde, haben derartige Strategien in der Vergangenheit entweder nicht funktioniert oder sie haben über Verdrängungen zur Neuentstehung von Armutsquartieren an anderen Orten im Stadtgebiet geführt. Darüber hinaus verkennen sie, dass bei der sozialräumlichen Konzentration von Migranten zwischen freiwilliger und erzwungener Konzentration zu unterscheiden ist und es inhuman ist, freiwillige Konzentrationen unterbinden zu wollen. Stadtentwicklungspolitik kann soziale Ungleichheit, Anderssein und unterschiedliche Lebensstile nicht wegreparieren. Daraus folgen einige Thesen zur Erneuerung benachteiligter Stadtteile und im engeren Sinn für die Stadtteile mit hohem Zuwandereranteil (vgl. Übersicht 6).

Stadtteile sind Orte des Wohnens und Orte der Existenzsicherung durch Arbeit

Dieser Tatbestand erfordert eine lokale Beschäftigungspolitik, die die Zusammenhänge von Wohnen und Arbeiten, Bauen und Ausbilden erkennt. Daran anknüpfend müssen kombinierte Beschäftigungs- und Ausbildungsprojekte entwickelt werden, die auf die realen Qualifikationen und Bedürfnisse der Quartiersbevölkerung zugeschnitten sind. Die Förderung der lokalen ethnischen Ökonomie kann dazu einen wichtigen Beitrag leisten.

Einfache, bedarfsorientierte Verbesserungen der Wohn- und Wohnumfeldbedingungen sind nötig. Vordringlich ist eine Bestandspolitik, die Instandsetzungsrückstände beseitigt und einfache Teil-Modernisierungen vornimmt. Neubauten müssen den Sozialstrukturerhalt beachten, d.h. vor Aufwertungsspekulationen geschützt werden. Wohnumfeldverbesserungen müssen die realen Bedarfe in bezug auf Spielplätze, Grünflächen, Kommunikations- und Rückzugsräume, Dreck- und Müllbeseitigung unter wirklicher Beteiligung der Quartiersbevölkerung beachten. Standardisierte Blumenkübel-Möblierungen und vordergründiges Face-Lifting helfen wenig. Hinzu kommen die Berücksichtigung der besonderen Wohnbedürfnisse bestimmter Gruppen, z.B. von Migranten, Alleinerziehenden, arbeits- und wohnungslosen jungen Menschen etc., d.h. das Ausprobieren auch neuer Wohn- und Bauformen mit neuen Formen der Bewohner-Selbsthilfe und -Beteiligung.

Übersicht 6: Sieben Thesen zur Erneuerung benachteiligter Stadtteile

1. Beim Postulat der Herstellung „gleichwertiger Lebensverhältnisse“ kann es nicht um eine Vereinheitlichung sozialer Milieus im Sinne einer angeblich „gesunden sozialen Mischung „ gehen. Entsprechende Ziele waren immer falsch. Anderssein, unterschiedliche Lebensstile und freiwillige Konzentrationen nicht nur der Migranten müssen in Demokratien respektiert werden.
2. In Abhängigkeit von konkreten Vor-Ort-Situationen sollten die primären Ziele der Stadtteilstabilisierung so formuliert werden: Verhinderung weiterer sozialer und räumlicher Ausgrenzung, Stabilisierung und behutsame Erweiterung der Handlungs- und Lebenschancen der verschiedenen Bewohnergruppen, eher einfache, aber nützliche materielle Verbesserungen, Sozialstrukturerhalt statt aufwendiger Aufwertungsstrategien mit ihren Verdrängungseffekten.
3. Natürlich droht die Konzentration auf das Stabilisierungsziel missbraucht zu werden für eine „laissez-faire-Strategie“ des Sich-Selbst-Überlassens und/oder für „Billige-Jakob-Lösungen“ für Arme, Ausländer und Ausgegrenzte. Eine Gratwanderung ist angesichts knapper Finanzen zweifellos gegeben. Deshalb muss politisch eingeklagt werden, dass Stabilisierung nicht Status-quo-Erhalt, sondern Überwindung von sozialer Auflösung und Erweiterung von Lebenschancen heißt. Die Alternative besteht im Abrutschen ganzer Stadtteile und ihrer Bewohner ins soziale Abseits. Die sozialen und ökonomischen Folgekosten derartiger Prozesse dürften teuer werden.
4. Für die Erneuerungsprozesse müssen die Bewohner der multiethnischen Stadtteile gewonnen werden, diesen Prozess mitzutragen und mitzugestalten – die deutschen Bewohner genauso wie die Migranten. Dies erfordert aufwendige und schwierige Beteiligungs- und Aushandlungsprozesse, echte Mitbestimmung und erkennbare konkrete Verbesserungen.
5. Akzeptanz und nicht Stigmatisierung der Ausländerkonzentrationen sind notwendig, soweit es sich um freiwillige Konzentrationen der Migranten handelt. Ihre wirtschaftlichen, kulturellen und sozialen Potenziale, die von ihnen geschaffenen multikulturellen Infrastrukturen und Raumnutzungen sind herauszuarbeiten, um sie für den Stabilisierungs- und Erneuerungsprozess wirksam werden zu lassen.
6. Die Leitlinien einer solchen Erneuerungspolitik können lauten: Kommunale Sozialpolitik muss in den Stadtteilen beginnen. Das Wohnquartier muss als zentrale Ebene von Integration und Identitätsbildung begriffen und in der kommunalen Politik und Planung berücksichtigt werden. Notwendige Voraussetzungen dazu bilden eine kleinräumige und prozesshafte Sozialberichterstattung und eine soziale Stadtteilpolitik mit dem Ziel des Erhalts der Sozialstruktur, des Schutzes vor Spekulation, der Schaffung ausreichenden Wohnraums und der Gewährleistung bedürfnisgerechter privater und sozialer Infrastrukturen.
7. Die wichtigsten Handlungsfelder für konkrete Stabilisierungs- und Erneuerungsaktivitäten und Projekte sind:
   - Ausbau der lokalen Beschäftigungs- und Qualifizierungsmaßnahmen;
   - Förderung der lokalen Ökonomie und Imageverbesserung des Stadtteils;
   - Behutsame Stadtteilerneuerung im Wohn-, Wohnumfeld- und Ökologiebereich;
   - Ausbau und Vernetzung der sozialen Infrastrukturen;
   - Interkulturelle Gemeinwesenarbeit, soziale und interkulturelle Konfliktmoderation.

Stadtteile sind Orte der sozialen Ausstattung und des sozialen Austausches

In enger Zusammenarbeit von Stadtentwicklung, Wohnungsgesellschaften, sozialen Diensten/ Ämtern und stadtteilorientierter Gemeinwesenarbeit ist es notwendig, vorhandene soziale Netzwerke, aber auch Konflikte zu entdecken. Selbsthilfepotenziale und Nachbarschaftshilfen müssen gestärkt sowie sozialräumliche Mindestbedingungen für eine friedliche Konfliktaustragung geschaffen werden. Dies erfordert u.a. Kenntnisse über die Gruppenbeziehungen und ihre sozialen und interethnischen Konflikte. Nötig ist die Schaffung und Förderung multikultureller Räume zur Begegnung, zum Rückzug, zum Mit- und zum Nebeneinander sowie zur aktiven Gestaltung durch die unterschiedlichen Minderheiten.

Stadtteile sind Orte der Teilhabe am gesellschaftlichen und politischen Leben

In dieser Hinsicht haben die Bewohner benachteiligter Stadtteile erfahrungsgemäß „schlechte Karten". Viele von ihnen sind bildungsbenachteiligt, schlecht informiert und politisch durchsetzungsschwach. Außerdem hat die Mehrheit der Migranten keine Wahlrechte. Die Entwicklung und Förderung von Beteiligungsmodellen und -formen muss das berücksichtigen. Die praktizierten formellen Formen der Bürgerbeteiligung, Anhörungen und z.T. auch die „Runden Tische" der lokalen Akteure werden dem oft nicht gerecht. Wenn die durchsetzungsschwachen Gruppen wie Beiräte, Migrantenvereine und Initiativen überhaupt beteiligt werden, machen sie dennoch die Erfahrung, dass sich die sprach-, bildungsgewohnten und leistungsstarken Akteure durchsetzen. Das heißt: Bei dieser Form fehlen bislang wirksame Ausgleichsmechanismen für die schwachen Akteure.

Notwendig sind daher relativ aufwendige Beteiligungsverfahren, echte Mit-Entscheidungsspielräume sowie Bürgeranwälte und intermediäre Instanzen. Gemeint sind konkrete Projekte, Quartiersmanagement und Moderatoren, deren Aufgabe darin besteht, einerseits zwischen „oben und unten", andererseits zwischen den verschiedenen Bewohnergruppen zu vermitteln. Neben ihrer Anwaltsfunktion besteht ihre Aufgabe nicht darin, bestimmte Planungslösungen „nach unten" zu verkaufen, nicht darin, Konflikte zu vertuschen, sondern darin, in einem offenen Beteiligungsprozess Bedürfnisse, Selbsthilfepotenziale und Konflikte zu erkennen. Sie müssen beraten, Lösungen aushandeln, materielle Ressourcen einfordern und damit Beteiligung und Konfliktaustragung mit friedlichen Mitteln überhaupt erst möglich machen. K00perations- versus Konfliktorientierung sind dabei keine Handlungsalternativen. K00peration und Kompromisssuche sind zweifellos zwingend, politische Einmischung, bisweilen auch gezielte Skandalisierung sind nötig, um glaubwürdig zu bleiben und Lösungen herbeizuführen.

Es braucht kaum betont zu werden, dass die Verwirklichung der genannten Prinzipien bei der Erneuerung der benachteiligten multiethnischen Stadtteile nicht umsonst zu haben ist. Nötig sind Bündelung und Vernetzung von ausreichenden materiellen Ressourcen – Investitionen, Beschäftigungsprojekte, Räume, Baumaterial, Arbeitsmittel etc. –, von planerischem und sozialpädagogischem Fachpersonal, Einfühlungs- und Managementkompetenz sowie nicht zuletzt Zeit für Beratung, Beteiligung und Lösungssuche.

Das EU-Programm „URBAN-Quartiers en crise", das seit 1993 aufgelegte NRW-Landesprogramm für „Stadtteile mit besonderem Erneuerungsbedarf" und das von der Bundesregierung seit 1999 aufgelegte Programm „Stadtteile mit besonderem

Entwicklungsbedarf – die soziale Stadt“ liefern gute Anhaltspunkte für derartige ganzheitliche und sozialorientierte Strategien in benachteiligten Stadtteilen. Zu den Qualitätsstandards dieser Programme zählen (vgl. z.B. MASSKS 1998):

- Integrierte anstelle isolierter ressortspezifischer Projekte und Aktivitäten in den lokalen Handlungsfeldern Arbeitsmarkt- und Strukturpolitik, Wohnungsbau und Stadterneuerung, Umwelt und Ökologie, Soziale Netze und kulturelle Aktivitäten sowie Image- und Identitätsbildung im Stadtteil;
- Beteiligung aller Bewohnergruppen und Vernetzung aller Aktivitäten vor Ort;
- Langfristigkeit der Maßnahmen, Bündelung vorhandener Finanzen und Förderinstrumente sowie Einbindung der lokalen politischen, wirtschaftlichen und sozialen Akteure.

Der mittel- und langfristige Erfolg solcher Programmziele muss sich in den meisten Modellprojekten bei der praktischen Umsetzung erst noch erweisen. Das seit Anfang der 1990er Jahre geförderte Projekt der Erneuerung des multiethnischen Stadtteils „Duisburg-Marxloh“ bietet bereits jetzt wichtige Anregungen für die Handlungschancen und -grenzen derartiger Projekte (vgl. EGM 1998; Idik/ Maschke 1998).

4.6 Prinzipien nachhaltiger Stadtteilentwicklung in multiethnischen Stadtteilen

Unsere einleitend genannte Frage versuchen wir im Folgenden mit acht Empfehlungen für eine interkulturelle Stadtpolitik, eine nachhaltige Entwicklung der multiethnischen Stadtteile und ein „friedlich distanziertes Miteinander-Umgehen“ in unseren multikulturellen Großstädten ansatzweise zu beantworten. (vgl. Übersicht 7).

Übersicht 7: Empfehlungen für eine zukunftsbeständige Entwicklung multiethnischer Stadtteile

1. Erkenntnis der multikulturellen Realitäten und Zukünfte unserer großstädtischen Teilgesellschaften und deren aktive Gestaltung als Herausforderung und dauerhafte Konzeptaufgabe;
2. Öffentliche und politische Thematisierung der sozialen Lebenslagen, der räumlichen Defizite sowie der daraus resultierenden Konkurrenzen und Konflikte in den multiethnischen Stadtteilen, ohne Stigmatisierung des Stadtteils und seiner Bewohnerinnen und Bewohner;
3. Einbettung nachhaltiger sozialorientierter Stadtteilentwicklungspolitik in ein Gesamtkonzept von sozialer und interkultureller Stadtentwicklung mit entsprechender Öffentlichkeitsarbeit;
4. Differenzierte kleinräumige Sozialberichterstattung, ressortübergreifendes Stadtteilmanagement und verbindliches Umsetzungscontrolling;
5. Kombination von baulich-räumlichen, wirtschaftlichen, arbeitsmarkt- und bildungsbezogenen, soziokulturellen und sozialpädagogischen Maßnahmen und Projekten;
6. Vernetzung und Einbindung aller lokalen Akteure aus Politik und Verwaltung, Kindergärten, Schulen, sozialen Diensten und Kirchen, Wirtschaftsverbänden, Migrantenbeiräten und -Vereinen, Sportvereinen und sonstigen Initiativen
7. Einerseits langfristige Denkhorizonte, andererseits prozesshafte Entwicklung von konkret umsetzbaren Projekten mit festgelegten Erfolgskontrollen;

8. Der wichtigste Faktor: Aktivierung und Einbindung der lokalen Potenziale der deutschen und ausländischen Quartiersbevölkerung, Vertrauensbildung durch interkulturelle Begegnungen und interkulturelles Konfliktmanagement.

Die bisherigen Erfahrungen zeigen, dass die Umsetzung dieser Empfehlungen ein Umdenken auf allen politischen Ebenen erfordert. Das ist schwierig, schließt Rückschläge ein und erfordert einen sehr langen Atem. Existierende „Vor-Ort-Modelle" und „best-practice-Beispiele" zeigen aber auch, dass die Umsetzung langfristig gelingen kann. Insofern könnte das wichtigste langfristige Ergebnis sein: Die allmähliche Durchsetzung der Erkenntnis, dass Migration und multikulturelle Realitäten ein Gewinn für unsere Städte sind.

4.7 Anregungen zur interkulturellen Arbeit von Multiplikatoren im Stadtteil

> „In Wirklichkeit brauchen wir also vom Kindergarten und von der Grundschule an eine Pädagogik, die Integrationsförderung nicht als Beiwerk missversteht...
> Bildung und nochmals Bildung – das ist die grundlegende Voraussetzung für jede Integration. Integration muss ein zentraler Bestandteil jeder Bildungspolitik werden"
> (aus der ‚Berliner Rede' von Bundespräsident Johannes Rau am 12. Mai 2000: „Ohne Angst und Träumereien: Gemeinsam in Deutschland leben")

Mit unseren Thesen und Erläuterungen hoffen wir die Herausforderungen und einige Prinzipien interkultureller Stadtteilarbeit skizziert zu haben. Damit verbunden ist ein Appell an alle lokalen Akteure und Multiplikatoren aus Politik und Verwaltung, Kindergärten, Schulen, sozialen Diensten und Kirchen, lokaler Wirtschaft, Migrantenvertretungen und -Vereinen, Bürger- und Sportvereinen und sonstigen Selbstorganisationen: Gemeinsam mit anderen die Herausforderungen interkultureller Arbeit aufzugreifen und möglichst konkret umsetzbare Projektideen für ein prozesshaftes Gelingen interkulturellen Zusammenlebens zu leisten.

Dabei ermuntern wir die jeweiligen Multiplikatoren besonders die nachfolgenden genannten Leitfragen bei der Entwicklung von Projektideen und/ oder Workshops zu berücksichtigen. Natürlich versteht sich von selbst, dass die jeweiligen Fragen bereichsspezifisch konkretisiert bzw. verändert werden müssen (vgl. Übersicht 8).

Abschließend ein Wort zur Kosten-Nutzen-Frage interkultureller Stadtteilprojekte: Zahlreiche, uns aus der Beratungsarbeit bekannte, erfolgreiche Projekte zeigen, dass sie zusätzliche Zeit und Arbeitseinsatz aller Beteiligten erfordern, darunter nicht zuletzt der freiwillig Mitarbeitenden. Sie erfordern Personal und in der Regel auch Räume und zusätzliche Sachmittel. Mittelfristig führt der Mehraufwand fast immer zu Einsparungen. Vor allem aber leisten sie einen Beitrag für ein gleichberechtigtes und friedliches Zusammenleben in unseren Städten und Stadtteilen. Dies sollte es wert sein, sich dafür einzusetzen.

Übersicht 8: Leitfragen bei der Entwicklung interkultureller Projekte im Stadtteil

1. *Situationsanalyse:* Was ist die Ausgangssituation des sozialen und interkulturellen Lebens im Stadtteil und in unserer Einrichtung (Erreichtes, Probleme, Konflikte, Potenziale)? Wie können wir uns evtl. nicht vorhandene Informationen dazu verschaffen?

2. *Projektidee und Leitziele:* Welche Handlungsmöglichkeiten haben wir in unserem Aufgabenfeld bzw. unserer Einrichtung? Welche Projektidee(n) kommen ausgehend von der Situationsanalyse und unseren Handlungsmöglichkeiten infrage (Nach Prioritäten sortieren/Umsetzbare Projekte stehen am Anfang)? Was wollen wir mit dem Projekt erreichen? Projekte mit mehrdimensionalen Zielen sind nicht zwingend, aber wünschenswert, z.B.
   - bessere Informationen und Entscheidungshilfen für Eltern, Kinder, Jugendliche z.B. zur Einbürgerung, zu sozialen Hilfen und Diensten ...
   - konkrete Verbesserung der Wohn- und Versorgungsbedingungen im Stadtteil (Wohnumfeld, Infrastruktur, Freizeittreffs ...)
   - Förderung von interkulturellem Austausch und Begegnungen
   - Thematisierung von Konflikten, Vorurteilen, Fremdenfeindlichkeit und Diskriminierung (Achtung: Nicht jeder Konflikt und nicht jedes Vorurteil sind mit Fremdenfeindlichkeit gleichzusetzen)
   - Zivilcourage zum Eingreifen bei Diskriminierungen anregen
   - gemeinsame Anforderungen an die Lokalpolitik formulieren ...

3. *Frühzeitige Betroffenenbeteiligung und -aktivierung:* Was sind die Interessen und Bedürfnisse unserer Zielgruppen? Entspricht die Projektidee überhaupt ihren Wünschen? Wie können sie zur Mitarbeit aktiviert werden?

4. *Zusammenarbeit und Vernetzung:* Mit welchen anderen lokalen Akteuren anderer Einrichtungen im Stadtteil kann bzw. soll zusammengearbeitet werden? Wie kann die Zusammenarbeit konkret eingeleitet und organisiert werden?

5. *Umsetzungsvorbereitung, Umsetzung und Erfolgskontrollen:*
   - Welche materiellen und ideellen Ressourcen bzw. Hilfsmittel werden benötigt? Welche sind vorhanden, welche müssen ggf. noch beschafft werden?
   - Welche Vorbereitungsschritte sind erforderlich? Wer macht was und wann (konkreter Zeitplan)?
   - Wie wird die Umsetzung organisiert?
   - Wie kann die Öffentlichkeitsarbeit organisiert werden?
   - Wie wird die Zielerreichung bzw. der Erfolg des Projekts konkret kontrolliert?
   - Welche Möglichkeiten bestehen für Anschlussprojekte?

Literatur

Alisch, Monika/ Dangschat, Jens 1998: Armut und soziale Integration. Strategien sozialer Stadtentwicklung und lokaler Nachhaltigkeit. Opladen: Leske + Budrich

Beauftragte der Bundesregierung für Ausländerfragen (Hrsg.) 2000: Bericht der Beauftragten der Bundesregierung für Ausländerfragen über die Lage der Ausländer in der Bundesrepublik Deutschland. Berlin und Bonn: Eigenverlag

BMA – Bundesminsterium für Arbeit und Sozialordnung (Hrsg.) 2001: Lebenslagen in Deutschland. Erster Armuts- und Reichtumsbericht. Berlin (Bundesrats-Drucksache 328/01)

BMFSFJ – Bundesministerium für Familie, Senioren, Frauen und Jugend (Hrsg.) 2000: Familien ausländischer Herkunft in Deutschland. Leistungen, Belastungen, Herausforderungen. Sechster Familienbericht. Berlin (Eigenverlag)

Eichener, Volker 1990: Außenseiter und Etablierte: Ausländer auf dem Wohnungsmarkt. In: Korte, H. (Hrsg.), Gesellschaftliche Praxis und individuelle Praxis. Frankfurt/M.: edition suhrkamp, S. 160ff

EGM-Entwicklungsgesellschaft Duisburg-Marxloh (Hrsg.) 1998: Projekt Marxloh. 2. Projektbericht. Duisburg: Eigenverlag

Esser, Hartmut; Friedrichs, Jürgen (Hrsg.) 1990: Generation und Identität, Opladen: Westdeutscher

GDW-Bundesverband deutscher Wohnungsunternehmen (Hrsg.) 1999: Überforderte Nachbarschaften. Zwei sozialwissenschaftliche Studien über Wohnquartiere in den alten und den neuen Bundesländern. Köln: Eigenverlag

Hanesch, Walter; Krause, Peter; Bäcker, Gerd 2000: Armut und Ungleichheit in Deutschland. Reinbek b. Hamburg: rororo

Häußermann, Hartmut/ Oswald, Ingrid 1997: Zuwanderung und Stadtentwicklung. In: H. Häußermann/ I. Oswald (Hrsg.), Zuwanderung und Stadtentwicklung. Opladen: Westdeutscher, S. 9-29

Idik, Ercan/ Maschke, Heiner 1998: Wirtschaftsförderung in Duisburg-Marxloh. In: Friedrich-Ebert-Stiftung (Hrsg.), Ghettos oder ethnische Kolonien? Entwicklungschancen von Stadtteilen mit hohem Zuwandereranteil. Bonn: Eigenverlag, S. 71-76

Krummacher, Michael 1999: Agenda interkulturelle Stadtpolitik. Das „Essener Modell zur Konzeptentwicklung und Empfehlungen zur Übertragung. Schlussbericht der Begleitforschung im Auftrag des MASSKS-NRW. Bochum (= FESA-TRANSFER, Band 7- ISSN 0948-2504)

Krummacher, Michael 2000: Zuwanderung, Migration. In: H. Häußermann (Hrsg.), Großstadt. Soziologische Stichworte. 2. Auflage. Opladen: Leske + Budrich, S. 321-333

Krummacher, Michael/ Waltz, Viktoria 1996: Einwanderer in der Kommune. Essen: Klartext

Krummacher, Michael/ Waltz, Viktoria 1999: Kommunale Migrations- und Integrationspolitik. In: Dietz, Berthold/ Eißel, Dieter/ Naumann, Dirk (Hrsg.): Handbuch der kommunalen Sozialpolitik. Opladen: Leske + Budrich, S. 465-477

MASSKS-NRW, Ministerium für Arbeit, Soziales und Stadtentwicklung, Kultur und Sport des Landes Nordrhein-Westfalen (Hrsg.) 1998: Stadtteile mit besonderem Erneuerungsbedarf. Düsseldorf: Eigenverlag

Rau, Johannes 2000: ‚Berliner Rede' von Bundespräsident Johannes Rau am 12. Mai 2000 im Haus der Kulturen: „Ohne Angst und Träumereien: Gemeinsam in Deutschland leben". In: http://www.bundespräsident.de/reden/rau/de/00_0512.htm

Rütten, Anton 1998: Integrationspolitik der Landesregierung Nordrhein-Westfalen. In: Friedrich-Ebert-Stiftung. Gesprächskreis Arbeit und Soziales (Hrsg.), Ghettos oder ethnische Kolonien? Entwicklungschancen von Stadtteilen mit hohem Zuwandereranteil. Bonn: Eigenverlag, S. 15-28

Scholz, Carola 1999: Die Rückkehr des Sozialen? Programm „Soziale Stadt" regt Konzepte quartiersbezogener Revitalisierung an. In: AKP-Fachzeitschrift für Alternative Kommunalpolitik, H. 6/ 1999: 33-37

Siebel, Walter, 1997: Die Stadt und die Zuwanderer. In: Häußermann, Hartmut, Oswald, Ingrid, (Hrsg.), 1997: Zuwanderung und Stadtentwicklung. Opladen: Westdeutscher, S. 30-41

Unabhängige Kommission Zuwanderung 2001: Zuwanderung gestalten – Integration fördern. Bericht der Unabhängigen Kommission Zuwanderung. Berlin: Eigenverlag des Bundesministeriums des Innern

Weiterführende Literatur und ausgewählte Internetadressen

Beauftragte der Bundesregierung für Ausländerfragen (Hrsg.) 2000: Bericht der Beauftragten der Bundesregierung für Ausländerfragen über die Lage der Ausländer in der Bundesrepublik Deutschland. Berlin und Bonn: Eigenverlag (= Bericht zur Situation der ausländischen Wohnbevölkerung mit zahlreichen aktuellen Daten und Fakten)

Häußermann, Hartmut/ Oswald, Ingrid 1997: Zuwanderung und Stadtentwicklung. Opladen: Westdeutscher, S. 9-29 (= Sammelband mit differenzierten stadtsoziologischen Beiträgen auch aus internationaler Sicht)

Krummacher, Michael/ Waltz, Viktoria 1996: Einwanderer in der Kommune. Essen: Klartext (= Kritisch-fundierte Analyse der Ausländerpolitik, der Migrationsrealität in den Kommunen sowie Modellen und Vorschlägen für eine multikulturelle Stadtpolitik)

Unabhängige Kommission Zuwanderung 2001: Zuwanderung gestalten – Integration fördern. Bericht der Unabhängigen Kommission Zuwanderung. Berlin: Eigenverlag des Bundesministeriums des Innern

http://www.bundesauslaenderbeauftragte.de (= website der Beauftragten der Bundesregierung für Ausländerfragen)

http://www.lzz-nrw.de (= website des Landeszentrum für Zuwanderung Nordrhein-Westfalen)

http://www.sozialestadt.de (= website zum Bund-Länder-Programm Stadtteile mit besonderem Entwicklungsbedarf – die soziale Stadt)

Teil II
Eine erste Bilanz

Eine erste Bilanz

Kadriye Aydın

Einleitung

In Teil II wird eine erste Bilanz der Auswirkungen des reformierten Staatsangehörigkeitsrechts gezogen – soweit das nach knapp zwei Jahren möglich ist.

Im ersten Beitrag werden die im Juli 2001 veröffentlichten Einbürgerungszahlen aus dem Jahr 2000 ausgewertet – eine vorläufige Analyse ergibt, dass der große „Run" auf die deutsche Staatsbürgerschaft ausgeblieben ist.

Im zweiten Beitrag wird die Arbeit des Interkulturellen Rates in Deutschland (IKR) und die Erfahrungen seiner „Clearingstelle zum Staatsangehörigkeitsrecht" in der Rechtsberatung von Migranten und Migrantinnen zu Fragen der Einbürgerung vorgestellt.

Der dritte Beitrag enthält eine „Momentaufnahme" zu Einbürgerungsabsichten von Migranten aus zwei repräsentativen telefonischen Umfragen aus dem Jahr 2000; er fasst aber auch die zehn wichtigsten Einbürgerungshindernisse zusammen, die sich aus der Sicht von Praktikern und Migranten ergeben haben.

Der letzte Beitrag stellt die Frage nach einer Reform der Reform des neuen Staatsangehörigkeitsrechts. Was hat die Unabhängige Kommission Zuwanderung unter Leitung von Rita Süßmuth für ein modernes Staatsangehörigkeitsrecht empfohlen, was davon hat Bundesinnenminister Schily in seinen Entwurf zum Zuwanderungsgesetz aufgenommen? Welche Änderungen sind aus der Sicht der beruflichen Praxis erforderlich, wenn die Reform die mit ihr verbundenen Ziele erreichen soll? Der Beitrag schließt mit einer Stellungnahme des Interkulturellen Rates vom 13. November 2001.

1. Einbürgerungen im Jahr 2000

Die ersten – vorläufigen – Einbürgerungszahlen für das Jahr 2000 wurden im Juli 2001 veröffentlicht. Nach Mitteilung des Statistischen Bundesamtes erhielten rund *186.700* Ausländer im Verlauf des Jahres 2000 einen deutschen Pass. Im Jahr zuvor lag die Zahl bei *143.300* Einbürgerungen. Es scheint also eine Steigerung um fast 30 Prozent gegeben zu haben. Eine differenzierte Betrachtung der rechtlichen Grundlagen, nach denen die Einbürgerungen vollzogen wurden, ergibt folgendes Bild:

- *73.200* Menschen haben die deutsche Staatsangehörigkeit aufgrund der Anspruchseinbürgerung nach dem neuen Ausländergesetz erworben;
- *62.300* Menschen hatten ihren Antrag vor dem 1.1.2000 gestellt und sind demnach nach den alten Regelungen des Ausländergesetzes eingebürgert worden;
- *48.950* Menschen haben den deutschen Pass nach dem neuen Staatsangehörigkeitsgesetz erhalten,
- darunter waren *20.200* in Deutschland geborene ausländische Kinder unter zehn Jahren, die auf Antrag eines Elternteils eingebürgert wurden, sowie *19.000* Neugeborene, die – im ersten Halbjahr 2000 – automatisch nach dem „ius-soli-Prinzip" die deutsche Staatsangehörigkeit zusätzlich zur Staatsangehörigkeit ihrer Eltern erhalten haben.

Über die abgewiesenen Einbürgerungsanträge existieren keine bundesweiten Statistiken. Ebenso liegen keine Zahlen über die Einbürgerungsberechtigten, über die im Jahr 2000 gestellten Anträge insgesamt oder über die Verfahrensdauer vor. Es ist damit zu rechnen, dass sich die Zahl der eingebürgerten Neugeborenen des Jahres 2000 auf *40.000* bis *50.000* erhöhen wird.

Bundesinnenminister Otto Schily wertete diese Zahlen als Erfolg für das neue Staatsangehörigkeitsrecht. Nun zeige sich, dass das Gesetz greife und dass Deutschland „ein modernes und weltoffenes Land" sei, das der „Integration von Menschen ausländischer Herkunft großen Stellenwert beimisst". (BMI, 5. Juli 2001)

Einbürgerungszahlen 2000

Bundesland	Veränderung der Einbürgerungszahlen gegenüber dem Vorjahr in Prozent	Gesamtzahl vollzogener Einbürgerungen
Saarland	+83,7	1.833
Hamburg	+54,7	8.640
Schleswig-Holstein	+51,0	5.693
Niedersachsen	+48,2	15.427
Rheinland-Pfalz	+46,3	7.338
Nordrhein-Westfalen	+38,5	65.744
Bayern	+35,2	20.610
Hessen	+21,5	20.444
Bremen	+14,6	2.083
Baden-Württemberg	+13,2	2.9057
Berlin	-29,2	6.730
Mecklenburg-Vorpommern	+154,3	295
Sachsen-Anhalt	+134	461
Sachsen	+60,8	455
Brandenburg	+91,9	424
Thüringen	+46,5	312

Quelle: eigene Darstellung aus Zahlen des Statistischen Bundesamtes, Pressemitteilung, Juli 2001

Als Erfolg des neuen Staatsangehörigkeitsgesetzes kann indessen lediglich die Einführung des „ius-soli-Prinzips“ mit dem automatischen Erwerb der deutschen Staatsangehörigkeit durch Geburt im Inland bezeichnet werden. Dieser Erfolg wird sich integrationsfördernd allerdings erst mittel- und langfristig auswirken. Die Probleme der verwaltungstechnischen Umsetzung werden sich allerdings erheblich verschärfen, wenn die „Optionspflicht“ umgesetzt werden muss. Dies ist im Jahr 2008 der Fall, wenn die ältesten der über die Kindereinbürgerung des Paragrafen 40 b StAG eingebürgerten jungen Erwachsenen sich für oder gegen die deutsche Staatsangehörigkeit entscheiden müssen.

Von dieser Möglichkeit der Kindereinbürgerung haben indessen trotz vielfältiger Informations- und Werbekampagnen lediglich 20.200 Kinder Gebrauch gemacht. Damit ist ein wesentliches Integrationsziel verfehlt worden.

Ohne die „ius-soli“-Kinder wurden im Jahr 2000 nur knapp 150.000 Ausländer eingebürgert. Dies entspricht in etwa den Zahlen des Jahres 1999 unter der Geltung des alten Rechts, aber auch dem Trend der Zunahme von Einbürgerungen der letzten Jahre. Knapp 40 Prozent bekamen den deutschen Pass aufgrund des geänderten Paragrafen 85 des Ausländergesetzes (AuslG), der ab Januar 2000 gilt. Darin sind die Anspruchseinbürgerung mit verkürzter Mindestaufenthaltsdauer von acht Jahren sowie die Miteinbürgerung von Ehegatten und Kindern enthalten.

Mehr als 30 Prozent wurden aufgrund der alten Fassung des Ausländergesetzes eingebürgert und mussten noch eine Mindestaufenthaltsdauer von 15 Jahren vorweisen. Sie hatten den Antrag vor der Neuregelung gestellt und wurden nach dem alten Staatsangehörigkeitsrecht eingebürgert.

Die größte Gruppe unter den Eingebürgerten sind mit rund 45 Prozent Personen mit ehemalig türkischer Staatsangehörigkeit. Ihnen folgen mit knapp zehn Prozent der Eingebürgerten Zugewanderte aus dem Iran, knapp fünf Prozent kommen aus Jugoslawien und jeweils drei Prozent aus dem Libanon und Marokko.

Eingebürgerte Ausländer im Jahr 2000 nach ausgewählten früheren Staatsangehörigkeiten – Vorläufige Ergebnisse

Land der früheren Staatsangehörigkeit	Anzahl	Anteil an allen Einbürgerungen in %
Türkei	82 800	44,4
Iran, Islamische Republik	14 400	7,7
Jugoslawien (Serbien/Montenegro)	9 800	5,2
Libanon	5 700	3,0
Marokko	5 000	2,7
Afghanistan	4 800	2,6
Sri Lanka	4 600	2,5
Russische Föderation	4 600	2,5
Vietnam	4 500	2,4
Bosnien und Herzegowina	4 000	2,1

Quelle: Presseerklärung vom 05. Juli 2001, Statistisches Bundesamt

Von einem Erfolg der Reform kann aufgrund der vorliegenden Zahlen bislang also nur bedingt gesprochen werden. Obwohl sich Trends und Tendenzen erst durch längerfristige Beobachtungen abzeichnen, ist bereits jetzt ersichtlich, dass der große „Run“ bei den Einbürgerungen – zumindest im Jahr 2000 – ausgeblieben ist.

2. Erfahrungen des Interkulturellen Rates in Deutschland (IKR)

2.1 Entstehung, Ziele und Arbeitsfelder des IKR

Der Interkulturelle Rat wurde am 30. August 1994 gegründet. Er ist hervorgegangen aus der Arbeit des Ökumenischen Vorbereitungsausschusses zur „Woche der ausländischen Mitbürger“. Nicht zuletzt die Häufung rechtsextremistischer Gewalt in den Jahren zuvor hatte deutlich gemacht, dass eine einzige Woche im Jahr nicht ausreicht, um auf die Anliegen von Migrantinnen und Migranten in Deutschland aufmerksam zu machen. Es sollte ein Verein mit persönlicher Mitgliedschaft entstehen, in dem Personen zusammenarbeiten, die in kommunalen und staatlichen Stellen, Migranten- und Menschenrechtsorganisationen, Wohlfahrtsverbänden, Gewerkschaften, Wissenschaft, Medien und anderen gesellschaftlichen Gruppen Verantwortung tragen für die Integration Aller in die Gesellschaft. Wichtig dabei war, dass Einheimische und ausländische Personen zu gleichen Teilen im Interkulturellen Rat vertreten sind. [1]

„Der Interkulturelle Rat setzt sich für ein friedliches und gleichberechtigtes Zusammenleben von Einheimischen, Zugewanderten und ethnischen, kulturellen und religiösen Minderheiten ein. Er fördert den interkulturellen Dialog, um Ängste und Vorurteile abzubauen,“ heißt es in der ersten Pressemitteilung vom 5. September 1994. Kritisiert wurde damals, dass die Verfassungsreform nach der Wiedervereinigung nicht genutzt wurde, um das kommunale Wahlrecht für alle einzuführen. Als erste Kampagne wurde deshalb 1995 eine Unterschriftenaktion „Gleiche Rechte für alle“ zur Öffnung des kommunalen Wahlrechts durchgeführt.

---

1 Vorstandsmitglieder sind: Dr. Jürgen Micksch, Geschäftsführender Vorsitzender, Ozan Ceyhun, Mitglied des Europäischen Parlaments, Leo Monz, DGB Bildungswerk, Manuel Campos, IG Metall Vorstand, und Günter Burkhardt, Pro Asyl (Stand: September 2001). Mitglieder sind Personen aus folgenden Vereinen und Organisationen: ADEFRA, Arbeiterwohlfahrt Bundesverband, Bundesausländerbeirat, Bundesministerium des Innern, Bundesverband der Deutschen Arbeitgeberverbände, Deutscher Paritätischer Wohlfahrtsverband, DGB-Bildungswerk, DGB-Zentralstelle, Diakonische Arbeitsgemeinschaft, Dien Hong, ENAR European Network Against Racism, GEW – Landesverband Berlin, Verband bi-nationaler Familien und Partnerschaften iaf, IG BCE-Hauptvorstand, IG-Metall-Vorstand, Initiativausschuss für Migrationpolitik in Rheinland-Pfalz, Europäisches Parlaments, Phoenix, Pro Asyl, Rat für Migration, RTS Rat der Türkeistämmigen Staatsbürger, Sozialinstitut der KAB, Stadt Leipzig, Stiftung Freudenberg, TiDAV – Bundesverband Türkisch- Europäischer Unternehmervereine, Türkische Gemeinde in Deutschland, Universität Hannover, Universität Bremen/bik, Westdeutscher Rundfunk – WDR, Zentralrat der Muslime in Deutschland.

Zum 21. März – dem Tag der Vereinten Nationen zur Überwindung von Rassismus – organisierte der Interkulturelle Rat 1995 eine bundesweite Plakataktion mit dem Titel „Rassismus macht einsam“, seitdem werden regelmäßig Aktionen und Kampagnen zum internationalen Antirassismustag durchgeführt. Seit 1996 veranstaltet der Interkulturelle Rat jährlich um den Tag der Deutschen Einheit herum interreligiöse Feiern in Kirchen, Moscheen und Synagogen. Der Interreligiöse Arbeitskreis, dem neben christlichen Vertretern auch Personen des Zentralrates der Juden in Deutschland, des Zentralrates der Muslime in Deutschland, des Nationalen Geistigen Rates der Bahai und der Deutschen Buddhistischen Union angehören, publiziert jedes Jahr einen „Aufruf der Religionen“, um religiöse Vorurteile abzubauen.

Die Arbeit des Interkulturellen Rates wurde immer wieder ausgezeichnet. Mit dem Förderpreis „Demokratie Leben“ wurden die Leistungen des Arbeitskreises kurdisch-türkisch-deutscher Dialog ausgezeichnet und das Projekt „Fremdsein im Dorf – Interkulturelle Arbeit auf dem Lande“ erhielt den Innovationspreis 2000 der Europäischen Kommission.

In verschiedenen Arbeitskreisen und Projekten werden außerdem aktuelle Themen aufgegriffen und bearbeitet. Darüber hinaus bildet die Vernetzung auf nationaler und europäischer Ebene einen Schwerpunkt der Arbeit. Der Interkulturelle Rat veröffentlicht daneben auch Argumentationshilfen und Broschüren, um über aktuelle Themen zu informieren und führt eigene Veranstaltungen wie Interkulturelle Konferenzen und Fachtagungen durch. Presseinformationen und Medienarbeit tragen zur öffentlichen Bewusstseinsbildung bei.

Ziele des IKR:

Der Interkulturelle Rat will *interkulturelle und interreligiöse Dialogstrukturen* zwischen deutschen und ausländischen Bürgerinnen und Bürgern und ihren Organisationen entwickeln und so den Tendenzen zum ethnischen Rückzug der Minderheiten entgegenwirken.

Durch eine langfristig angelegte Aufklärungsarbeit sollen Vorbehalte in der Bevölkerung abgebaut und Akzeptanz für Deutschland als Einwanderungsland geschaffen werden.

Fremdenfeindliche Einstellungen sollen überwunden und zu einem friedlichen Zusammenleben beigetragen werden.

Forderungen des IKR:

- Die Reform des deutschen Staatsangehörigkeitsrechts soll als deutliches Bekenntnis zu Deutschland als einem Einwanderungsland genutzt werden, als ein erster Schritt, den seit langem hier lebenden oder hier geborenen Menschen eine Teilhabe mit allen Rechten und Pflichten an dieser Gesellschaft zu ermöglichen. Jetzt ist eine langfristige Konzeption, eine interkulturelle Politik notwendig, um mit den Herausforderungen der Zuwanderung umgehen zu können.
- Im *Asylrecht* ist zu dem völkerrechtlichen Mindeststandard zurückzukehren, wie er in der Genfer Flüchtlingskonvention und der Europäischen Menschenrechts-

konvention festgelegt ist. Dabei sind *frauenspezifische* Fluchtgründe anzuerkennen, die monatelange, bis zu eineinhalb Jahren dauernde *Abschiebungshaft* abzuschaffen und *Härtefallregelungen* einzuführen, die im Einzelfall menschliche Lösungen zulassen.

- Die Gleichsetzung des *Islam* mit gewalttätigen Gruppen, die diese Religion für ihre Ziele missbrauchen, muss verhindert werden. Dialoge mit Muslimen sollen in den Kommunen, Schulen und Kirchen gefördert werden.
- *Diskriminierungen* wegen Herkunft, Hautfarbe oder Religion sind zu beseitigen.

Die „Clearingstelle des IKR zum Staatsangehörigkeitsrecht"

Der Interkulturelle Rat hat den gestiegenen Beratungsbedarf zu der Reform des Staatsangehörigkeitsrechts erkannt und – mit Unterstützung der Bundeszentrale für politische Bildung – im Juni 2000 eine bundesweite unabhängige Informations- und Beratungsstelle (Clearingstelle) eingerichtet[2]. Da die Arbeit vielfältig und juristisch kompliziert war, wurde eigens hierfür eine Juristin eingestellt. Neben der Beratung von Migranten und der Schulung von Berufsgruppen, die mit Migranten zusammenarbeiten, hat sie Seminare und Vorträge in Migrationsfragen durchgeführt und selbst an Konferenzen und Workshops teilgenommen. Als Vertreterin des IKR hat sie auch beim Internetdiskussionsforum www.musstar.de mitgearbeitet.

Ziele der Clearingstelle
Ziele der Clearingstelle sind es, qualifizierte Informationen zum neuen Staatsangehörigkeitsrecht und zur Einbürgerung zu sammeln, diese Informationen auszuwerten und den Betroffenen sowie den Verbänden und Vereinen zugänglich zu machen und Betroffene wie Multiplikatoren zu beraten.

Aufgaben der Clearingstelle:

- Information, Beratung, Schulung/Bildung Betroffener, ihrer Familienangehörigen sowie derjenigen Berufsgruppen, die mit Migranten und Migrantenverbänden zusammenarbeiten (Kindergärten, Schulen, Unternehmen, Kirchen, Gewerkschaften, Flüchtlingsräte, karitative Einrichtungen, Kinder- und Familienhilfe, Erwachsenenbildung, Polizei, Behörden etc.)
- Beratung und Schulung von Multiplikatoren
- Bereitstellung der Informationen u.a. im Internet unter www.interkulturellerrat.de
- Sammlung bundesweiter Informationen zur Einbürgerungspraxis
- Vorträge bei Veranstaltungen von Fachgremien unterschiedlicher gesellschaftlicher Gruppen, Migrantenorganisationen und anderen
- Öffentlichkeitsarbeit
- Durchführung und Gestaltung von Seminaren und Vorträgen in Fragen von Migration, Integration und Rassismus in Deutschland

2 Diese Stelle ist befristet bis Dezember 2001.

- Vorbereitungen von Tagungen und Stellungnahmen des Interkulturellen Rates
- Organisation eigener Informationsveranstaltungen und Tagungen
- Vermittlungen von Erkenntnissen an die Verantwortlichen bei der Ausländerbeauftragten der Bundesregierung und des Bundesinnenministeriums
- Mitwirkung an Seminaren, Tagungen, Konferenzen und Workshops
- Kooperationspartnerschaft beim Internetdiskussionsforum www.musstar.de

Knapp 1.500 Personen wurden bis August 2001 in der Clearingstelle beraten. Die Hauptgruppe bildeten türkische Staatsangehörige, gefolgt von jugoslawischen und iranischen Staatsbürgern, aber auch vielen anderen Nationalitäten sowie Multiplikatoren. Die häufigsten Fragen wurden gestellt zur Einbürgerung unter Hinnahme von Mehrstaatigkeit, zu den Sprachtests, zu den Entlassungsverfahren, zu den allgemeinen Einbürgerungsvoraussetzungen sowie zum Einbürgerungsverfahren im Allgemeinen. Durch die vielfältigen Einzelfallberatungen konnten wichtige Informationen über die Praxis des Staatsangehörigkeitsrechts gesammelt werden (s. auch Anhang: häufige Fragen und Antworten). Dabei kamen neben rechtlichen Aspekten auch emotionale, soziale und kulturelle Vorbehalte der Betroffenen zur Sprache.

Da die Beratungsangebote intensiv genutzt wurden, konnte eine erste Einschätzung der Probleme in der Praxis vorgenommen werden. Die Ergebnisse wurden auf einer Fachtagung des Interkulturellen Rates, welche in Kooperation mit dem DGB-Bundesvorstand, Referat Migration, durchgeführt wurde, im November 2000 vorgestellt. Im Juni 2001 wurde ein Expertengespräch zum Staatsangehörigkeitsrecht mit Persönlichkeiten aus der Verwaltungs- und Gerichtspraxis in Kooperation mit dem DGB Bildungswerk und dem DGB-Kreis Frankfurt am Main durchgeführt. Im Mittelpunkt dieser Veranstaltung standen ausgewählte rechtliche Probleme aus der Praxis. Anhand von Beispielsfällen wurden Probleme in der Anwendung des neuen Staatsangehörigkeitsrechts diskutiert, Schwachstellen des Gesetzes aufgezeigt und mögliche Lösungswege erörtert.

Allgemeine Vorbehalte gegen die Einbürgerung

Die Gründe, die gegen eine Einbürgerung aus Sicht der Betroffenen sprechen, sind vielschichtig. Ein Hindernis, sich einbürgern zu lassen, lag und liegt in dem enormen Informationsdefizit der Migrantinnen und Migranten. Besonders deutlich wurde das an der befristeten Kindereinbürgerung: vor allem die hohen Gebühren von 500 Mark pro Kind, die Optionsverpflichtung und die kurze Übergangsfrist von einem Jahr wirkten sich kontraproduktiv aus. Viele Familien entschieden sich deshalb gegen die Einbürgerung ihrer berechtigten Kinder, während einige es vorzogen, einen gemeinsamen Antrag der Familie auf Einbürgerung zu stellen, da dies schon allein gebührenrechtlich vorteilhafter sein konnte. Beispiel: Eine Familie mit drei Kindern unter zehn Jahren zahlt bei einer Familieneinbürgerung insgesamt 1.300 Mark an Gebühren. Bei einer Einbürgerung lediglich der Kinder nach der Übergangsregelung zahlt sie aber pro Kind 500 Mark und damit 200 Mark mehr. Allerdings: Eltern, die für sich eine Einbürgerung nicht in Betracht zogen, wollten dies in der Regel auch nicht für ihre Kinder. Viele meinten, dass sich ihre Kinder dann genauso gut selbst entscheiden könnten, wenn sie volljährig seien.

Migranten mit einem gesicherten bzw. gefestigten Aufenthaltsstatus zeigen weniger Interesse an der deutschen Staatsbürgerschaft als diejenigen, die über einen weniger gesicherten Aufenthaltsstatus verfügen. Hier lässt sich die Situation mit der von EU-Staatsangehörigen vergleichen. Ausländer, die bereits seit über zwanzig Jahren in Deutschland leben, im Besitz einer unbefristeten Aufenthaltserlaubnis oder einer Aufenthaltsberechtigung sind, sind faktisch Inländer. Am deutschen Pass sind sie interessiert – wie viele EU-Staatsangehörige auch –, wenn sie ihre bisherige Staatsangehörigkeit behalten können. Ohne die Möglichkeit, diese zu behalten, stellt der Erwerb der deutschen Staatsangehörigkeit für sie keinen besonderen Anreiz dar. Nur die Wenigsten beantragen den deutschen Paß, um das Wahlrecht hier ausüben zu können. Vor allem ältere Migranten sehen oft keinen Sinn im Erwerb der deutschen Staatsangehörigkeit. Jüngere Ausländer hingegen, die sich für eine Einbürgerung entscheiden, tun dies scheinbar weniger aus Gründen der politischen Partizipation. Sie sehen im Erwerb des deutschen Passes vielmehr einen *nützlichen Gegenstand*, mit dem man leichter reisen, einen bestimmten Beruf ausüben oder sich auch einfach den Gang zur Ausländerbehörde oder zum Konsulat ersparen kann.

Für andere, welche die Voraussetzungen für eine Einbürgerung erfüllen, kommt der Erwerb der deutschen Staatsangehörigkeit wegen des ihrer Wahrnehmung zufolge in Deutschland herrschenden ausländerfeindlichen Klimas nicht in Betracht. Sie haben Diskriminierungen im Alltag erlebt und sind sich der Tatsache bewusst, dass sie auch mit dem Erwerb der deutschen Staatsangehörigkeit in den Augen der deutschen Bevölkerung Ausländer bleiben. Hinzu kommt, dass die neuen Einbürgerungsvoraussetzungen insbesondere die erste Einwanderergeneration benachteiligen. Die notwendigen Sprachkenntnisse und die Erfordernis, die bisherige Staatsangehörigkeit aufgeben zu müssen, stellen insbesondere für ältere Migranten große Barrieren beim Erwerb der deutschen Staatsangehörigkeit dar.

2.2 Rechtsprobleme bei der Umsetzung in die Praxis

Der „ gewöhnliche Aufenthalt"

Der unbestimmte Rechtsbegriff des gewöhnlichen Aufenthalts bereitet in der Praxis immer wieder Schwierigkeiten. Der Gesetzgeber fordert bei der Anspruchseinbürgerung nach Paragraf 85, Abs. 1 AuslG einen achtjährigen rechtmäßigen *gewöhnlichen* Aufenthalt. Die Allgemeinen Verwaltungsvorschriften zum Staatsangehörigkeitsrecht sagen zwar ausdrücklich, was unter dem *rechtmäßigen* Aufenthalt eines Ausländers zu verstehen ist, nicht aber – jedenfalls nicht ausdrücklich – was unter dem *gewöhnlichen* Aufenthalt gemeint ist. Die Folge: ein Einbürgerungsbewerber, der zuvor im Besitz einer Aufenthaltsbewilligung gewesen ist, wird beispielsweise in einem Bundesland eingebürgert und in einem anderen nicht.

> *Beispiel:*
>
> In Nr. 2.2 der niedersächsischen Anwendungshinweise zu Nr. 4.3.1.1 der Allgemeinen Verwaltungsvorschrift zum Staatsangehörigkeitsrecht vom 13.12.2000 heißt es zum gewöhnlichen Aufenthalt schlicht, *dass Zeiten, die als rechtmäßiger Aufenthalt gelten, auch als gewöhnlicher Aufenthalt zu betrachten sind.* In Nr. 85.1.1 der ergänzenden Hinweise und Regelungen für Sachsen zur bundeseinheitlichen Verwaltungsvorschrift zum Staatsangehörigkeitsrecht heißt es hingegen, *dass Zeiten einer Aufenthaltsbewilligung, einer Aufenthaltsbefugnis und unter Umständen sogar einer Aufenthaltserlaubnis nach § 10 Ausländergesetz in Verbindung mit §§ 4, 5 (Arbeitsaufenthaltsverordnung) keinen gewöhnlichen Aufenthalt begründen, da diese ihrer Natur nach eine Aufenthaltsverfestigung nicht begründen.*

Da im Bundesrat keine Einigung erzielt werden konnte, hat der Verordnungsgeber die Frage nach dem gewöhnlichen Aufenthalt absichtlich offen gelassen, damit die Bundesländer hier selbst entscheiden können, wie sie damit umgehen.

„ausreichende Kenntnisse der deutschen Sprache"

Ein weiteres Problem ist die Definition bzw. die Überprüfung der „ausreichenden Kenntnisse der deutschen Sprache". Auch hier hat der Gesetzgeber es weitgehend offen gelassen, welches Sprachniveau vorliegen muss, wie die Sprachkenntnisse festzustellen und zu überprüfen sind.

> Nach den Allgemeinen Verwaltungsvorschriften liegen ausreichende Kenntnisse der deutschen Sprache vor, „wenn sich der Einbürgerungsbewerber im täglichen Leben einschließlich der üblichen Kontakte mit den Behörden in seiner deutschen Umgebung sprachlich zurechtzufinden vermag und mit ihm ein seinem Alter und Bildungsstand entsprechendes Gespräch geführt werden kann. Dazu gehört auch, dass der Einbürgerungsbewerber einen deutschsprachigen Text des alltäglichen Lebens lesen, verstehen und die wesentlichen Inhalte mündlich wiedergeben kann. Auf Behinderungen, die dem Einbürgerungsbewerber das Lesen oder Sprechen nachhaltig erschweren, ist Rücksicht zu nehmen" (Nr. 86.1.1 der Allgemeinen Verwaltungsvorschriften zum Staatsangehörigkeitsrecht vom 13.12.2000).

Der Nachweis und die Überprüfung der Deutschkenntnisse werden infolgedessen in der Praxis der Bundesländer sehr unterschiedlich gehandhabt. Sie reichen vom Vorlesen eines Zeitungsartikels und der Wiedergabe des Inhalts in eigenen Worten bis hin zu schriftlichen Tests, z.B. bei einer Volkshochschule.

> *Beispiel:*
>
> Der fünfzigjährige Einbürgerungsbewerber ist türkischer Staatsangehöriger und Analphabet. Trotz Teilnahme an einem Sprachkurs hat er große Schwierigkeiten beim Erlernen der Schriftsprache. Das Lesen lernen fällt ihm sehr schwer. Die Einbürgerungsbehörde sieht keine Möglichkeit ihn einzubürgern, da nach den Verwaltungsvorschriften die einfache mündliche Verständigung nicht ausreicht. Eine Behinderung, auf die Rücksicht genommen werden könnte, liegt in seinem Fall nicht vor.

Personen, die des Lesens und Schreibens nicht mächtig sind, können nur ausnahmsweise eingebürgert werden. Aber auch hier können wiederum die Länder „in eigener Regie“ weitere Ausnahmen zulassen. Einige Bundesländer wenden auf Analphabeten keine Lesetests an, sondern überprüfen die ausreichenden Deutschkenntnisse anhand eines vorgelesenen Textes in einem anschließenden Gespräch.

Zur Zeit gibt es in den Verwaltungsvorschriften nur sehr eingeschränkt Erleichterungen bzw. Ausnahmen vom Sprachnachweis für bestimmte Personengruppen. So reicht es z.B. bei älteren Personen (ab 60 Jahren) aus, wenn sie sich ohne nennenswerte Probleme mündlich in deutscher Sprache ausdrücken können.

Personen, die zwar lesen und schreiben können, aber den Inhalt eines Zeitungsartikels mit ihren eigenen Worten nicht wiedergeben können, scheitern an dieser Voraussetzung. Oftmals sind es nachgezogene Ehegatten, die den Sprachtest nicht bestehen. Die Folge: nur ein Ehegatte kann eingebürgert werden. In der Regel können dann auch die Kinder nicht eingebürgert werden, weil oftmals minderjährige Kinder nur dann ausgebürgert werden können, wenn beide Elternteile die Entlassung aus ihrer Staatsangehörigkeit beantragen. Die Einbürgerung von minderjährigen Kindern unter (auch vorübergehender) Hinnahme von Mehrstaatigkeit ist nur sehr eingeschränkt möglich.

Entlassungsverfahren

Erhebliche Schwierigkeiten in der Praxis bereiten die Entlassungsverfahren aus der Herkunftsstaatsangehörigkeit. Dies gilt etwa für Staatsangehörige des ehemaligen Jugoslawien oder des Iran. Zum Teil steht die Staatsangehörigkeit von einzelnen Einbürgerungsbewerbern nicht fest und es muss zunächst ein kompliziertes und langwieriges Staatsangehörigkeitsfeststellungsverfahren durchlaufen werden, bevor die entsprechende Person eingebürgert werden kann. Zum anderen ist es sehr kompliziert, überhaupt einen formgerechten Entlassungsantrag zu stellen, da vorher bestimmte Urkunden aus dem Herkunftsstaat besorgt werden müssen. Oder Personen müssen sich erst nachregistrieren lassen, bevor sie einen Entlassungsantrag stellen können. Das ist für viele Betroffene nicht immer einfach und billig. Viele Länder verlangen zudem von ihren Staatsangehörigen auch dann hohe Entlassungsgebühren (bis zu 3.000 Mark), wenn klar ist, dass der Entlassungsantrag, etwa wegen nicht abgeleisteten Wehrdienstes, keine Aussicht auf Erfolg haben wird. Schwierigkeiten für Familien können sich auch aus einem gerechtfertigten Schutzinteresse des Herkunftsstaates für Kinder ergeben. Das Entlassungsverfahren aus der Herkunftsstaatsangehörigkeit wird so zu einem Einbürgerungshindernis.

> *Beispiel:*
>
> Eine türkische Familie mit einem minderjährigen Kind; der Vater hat durch Einbürgerung die deutsche Staatsangehörigkeit erworben. Die Mutter ist türkische Staatsangehörige. Die Eltern möchten das Kind einbürgern lassen. Die Möglichkeit, die deutsche Staatsangehörigkeit des Kindes über die Kindereinbürgerung nach Paragraf 40 b StAG zu erwerben, besteht nicht mehr, da die Frist zum 31.12.2000 abgelaufen ist. Die Eltern stellen daher einen Antrag auf Ermesseneinbürgerung. Die Einbürgerungsbehörde teilt den Eltern mit, dass eine Einbürgerung nur dann in Betracht kommt, wenn das Kind seine bisherige Staatsangehörigkeit verliert oder aufgibt. Nach Auskunft des türkischen Konsulates kommt die Entlassung eines minderjährigen Kindes aus der türkischen Staatsangehörigkeit nur dann in Betracht, wenn beide Elternteile die Entlassung aus der türkischen Staatsangehörigkeit beantragen. Daher scheitert die Einbürgerung des Kindes. Eine Einbürgerung auch unter vorübergehender Hinnahme von Mehrstaatigkeit kommt nicht in Frage.

Verfahrensdauer

Die Einbürgerungsverfahren sind mit einem immensem bürokratischem Aufwand verbunden und dauern sehr lange. Wartezeiten von bis zu drei Jahren sind keine Ausnahme. Viele Einbürgerungsbewerber verlieren im laufenden Verfahren den Mut und ziehen resigniert ihre Einbürgerungsanträge zurück.

Zur Verkürzung und Beschleunigung der Einbürgerungsverfahren wäre es erforderlich, dass z.B.

- die Verwaltungen personell besser ausgestattet werden;
- das Einbürgerungsverfahren entbürokratisiert wird;
- die Rechtsmaterie durch eine Gesamtkodifikation zusammengefasst wird;
- das Recht transparenter gestaltet und vereinfacht wird.

Regelungslücken im Gesetz

An einigen Stellen des Gesetzes bestehen Regelungslücken. So beispielsweise bei der Einbürgerungsfrage minderjähriger Kinder von politisch Verfolgten, die in Deutschland geboren wurden und nicht den Status ihrer Eltern haben.

> *Beispiel:*
>
> Die Eltern sind iranische Asylberechtigte und wurden unter Hinnahme von Mehrstaatigkeit eingebürgert. Sie haben zwei Kinder im Alter von 12 und 14 Jahren. Die Kinder sind in Deutschland geboren, aber nicht asylberechtigt. Eine Einbürgerung unter Hinnahme von Mehrstaatigkeit wurde in ihrem Fall abgelehnt, da zwar die Eltern, nicht aber die Kinder anerkannte Asylberechtigte sind. Damit schied für sie eine Einbürgerung aus, da sie sich selbständig aufgrund ihrer Minderjährigkeit nicht aus der iranischen Staatsangehörigkeit entlassen dürfen.

Auch beim Erwerb der deutschen Staatsangehörigkeit kraft Geburt im Inland gibt es Lücken, etwa für junge Eltern. Ausländer, die bis zu ihrem 16. Lebensjahr von der Aufenthaltsgenehmigungspflicht befreit waren (Paragraf 2 der Verordnung zur Durchführung des Ausländergesetzes), erhalten erstmals mit sechzehn Jahren eine unbefristete Aufenthaltserlaubnis. Das Kind einer achtzehnjährigen Ausländerin, die selbst in Deutschland geboren und aufgewachsen ist, erwirbt nicht mit der Geburt in Deutschland die deutsche Staatsangehörigkeit, weil die Mutter oder der Vater zum Zeitpunkt der Geburt des Kindes noch nicht im Besitz einer unbefristeten Aufenthaltserlaubnis seit drei Jahren waren oder hätten sein können.

Neue Ausnahmetatbestände zur Hinnahme von Mehrstaatigkeit

In dem Kompromiss zwischen der rot-grünen Koalition mit der FDP nach der Hessen-Wahl ist im Gegensatz zu vielen anderen europäischen Staaten am Prinzip der Vermeidung der Mehrstaatigkeit festgehalten worden. Dies hat sich für viele Interessierte als das größte Hindernis für die Annahme der deutschen Staatsbürgerschaft erwiesen.

Neben der befristeten Hinnahme der doppelten Staatsbürgerschaft bei Neugeborenen und Kindern unter 10 Jahren nach dem „ius soli-Prinzip“ sind weitere Ausnahmetatbestände eingeführt worden, wonach Mehrstaatigkeit zulässig sein soll. So können ältere (über 60 Jahre) Einbürgerungs-Bewerber ihre alte Staatsbürgerschaft bei der Einbürgerung behalten, wenn ihnen aus gesundheitlichen Gründen die notwendigen Schritte zur Entlassung aus der Staatsbürgerschaft ihres Herkunftslandes nicht zugemutet werden kann. Dies gilt auch für Einbürgerungsbewerber, wenn ihnen bei der Entlassung erhebliche wirtschaftliche oder vermögensrechtliche Nachteile drohen würden. Beide Ausnahmetatbestände haben jedoch in der Praxis keine nennenswerte Wirkung entfaltet.

Positiv ausgewirkt hat sich dagegen die Regelung, Asylberechtigte unter Hinnahme von Mehrstaatigkeit einzubürgern, wenn sie die übrigen Voraussetzungen erfüllen. Denn es kann ihnen nicht zugemutet werden, bei dem Staat, der sie politisch verfolgt hat, die Entlassung aus der Staatsbürgerschaft zu beantragen.

Auch „Unionsbürger“, also Bürger aus Staaten der Europäischen Union, können ohne Verlust ihrer alten Staatsbürgerschaft eingebürgert werden, wenn ein Abkommen auf Gegenseitigkeit besteht. Dies ist (Stand: September 2001) der Fall bei Griechen, Portugiesen, Briten und Iren. Die Bürger der anderen EU-Staaten müssen aufgrund des „Übereinkommens zur Vermeidung zur Mehrstaatigkeit und über die Wehrpflicht“ vom Mai 1963 ihre angestammte Staatsbürgerschaft aufgeben, wenn sie deutsche Staatsbürger werden wollen. Die Bundesregierung hat allerdings im September 2001 dieses Übereinkommen gekündigt, um eine einheitliche Lösung dieses Problems in der EU zu ermöglichen.

Das neue StAG bietet auch die Möglichkeit, im Rahmen völkerrechtlicher Verträge Ausnahmen von dem Prinzip der Vermeidung von Mehrstaatigkeit zuzulassen. Entsprechende Verträge sind allerdings bislang nicht abgeschlossen worden.

3. Einbürgerungsabsichten und Einbürgerungshindernisse

3.1 Einbürgerungsabsichten von Migranten: Eine Momentaufnahme

Wie reagieren die Migranten selbst auf das reformierte Staatsangehörigkeitsrecht? Das ist nicht eindeutig zu beantworten, weil es *die* Migranten nicht gibt. Zwei repräsentative telefonische Umfragen aus dem vergangenen Jahr veranschaulichen das[3].

Das „Zentrum für Türkeistudien" – ein Institut der Universität/Gesamthochschule Essen – hat im Juni 2000 tausend türkischstämmige Migranten aus Nordrhein-Westfalen interviewt (ZfT, 2001) und ist dabei zu folgenden Ergebnissen gekommen:

Mehr als zwei Drittel der Befragten hegen keine Rückkehrabsichten – mit steigender Tendenz. Sie fühlen sich – je jünger sie sind – zunehmend heimisch in Deutschland und sehen ihren Lebensmittelpunkt bewusst hier. Diese Verbundenheit bedeute jedoch nicht unbedingt eine emotionale Loslösung von der Türkei, auch in Zukunft müsse deshalb von einer Doppelidentität ausgegangen werden. Auch die zunehmende Tendenz zur Einbürgerung ist ungebrochen. Jeder fünfte Befragte besitze bereits einen deutschen Pass. 30 Prozent – vor allem bereits hier Geborene – haben die Absicht, die deutsche Staatsbürgerschaft zu beantragen. Ausschlaggebende Gründe für eine Einbürgerung sind die rechtlichen Vorteile und die Möglichkeiten zur politischen Partizipation.

Drei Viertel erfüllen nach eigenen Angaben die zur Einbürgerung notwendigen Kriterien wie Aufenthaltsdauer, eigenständige Sicherung des Lebensunterhaltes und Straffreiheit. Was den Anderen fehlt, sind vor allem Sprachkenntnisse – mehr als 70 Prozent -, Aufenthaltsdauer – knapp 25 Prozent -, Bezug von Arbeitslosen- oder Sozialhilfe – 15 Prozent – und zu mehr als fünf Prozent kein entsprechender Aufenthaltstitel.

Die Ausländerbeauftragte des Landes Niedersachsen hat zum Jahreswechsel 2000/01 in einer weiteren telefonischen Befragung knapp 2000 Angehörige von sechs Nationalitäten befragt (Ausländerbeauftragte Niedersachsen, 2001). Interviewt wurden hier Arbeitsmigranten aus Italien, der Türkei und dem ehemaligen Jugoslawien, Kontingentflüchtlinge aus Russland und der Ukraine sowie Flüchtlinge aus dem Iran.

Jeder zweite der Befragten plant keine Rückkehr ins Herkunftsland, aber immerhin knapp 40 Prozent möchten langfristig in ihr Heimatland zurückkehren. Während Personen aus der Ukraine, Russland und Türkei mehrheitlich in Deutschland bleiben möchten, wollen Italiener, Iraner und Angehörige des ehemaligen Jugoslawien eher in ihre Heimat zurückkehren. Noch deutlichere Differenzen ergaben sich bei der Frage nach Einbürgerungsabsichten: Während Befragte aus Italien, aus dem ehemaligen Jugoslawien und der Türkei überwiegend keine Einbürgerungsabsichten

---

3 Zentrum für Türkeistudien: „In Deutschland zu Hause – Einbürgerung und Verbundenheit mit Deutschland türkischer Migranten in Nordrhein-Westfalen". Essen, 2000
Die Ausländerbeauftragte des Landes Niedersachsen: Presseinformation zu „Ergebnissen einer Telefonbefragung zu Einbürgerungsabsichten unter sechs Nationalitäten in Niedersachsen sowie in den Hansestädten Bremen und Hamburg, Hannover 2001

angaben, planten Angehörige aus Russland, der Ukraine und dem Iran zumindest vielleicht eine Einbürgerung. Insgesamt äußerten knapp 50 Prozent der Befragten die Absicht, eventuell einen Antrag zu stellen. Als Gründe dafür wurden rechtliche Vorteile wie Aufenthaltssicherung und Schutz vor Ausweisung genannt, politische Rechte, die uneingeschränkte Reisefreiheit und der Entschluss, in Deutschland leben zu wollen. Vereinzelt wurden auch die Familienzusammenführung, die fehlende Bindung ans Herkunftsland, die freie Berufswahl oder die freie Wohnortwahl genannt.

Fast zwei Drittel der Befragten gaben an, die Kriterien nach dem neuen Recht zu erfüllen. Die meisten von ihnen kamen aus dem ehemaligen Jugoslawien, Türkei, Russland und Iran. Dagegen glaubte jeder vierte, die Voraussetzungen nicht erfüllen zu können. Von ihnen gaben mehr als 40 Prozent an, von staatlichen Transferleistungen abhängig zu sein, knapp 30 Prozent waren der Auffassung, ihre Deutschkenntnisse seien nicht ausreichend.

3.2 Einbürgerungshindernisse

„Einbürgerung und rechtliche Gleichstellung hat nicht allein mit mehr Rechtssicherheit für Ausländer zu tun, es geht um ein ur-demokratisches Anliegen: kein demokratisches Land kann es sich auf Dauer leisten, dass ein wachsender Anteil der Wohnbevölkerung vom politischen Willensprozess ausgeschlossen bleibt."
Bernd Knopf, Arbeitsstab der Beauftragte der Bundesregierung für Ausländerfragen

Die ersten Einbürgerungszahlen nach dem neuen Staatsangehörigkeitsrecht sind bei Weitem hinter den Erwartungen (oder auch: Befürchtungen) zurückgeblieben. Die Einbürgerung ist für viele Berechtigte offensichtlich nicht attraktiv und wird auch nicht als „selbstverständlicher Bestandteil einer Integration" betrachtet (Dorothea Koller, Amt für öffentliche Ordnung, Stuttgart).

Die Gründe dafür sind vielfältig. Die Erfahrungen verschiedener Verbände, Vereine, Migrantenselbstorganisationen und Institutionen wurden auf unterschiedlichen Tagungen, Veranstaltungen und Diskussionsforen zusammengetragen, diskutiert und dokumentiert[4]. In der folgenden Analyse werden die zehn meist genannten

4 Paritätische Akademie (DPWV): „Das neue Staatsangehörigkeitsrecht" – eine Bilanz. Dokumentation eines Fachgespräches in Berlin am 23.11.2000. Referenten der Veranstaltung: Cornelie Sonntag-Wolgast, Parlamentarische Staatssekretärin im Bundesinnenministerium; Bernd Knopf, Arbeitsstab der Beauftragte der Bundesregierung für Ausländerfragen; Barbara John, Ausländerbeauftragte des Berliner Senats; Rolf Meireis, Ministerialrat im Hessischen Ministerium des Innern und Sport; Dorothea Koller, Leiterin des Amtes für öffentliche Ordnung der Landeshauptstadt Stuttgart; Katrin Schröter, Westdeutscher Rundfunk, Funkhaus Europa WDR 5; Ulrike Okenwa, Geschäftsführein des Bundesausländerbeirats; Hiltrud Stöcker-Zafari, Verband bi-nationaler Familien und Partnerschaften (iaf e.V.); Ercüment Toker, Aktionsbüro Einbürgerung im Paritätischen NRW; Sabine Kriechhammer-Yagmur, Paritätischer Wohlfahrtsverband/Paritätische Akademie.

Einbürgerungshindernisse zusammengefasst. Die Zusammenstellung zeigt, wie heterogen die Gruppe der Migranten ist. Ein differenzierter Blick auf das Einbürgerungsverhalten und -Interesse der Betroffenen ist notwendig, um die jeweilige individuelle Lebensbiografie mit zu berücksichtigen. Die zehn Einbürgerungshindernisse gewähren einen Einblick in rechtliche Barrieren, vor allem aber in emotionale, soziale und kulturelle Vorbehalte der Betroffenen.

1. Aufgabe der bisherigen Staatsangehörigkeit
2. Politisches Klima in Deutschland
3. Restriktive und uneinheitliche Verwaltungspraxis
4. Spaltung der Familien
5. Fehlende Entscheidungshilfen auf Grund unzureichender Informationen
6. Uneindeutige Tatbestandsmerkmale
7. Nachweis deutscher Sprachkenntnisse
8. Zu hohe Gebühren für die Einbürgerung
9. Fristablauf der Kindereinbürgerung nach § 40 b StAG
10. Optionspflicht

1. Aufgabe der bisherigen Staatsangehörigkeit

- Die generelle Verpflichtung, die alte Staatsbürgerschaft aufzugeben, sei eine psychologische Hürde und hindere viele Migranten an einer Einbürgerung.
- Der Verlust der bisherigen Staatsangehörigkeit sei von der Sorge begleitet, damit gleichzeitig auch die eigene nationale, kulturelle und religiöse Identität aufzugeben.
- Der psychische Druck auf Assimilierung werde durch die Aufgabe der bisherigen Staatsangehörigkeit erhöht (dies betreffe vor allem auch ausländische Frauen, die mit einem deutschen Mann verheiratet sind).
- Gerade junge Migranten, die sich in beiden Ländern wohl und zu Hause fühlen, wollten und könnten die ihnen aufgezwungene Entscheidung für bzw. gegen eine Staatsbürgerschaft nicht treffen.

DGB Bundesvorstand und Interkultureller Rat in Deutschland: „Ein Jahr neues Staatsangehörigkeitsrecht" – Resümee und Perspektiven – Kooperationstagung am 30.11.2000 in Frankfurt. Referenten der Veranstaltung: Leo Monz, DGB Bundesvorstand, Referat Migration; Heino Gröf, Bundeszentrale für Politische Bildung; Henning Storz, Fachhochschule Köln, Fachbereich Sozialarbeit; Kadriye Aydin, Interkultureller Rat Deutschland; Sabine Kriechhammer-Yagmur, Paritätischer Wohlfahrtsverband; Roland Graßhoff, Verein zur Förderung der interkulturellen Arbeit in Rheinland-Pfalz; Astrid Petermann, AWO Bundesverband, Abt. Migrationdienste; Giovanni Pollice, IGBCE-Hauptvorstand, Abt. Ausländische Arbeitnehmer; Gualtiero Zambonini, Westdeutscher Rundfunk, Funkhaus Europa; Manuel Campos, IG-Metall-Vorstand, Abt. Ausländische Arbeitnehmer.
LAGA NRW (Landesarbeitsgemeinschaft der kommunalen Migrantenvertretungen Nordrhein-Westfalen): „Erfahrungsbericht zur Anwendung des neuen Staatsangehörigkeitsrecht" Sitzung des Hauptausschusses am 24.03.2001 in Bielefeld.
AGISRA: Erfahrungen aus der Frauenbewegung zum neuen Staatsangehörigkeitsrecht;
MUSSTAR: „Erfahrungen aus dem Internetdiskussionsforum www.musstar.de„; 3. MUSSTAR-Fachtagung am 16.09.2000 in Köln.

- Mehrstaatigkeit bilde die Lebensrealität der Migranten angemessen ab, es entspreche ihrer Lebensbiografie und ihrem Lebensgefühl. Die Migranten lebten nicht „zwischen zwei Kulturen", sondern „mit zwei Kulturen", sie suchten sich aus beiden Kulturen das für ihr Leben Passende heraus. Das neue Gesetz gehe an der Lebenssituation der ausländischen Familien vorbei. (Giovanni Pollice, IGBCE-Hauptvorstand)
- Der Lebensentwurf vieler Migranten besonders aus der 1. und 2. Generation enthalte das Offenhalten der Rückkehrmöglichkeiten, die Aufgabe der alten Staatsangehörigkeit schränke diese Rückkehrmöglichkeit enorm ein.
- Vor allem türkische Einwohnerinnen und Einwohner seien über die Nicht-Anerkennung der doppelten Staatsangehörigkeit enttäuscht. In der türkischen Presse wurde von einem „Türkenverhinderungsgesetz" und einem „Gesetz gegen Türken" geschrieben. Berichtet wurde, dass selbst Griechen, Angehörige aus dem Iran, aus Pakistan oder Afghanistan die doppelte Staatsangehörigkeit erhielten, nur eben den Türken würde diese verweigert werden. Die Botschaft der Presse sei gewesen: alle außer den Türken erhalten die doppelte Staatsangehörigkeit. Die Gründe für eine doppelte Staatsangehörigkeit in den genannten Fällen (Ausbürgerungsverweigerung der jeweiligen Staaten und Unzumutbarkeit im Einzelfall) seien in der Presse nicht erwähnt worden. (Bernd Knopf, Arbeitsstab der Beauftragten der Bundesregierung für Ausländerfragen).
- „Erhebliche Nachteile, insbesondere wirtschaftlicher oder vermögensrechtlicher Art" rechtfertigten in begründeten Fällen die Hinnahme von Mehrstaatigkeit. Der Nachweis über diese „erheblichen Nachteile" müsse von den Einbürgerungsbewerbern erbracht werden. Um diese Nachteile angemessen überprüfen zu können, müssten die Verwaltungsbeamten, die mit dem Einbürgerungsverfahren betraut sind, gleichzeitig Experten z.B. im Erbrecht, im Grundstücksrecht oder im Auslandsrentenrecht aller beteiligten Staaten sein. (Rolf Meireis, MinR im Hessischen Ministerium des Innern und für Sport. Sabine Kriechhammer-Yagmur, DPWV)
- Für türkische Staatsbürger entstünden im Falle einer Einbürgerung in Deutschland materielle Risiken in der Türkei. Rosa-Card Inhaber (ausgebürgerte ehemals türkische Staatsangehörige) müssten in der Türkei bei der Erledigung ihrer Angelegenheiten teilweise mit erheblichen Schwierigkeiten rechnen; dies koste Zeit und Geld.
- Die Erfahrungen mit binationalen Ehen, in denen Mehrstaatigkeit nach wie vor möglich ist, zeigten deutlich, dass Menschen mehrere Staatsbürgerschaften haben könnten und dabei weder eine Gefahr für die Gesellschaft darstellten noch als gespaltene Persönlichkeiten lebten. (Hiltrud Stöcker-Zafari, Verband binationaler Familien und Partnerschaften, iaf e.V.)

Ein Beispiel aus der Frauenarbeit zum Thema Mehrstaatigkeit:

Frau A. aus Nigeria, lebt seit neun Jahren in ehelicher Gemeinschaft mit ihrem deutschen Mann. Von diesen neun Jahren lebte sie fünf Jahre in Nigeria. Nachdem sie drei Jahre in Deutschland gelebt hatte, beantragte sie die Einbürgerung. Nach einigen Monaten bekam sie die Zusicherung, musste aber aus der nigerianischen Staatsangehörigkeit entlassen werden, bevor sie Deutsche werden konnte. Es hat einige Monate gedauert, bis sie vom nigerianischen Staat ausgebürgert wurde. Seitdem sie mit ihrem Mann in Deutschland lebt, hat sich dieser stark verändert. Er wurde gewalttätig. Die Frau hat sich mittlerweile von ihrem Mann getrennt. Die deutsche Staatsangehörigkeit bekommt sie nun nicht mehr, weil sich ihre Lebensverhältnisse verändert haben. Sie hat ihre alte Staatsangehörigkeit verloren und die neue nicht erhalten. Nun steht sie da als Staatenlose.

Dieses Beispiel zeigt die Zwickmühle in der sich diese Frau befindet und das Verhängnis, in das sie geraten ist, weil sie sich aus der Abhängigkeit und Gewalttätigkeit des Mannes befreien wollte. Wäre eine doppelte Staatsangehörigkeit in Betracht gekommen, hätte sie heute beide Staatsbürgerschaften und könnte ihre Zukunftsperspektive problemloser entwickeln.
(Jaesoon Joo-Schauen/Behshid Najafi, AGISRA)

2. Politisches Klima in Deutschland

- Die Ausgestaltung des Staatsangehörigkeitsrechts als ein Gradmesser für den Zustand unserer Gesellschaft habe gezeigt, dass keine breite gesellschaftliche und politische Basis für eine an den Bedürfnissen der Betroffenen orientierten Reform vorhanden sei.
- Das neue StAR beruhe auf politischen Erwägungen und orientiere sich nicht an den Notwendigkeiten der Betroffenen – dies werde auch von den Migranten so wahrgenommen.
- In Deutschland herrsche kein einbürgerungsfreundliches Klima. Im Gegenteil: Das politische Klima sei geprägt von Rassismus, Fremdenfeindlichkeit, Diskriminierung und Ausgrenzung von Minderheiten. Solange Eingebürgerte und Menschen ohne deutschen Pass nicht sicher sein könnten, dass diese Gesellschaft sie mit allen Facetten respektiere und vor Diskriminierung schütze, würden materielle Überlegungen Entscheidungsgrundlage von Einbürgerungsanträgen bleiben. (Sabine Kriechhammer-Yagmur, DPWV)
- Die Debatten über die Zuwanderungs- und Integrationspolitik, die andauernden fremdenfeindlichen Aktivitäten und Übergriffe, die Diskussion über die Anpassung an „die deutsche Leitkultur“ usw. erschwerten den Migranten die Einbürgerungsentscheidung massiv.
- Die CDU-Unterschriftenkampagne von 1999 in Hessen und der Ausgang der Hessen – Wahl habe bei vielen Zugewanderten die Hoffnung zerstört, in Deutschland akzeptiert und anerkannt zu werden. Die Möglichkeit, sich dazu gehörig zu fühlen ohne gleichzeitig seine eigene Identität aufgeben zu müssen, sei damit für viele Einbürgerungswillige und -berechtigte unmöglich geworden. Oft wurde gefragt, ob überhaupt eine Aufnahmebereitschaft in Politik und Gesellschaft vorhanden sei.

Politisches Klima in Deutschland:

„Die sperrigen rechtlichen Regelungen zu Einbürgerungen [und] so manche ausländerpolitische Diskussion in diesem Land" erleichtern es nicht, der Aufgabe gerecht zu werden, in Deutschland ein einbürgerungsfreundliches Klima zu schaffen.
(Bernd Knopf, Arbeitsstab der Beauftragte der Bundesregierung für Ausländerfragen)

Originalton aus einer Veranstaltung des DPWV (S. Kriechhammer-Yagmur):
„Was nützt mir der deutsche Pass, wenn ich trotzdem weiter diskriminiert werde? Selbst wenn ich ihn mir um den Hals hänge, werde ich immer schwarz und immer eine Deutsche zweiter Klasse sein. Die Frage, wann ich denn in mein Land zurückkehre, höre ich noch genau so oft wie früher."

Die Migranten sind von einer direkten und indirekten Ausgrenzung betroffen: einerseits grenze die politische Debatte („Leitkultur", Doppelpass, Reform des Staatsangehörigkeitsrechts, usw.) sie aus, so dass der Weg zur Einbürgerungsbehörde gescheut werde. Andererseits finde auch auf der Ebene der konkreten menschlichen Interaktion (z.B. im Kontakt mit den Behörden) eine Ausgrenzung statt (ablehnende Haltung, restriktive Auslegung der Verwaltungsvorschriften, usw.) – gestützt und untermauert von eben dieser politischen Debatte. (Roland Graßhoff, Verein zur Förderung der interkulturellen Arbeit in Rheinland-Pfalz)

3. Restriktive und uneinheitliche Verwaltungspraxis

Das Einbürgerungsverfahren sei kompliziert, umfangreich und dauere häufig mehrere Jahre. Außerdem sei das Entlassungsverfahren aus der alten Staatsbürgerschaft zäh und teuer. Dies zusammen mit der Beschaffung von Formularen, Bescheinigungen, Dokumenten, Urkunden und das Offenlegen von persönlichen Verhältnissen schrecke viele Einbürgerungsberechtigte ab.

- Die Auslegung der allgemeinen Verwaltungsvorschriften zum neuen StAR würden in der Verwaltungspraxis unterschiedlich gehandhabt, sie seien für die Einbürgerungsberechtigten undurchsichtig und nicht nachvollziehbar. Die Art der Handhabung verunsichere die Einbürgerungsbewerber, sie fühlten sich einer Willkür seitens der Verwaltungsbehörden ausgeliefert. Dadurch entstünden Missverständnisse und Legendenbildungen, Falschinformationen und -interpretationen auf allen Seiten.
- Die Verwaltungspraxis sei abschreckend und entwürdigend, von einer „Abwimmel-Taktik" und „behördlicher Abfertigung" bei den Einbürgerungsbehörden werde berichtet. Die Mitarbeiter in den Behörden hätten häufig eine ablehnende Haltung gegenüber den Einbürgerungsbewerbern.
- Die nationalen Behörden (vor allem aus dem ehemaligen Jugoslawien und dem Iran) reagierten häufig schikanös bis feindlich auf Entlassungsanträge. Obwohl den deutschen Einbürgerungsbehörden dieser Umstand bekannt sei, würden sie auf korrekte Formulierungen, Aussagen, Belege und Amtshandlungen pochen. Die Einbürgerungswilligen würden damit zum Spielball von deutschen und nationalen Behörden. (Turan Özküzük, LAGA NRW.)
- Das Bekenntnis zur freiheitlich-demokratischen Grundordnung sei für die Einbürgerungsbewerberinnen und Bewerber i.d.R. kein Problem, die Überprüfung diesbezüglicher Kenntnisse werde allerdings sehr unterschiedlich gehandhabt.

Verwaltungspraxis:

Beispiele für unsachgemäße Informationen von Seiten der Behörden:

- Sozialhilfebezug schließe die Einbürgerung grundsätzlich aus
- Die Gegenseitigkeit bei der Frage der Hinnahme von Mehrstaatigkeit müsse dokumentiert sein
- Eine befristete Aufenthaltserlaubnis begründe keinen gewöhnlichen Aufenthalt
- Asylberechtigte könnten nur nach einem achtjährigen Aufenthalt eingebürgert werden
- Studenten könnten generell nicht eingebürgert werden
- „Wenn Sie nicht lesen können, brauchen Sie erst gar keinen Einbürgerungsantrag zu stellen.“
  (Kadriye Aydın, Interkultureller Rat Deutschland)

Beispiele für eine abwehrende Verwaltungspraxis:
Mit folgenden Fragen wurden ausländische Bürger, die sich bei der zuständigen Einbürgerungsbehörde beraten lassen wollten, konfrontiert:
„Warum wollen ausgerechnet Sie sich einbürgern lassen?“
„Können Sie sich eine Einbürgerung überhaupt leisten?“
„Wenn Sie hier her kommen, müssen Sie schon wissen, was Sie fragen wollen“ (Sabine Kriechhammer-Yagmur, Paritätischer Wohlfahrtsverband, Kooperationstagung des DGB mit dem Interkulturellen Rat am 30.11.2000 in Frankfurt.)

Beispiele für eine restriktive Verwaltungspraxis:
Die breite und mit ausländerfeindlichen Tönen durchsetzte öffentliche Debatte um die Reform des Staatsangehörigkeitsrechts hat bei einigen Sachbearbeitern dazu geführt, die Vorschriften sehr restriktiv umzusetzen.
Manche Beamte bestehen beispielsweise darauf, internationale Heiratsurkunden nach EU-Norm, also mit deutschsprachigem Schlüssel, auch noch ins Deutsche übersetzt zu bekommen. Von manchen Behörden werden Übersetzungen von Scheidungsurteilen verlangt, obwohl die Scheidung im Einwohnerregisterauszug amtlich (und ins Deutsche übersetzt) vermerkt ist. Die Bearbeitung der Einbürgerungsanträge dauert in manchen Fällen bis zu zwei Jahren. Dies verunsichert und verärgert die Antragstellerinnen und Antragsteller und sie fragen sich, ob die Behörden gezielte Verzögerungstaktik betreiben. (Turan Özküzük, LAGA NRW.)

4. Spaltung der Familien

- Viele Eltern zögerten, das Einbürgerungsangebot für ihre Kinder anzunehmen, da die Mitglieder der Familie dann mit unterschiedlichen Rechtspositionen ausgestattet sein würden. Sie wollten keine unterschiedliche Rechtsstellung ihrer Angehörigen, da dies die Familie spalte.
- Migration sei ein generationsübergreifendes Familienprojekt. Familien würden in der Regel einen gemeinsamen und nicht einen individuellen Lebensentwurf planen.
- Migranten berichteten, dass es in ihren Familien zu heftigen ehelichen Auseinandersetzungen gekommen sei, da sich die Eheleute nicht über die Frage einigen konnten, ob sie ihre Kinder nach Paragraf 40 b StAG einbürgern lassen sollten oder nicht. In den meisten Fällen würden die Mütter eher für eine pragmatische Angehensweise plädieren, während die Väter sich häufig generell gegen eine Einbürgerung aussprechen würden. (Sabine Kriechhammer-Yagmur, DPWV)

Spaltung der Familien:

Ein Beispiel für unterschiedliche Rechtspositionen der Kinder innerhalb einer ausländischen Familie:

a) hier geborene befristete Doppelstaater
b) eingebürgerte befristete Doppelstaater
c) eingebürgerte Kinder ohne die Möglichkeit der befristeten Doppelstaatigkeit
d) Kinder mit Ausländerstatus

Die individuell verschiedenen Rechtspositionen erschweren den Familien, eine gemeinsame Zukunftsperspektive zu entwickeln. Dazu kommt, dass sie zu Eifersüchteleien zwischen den Kindern führen können.
Einbürgerungswillige müssen sich i. d. R. gegen die Staatsangehörigkeit ihrer Eltern entscheiden. Dies führt sowohl zu Identitäts- wie Loyalitätskonflikten.
(Erfahrungen aus dem Internetforum www.musstar.de)

5. Fehlende Entscheidungshilfen aufgrund unzureichender Informationen

- Für viele Familien gestalte sich die Entscheidungsfindung zur Einbürgerung genauso schwierig wie die Auswanderungsentscheidung selbst.
- Die Entscheidung für eine Einbürgerung setze eine kritische Bilanz bisheriger Lebensentwürfe voraus. Mögliche Rückkehrabsichten müssten verworfen werden, diese Erkenntnis könne sehr schmerzhaft sein.
- Einbürgerung erfordere eine individuelle Entscheidung, die auf der Grundlage der eigenen Lebensbiografie und der Lebensperspektive aller Familienangehöriger getroffen werde. Eine flächendeckende und umfassende Informations- und Beratungspraxis, die auf diese jeweiligen Lebenslagen und Fragen eingeht, sei aber nicht vorhanden.
- Die Informationsbroschüren, die bei dieser Entscheidung behilflich sein sollten, seien selten in einem Sprachstil formuliert, der für die Zielgruppe angemessen sei.
- Die Informationen vermittelten ausschließlich Rechtsgrundlagen, nicht aber Argumente, die für eine Entscheidungsfindung dienlich seien. Entscheidungshilfen seien aber dringend erforderlich, um die Eltern und Familien in ihrem Diskussionsprozess zu unterstützen.
- Die Vor- und Nachteile, das Pro und Contra, die Bedenken, die eine Familie haben könnte, aber auch mögliche Vorurteile der Einbürgerungsinteressierten, sollten in die Informationsbroschüren und -veranstaltungen mit einfließen.
- Die Eltern sollten beispielsweise darüber informiert werden, welche Vorteile ihre Kinder im Falle einer Einbürgerung hätten: bei Klassenfahrten ins Ausland, bei der Berufswahl, bei der Gestaltung des Freundeskreises usw.

6. Uneindeutige Tatbestandsmerkmale

- Die Tatbestandsmerkmale zur Einbürgerung seien nicht nur für Betroffene ungenau, sondern häufig auch für Sachbearbeiter in den Einbürgerungsbehörden missverständlich.

- Bei der Einbürgerung eines in Deutschland geborenen Kindes muss ein Elternteil „...seit acht Jahren rechtmäßig seinen gewöhnlichen Aufenthalt im Inland haben". Was der „rechtmäßige gewöhnliche Aufenthalt" bedeute, sei aber nicht eindeutig geklärt. Es sei z.B. unklar, ob ein längerer Auslandsaufenthalt diesen „gewöhnlichen Aufenthalt" unterbreche. Die Prüfung dieser Voraussetzung mache zusätzliche Sachverhaltsermittlungen bei der Ausländerbehörde notwendig, die es nach dem alten Recht nicht gegeben habe.
- Ein ununterbrochener Aufenthalt sei in einigen Bundesländern z.B. dann nicht gewährleistet, wenn in den vergangenen Jahren eine rechtzeitige Verlängerung der Aufenthaltsgenehmigung versäumt worden sei. Selbst bei einer verspäteten Verlängerung von einem Tag sei die Vorraussetzung einer ununterbrochenen rechtmäßigen Aufenthaltsdauer nicht erfüllt. Die 8-Jahresfrist beginne dann wieder von vorne.

7. Nachweis deutscher Sprachkenntnisse

- Viele Einbürgerungsbewerber scheiterten an der Feststellung ihrer deutschen Sprachkompetenz. Die Gründe dafür müssten nicht unbedingt an dem Mangel deutscher Sprachkenntnisse liegen, manche würden z.B. an der Angst vor Misserfolgen im Feststellungsverfahren scheitern. Das treffe insbesondere für diejenigen zu, die sich zwar sprachlich verständigen könnten, sich aber beim Lesen und Schreiben schwer täten oder solche, die Analphabeten seien. Vor allem Alte und Frauen zählten zu diesem Personenkreis, aber auch Jüngere, die sich zwar fließend in deutsch verständigen könnten, aber das Lesen nicht gewohnt seien. (Sabine Kriechammer-Yagmur, DPWV)
- Vor allem Migranten der ersten Generation wollten sich im fortgeschrittenen Alter nicht einer Prüfung unterziehen.
- Die Sprachtests seien nicht standardisiert, das bedeute, es gäbe keine einheitliche Definition, was unter „ausreichenden Sprachkenntnissen" zu verstehen sei. Die Anforderungen an die Bewerber seien unterschiedlich ausgelegt. Manche Behörden erwarteten zusätzlich zu den mündlichen (die Wiedergabe eines Artikels aus der Tagespresse) auch einen schriftlichen Test. Diese unterschiedliche Handhabung fördere das Misstrauen und verunsichere die Betroffenen. (Dorothea Koller, Amt für öffentliche Ordnung, Stuttgart)
- Manche Migranten hätten gar nicht die Möglichkeit, einen Deutschkurs zu besuchen – entweder weil sie z.B. in (z.B. ländlichen) Regionen wohnten, in denen keine Kurse angeboten würden; da sie ihre Kinder alleine erziehen und keine Kinderbetreuung finden könnten, oder weil sie in armutsnahen Lebensverhältnissen lebten und keine zusätzlichen Kosten (Kinderbetreuung, Kursgebühren, Fahrkosten, Materialkosten) aufbringen könnten.

> *Ausreichende Kenntnisse der deutschen Sprache:*
>
> Diese Formulierung ist ein unbestimmter Rechtsbegriff ohne inhaltliche und verfahrensmäßige Konturen. In jedem Bundesland wird dieser Tatbestand unterschiedlich geprüft: mündliche Kenntnisse, schriftliche Kenntnisse, externe Prüfungen oder interne Verwaltungsprüfung. (Rolf Meireis, MinR im Hessischen Ministerium des Innern und für Sport)
>
> In manchen Bundesländern müssen die Einbürgerungsbewerber Auszüge aus dem Grundgesetz vorlesen und den jeweiligen Inhalt erläutern. Juristisch geprägte Texte sind häufig auch für Bürger der deutschen Muttersprache ein Buch mit sieben Siegeln. (Roland Graßhoff, Verein zur Förderung der interkulturellen Arbeit in Rheinland-Pfalz)

8. Zu hohe Gebühren für die Einbürgerung

- Über eine Gebührenreduzierung würden die Eltern oft unzureichend oder gar nicht informiert. Ausserdem werde von dieser Möglichkeit in der Verwaltungspraxis unterschiedlich Gebrauch gemacht.
- Die Gebühr für die eigenständige Kindereinbürgerung in Höhe von 500 Mark pro Kind sei für viele Eltern nicht bezahlbar, insbesondere dann, wenn mehrere Kinder einer Familie eingebürgert werden sollten (trotz der Empfehlung des Innenministeriums, für jedes weitere Kind eine Gebühr von 100 Mark zu erheben, liege in manchen Städten die Gebühr bei 500 Mark für alle einzubürgernden Kinder).
- Einige Staaten forderten von ihren Staatsangehörigen sehr hohe Gebühren für die Ausbürgerung z.B. Vietnam, Jugoslawien, und Kroatien.

> *Die Kosten:*
>
> Inklusive der Ausbürgerungskosten im Herkunftsland müssen die Familien für die Einbürgerung in Deutschland mit 2000 Mark aufwärts rechnen. In manchen Ländern übersteigt die Ausbürgerungsgebühr ein ganzes Monatsgehalt. (Ercüment Toker, Aktionsbüro Einbürgerung im Paritätischen NRW)

9. Fristablauf der Kindereinbürgerung nach § 40 b StAG

- Die Fristsetzung zum 31.12.2000 für die Antragstellung zur Einbürgerung von Kindern, die zwischen dem 1.1.1990 und dem 31.12.1999 geboren wurden, sei zu kurz gewählt. Eine verantwortliche Entscheidung sei aufgrund der unzureichenden Informationen und der kurzen Zeitspanne (ein Jahr) für die anspruchsberechtigten Eltern nur schwer zu treffen gewesen.
- Die Übergangsregelung berücksichtige nicht die Entscheidungsprozesse in den Familien. Meist werde sich mehrmals mit der ganzen Familie zu einem Thema ausgesprochen, vor allen Dingen zu Themen einer derart existentiellen Tragweite. Die Familien benötigten Zeit, um die für ihre spezielle Lebenslage richtige Entscheidung zu treffen.
- Die Möglichkeit, die Kinder nach § 40 b StAG einzubürgen, sei bei vielen Eltern auf Unverständnis gestoßen, die „Botschaft" dieser Regelung sei nicht angekommen. Eltern könnten nicht nachvollziehen, warum dies nur für ihre Kinder

bis zum 10. Lebensjahr gelten solle, warum man die Familie spalten wolle, warum das Kind etwas erhalte, was den Eltern verwehrt werden würde – nämlich die (vorübergehende) doppelte Staatsbürgerschaft.

10. Optionspflicht

- Spätestens im Jahr 2008, wenn die ältesten „§ 40 b – Kinder" in die Volljährigkeit eintreten, müssen sie sich entscheiden, ob sie die deutsche oder die ausländische Staatsangehörigkeit aufgeben wollten (Optionspflicht). Falls sich die jungen Erwachsenen gegen die deutsche Staatsbürgerschaft entschieden, sei bislang unklar, welche ausländerrechtlichen Regelungen auf diese Personen zuträfen (diese Lücke soll im ersten „Schily-Gesetzesentwurf" in § 38 ZuwG geschlossen werden).
- Manche Eltern wollten die Verantwortung nicht an ihre Kinder abgeben (Option), könnten sich aber auch nicht für eine Variante entscheiden.
- Die Entscheidung für oder gegen eine Staatsbürgerschaft könne zur Zerreißprobe für eine Familie werden. Die Kinder müssten sich ggf. gegen die Staatsangehörigkeit ihrer Eltern entscheiden.

4. Reform der Reform?

4.1 „Süssmuth-Kommission" und „Schily-Entwurf" zum Staatsangehörigkeitsrecht

Am 4. Juli 2001 legte die von der Bundesregierung berufene Unabhängige Kommission „Zuwanderung" unter der Leitung von Rita Süssmuth die Ergebnisse ihrer neunmonatigen Arbeit vor (vgl. Teil 1, Kap.1.). Die Kommission hebt in ihrem Bericht die besondere Bedeutung der Reform des deutschen Staatsangehörigkeitsrechts für das Einwanderungsland Deutschland hervor, meldet Bedenken bei der Optionsregelung an und empfiehlt Erleichterungen bei der Zulassung von Mehrstaatigkeit sowie beim Sprachnachweis (Bericht der UKZU, S. 245-249):

- Ingesamt wird die Novellierung des Staatsangehörigkeitsrechts aufgrund ihrer hohen integrativen Wirkung als ein wichtiger Reformschritt bewertet. Verstärkt hingewiesen werden müsse auf die mit der deutschen Staatsangehörigkeit verbundenen Vorteile, für Einbürgerung solle vermehrt geworben werden.
- Der Erwerb voller politischer Rechte durch Einbürgerung erachtet die Kommission für wichtiger und erstrebenswerter als eine begrenzte politische Mitwirkung über das kommunale Wahlrecht, dessen Einführung zudem eine Änderung des Grundgesetzes erfordere.
- Die UKZU konnte sich nicht auf eine gemeinsam Position zu der Optionsregelung im Staatsangehörigkeitsrecht verständigen, erklärt aber, es werde zu gegebener Zeit aus den Erfahrungen zu erkennen sein, ob die Konzeption des Optionsmodells neu überdacht werden müsse. Nicht auszuschließen sei, dass die

Verpflichtung zur Entscheidung für nur eine Staatsangehörigkeit innerhalb der Migrantenfamilien zu Konflikten führen könne.

> *Empfehlungen der UKZU zum Staatsangehörigkeitsrecht:*
>
> „Die Kommission empfiehlt eine großzügigere Handhabung der Zulassung von Mehrstaatigkeit. Migranten, die bis zum Anwerbestopp im Jahr 1973 nach Deutschland gekommen sind, und ihre Ehepartner sollten generell die Möglichkeit der Mehrstaatigkeit haben. Sie sind außerdem von den Anforderungen des Nachweises deutscher Sprachkenntnisse als Einbürgerungsvoraussetzung zu befreien."
> (UKZU 2001, S. 249)

Zeitgleich zu der neun Monate währenden Arbeit der Unabhängigen Kommission Zuwanderung hat Bundesinnenminister Otto Schily in seinem Ministerium unter Ausschluß jeder Öffentlichkeit einen ersten Referentenentwurf für ein „Gesetz zur Steuerung und Begrenzung der Zuwanderung und zur Regelung des Aufenthalts und der Integration von Unionsbürgern und Ausländern" (Zuwanderungsgesetz – ZuwG) ausgearbeitet. Nur wenige Wochen nach der Präsentation des Berichts der Süssmuth-Kommission, am 3. August 2001, wurde der Entwurf für das Zuwanderungsgesetz der Öffentlichkeit vorgestellt.

Das Zuwanderungsgesetz (Entwurf) ist ein „Artikelgesetz", ein Gesetz also, welche das bislang in zahlreiche Gesetze aufgesplittete Ausländerrecht und weite Teile des Asyl- und Flüchtlingsrechts bündelt und erstmals in der deutschen Geschichte die Zuwanderung von Arbeitskräften umfassend regelt. „120 Jahre nach der ersten Anwerbung von Arbeitskräften im wilhelminischen Kaiserreich und 45 Jahre nach dem ersten Anwerbeabkommen in der Bundesrepublik wird die Einwanderung erstmals gesetzlich umfassend geregelt – aber man will sich für das Jahrhundertwerk alles in allem nicht mehr als ein halbes Jahr Zeit nehmen" (Heribert Prantl, SZ, 06.09.01).

Der Zeitplan für die Abstimmung innerhalb der rot-grünen Koalition und innerhalb der Bundesregierung für ein Gesetz dieser Bedeutung war ursprünglich außerordentlich knapp angesetzt: Bereits am 26. September 2001 sollte ein entsprechender Beschluß des Bundeskabinetts erfolgen. Grund für diesen Zeitplan war die Hoffnung, die parlamentarische Beratung in Bundestag und Bundesrat bis zum Frühjahr 2002 durch Verabschiedung des ZuwG abschließen zu können, um auf diese Weise die strittige Materie aus dem Wahlkampf herauszuhalten. Dazu ist allerdings ein Kompromiß mit der Opposition, insbesondere mit CDU und CSU erforderlich, den Bundesinnenminister Otto Schily selbst um den Preis von Konflikten innerhalb der rot-grünen Koalition offen angestrebt hat.

Die Terroranschläge des 11. September 2001 haben diesen Zeitplan vorerst obsolet werden lassen; es ist (Stand: 31.10.2001) nicht abzusehen, ob, wann, mit welchen Inhalten und mit welchen Mehrheiten der Gesetzentwurf verabschiedet werden wird.[5] Die Terroranschläge haben auch gezeigt, von welch zentraler Bedeutung

5 Die rot-grüne Koalition hat sich Anfang November 2001 auf einen Zuwanderungskompromiss geeinigt. Der Gesetzentwurf der Bundesregierung wurde am 07.11.2001 im Bundeskabinett beschlossen.

friedliche Konfliktlösung und sozialer Ausgleich gerade unter den Bedingungen der Globalisierung sind. Im Einwanderungsland Deutschland gehören dazu auch die gesetzliche Steuerung der Zuwanderung und die demokratische Mitbestimmung der dauerhaft und rechtmäßig hier lebenden Menschen über Staatsbürgerschaft.

4.2 Kritik am „Schily-Entwurf"

Die inhaltlichen und verfahrenstechnischen Regelungen des Gesetzentwurfs sind in der öffentlichen Diskussion auf breite Kritik gestoßen. Die Stellungnahmen von Kirchen, Wohlfahrtsverbänden, Gewerkschaften und anderen Organisationen, die sich mit dem Migrationsthema beschäftigen, sind von der Bundesausländerbeauftragten im Internet veröffentlicht[6]. Danach ist der Entwurf für das Zuwanderungsgesetz weder modern und sozial ausgewogen noch integrationsfreundlich. Ihre Kritik sei in fünf Punkten zusammengefasst:

Verschärfungen im Aufenthaltsrecht

Die Anforderungen für ein Daueraufenthaltsrecht seien erheblich angehoben worden. Für sehr viele in Deutschland rechtmäßig lebende Migrantenfamilien werde es in Zukunft schwieriger werden, einen Daueraufenthaltstitel zu erlangen. Davon sei ein Großteil der derzeit 1,7 Millionen Menschen mit befristeter Aufenthaltserlaubnis betroffen. Sie könnten keinen Anspruch auf diese Aufenthaltsverfestigung erreichen.

Familiennachzug

Beim Familiennachzug werde ein „Zwei-Klassen-Recht" geschaffen. Während Hochqualifizierte oder im Rahmen des Auswahlverfahrens Eingereiste, Asylberechtigte und Konventionsflüchtlinge ihre Kinder bis zum 18. Lebensjahr nachziehen lassen dürften, würden andere Migranten benachteiligt, da für alle anderen Kinder – abgesehen von einigen Ausnahmen – beim Nachzug die Höchstgrenze von 12 Jahren vorgesehen sei. Allerdings müssten die Kinder im Ausland schon die deutsche Sprache gelernt haben.

Dieser Eingriff in die Lebensgestaltung von Migrantenfamilien sei zutiefst inhuman. Die Unterscheidung von Kinderrechten gemäß der beruflichen Qualifikation der Eltern sei verfassungswidrig. Das Recht des Kindes, mit Eltern zusammenzule-

---

6 Stellungnahmen zum Referentenentwurf des Bundesministeriums des Innern vom 3.8.2001 für ein Zuwanderungsgesetz: Deutscher Caritasverband, Bundesarbeitsgemeinschaft der Freien Wohlfahrtspflege, Verband bi-nationaler Familien und Partnerschaften, Kirchen, Neue Richtervereinigung, Deutscher Anwaltsverein, Deutscher Gewerkschaftsbund, Deutscher Paritätischer Wohlfahrtsverband, UNHCR, Deutscher Juristinnenbund, Amnesty u.a., Pro Asyl. http://www.bundesauslaenderbeauftragte.de, vgl. dazu auch: Prantl, Heribert: Spektakulär in die falsche Richtung, in: SZ, 06.09.2001, S. 12; sowie: Oberndörfer, Dieter: über die unerwünschten Zuwanderer, in: FR, 28.09.2001, S. 9.

ben, dürfe nicht von der gemeinsamen Einreise oder von bereits bestehenden Sprachkenntnissen abhängen.

Arbeitsmigration

Die Konzentration auf die ausländerrechtlichen Fragen im Referentenentwurf erfülle nicht die Anforderungen an ein Zuwanderungsgesetz. Die Arbeitsmarktzuwanderung orientiere sich am Rotationsprinzip. Die Verlängerung der Aufenthaltserlaubnis könne von vornherein – ohne Begründung – ausgeschlossen werden. Bereits diese Passage mache die inneren Widersprüche des Entwurfs deutlich: Integration werde als Ziel postuliert, praktisch aber als Perspektive für viele ausgeschlossen. Eine solche Regelung sei integrationspolitisch inakzeptabel.

Integration

Integration auf die Förderung des Erwerbs der deutschen Sprache und Gesellschaftskunde zu reduzieren, sei nicht ausreichend. Es werde kein differenziertes Instrumentarium der Integrationsförderung entwickelt, statt dessen werde sie in drei Paragrafen des Aufenthaltsgesetzes abgehandelt und auf ein vom (neu zuschaffenden) „Bundesamt für Migration und Flüchtlinge" zu entwickelndes Integrationsprogramm verwiesen. An keiner Stelle des Entwurfs gehe man beispielsweise auf die Förderung der Integration von Spätaussiedlern und ihrer einreiseberechtigten Familienangehörigen ein. Auch der Ausweisungsschutz für in Deutschland geborene und aufgewachsene Jugendliche fehle. Migration und Integration seien Querschnittsthemen, die zahlreiche andere Ressorts berührten und nicht allein in der Zuständigkeit des Innenministeriums liegen dürften. Dies und die Beteiligung des Bundestages und -rates bei zentralen migrationspolitischen Entscheidungen sei ausgeblendet worden.

Flüchtlinge

Die Situation von unbegleiteten minderjährigen Flüchtlingskindern und Opfern nichtstaatlicher und geschlechtsspezifischer Verfolgung werde nicht verbessert. Eine Härtefallregelung sei nicht vorgesehen. Damit würden Kirchenasylfälle weiter ungelöst bleiben, der Menschrechtsschutz solle privatisiert werden. Durch die Abschaffung der Kettenduldungen würden viele in die Illegalität getrieben. Auch die Anwendung des Asylbewerberleistungsgesetzes, dessen Leistungen um ein Drittel unterhalb des Sozialhilferegelsatzes liegen und bis auf ein Taschengeld in Sachleistungen ausgezahlt werden, sei für die Dauer des gesamten Asylverfahrens nicht hinnehmbar. Bisher beschränkte sich die Anwendung des Gesetzes auf drei Jahre. Danach konnten Ansprüche nach dem Bundessozialhilfegesetz geltend gemacht werden.

4.3 Das Staatsangehörigkeitsrecht im „Schily-Entwurf"

Die Empfehlungen der Zuwanderungskommission zum Staatsangehörigkeitsrecht sind im ersten Gesetzentwurf des Bundesinnenministers nicht aufgenommen worden. Eine vermehrte Zulassung von Mehrstaatigkeit, wie auch der Verzicht auf eine Sprachprüfung für die erste Generation werden im Referentenentwurf nicht erwähnt. Die vorgesehenen Änderungen im Staatsangehörigkeitsrecht sind zum Großteil redaktionell. Die Einbürgerungsvorschriften des bisherigen Ausländergesetzes bleiben im Wesentlichen bestehen.

Allerdings sind in dem Gesetzentwurf von Otto Schily auch neue Sachverhalte vorgesehen. So soll die erforderliche Aufenthaltsdauer für die Einbürgerung bei erfolgreicher Teilnahme an einem Integrationskurs von acht auf sieben Jahre verkürzt werden (Artikel 5, § 10 Absatz 3 ZuwG-Entwurf). Bei der Ermessenseinbürgerung soll es eine Härtefallregelung geben, wonach Einbürgerungsbehörden aufgrund des öffentlichen Interesses oder zur Vermeidung einer unbilligen Härte von einzelnen Voraussetzungen für die Einbürgerung absehen können (Artikel 5, § 8 Absatz 2 ZuwG-Entwurf). Eine ausländische Ehefrau beispielweise, die aus ihrer bisherigen Staatsangehörigkeit ausgeschieden ist, könnte auch dann eingebürgert werden, wenn ihr deutscher Ehegatte arbeitslos geworden ist. Bisher droht ihr aufgrund mangelnder Unterhaltsfähigkeit die Staatenlosigkeit.

Indirekt betroffen wäre das Staatsangehörigkeitsrecht durch die Zusammenfassung der Aufenthaltstitel in die (befristete) „Aufenthaltserlaubnis" und die (unbefristete) „Niederlassungserlaubnis". Insbesondere beim Erwerb der deutschen Staatsangehörigkeit kraft Geburt im Inland (ius soli) würde der Begünstigtenkreis in Zukunft dadurch noch kleiner. Der Grund: die Anforderungen für die unbefristete Niederlassungserlaubnis sollen angehoben werden, so dass viele der bereits hier lebenden Ausländer nur eine – nach neuem Recht (befristete) „Aufenthaltserlaubnis" – erhalten und damit aus dem Kreis der Anspruchsberechtigten ausgeschlossen würden. In Zukunft soll ein Ausländer, der in Deutschland ein Daueraufenthaltsrecht erwerben will, über ausreichende Kenntnisse der deutschen Sprache und über Grundkenntnisse der deutschen Rechts- und Gesellschaftsordnung verfügen (Artikel 1, § 9 Ziffer 7 und 8 ZuwG). Viele der bereits lange in Deutschland rechtmäßig lebenden Migranten würden diese hohen Anforderungen nicht erfüllen können. Ihre in Deutschland geborenen Kinder könnten dann nicht mehr mit Geburt die deutsche Staatsangehörigkeit erwerben, da die Eltern den entsprechenden Aufenthaltstitel nicht besitzen.

Auch einige Gesetzeslücken sollen geschlossen werden. Unionsbürger und ihre Familienangehörigen sowie nach dem Freizügigkeitsgesetz der EU gleichgestellte Personen könnten dann beispielsweise vom Geburtserwerb profitieren. Das Kind einer jungen griechischen Mutter, dass im Inland geboren wird, könnte so mit der Geburt die deutsche Staatsangehörigkeit erwerben. Auch für ehemalige Deutsche ist im Gesetzentwurf ein Aufenthaltstitel vorgesehen: In Zukunft soll entweder eine Niederlassungserlaubnis erteilt werden, wenn der Betreffende bei Verlust der deutschen Staatsangehörigkeit seit fünf Jahren seinen gewöhnlichen Aufenthalt als Deutscher im Bundesgebiet hatte. Oder er soll eine Aufenthaltserlaubnis für ein Jahr bekommen, wenn er bei Verlust der deutschen Staatsangehörigkeit seinen gewöhnlichen Aufenthalt als Deutscher seit einem Jahr im Bundesgebiet hatte. Allerdings wäre dabei wichtig, dass der Aufenthaltstitel innerhalb von drei Monaten nach Verlust der deutschen Staatsangehörigkeit beantragt worden ist.

4.4 Forderungen des Interkulturellen Rates

Am 13. November 2001 hat der Interkulturelle Rat in Deutschland die Kernpunkte seiner Forderungen zum Staatsangehörigkeitsrecht beschlossen. Der IKR hat dabei betont, dass sich diese Forderungen ausschließlich auf die mit der Reform eingeführten Veränderungen im Staatsangehörigkeitsrecht beziehen. Der IKR fordert:

Erweiterung des ius soli-Grundsatzes

Allen in Deutschland geborenen ausländischen Kindern ist mit Geburt die deutsche Staatsangehörigkeit auf Dauer zu verleihen, wenn mindestens ein Elternteil seit fünf Jahren in Deutschland lebt. Weitere Voraussetzungen sollten nicht gestellt werden.

Erleichterter Einbürgerungsanspruch für in Deutschland geborene ausländische Kinder

Im Rahmen einer Gesamtreform sollte in Anlehnung an den bereits am 31.12.2000 abgelaufenen Einbürgerungsanspruch für in Deutschland geborene ausländische Kinder unter zehn Jahren erneut ein erleichterter Einbürgerungsanspruch in Form einer Übergangsregelung geschaffen werden, der an den Geburtserwerb angelehnt ist. Die Frist für die Antragstellung sollte dabei großzügiger bemessen sein als bei der am 31.12.2000 abgelaufenen Übergangsregelung und die Einbürgerungsgebühr sollte erheblich abgesenkt werden.

Optionsregelung

Die Optionsregelung ist abzuschaffen.

Zulassung von Mehrstaatigkeit

Der Zwang, sich aus der bisherigen Staatsangehörigkeit entlassen zu müssen, darf kein Hindernis für Einbürgerungswillige darstellen. Es ist daher notwendig, dass vermehrt unter Zulassung von Mehrstaatigkeit eingebürgert wird.

Erleichterungen beim Sprachnachweis

Die Kenntnis der deutschen Sprache ist für die Integration von großer Bedeutung. Es sind jedoch für bestimmte Personengruppen zur Vermeidung von Härtefällen Ausnahmen vom Erfordernis des Sprachnachweises zuzulassen. Dies muss genauso gelten wie für Analphabeten, Migranten der ersten Generation und kranke und behinderte Einbürgerungsbewerber. Ferner ist der Bildungsstand und die soziale Herkunft bei der Überprüfung der Sprachfähigkeit zu berücksichtigen.

Einbürgerungsanspruch nach einem fünfjährigen rechtmäßigen Aufenthalt

Um eine frühzeitige rechtliche Integration der Migranten in Deutschland zu ermöglichen, sollte bereits nach einem fünfjährigen rechtmäßigen Aufenthalt in Deutschland ein Einbürgerungsanspruch bestehen und insbesondere auf das Erfordernis des gewöhnlichen Aufenthalts verzichtet werden, da dieser unbestimmte Rechtsbegriff mitunter Auslöser für eine uneinheitliche Einbürgerungspraxis ist.

Verkürzung und Beschleunigung des Einbürgerungsverfahrens

Die Einbürgerungsverfahren dauern viel zu lange. Wartezeiten von bis zu 3 Jahren sind keine Ausnahme. Das Einbürgerungsverfahren muss daher verkürzt und beschleunigt werden.

Schaffung eines einbürgerungsfreundlichen Klimas

Notwendig ist auch ein einbürgerungsfreundliches Klima, sowohl in den Behörden als auch in der gesamten Gesellschaft.

Modernes Staatsbürgerschaftsverständnis

Deutschland ist ein Einwanderungsland. Diese Tatsache muss sich auch im Staatsbürgerschaftsverständnis widerspiegeln. Es ist daher an der Zeit, sich vom ethnisch-nationalistisch definiertem Staatsbürgerschaftsverständnis zu verabschieden und es durch ein republikanisches Staatsbürgerschaftsverständnis zu ersetzen.

Teil III:
Von der Politischen Bildung zur interkulturellen Praxis

Einleitung

Teil III führt von der politischen Bildung über die interkulturelle Kompetenz zu Möglichkeiten des Einsatzes der neuen Medien dabei und zeigt eine Methode, wie Projekte in der Praxis gelingen können.

Zunächst nimmt Heino Gröf, Bundeszentrale für politische Bildung, Stellung zu Aufgaben und Arbeitsform der politischen Bildung in der Demokratie. Er plädiert für neue Arbeitsformen in der politischen Bildung, insbesondere für eine gemeinwesen- und zielgruppenorientierte Projektarbeit, bei der interaktives Lernen und Strategien zur Problemlösung im Vordergrund stehen.

Der Beitrag von Hildegard Simon-Hohm, Fachhochschule Esslingen, fasst den Stand der weit entwickelten Diskussion über interkulturelles Lernen und interkulturelle Kompetenz in der Einwanderungsgesellschaft zusammen. Interkulturelle Kompetenz gehört zu den Schlüsselqualifikationen sowohl in der Sozialen Arbeit und in der Pädagogik, als auch in allen anderen gesellschaftlichen Bereichen. Sie ist eine Voraussetzung für die demokratische Gestaltung des Gemeinwesens.

Den Übergang zur Praxis leistet Petra Herzmann, pädagogische Leiterin des Neue-Medien-Projekts STEP 21, einer „Jugendinitiative für Toleranz und Verantwortung“. Sie spricht sich für den Einsatz neuer Medien in der Bildungsarbeit aus und führt anhand der medienpädagogischen Angebote von STEP 21 vor, wie Computer, pädagogisch eingesetzt, die Orientierungsfähigkeit und Handlungskompetenz von Jugendlichen fördern können.

Silvia Hahn, Fachhochschule Köln, beendet das Kapitel mit einer allgemeinen Anleitung zur Projektentwicklung und -gestaltung auf der Basis des Projektmanagements. Auch knappe Ressourcen können zu bemerkenswerten Ergebnissen gebündelt werden, wenn sie zielgerecht eingesetzt und in überschaubaren Schritten umgesetzt werden.

1. Migration – Integration – Herausforderung für's Lernen

Heino Gröf

Gemessen an den finanziellen Mitteln, der enorm hohen Zahl an Publikationen und – noch mehr – Seminaren, die freie Träger, Landeszentralen und Bundeszentrale für politische Bildung seit Jahren zu diesem Thema organisieren, sollte man meinen, es gäbe keinen weiteren Aufklärungs- und Informationsbedarf mehr. Erst recht, wenn man (oder frau) die noch weitaus höhere Anzahl der Belehrungs- und Aufklärungsangebote von Schulen, Hochschulen, Parteien, Kirchen, Gewerkschaften und Unternehmen sowie der sog. nicht-intentionalen politischen Bildungseinrichtungen (Medien) dazu zählt. Was zählen demgegenüber die (noch) überschaubaren Foren und Medien der rechtsextremen Szene?

Und dennoch besteht, bei einem Blick auf unsere gesellschaftliche Wirklichkeit, wenig Anlass zur Zufriedenheit. Der Legion kluger politikwissenschaftlicher Analysen steht eben immer noch ein schier unerschöpflicher Fundus an Uninformiertheit, beharrlicher Ausländerfeindlichkeit und rückwärtsgewandten politischen Einstellungen gegenüber – bei Frauen und Männern, Jungen und Alten, übrigens auch bei nicht wenigen eingebürgerten und nicht-eingebürgerten Ausländern.

Woran liegt das? Was sind die Ursachen für dieses Aufklärungsdilemma?

1.1 Das Primat der Politik

„Die wichtigsten Wirkungen auf die politische Bildung der Bürger gehen immer noch von der Politik selbst aus." Dieser Lehrsatz aller politischen Bildner in unserem Land drückt zweierlei aus: In der Wahrnehmung politischer Regeln und Standards setzt Politik – genauer: setzen Politiker – die Maßstäbe. Möglicherweise werden sie hierbei unterstützt durch die riesige massenmediale Aufmerksamkeit, die Politik nun einmal genießt. Ob Migranten Deutsche mögen oder nicht – und umgekehrt –, das regelt sich im Zweifelsfall im Alltag des Zusammenlebens. Gleichwohl verblüfft, dass Ressentiments auch (oder gerade?) dort vorhanden sind, wo eine eigene reale Lebenserfahrung gar nicht vorliegt. Es ist zu vermuten, dass bestimmte politische Botschaften mit ihrem grundsätzlichen Appellcharakter („Das Boot ist voll") und ihrer plakativen Reichweite hier das Nachdenken ersetzen. „Man" übernimmt halt gern solcherart „Glaubenssätze", wenn sie von höchster Stelle kommen.

Politische Bildung ist, ob man es will oder nicht, andererseits aber selbst Teil des politischen Systems, sozusagen ein politisches Subsystem. Die Indizien: Finanzierungsart, ihr weitgehend staatlicher Charakter und – last but not least – Personalpolitiken. In dieser Rollensituation erlebt politische Bildung, dass sie sich mit Politik als Primärsystem nur bedingt effektiv auseinandersetzen kann. So unterbleibt eine unmittelbare Botschaft an politische Adressaten (Parteien, PolitikerInnen, Regierungsmitglieder) auch da, wo sie der Sache wegen – hier: der Ausländerfrage – eigentlich geboten wäre.

Die Frage, die sich bei dieser Sichtweise stellt, heißt also: Ist politische Bildung ein Papiertiger, der fauchen (aufklären), aber nicht beißen (Probleme lösen) darf?

Wenn die politische Bildung also ihre Wirksamkeitsgrenzen in und durch das politische System selbst erfährt, was kann sie dann noch handelnd leisten?

1.2 Integration und Politische Bildung

Das Thema bzw. das Problem, mit dem wir es alle in der Ausländerfrage zu tun haben, ist konkret benennbar: Es geht um die Beseitigung von Integrationsdefiziten in unserer Gesellschaft, um die Herstellung eines rationalen Verstehens der globalen Migrationsprozesse, die reflektierte Auseinandersetzung mit der eigenen Identität und der der Anderen, schließlich auch um die Entwicklung eines gerechten Zuwanderungssystems.

Die akuten Integrationsdefizite lassen sich benennen: in Kindergärten, Schulen und beruflicher Ausbildung werden ausländische Kinder und Jugendliche nicht hinreichend gefördert, um ihnen adäquate Zukunftsperspektiven zu ermöglichen. Nebenbei: Auch der öffentliche Dienstherr leistet hier viel zu wenig, obwohl er doch eine Vorbildfunktion übernehmen könnte.

Sportvereine und -verbände sind, entgegen offizieller Statements, faktisch ebenfalls nur selten aktive Wegbereiter der Integration.

Die politische Partizipation – insbesondere im kommunalen Bereich – ist nicht gesichert. Die Teilhabe und der Zugang zu kommunalen Ämtern, Funktionen und Netzwerken ist Ausländern mehr als erschwert. Daran ändert auch die Existenz der Ausländerbeauftragten nichts, die, wenn man ihren Status, ihre Rechte, ihre Finanzierung betrachtet, vielfach ohnehin nur eine Alibirolle spielen können.

Die geltenden Ausländergesetze, Aufenthaltsregelungen und Durchführungsbestimmungen zum Staatsangehörigkeitsrecht in Bund und Ländern sind restriktiv. Noch schärfer stellt sich das Problem, wenn man die Praxis der jeweiligen Behörden betrachtet, die in manchen Regionen unserer Republik an Schikane erinnern kann.

Schließlich bleibt unser Dauerproblem, die latente wie offene Ausländerfeindlichkeit. Latent, wo sie sich in unverhohlener Zustimmung zu „Ausländer raus"-Parolen ausdrückt, wo sie an Stammtischen und in Arztpraxen Stimmung gegen Zugewanderte macht. Offen, wo sie ihren Ausdruck in Aggression und Gewalt gegen Ausländer, ihre Frauen und Kinder findet.

Aufgaben und Problemlösungen

Aus der Berufsperspektive politischer Bildung muss zunächst festgehalten werden, dass die Auseinandersetzung mit Ursachen und Folgeerscheinungen der Ausländerfeindlichkeit eine Kernaufgabe ist. Bei dieser Problematik geht es nicht allein um praktische Fragen des Zusammenlebens und der Integration, sondern auch um die Achtung der Menschenwürde und der Menschenrechte in einer zivilen Gesellschaft.

Es mag schon sein, dass die gesellschaftlichen, pädagogischen, anthropologischen und politischen Ursachen von Fremdenangst und -hass, Ab- und Ausgrenzung so tief in der menschlichen Psyche wurzeln, dass ihr Abbau eine Jahrhundertaufgabe ist.

Hier bleibt eine klassische Funktion der politischen Bildung bestehen: Informieren und aufklären – über Ursachen der Migration, kulturelle Identität, Ängste, Lernfähigkeit von Menschen, über politische und kulturelle Integrationsversuche und -theorien, Rechte und Pflichten, politische Konzepte, Gesetze und Verordnungen.

Um hier nicht der Beliebigkeit das Wort zu reden: wichtig ist die Zielsetzung. Sie muss meiner Meinung nach lauten. Vorurteile abbauen, Integration fördern und dies alles durch unterstützende Konzepte bekannt machen und verbreiten.

Die zwei wesentlichen Instrumente der politischen Bildung greifen hier ganz gut: Publikationen und Veranstaltungen. Beide Foren bieten Platz für den Austausch von Meinungen, das Erwägen von Pro und Contra, die Schärfung von Problembewusstsein und den Appell an demokratische Einstellungen.

Doch ist das herkömmliche Verständnis politischer Bildung heute immer noch stärker an Wissenschaftlichkeit denn an praktischer Veränderung orientiert. „Wissen ist Macht" – das stimmt, und es stimmt auch wieder nicht. Wer um den stabilen Anteil an latent rechtsextrem Denkenden in der bundesdeutschen Bevölkerung weiß, und wer sich von Berufs wegen Gedanken über den so schwerfälligen Prozess der Annäherung zwischen Deutschen und Nichtdeutschen macht, der muss auch zur Kenntnis nehmen, dass es ein langwieriger Weg von der Aufnahme einer Information über ihre mentale und emotionale Verarbeitung, ihre innere Akzeptanz und letztlich ihre Umsetzung in praktisches Tun und Verhalten ist – erst recht, wenn dieser Weg mit kognitiven Dissonanzen gepflastert ist. Um den harten Kern der Unbelehrbaren und den weichen Kern der Dulder und passiven Unterstützer zu verringern, kann man nicht zufrieden sein mit bloßer Aufklärungsarbeit der traditionellen Art. Es sei denn, man gibt sich zufrieden mit der Minimal-Strategie, die demokratisch stabilen Kräfte weiter zu stabilisieren.

Deshalb sollte sich die politische Bildung heute die Frage gefallen lassen, was sie denn mehr – und anderes – tun könnte, um die Integration von Deutschen und Ausländern zu fördern.

Zielgruppen

Die Kernzielgruppen der Bundeszentrale für politische Bildung (BpB) – im Unterschied zu den Landeszentralen und Freien Trägern – sind bisher Lehrer (Politik, Ethik, Länderkunde; fokussiert auf Gymnasien), Dozenten der politischen Bildung sowie Journalisten und Wissenschaftler, vor allem in den Bereichen Politik und Geschichte. Dem entsprach die Strategie, über sog. Mittler politischer Bildung zu tiefgreifenden Veränderungen und Demokratisierungsprozessen beitragen zu können. Dieses Konzept hat sich, so die Ergebnisse einer umfassenden Innen- und Außenevaluation der BpB im Jahre 1999 – als nicht wirksam herausgestellt.

Die Bundeszentrale hat sich aus diesem Grunde im Jahre 2000 zu einer Revision ihrer Strategie entschlossen. Konkret wird zur Zeit daran gearbeitet, neue, zusätzliche Partner in den Milieus der Freiberufler, der Führungskräfte in Profit- und Nonprofit-Unternehmen, der New Economy und der neuen Medien, und insbesondere im Bereich der Gruppe „16 plus" sowie der Mädchen und Frauen zu gewinnen.

In unserem thematischen Zusammenhang sind zwei Aspekte von besonderer Bedeutung: durch einen, der o.e. Evaluation nachfolgenden Organisationserlass des Bundesministers des Innern (2000) ist die BpB in ihrer Arbeitsweise glücklicherweise nicht mehr beschränkt auf deutsche Zielgruppen; sie kann vielmehr ebenso gezielt hier lebende Ausländer und ihre Selbstorganisationen in ihre Arbeit einbeziehen. Das bedeutet zum anderen, dass verstärkt auch interessierte und kompetente ausländische Experten, Dozenten und Repräsentanten ihrer verschiedenen Organisationen selbstverständlich als Teamer, Berater, pädagogische Mitarbeiter, Schreiber und Mitdenker in die vielfältige Arbeit aktiv einbezogen werden müssen.

Stärker als in der Vergangenheit wird es auch darauf ankommen, nicht allein die aufgeklärte Elite mit Daten, Fakten und Analysen zu versorgen, sondern darüber hinaus auch die breite Mehrheit der Republik.

Mit ihrer Entscheidung, erstmals eine Projektgruppe Migration/EU (Januar 2001) einzusetzen, hat die BpB hier ein deutliches Signal gesetzt.

Skill-Training und neue Formen politischen Lernens

Der lange Jahre dominierende Ansatz wissenschaftlicher Information und Aufklärung muss zu Beginn des dritten Jahrtausends um gezielte Strategien der Effizienzsteigerung politischen Lernens ergänzt werden. Aufklärung an sich bewirkt noch keine Verhaltens- oder Einstellungsänderung. Sympathische demokratische Haltungen führen noch nicht automatisch zu praktizierter Zivilcourage. Hier müssen neue Lernstrategien erprobt und angewandt werden.

So kommen insbesondere skill-Trainings infrage, die zum Ziel haben, Fähigkeiten und Fertigkeiten im beruflichen und allgemeinen Alltag zur Anwendung zu bringen; Konzepte, die sehr viel näher an der Lebens- und Zusammenlebenssituation von Deutschen und Nichtdeutschen sind (Arbeitsplatz, U-Bahn, Sport, Nachbarschaft etc.). Dazu zählen konkrete Argumentationstrainings (Diskussion mit Kollegen, am Stammtisch) ebenso wie Verhaltenstrainings in kritischen Situationen (öffentliche Plätze, U-Bahn).

Ähnlich wie die Gender-Mainstream-Kampagne der EU könnten Versuche entwickelt werden, integrationsförderndes und -freundliches Verhalten in Unternehmen, Behörden und allen anderen Institutionen und Organisationen zu implementieren.

Schließlich bieten sich die Weiterentwicklung und der Ausbau tradierter Lernstrategien (Seminare, Kurse, Workshops mit sozialen Gruppen) um Internet-gestützte Lernmodule selbstorganisierter Art (Internetcafés, Internet-Projekte) und – damit verknüpft – individuelles Lernen zuhause (Recherche, Lesen, Kommunizieren) an.

Projekte und eine neue berufliche Rolle für die politische Bildung

Ein weiteres Moment der Modernisierung politischer Bildung ist, verstärkt Methoden der Projektarbeit in die Effizienzsteigerung und gezielte Bearbeitung von Integrations- und Migrationprozessen in Betracht zu ziehen. Hierbei verbünden sich Elemente handlungsorientierten, interaktiven Lernens mit realer, konkreter Arbeit an echten Problemlösungen.

So könnten beispielsweise Stadtteilprojekte, Schulprojekte, Projekte in sog. erneuerungsbedürftigen Stadtvierteln, in Sportvereinen oder in Kindergärten bundesweit initiiert werden, in denen es vorrangig darum geht, die Integration vor Ort zu fördern, Ängste abzubauen, Regeln für ein friedliches Zusammenleben zu entwickeln und zu erproben, Konzepte für eine verwirklichbare soziale Utopie zu erfinden.

Diese Art integrativer Arbeit bietet zudem den strategischen Vorteil, Verbündete und Kooperationspartner zu gewinnen: Zeitungsverlage, Unternehmen, Polizei, Gewerkschaften, kommunale Träger und Vereine.

Die (neue) Rolle der politischen Bildung in diesem Diskurs ist die des fürsorglichen consultant, der Moderations-, Sozial- und Fachkompetenz und zudem politisch-strategische Beratungskompetenz einbringt.

MUSSTAR bietet für diese Form politischen Lernens ein Musterbeispiel.

1.3 Ausblick und Synergie

Zu den echten Versäumnissen der Vergangenheit zählt vor allem, dass Ausländer als Partner der politischen Bildung kaum vorgekommen sind. Dies muss sich rasch ändern. Migrantinnen, Migranten und ihre Selbstorganisationen müssen so schnell wie möglich wesentlichen Anteil an den teilnehmenden Feldern unserer Veranstaltungen erhalten, sie müssen auf Podien ebenso vertreten sein wie in unseren Publikationen. Und sie müssen als Kooperationspartner bei Großveranstaltungen willkommen sein.

Es sind darüber hinaus Lösungen zu entwickeln, wonach Migranten-Organisationen auf Bundes- und Länderebene anerkannte und somit förderbare Partner der politischen Bildung werden können. Bei der Lösung dieses Problems sind auch die Selbstorganisationen der hier lebenden Migranten stark gefordert, gilt es doch, verlässliche, Kontinuität und Pluralität gewährleistende Infrastrukturen für politische Bildung zu entwickeln – und, was sicherlich nicht einfach sein wird, einen demokratischen Minimalkonsens hinsichtlich einer offenen und vertrauensvollen Zusammenarbeit untereinander.

So nachvollziehbar der Wunsch ist, hier lebende Ausländer mögen deutsch sprechen, so naheliegend ist auch die Frage, was die politische Bildung ihrerseits tut, um sich bei Ausländern verständlich zu machen. Hier besteht offensichtlich ein großes Defizit, das möglichst zügig behoben werden sollte. Die BpB hat einen ersten Schritt in diese Richtung getan und wird in Kürze die erste Grundgesetzausgabe in türkischer Sprache herausgeben.

Aber auch Seminarausschreibungen u.ä. Maßnahmen sollten künftig mehrsprachig erfolgen. Auch dies wäre ein kleines Stück mehr Chancengleichheit für bei uns lebende Ausländerinnen und Ausländer.

Zum Schluss noch eine selbstkritische Überlegung. Eingangs ist auf die große Anzahl von Publikationen, Veranstaltungen und sonstigen Maßnahmen hingewiesen worden. Der insgesamt hohe Aufwand provoziert die Frage nach den Wirkungen. Individuelle Ausländerfeindlichkeit ist individuell bearbeitbar, sofern Seminar- und Lernkonzepte darauf zugeschnitten sind. Bei der kollektiven Ausländerfeindlichkeit ist es eine andere Sache. Offensichtlich haben es die zigtausend Seminare, Broschüren und Hefte der politischen Bildung nicht vermocht, den Anteil an Ausländerfeindlichkeit in der Bundesrepublik wirksam zu reduzieren (allerdings ist auch erlaubt zu fragen, wie es denn aussähe, wäre dies alles unterlassen worden).

Vor diesem Hintergrund ist deshalb zu prüfen, ob es insgesamt nicht sinnvoller und effektiver wäre, die ohnehin begrenzten finanziellen Ressourcen von Bundeszentrale, Landeszentralen und freien Trägern der politischen Bildung im Sinne eines Synergieeffektes für bestimmte, öffentlich wirksame Kampagnen gemeinsam und gezielt anstelle zahlloser kleiner Einzelmaßnahmen einzusetzen. Der Sache Integration und innerer Friede wäre damit womöglich mehr gedient.

2. Interkulturelle Arbeit in der Einwanderungsgesellschaft: Aufgaben – Konzepte – Kompetenzen

Hildegard Simon-Hohm

2.1 Interkulturelle Soziale Arbeit

In den 70er Jahren entwickelte sich in der Bundesrepublik Deutschland als Reaktion auf die andauernde Anwesenheit der Arbeitsmigranten und ihrer nachgezogenen Familienangehörigen das Tätigkeitsfeld „Ausländerarbeit". Nachdem zunächst fast ausschließlich die Sozialberatungsstellen der Wohlfahrtsverbände für die Arbeit mit Migrantinnen und Migranten zuständig waren, erkannten in den 80er Jahren auch Sozialarbeit und Sozialpädagogik die Notwendigkeit, sich gegenüber dieser Zielgruppe zu öffnen. Um die sozialen Folgen der Migration zu bearbeiten, entwickelten sie in der Folge vielfältige Unterstützungsangebote zur individuellen Lebensbewältigung und gesellschaftlichen Integration (vgl. Karsten 1984, S.7).

Soziale Arbeit mit Migrantinnen und Migranten ist seither kein einheitliches und in sich geschlossenes Tätigkeitsfeld. Fachkräfte der Sozialen Arbeit sind heute an vielen Orten in den Prozess der Gestaltung des Zusammenlebens von Deutschen und zugewanderten Menschen einbezogen. Die dauerhafte Anwesenheit von zur Zeit ca. 7,4 Millionen Menschen ohne deutschen Pass hat unsere Gesellschaft nachhaltig verändert und unseren Staat zu einem Einwanderungsland gemacht. Im Laufe der vergangenen Jahre haben sich daher eine Vielzahl von Institutionen, Vereinen und Initiativen heraus gebildet, die Angebote für Menschen aus verschiedenen Herkunftsländern und Altersgruppen und mit unterschiedlichen Problemlagen entwikkelt haben. Darüber hinaus sind mittlerweile alle sozialen Institutionen und pädagogischen Einrichtungen – von Jugend- und Sozialämtern über Kinderbetreuung und Jugendarbeit bis hin zu Beratungsstellen – prinzipiell ein multikulturelles Arbeitsfeld, und zwar dann, wenn Migrantinnen und Migranten in ihrem Zuständigkeitsbereich leben und ihre Dienste und Angebote in Anspruch nehmen.

Es mehren sich jedoch Stimmen, die darauf hin weisen, dass es zur Erfüllung dieser Aufgaben sowohl an Konzepten als auch an entsprechenden Kompetenzen mangelt. In jüngster Zeit wird deshalb zunehmend eine Diskussion aus den 80er Jahren wieder aufgegriffen und die Notwendigkeit betont, soziale und pädagogische Arbeit in der Einwanderungsgesellschaft interkulturell zu gestalten.

Erste Konzepte für interkulturelle Arbeit entstanden Mitte der 80er Jahre aus der Kritik der Ausländerarbeit und waren stets auf wenige pädagogische Teilbereiche beschränkt, z.B. Modellprojekte im Tagesstättenbereich. Interkulturelle Konzepte waren von Anfang an darauf gerichtet, Prozesse des sozialen Wandels in Ländern, die von Migration und Zuwanderung geprägt wurden, zu bearbeiten und zu verstehen. *Interkulturelle Arbeit* bedeutet pädagogische oder soziale Arbeit mit allen Menschen einer multiethischen Gesellschaft. Ihr Ziel ist das friedliche und gleichberechtigte Zusammenleben von zugewanderten ethnischen Minderheiten und der deutschen Mehrheitsbevölkerung. *Interkulturelles Lernen* soll Menschen befähigen, die eigene Lebenssituation zu „managen" und das Zusammenleben in einer Einwanderungsgesellschaft tolerant zu gestalten. Interkulturelle Konzepte verstehen Integration als ein partnerschaftliches, gleichberechtigtes Miteinander, das zu einer wechselseitigen Beeinflussung und Anpassung führt. Zur Aufgabenbeschreibung von interkultureller Arbeit gehört deshalb seit Beginn der 90er Jahre sowohl der Abbau von Rassismus und die Etablierung eines gleichberechtigten Dialogs als auch die Schaffung nicht-diskriminierender Interaktionsformen zwischen den zugewanderten und den eingesessenen Mitgliedern einer Gesellschaft (vgl. ausführlicher Auernheimer 1994). Bis heute ist interkulturelle Arbeit ein oft gefordertes, aber weitgehend unrealisiertes Konzept geblieben.

Der gegenwärtige Abbau der Beratungsdienste, die veränderten Inhalte und Anforderungen an Unterstützung und Beratung und die zögernde Öffnung der sozialen Dienste haben bewirkt, dass Migrantinnen und Migranten im Berufsalltag Sozialer Arbeit zu einer wachsenden Zielgruppe werden. Diese gesellschaftliche Realität der dauerhaften Zuwanderung nimmt Soziale Arbeit als interkulturelle Aufgabe und Angebot an alle Mitglieder unserer Einwanderungsgesellschaft zum Anlass, die weitgehende Auflösung der speziellen Dienste für Migrantinnen und Migranten zu fordern und statt dessen eine interkulturellen Öffnung der sozialen Dienste anzustreben. Interkulturelle Soziale Arbeit würde damit zu einer Pflichtaufgabe für alle in diesem Berufsfeld beschäftigten Personen.

Interkulturelle Arbeit in der Einwanderungsgesellschaft soll Chancengleichheit realisieren und Zugangsbarrieren abbauen. Gleichzeitig soll sie Diskriminierung und Ausgrenzung von Minderheiten verhindern. Dies kann durch drei sich ergänzende interkulturelle Ansätze erreicht werden:

Konzepte aktueller interkultureller Arbeit:

1. integrierend und kulturübergreifend (= interkulturelle Arbeit)
2. differenziert und zielgruppenspezifisch (= emanzipatorische Minderheitenpädagogik)
3. antirassistisch und zielgruppenspezifisch (= antidiskriminierende Arbeit)

Grundlage für die Differenzierung der konzeptionellen Gestaltungsmöglichkeiten ist die Vielfalt von Herkunfts-, Lebens- und Interessenlagen der Bevölkerungsgruppen einer modernen, multiethnischen Gesellschaft. Asylsuchende und Bürgerkriegsflüchtlinge, Kinder und Jugendliche aus Einwandererfamilien, Seniorinnen und Senioren der ersten Generation, Heiratsmigrantinnen u.a. bilden keine einheitliche Zielgruppe „Ausländer" oder „Migranten". Als Angehörige von ethnischen Minderheiten kommen diese Menschen oder ihre Angehörigen aus unterschiedlichen Ländern und Kulturkreisen. Die Gründe für ihre Zuwanderung sind genauso unterschiedlich wie die sozialen oder kulturellen Milieus, in denen sie leben, oder die

Schul- und Berufsausbildungen, über die sie verfügen. Trotz aller Verschiedenheit, teilen sie gegenüber der Mehrheit der Deutschen jedoch bestimmte Gemeinsamkeiten, z.B. Diskriminierungs- und Differenzerfahrungen, den Umgang mit Mehrsprachigkeit oder die Zugehörigkeit zu einer bestimmten Minderheitensubkultur. Auf der anderen Seite erwachsen viele Problemlagen dieser Gruppen aus individuellen Konstellationen oder aktuellen sozioökonomischen Entwicklungen und beruhen auf Ursachen außerhalb des Migrationkontextes. In diesen Fällen unterscheiden sich die Bedürfnisse von Zugewanderten und Deutschen nur noch graduell oder überhaupt nicht.

Moderne interkulturelle Arbeit muss sowohl diese Gemeinsamkeiten als auch die eben genannten Unterschiede aller Bevölkerungsgruppen bzw. Individuen im Auge behalten. Neben allgemeinen Angeboten für alle Nutzerinnen und/oder Nutzer (d.h. integrierenden interkulturellen Ansätzen), müssen deshalb auch weiterhin *differenzierte* und *zielgruppenspezifische* Konzepte für bestimmte Gruppen oder Personen entwickelt werden. Das können beispielsweise antirassistische Trainings für rechtsradikale deutsche Jugendliche sein, um durch eine entsprechende Einstellungs- und Verhaltensänderung ihre Bereitschaft für integrative Angebote herzustellen. Es bedeutet aber auch die Entwicklung von spezialisierten Angeboten z.B. für arbeitslose italienische Mädchen oder drogenabhängige Migrantenjugendliche. Dieser differenzierende Ansatz, der zunächst in Berlin ausgearbeitet wurde, ist unter dem Namen „emanzipatorische Minderheitenpädagogik" bekannt geworden (Rösch 1992). Diese Betrachtungsweise trägt der Tatsache Rechnung, dass für bestimmte Zielgruppen erst einmal Chancengleichheit durch spezielle Förderung erreicht werden muss, damit anschließend integrierende, interkulturelle Angebote überhaupt sinnvoll genutzt werden können. Sie knüpft an den besonderen Stärken und Ressourcen von Menschen mit Migrationbiografien an, insbesondere der Vielzahl von Strategien und Kompetenzen, die sie entwickelt haben, um in den unterschiedlichen Welten von Einwandererkolonie und deutscher Gesellschaft, mit ungewissen Zukunftsperspektiven und unter nachteiligen Lebensbedingungen handlungsfähig zu sein.

Der Gedanke des interkulturellen Lernens als Aufgabe für alle Menschen unserer Gesellschaft formuliert also auch leitende Prinzipien für die Soziale Arbeit in der Einwanderungsgesellschaft. Für viele Mitarbeiterinnen und Mitarbeiter stellt dies ein neues Verständnis ihres beruflichen Alltags dar, für den es gilt, neue Konzepte zu entwickeln oder bisherige zu überarbeiten. Soll diese Arbeit professionell geschehen, so benötigen die daran Beteiligten spezielle Kompetenzen, die heute als *interkulturelle Kompetenz* oder *interkulturelle Handlungskompetenz* bezeichnet werden.

2.2 Interkulturelle Kompetenz in der Sozialen Arbeit – ein Beitrag zur Professionalisierung

In der jüngsten Zeit wird in Diskussionen und Beiträgen in Fachzeitschriften zu Migration und Sozialer Arbeit interkulturelle Kompetenz als Schlüsselqualifikation bezeichnet, ohne die die Öffnung der Sozialen Dienste für Migrantinnen und Migranten nicht erreicht werden kann. Weitgehende Einigkeit besteht darüber, dass interkulturelle Kompetenz Handlungskompetenz in kulturellen Überschneidungssituationen beschreibt (Kurz 1999, S. 38). Wir finden den Begriff „interkulturelle Kompetenz" häufig dann, wenn über die Voraussetzungen für interkulturelle Arbeit diskutiert wird. In diesem Zusammenhang wird interkulturelle Kompetenz als Erweiterung üblicher Handlungsmöglichkeiten gesehen, orientiert an den Lebensrealitäten der multikulturellen Gesellschaft und an den Erfordernissen mit „fremdkulturell geprägten Interaktionspartnern" (Losche 1995, S. 87) zu kommunizieren. Dabei handelt es sich immer um eine Kompetenz, die kulturübergreifend – also interkulturell – ausgerichtet sein soll. Einige versuchen den Begriff der interkulturellen Kompetenz jedoch zu meiden und sprechen statt dessen wie Annita Kalpaka von einem kompetenten Handeln in der Einwanderungsgesellschaft (Kalpaka 1998, S. 78).

Bei den interkulturellen Ansätzen liegt im Gegensatz zu den kulturspezifischen Konzepten in der Psychologie die Betonung auf allgemeinen, kulturübergreifenden Kompetenzen, die für die Arbeit mit allen Angehörigen unserer multikulturellen Gesellschaft qualifizieren soll (vgl. Simon-Hohm 1991). Bei Hinz-Rommel finden wir im Zusammenhang mit den Überlegungen zur Öffnung der Sozialen Dienste die folgende Definition: „Interkulturelle Kompetenz ist die Fähigkeit, effektiv und erfolgreich mit Angehörigen verschiedener ethnischer Gruppen und in fremdkultureller Umgebung zu kommunizieren" (Hinz-Rommel 1995, S. 133). Diese Begriffsbestimmung ist inzwischen zu einer vielfach üblichen Arbeitsgrundlage geworden.

Trotz unterschiedlicher Zugangsweisen besteht Einigkeit darüber, dass diese Kompetenz nicht eine einzelne Fähigkeit beschreibt, sondern ein *Bündel von Teilkompetenzen und Fertigkeiten* (Nieke) bzw. ein *'set' von Fähigkeiten* (Grosch/ Leenen 1998) ist. Dabei handelt es sich immer um Fähigkeiten, die sowohl Reflexionsfähigkeit bezüglich der eigenen kulturellen Identität als auch Handlungskompetenz in „ethnifizierten Situationen des Alltagslebens" umfassen (vgl. auch Lange/Pagels 2000, S. 11). Uneinigkeit besteht jedoch, ob es sich bei diesen Kompetenzen ausschließlich um persönliche/soziale Kompetenzen (z.B. Nieke, Grosch/Leenen) handelt oder ob solche persönlichen/sozialen Kompetenzen ergänzt werden um spezielles Fachwissen und Methodenkompetenz, also auch den kognitiven Bereich einschließen. Wegen der großen Gefahr kulturzentristischer Vorstellungen und Bewertungen bis hin zu Vorurteilen (Grosch/Leenen 1998, S. 35) stehen für viele Autoren die Fähigkeit zur Auseinandersetzung mit der eigenen Kulturgebundenheit, die Wahrnehmungsfähigkeit und Akzeptanz fremdkultureller Muster sowie die Reflexion eigener Kulturstandards im Zentrum des Erwerbs von interkultureller Kompetenz.

Ungeklärt ist bislang, ob die eigene Migrationerfahrung eine zentrale Voraussetzung für interkulturelle Kompetenz darstellt (so insbesondere Pavkovic 1999; Veneto-Scheib 1996 und 1998). Die Diskussion, welchen Stellenwert die eigene Erfahrung (z.B. auch mit einer bestimmten Erkrankung oder Drogen usw.) im Rahmen professioneller Sozialer Arbeit hat, kann jedoch an dieser Stelle nicht weiter ausgeführt werden.

Der Begriff „interkulturelle Kompetenz" ist allerdings nicht unumstritten, erfährt teilweise sogar große Ablehnung. Kritiker weisen insbesondere darauf hin, dass die wesentliche Ursache von Konflikten in der Einwanderungsgesellschaft keine kulturelle Differenzen und mangelndes Verstehen zwischen den Kulturen seien, sondern soziale Ungleichheiten, Ausgrenzungen und Praktiken der Ungleichbehandlung. Auch viele Vertreter des interkulturellen Ansatzes sehen eine Gefahr darin, dass mit einer unreflektierten, kulturalistischen Sichtweise in der Sozialen Arbeit sehr leicht alle Schwierigkeiten von Individuen sowie zwischenmenschliche Konflikte ausschließlich auf kulturelle Unterschiede zurückgeführt werden können. Solche elementaren Missverständnisse z.B. bei der Deutung und Interpretation interkultureller Situationen können jedoch nicht durch die Vermeidung des Begriffs interkulturelle Kompetenz aus der Welt geschafft werden. Interkulturelle Kompetenz muss vielmehr verstanden werden als „die Fähigkeit, in 'ethnifizierten Situationen des Alltagslebens' die kulturellen Zuschreibungen und Festlegungen aktiv und effektiv auszulösen und sie in Situationen des offenen und gleichberechtigten 'Konfliktmanagements' durch die Akteure selbst umzumünzen" (Lange/Pagels 2000, S. 11).

Mit Bezug auf die aktuelle Diskussion in der Bundesrepublik und im angelsächsischen Sprachraum möchte ich interkulturelle Kompetenz wie folgt definieren:

Interkulturelle Kompetenz ist ein komplexes Bündel von Kompetenzen, das Reflexionsvermögen und Handlungsfähigkeit in kulturellen Überschneidungssituationen ermöglicht. Interkulturelle Kompetenz umfasst ein Repertoire an kognitivem Wissen und individuellen, persönliche Fähigkeiten. Interkulturelle Kompetenz bedeutet, dieses Bündel von Teilkompetenzen in unterschiedlichem kulturellen Kontext situationsgerecht und professionell einsetzen und mit ethischen Reflexionen verknüpfen zu können.

Interkulturelle Kompetenz wird, wie andere Kompetenzen auch, nicht nur in formellen, sondern auch in informellen Lernprozessen erworben. Unser Alltag bietet in zunehmendem Maße vielfältige multikulturelle Erfahrungen und Kontakte, die für kulturelle Differenzen sensibilisieren (können) und eine Vielzahl von Strategien und Fähigkeiten fordern, die in unterschiedlichen, kulturell geprägten Interaktionszusammenhängen angewendet werden müssen. Diese spontanen und zumeist unreflektierten interkulturellen Fähigkeiten stellen ein ungeheures, bisher wenig genutztes Potential dar. Dabei handelt es sich zunächst nicht unbedingt um spezielle Kompetenzen für den Berufsalltag, sondern um solche, die ganz allgemein für ein Zusammenleben in einer multikulturellen Gesellschaft notwendig sind. Der Erziehungswissenschaftler Georg Auernheimer nennt das *„interkulturelle Alltagspraxis"* (Auernheimer 1994). Professionelle interkulturelle Kompetenzen erwachsen aus dieser *interkulturellen Alltagspraxis*.

Interkulturelle Kompetenzen sind deshalb keine „neuen" Kompetenzen. Im Gegenteil, sie entstehen durch *Ergänzungen und Erweiterungen* bereits vorhandener Fähigkeiten und Fertigkeiten, die jedoch eine *„kulturelle Sensibilisierung und Dimensionierung"* erfahren müssen. Dieser Prozess kann – unabhängig von Aus- und Fortbildung – auch im Berufsalltag nach dem Prinzip „learning by doing" stattfinden. Für die oder den einzelnen bedeutet ein solcher Kompetenzzuwachs immer Arbeit an sich selbst: Also lebenslanges Lernen, Verabschiedung von Routinen und Umdenken, aber auch kreatives Aufbauen auf Vertrautem, bereits Erlerntem und die

Entwicklung von Toleranz und Kompromissfähigkeit. Interkulturelle Kompetenz ist also auch ein Beitrag zur Professionalisierung und Qualitätssicherung Sozialer Arbeit in der Einwanderungsgesellschaft.

2.3 Interkulturelle Kompetenz als Bündel von interkulturellen Grundkompetenzen und speziellen Fachkompetenzen

Interkulturelle Kompetenzen teilen sich auf *in interkulturelle Grundkompetenzen und spezielle Fachkompetenzen.* Interkulturelle Grundkompetenzen sind die Voraussetzung für den erfolgreichen Einsatz der speziellen Fachkompetenzen.

Spezielle Fachkompetenzen hingegen umfassen spezifische interkulturelle Kenntnisse, Hintergrundwissen und Methodenkompetenz, die für die konkreten Arbeitsfelder der Betroffenen wichtig und notwendig sind. Diese speziellen Fachkenntnisse müssen für die jeweiligen Praxisfelder individuell bestimmt werden. Im konkreten Fall umfassen sie alle für die Arbeit mit der Zielgruppe relevanten Informationen, Daten und Hintergrundwissen. Diese Kenntnisse beziehen sich insbesondere auf die Lebens- und Erfahrungswelten, aber auch auf die Gestaltung der konkreten Angebote für die soziale Arbeit. Ich werde mich im folgenden auf die Darstellung der interkulturellen Grundkompetenzen beschränken.

Interkulturelle Grundkompetenzen als Basis für den erfolgreichen Einsatz spezieller Fachkompetenzen umfassen insbesondere persönliche und soziale Fertigkeiten sowie Grundkenntnisse über Migration und Zuwanderung. Interkulturelle Grundkompetenzen sind ein fünfteiliges „set" unterschiedlicher Teilkompetenzen, die sich auf grundlegende Aspekte bzw. Ziele interkultureller Interaktion beziehen. Ich werde sie im folgenden Ik-Gk 1, Ik-Gk 2, Ik-Gk 3, Ik-Gk 4 und Ik-Gk 5 abkürzen.

Ik-Gk 1: Grundkenntnisse über Migration und Zuwanderung
Ik-Gk 2: Kulturelle Sensibilität
Ik-Gk 3: Anregen und Einleiten vertrauensbildender Maßnahmen
Ik-Gk 4: Erkennen und Abbauen von Zugangsbarrieren
Ik-Gk 5: Befähigung zum interkulturellen Dialog und Handeln

Was ist nun unter den genannten Schlagworten im einzelnen zu verstehen?

Ik-Gk 1 „Grundkenntnisse über Migration und Zuwanderung" beinhaltet Kenntnisse über die Bedeutung und Auslöser von Migration, ihren Stellenwert in Biographien von Einzelnen und Familien, über Einwanderung und Integrationsbedingungen sowie die Gestaltungsmöglichkeiten für das Zusammenleben in einer Einwanderungsgesellschaft. Des weiteren gehören dazu Kenntnisse über politische, wirtschaftliche und rechtliche Rahmenbedingungen. Dieses allgemeine Basiswissen sollte nicht nur von Fachkräften im pädagogischen und sozialen Sektor gefordert werden, sondern in Grundzügen bei allen Mitgliedern einer Einwanderungsgesellschaft bekannt sein.

Ik-Gk 2 „Kulturelle Sensibilität" ist die Basis für interkulturelle Interaktionen. Unerlässlich ist dabei die Fähigkeit, sich bewusst als Produkt einer bestimmten Kultur *und* einer bestimmten Biographie wahrnehmen zu können. Kultur enthält neben der Sprache, dem Glaubenssystem und der Denkart, eine Art des Handelns, des Aufeinanderzugehens und der non-verbalen Signale, die Menschen so natürlich erscheinen, dass sie sie selbst nur schwer analysieren können. Jeder einzelne muss sich daher zunächst über seine eigenen kulturellen Prägungen und die jeweiligen kulturellen Standards seiner Gesellschaft bewusst werden, damit die Besonderheiten kultureller Differenzen für das Handeln, Denken und Leben von Menschen deutlich werden. Weiter gehört dazu, verallgemeinernde kulturelle Zuschreibungen und Festlegungen zu erkennen und diese aufzulösen. Konkret meint das insbesondere auch die Fähigkeit, Vorurteile und Diskriminierungen wahrzunehmen und zu bearbeiten. Eine solche grundsätzliche Sensibilisierung trägt dazu bei, fremde Lebenswelten und Lebenswirklichkeiten zu verstehen und die Menschen gleichzeitig als individuelle Persönlichkeit zu sehen, deren Fragestellungen, Probleme oder Konflikte *nicht* zwangsläufig im Migrationkontext zu deuten sind.

Ik-Gk 3: Das Anregen oder Einleiten sog. *vertrauensbildender Maßnahmen* ist eine wichtige Voraussetzung für erfolgreiche interkulturelle Kommunikation und Arbeit. Sie umfasst geschäftliche und private Beziehungen zwischen Einzelnen und Gruppen bis hin zum friedlichen Zusammenleben von Mehrheit und Minderheiten einer Gesellschaft. Eine zentrale Rolle spielen in diesem Zusammenhang Maßnahmen, die ein von Toleranz und Akzeptanz getragenes Miteinanderleben zum Ziel haben. Die in diesem Zusammenhang vorgeschlagenen Maßnahmen und Schritte beziehen sich auf die Überlegungen von Hans Küng über ein „Weltethos" als Grundlage für einen friedenssichernden Dialog zwischen den Religionen, aber auch für politische, wirtschaftliche oder zwischenmenschliche Spannungen und Konflikte (Küng 1996).

Vertrauensbildende Maßnahmen sind Schritte und Angebote, die dazu beitragen:

- Missverständnisse aufzuklären,
- traumatische Erinnerungen aufzuarbeiten,
- stereotype Feindbilder aufzulösen,
- Schuldkonflikte gesellschaftlich und individuell zu verarbeiten,
- Hass und Destruktivität abzubauen,
- sich auf Gemeinsamkeiten zu besinnen,
- positive Vorbilder vor Augen zu stellen.

Studien über Diskriminierungs- und Gewalterfahrungen von Migrantinnen sowie die Traumatisierung durch diese Verletzungen zeigen deutlich, wie wichtig vertrauensbildende Maßnahmen sind, denn erst sie schaffen die Voraussetzung für eine gelingende Soziale Arbeit.

Ik-Gk 4: Das *Erkennen und Abbauen von Zugangsbarrieren* ermöglicht z.B. im sozialen Bereich die Inanspruchnahme von bestimmten Dienstleistungen und ist damit Voraussetzung für die bedarfsgerechte Entwicklung von Versorgungsstrukturen. Nur die Wahrnehmung und Beseitigung solcher Hindernisse in Institutionen kann erreichen, dass es auch zu einer Akzeptanz und Inanspruchnahme der Angebote durch die entsprechende Zielgruppe bzw. Kundschaft kommt. Ingrid Geiger nennt zwölf Zugangsbarrieren, die von zentraler Bedeutung bei der Analyse der Versorgungssysteme für alt gewordene Migrantinnen und Migranten sind, und die es abzubauen gilt (Geiger 1998). Im einzelnen versteht man unter Zugangsbarrieren:

1. Sprachbarrieren
2. Informationsdefizite
3. Kulturelle Konzepte
4. Religiöse Konzepte
5. Geschlechterkonzepte
6. Migration- oder Zielgruppen-spezifische Hindernisse
7. Mittelschichtorientierung
8. Spezielle Konzepte, z.B.: „Konzept Altern"
9. Behördenimage/Image des Betriebs
10. Segmentierter Ansatz
11. Ressortdenken
12. Mangelhafte interkulturelle Kompetenz

Solche Zugangsbarrieren lassen sich in allen Bereichen unserer Gesellschaft finden. Sie verhindern nicht nur die Nutzung bestimmter Angebote, sondern stellen eine Hürde für die Integration der zugewanderten Menschen dar. Jugendliche aus Einwandererfamilien beispielsweise teilen viele Sorgen und Freuden mit deutsche Jugendlichen aus ähnlichen sozialen Schichten und Milieus. Allerdings verschärfen sich bei ihnen viele allgemeine Jugendprobleme aufgrund ihrer unsicheren rechtlichen Stellung und ihrer Kindheitsbiografien in Migrantenfamilien. Für die soziale Arbeit bedeutet das, dass nicht in jedem Fall neue Angebote entwickelt werden müssen, sondern alle Angebote dahingehend zu überprüfen sind, ob sie die besondere Problemlage der Migrantenjugendlichen berücksichtigen und keine Zugangsbarrieren für diese Zielgruppe in sich tragen.

Ik-Gk 5: Die Befähigung zum *interkulturellen Dialog* und Handeln ist Voraussetzung für alle interkulturell geprägten Interaktionen, für interkulturelle professionelle Praxis und für das Gelingen von zwischenmenschlichen Beziehungen überhaupt. Dazu muss kognitives Wissen über Kommunikation, ihre Strategien und Barrieren, ergänzt werden durch persönliche Fähigkeiten wie beispielsweise Frustrationstoleranz, Empathie und Solidarität. Weitere Kompetenzen, die zu effektivem kooperativem Handeln in interkulturellen Situationen befähigen, sind Interaktionsfreude, Flexibilität, Selbstsicherheit, Stresstoleranz, Ambiguitätstoleranz und Empathie (vgl. Hinz-Rommel 1998 u. 1995). Interkulturelle Teams und die Zusammenarbeit und Vernetzung mit KollegInnen, die selbst Migrationerfahrung mitbringen, unterstützen diesen Anspruch und seine Realisierung.

Das Zusammentreffen unterschiedlicher Wertvorstellungen und Lebensweisen ist konfliktreich und setzt Toleranz, gegenseitiges Verstehen und die Einübung neuer Kommunikationsregeln voraus. Für die Bewältigung des Berufsalltags sind deshalb die *Klärung eigener Motivationen, Werte und Überzeugungen* und die *Akzeptanz von Grenzen* eine wichtige Voraussetzung.

Die Fähigkeit zur Klärung eigener Motivationen, Überzeugungen und Werte bedeutet die Kompetenz zur Selbstdiagnose und zu einer Skalierung der eigenen Werte und Normen, mit dem Ziel einer offenen Werteorientierung, die bewusst modifiziert werden kann. Dabei ist hilfreich, drei Kategorien zu bilden, die eine Auseinandersetzung mit anderen, auch diametral entgegengesetzten Werten und Normen erleichtern (vgl. hierzu Beneke 1994, S. 69).

Kategorie 1: Was ist mir unverzichtbar?
Kategorie 2: Was ist mir wichtig, aber verhandelbar?
Kategorie 3: Wo kann ich ohne große Probleme Zugeständnisse machen?

Bei der sozialen Arbeit mit Migrantinnen und Migranten stoßen wir – ebenso wie in der Arbeit mit deutschen Menschen – oftmals an die Grenzen unserer Handlungsspielräume. Grenzen entstehen beispielsweise durch Normen und Werte, die nicht aufgeben werden können, oder bei divergierenden Vorstellungen über Nähe und Distanz im Beratungsverhältnis. Wenn diese unterschiedlichen Standpunkte nicht erkannt und ausgehandelt werden, steht der Erfolg einer Maßnahme, eines Angebots in frage. Andere Grenzen sind zum Teil durch die Lebensumstände der Klientinnen und Klienten sowie die allgemeinen gesetzlichen Rahmebedingungen gegeben, die kaum oder keine Alternativen zulassen. Grenzen setzt schließlich auch die allgemein unzureichende psychosoziale Versorgungssituation für die gesamte Zielgruppe.

In den letztgenannten Fällen helfen keine interkulturellen Kompetenzen und das Verstehen der anderen Lebenswelt der Klientinnen. Neben allen professionellen Kompetenzen kann hier nur politisches Handeln und eine generelle gesellschaftliche Akzeptanz der Einwanderung die Situation von Migrantinnen und Migranten sowie ihren Angehörigen grundsätzlich positiv verändern.

2.4 Schlussbetrachtung

Soziale Arbeit mit Migrantinnen und Migranten oder Menschen, zu deren Familiengeschichte Migrationserfahrungen zählen, ist eine Herausforderung, der sich in Zukunft wohl alle pädagogischen und sozialen Fachkräfte stellen müssen. Das heute oft gebrauchte Schlagwort von der Öffnung der Sozialen Dienste (hier schließe ich z. B. auch die verbandliche und offene Jugendarbeit ein), hat weitreichende Konsequenzen für die Konzeption und Organisation dieser Einrichtungen, ihrer Angebote sowie für die Qualifikation der Fachkräfte. Es bedeutet jedoch auch, dass die Träger die dazu erforderlichen Rahmenbedingungen bereit stellen müssen, z.B. durch die Behebung personeller Engpässe und individueller Arbeitsüberlastung (ausführlicher dazu auch: Die Ausländerbeauftragte des Senats von Berlin [Hrsg.] 1994).

Nachhaltige Soziale Arbeit in einer Einwanderungsgesellschaft bedeutet jedoch mehr als die Konzentration auf neue Zielgruppen. Sie ist dazu aufgefordert, Ungleichheiten, Benachteiligungen und Diskriminierungen bei allen Menschen zu erkennen und mitzuhelfen, diese zu bearbeiten und zu verhindern. Nachhaltige Integration und Herstellung von Gleichberechtigung für zugewanderte Menschen erfordert interdisziplinär und ganzheitlich ausgerichtete Konzepte und Maßnahmen und ist eine Querschnittsaufgabe. Solche Nachhaltigkeit wird zwar von vielen Seiten lautstark eingefordert, sie gilt teilweise sogar schon als ein Kriterium in der Qualitätssicherungsdebatte. Die dazu notwendige strukturelle und finanzielle Unterstützung lässt sich jedoch selten finden.

Von der Realisierung der hier aufgestellten Forderungen für eine gelingende Soziale Arbeit sind wir daher im Augenblick weit entfernt. Sie ist nicht nur kosten- und arbeitsintensiv, sondern stellt auch gesellschaftliche und persönliche Macht und die daraus resultierenden Vorteile infrage. Die vor über vierzig Jahren begonnenen gesellschaftlichen Veränderungen durch dauerhafte Zuwanderung erfordern jedoch endlich umfassende Handlungsstrategien in allen gesellschaftlichen Bereichen, wenn wir Integration und Chancengleichheit für alle Mitglieder der Gesellschaft langfristig sichern wollen. Sozialen Arbeit kann ihren Beitrag durch entsprechende Konzepte dann leisten, wenn sie dazu gesellschaftliche und politische Zustimmung erhält und ihre Umsetzung zum generell akzeptierten Qualitätsmerkmal wird.

Literatur

Auernheimer, Georg: Ziele interkultureller Erziehung. In: Informationsdienst zur Ausländerarbeit, IZA – Heft 2/94, S. 20-23

Beneke, Jürgen: Das Hildesheimer Profil Interkulturelle Kompetenz (HPIK). Vorschläge für ein Interkulturelles Assessment Centre. In: Interkulturelle Kommunikation und Interkulturelles Training. Institut für Auslandsbeziehungen (Hrsg.) Stuttgart 1994, S. 65-72

Die Ausländerbeauftragte des Senats von Berlin (Hrsg.): Was tun gegen Diskriminierungen? Berlin 1994

Geiger, Ingrid: Altern in der Fremde – zukunftsweisende Herausforderungen für Forschung und Versorgung. In: M. David, Th. Borde, H. Kentenich (Hrsg.): Migration und Gesundheit. Frankfurt am Main 1998, S. 167-184

Grosch, Harald; Leenen, Wolf Rainer: Bausteine zur Grundlegung interkulturellen Lernens. In: Bundeszentrale für politische Bildung (Hrsg.): Interkulturelles Lernen. Arbeitshilfen für die politische Bildung. Bonn 1998, S. 29-47

Hinz-Rommel, Wolfgang: Empfehlungen zur interkulturellen Öffnung sozialer Dienste. In: Klaus Berwig, Wolfgang Hinz-Rommel (Hrsg.) Interkulturelle Öffnung sozialer Dienste. Freiburg im Breisgau 1995, S. 129-147

Hinz-Rommel, Wolfgang: Interkulturelle Öffnung – ein Prozess. Hindernisse – Ansatzpunkte. In: afw – Arbeitszentrum Fort- und Weiterbildung Elisabethenstift Darmstadt (Hrsg.): Angeworben – Hiergeblieben – Altgeworden. Darmstadt 1998, S. 91-97

Kalpaka, Annita: Interkulturelle Kompetenz – Kompetentes (sozial-)pädagogisches Handeln in der Einwanderungsgesellschaft In: IZA, Zeitschrift für Migration und Soziale Arbeit, Heft 3/4 – 1998, S. 77-79

Karsten, Maria E.: Sozialarbeit mit Ausländern. München 1984

Küng, Hans: Auszüge aus seiner Abschiedsvorlesung „Themen meines Lebens. Theologie auf der Schwelle zum dritten Jahrtausend“. In: Frankfurter Rundschau vom 9.3.1996

Kurz, Ingrid: Interkulturelle Kompetenz – Schlüsselqualifikation für die Soziale Arbeit. In: hamburger forum für die soziale arbeit – standpunkt: sozial. FH Hamburg – Fachbereich Sozialpädagogik. Heft 1/1999, S. 36-39

Lange, Matthias; Pagels, Nils: Interkulturelle Kompetenz. In: IZA, Zeitschrift für Migration und Soziale Arbeit, Heft 1-2000, S. 10-15

Losche, Helga: Interkulturelle Kommunikation. Sammlung praktischer Spiele und Übungen. Alling 1995

Nieke, Wolfgang: Interkulturelle Erziehung und Bildung. Wertorientierungen im Alltag. Opladen 1995

Pavkovic, Gari: Interkulturelle Kompetenz in der Erziehungsberatung. In: IZA, Zeitschrift für Migration und Soziale Arbeit, Heft 2-1999, S. 23-29

Rösch, Heidi: Interkulturelle Sozialpädagogik in Berlin (West). In: Informationsdienst zur Ausländerarbeit, IZA – Heft 2/94, S. 20-23

Simon-Hohm, Hildegard: Rahmenkonzeption „Curriculum Interkulturelles Lernen" für die Aus- und Weiterbildung von ErzieherInnen, SozialpädagogInnen und SozialarbeiterInnen. In: Informationsdienst zur Ausländerarbeit, Heft 3/91, S. 52-58

Veneto-Scheib, Valentina: Psychologische Beratung von Migrantenfamilien. In: IZA, Zeitschrift für Migration und Soziale Arbeit, Heft 1-1996, S. 19-23

Veneto-Scheib, Valentina: Öffnung der Regeldienste und interkulturelle Kompetenz in der Beratung von MigrantInnen. In: IZA, Zeitschrift für Migration und Soziale Arbeit, Heft 2-1999, S. 42-44

3. STEP 21 – neue Medien und politische Bildung in der Jugendarbeit

Petra Herzmann

Jenseits des Streits um Ursachen und Konsequenzen gesellschaftlicher Umbrüche nehmen Pädagoginnen und Pädagogen in ihrer Arbeit mit Kindern und Jugendlichen konkrete Veränderungen in den Orientierungen und Verhaltensweisen der Jugendlichen wahr. Provokant formuliert: Wie Lara Croft in „Tomb Raider" Konflikte mit ihren Gegnern austrägt oder wie Anna aus der Daily Soap „Unter uns" sich gegenüber Schwulen verhält, ist für heutige Jugendliche in hohem Maße moralbildend. In nüchternen Worten: Insgesamt ist eine steigende Einflussnahme der Medien auf die Entwicklung von Jugendlichen feststellbar. Diese bemisst sich nicht nur daran, wie viel Zeit Jugendliche vor dem Fernseher und Computer verbringen, sondern auch, welche Handlungsmuster und diesen Mustern zugrundeliegende Werte ihnen über „Medienhelden" angeboten werden. Dass dies Phänomen nicht nur für deutsche Jugendliche zutrifft, zeigen Erfahrungen aus der interkulturellen Jugendarbeit wie auch neuere Studien (vgl. Zft, 2001) zur Mediennutzung der Migrantenbevölkerung: Darin wird beispielsweise festgestellt, dass die überwiegende Zahl der Befragten gleichzeitig deutsche und muttersprachliche Medien ergänzend nutzen. Je jünger und gebildeter die Interviewten, hier ausschließlich türkischen Jugendlichen sind, desto mehr überwiegt die Nutzung deutscher Medien, allen voran die des Fernsehens.

Wie sollen Pädagoginnen und Pädagogen in der Arbeit mit Jugendlichen darauf reagieren? Sollen sie sich pädagogisch gut begründet anderen Erfahrungsfeldern als Daily Soaps und modernen Comichelden zuwenden? Oder sollen sie sich in Annäherung – nicht aber in Anbiederung – an die jugendlichen Alltagswelten gerade mit diesen neuen Medien beschäftigen, um ihre moralitätsbildende Wirkung zu reflektieren und vielleicht sogar aufzubrechen?

STEP 21 – die „Jugendinitiative für Toleranz und Verantwortung" – hat sich für die zweite Zugangsmöglichkeit in der pädagogischen Arbeit entschieden. Dabei geht es in den medienpädagogischen Angeboten, die STEP 21 macht – wie im Folgenden zu zeigen sein wird –, nicht primär um die Ausbildung von Medienkompetenz, sondern um die Entwicklung von Orientierungsfähigkeit und Handlungskompetenz für das eigene und gesellschaftliche Leben von Jugendlichen.

3.1 Die STEP 21-Box

Die Jugendinitiative STEP 21 führt ihre Zielperspektive bereits im Untertitel. Bei der pädagogisch-didaktischen Umsetzung des titulierten Anspruchs „Toleranz und Verantwortung" geht es in der praktischen Arbeit vor allem darum, die Entwicklung von Sozialkompetenz bei Jugendlichen ab 12 Jahren zu unterstützen. Was dies konkret bedeutet, soll anhand der sogenannten STEP 21-Box skizziert werden.

Die Initiative STEP 21 hat ihren Sitz in Hamburg, ist aber über Hamburg hinaus bundesweit aktiv. Das Team in der Hamburger Geschäftsstelle erhebt nicht den Anspruch, „pädagogische Basisarbeit" leisten zu wollen. Stattdessen werden dort – z.T. gemeinsam mit Experten, Pädagogen und Jugendlichen – Konzepte für die pädagogische Arbeit in Schulen und Jugendeinrichtungen entwickelt, die vor Ort zum Einsatz kommen können.

In dieser Form von Gemeinschaftsleitung ist im Mai 2001 die STEP 21-Box zum Thema „Clique" fertig gestellt worden. Diese Box bietet Pädagoginnen und Pädagogen der schulischen und außerschulischen Jugendarbeit didaktisch aufbereitetes Material rund um den jugendlichen Alltag in Cliquen. Die Fächer der Box sind nach verschiedenen Medien – Musik, Comic, Film/Soap und Internet – gegliedert. Sie folgen demselben Aufbau, der anhand des Musik-Faches exemplarisch erläutert werden soll: enthalten ist einerseits eine auf einer CD zusammengestellte Kompilation aus aktuellen Musikstücken (von TicTacToe bis hin zu Fettes Brot), andererseits eine Musik-Software, mit der Jugendliche am Computer eigene Stücke aus den angebotenen Richtungen von Hiphop bis Techno zusammen mixen können.

Das didaktische Angebot jedes Faches der Box ist dreigeteilt:

1. Den Jugendlichen wird etwas angeboten; im Falle des Musik-Faches unterschiedliche Titel vor allem zum Thema Freundschaft in Cliquen.
2. Die Jugendlichen werden zur Eigenaktivität angeregt; sie sollen selbst ein unter inhaltlichen und ästhetischen Kriterien zu spezifizierendes Produkt herstellen können, im Bereich Musik einen eigenen Song.
3. Die Jugendlichen werden zur Veröffentlichung ihrer Produkte auf der Website von STEP 21 motiviert; der dort eigens eingerichtete Bereich „web-arena" ermöglicht die Produkte der Jugendlichen in einer größeren, über das Klassenzimmer oder die Jugendeinrichtung hinausgehendes Öffentlichkeit, zu präsentieren.

Flankierend werden ein Pädagogen- und ein Schülerhandbuch angeboten. Während das Pädagogenhandbuch vor allem Steckbriefe zu den einzelnen Medien bereit stellt, Hintergrundinformationen zum Thema „Clique" liefert und Vorschläge für Unterrichtsreihen in der Arbeit mit der Box macht, enthält das Schülerhandbuch Arbeitsvorschläge und konkrete Arbeitsblätter für den Umgang mit der Box.

Da einleitend bereits von Soaps die Rede war, soll dieser Bereich der STEP 21-Box noch kurz erwähnt werden. Im Soap-Fach werden Auszüge aus den Daily-Soaps „Unter uns" und „Verbotene Liebe" angeboten. Die Soap-Ausschnitte bleiben allerdings nicht unkommentiert, sondern werden durch Darsteller aus den Soaps einleitend auf bestimmte Handlungsstränge hin fokussiert. Während es beim Medium Musik vor allem um Fragen rund um Freundschaft geht, werden im Bereich Soap die Entwicklung von Jugend- und Mädchenrollen, die Entstehung von Vorurteilen und insgesamt die Ausbildung von Normen, Macht und Hierarchien in jugendlichen Cliquen thematisiert.

Bereits an dieser Stelle wird im Hinblick auf die eingangs formulierte Frage nach den Möglichkeiten neuer Medien in politischen Bildungsprozessen deutlich: Die STEP 21-Box zum Thema „Clique“ bietet Pädagoginnen und Pädagogen umfangreiches und didaktisch anspruchsvolles Unterrichtsmaterial an, das die pädagogische Arbeit mit Jugendlichen innovativ unterstützen kann.

Der große und oftmals abstrakte Bereich der politischen Bildung wird so in dreifacher Weise konkretisiert und für die pädagogische Arbeit didaktisch umsetzbar:

1. Sozialkompetenz kann an dem für Jugendliche alltäglichen Handlungsfeld Clique geübt werden (Stichwort: Lebensweltbezug)
2. Das Verständnis von Sozialkompetenz muss sich in den Produkten der Jugendlichen zeigen und beweisen; es bleibt nicht bei einem Reden über soziales Handeln (Stichwort: Projektlernen)
3. Das Lernen und die neuen Erfahrungen der Jugendlichen können über den Schulunterricht und Jugendarbeitsbereich hinaus öffentlich gemacht werden (Stichwort: Wirklichkeitsprüfung)

Die Aufgabe der pädagogischen Begleitung bleibt es, Fragen und Themen im Umkreis der STEP 21-Box für die spezifische Situation vor Ort zu definieren, Handlungssequenzen und Medien gezielt auszuwählen und sich mit den Jugendlichen auf einen neuen Handlungs- und Reflexionsansatz einzulassen. Welche weiteren Anforderungen für Pädagogen mit dem Einsatz neuer Medien verbunden sein können, soll abschließend formuliert werden. Interessierte werden erkennen, dass die skizzierten Balanceakte für die pädagogische Arbeit keineswegs neu sind.

3.2 Herausforderungen medienpädagogischer Arbeit

Eine der grundlegenden Voraussetzungen für einen gelingenden Einsatz neuer Medien in der Arbeit mit Jugendlichen ist eine intensive Einarbeitung der Pädagogen in die technische Handhabung, in die Anwendungsmöglichkeiten und auch in die Eigenheiten der Software.

Die STEP 21-Medien sind gut geeignet für eine einfache und eigenständige Einarbeitung innerhalb kurzer Zeit. Hier hilft vor allem das pädagogische Begleitmaterial. Da die Software in der Handhabung vergleichsweise simpel ist, haben auch die nicht auf Medienarbeit spezialisierten Pädagogen die Möglichkeit, bestehende Hemmschwellen gegenüber der Arbeit mit dem Computer zu überwinden – ein Problem übrigens, das Jugendlichen meist fremd ist.

Neben der technischen Einarbeitung gilt es natürlich auch, eine für die jeweilige Lerngruppe geeignete Projektidee mit den angebotenen Medien zu entwickeln. Auch hier leistet das Pädagogenhandbuch wertvolle Dienste.

Neben individuellen Anforderungen möchte ich abschließend drei allgemeine Anforderungen bzw. potenziell auftretende Schwierigkeiten skizzieren, die es im Vorfeld der medienpädagogischen Arbeit zu berücksichtigen gilt:

1. Das Thema sollte sich an den Interessen der Jugendlichen orientieren bzw. die Jugendlichen im Idealfall an der Auswahl des Themas beteiligen und Möglichkeiten zur Erweiterung eigener Erfahrungen anbieten. Ansonsten besteht die Gefahr, dass die „Faszination Computer" die inhaltliche Arbeit in den Hintergrund geraten lässt. Für beide Erfahrungen – „rumdaddeln" und auseinandersetzen – muss Zeit eingeplant werden. Die Arbeit mit dem Computer ist auch deshalb von Bedeutung, weil neben die inhaltliche Beschäftigung die Anforderung tritt, das Thema ästhetisch ansprechend umzusetzen – auch dies will gelernt werden.
2. Zielsetzung der pädagogischen Arbeit ist eine individuelle Auseinandersetzung und eine kollektive Beschäftigung der Jugendlichen mit dem gewählten Thema. Die Schwierigkeit besteht häufig darin, von der (Einzel-)Arbeit am Computer einen strukturierten Übergang zur Behandlung der Thematik in der Gruppe zu finden. Dies kann in Form gemeinsamer Diskussionen über Zwischenergebnisse und/oder über die Form und Vorgehensweise zur Gestaltung des beabsichtigten Endprodukts erreicht werden. Wichtig aber ist, diesen Schritt – beispielsweise als Präsentation der Ergebnisse – von vorneherein einzuplanen. Häufig zeigt sich nämlich erst dabei, inwieweit ein Jugendlicher sein Thema kompetent erschlossen hat und sich gegenüber Fragen und Kritik behaupten kann.
3. Von der individuellen Erfahrung der Arbeit mit dem Computer, in der die eigene Meinung konkretisiert und dargestellt wird, bis hin zu ihrer Reflektion ist es ein weiter Weg. Erst begleitende Diskussionen in der Gruppe zeigen, ob die dargestellten Erfahrungen und das neu erworbene Wissen über die behandelten Themen auf andere Kontexte übertragen werden können und – in diesem Sinn – Lernen stattfindet. Bezogen auf interkulturelle Bildung ist diese Fähigkeit zur Übertragung von Erkenntnissen, die in der Auseinandersetzung mit dem Eigenen gewonnen wurden, auf andere „fremde" Zusammenhänge zentral.

Auf den Einsatz neuer Medien sollte auch in der politischen Bildungsarbeit aus den benannten Gründen nicht verzichtet werden. Die Arbeit mit Medien kann dabei überaus motivationsfördernd sein. Sie lässt grundlegende pädagogische Fragen aber nicht unberührt bzw. wirft diese pädagogischen Fragestellungen erneut auf. Die Herausforderung liegt nämlich weiterhin im Aufbau einer nachhaltigen themenbezogenen Interaktion mit den Jugendlichen. Der Computer bleibt dabei letztlich Mittel zum Zweck, den einzusetzen dennoch lohnt. In anderen Worten: Die Hüte sind neu, die Köpfe alt, aber richtig aufgesetzt können neue Hüte alte Köpfe anders zur Geltung bringen.

Literatur

Zentrum für Türkeistudien: „In Deutschland zu Hause – Einbürgerung und Verbundenheit mit Deutschland türkischer Migranten in Nordrhein-Westfalen". Essen, 2000

Kontakt und Bezug der STEP 21-Box über: STEP 21, Baumwall 7, 20459 Hamburg
Fon 040 / 378596-12; Fax 040 / 378596-13; Internet: www.step21.de

4. Von der Idee zum Erfolg durch projektorientiertes Arbeiten

Silvia Hahn

Sie haben eine Idee! Wie wird es ihr ergehen? Werden aus Ihren Ideen Hirngespinste, schlaflose Nächte, bleiben Sie einfach in der Schublade oder werden aus ihnen Projekte?

Alle diejenigen, die bereits Projekte geleitet haben, wissen, wie viel Frustrationen, Termindruck, Hektik, Schlaflosigkeit und „Bauchschmerzen" und wie wenig Anerkennung mit der Leitung von Projekten verbunden sein können. Und trotzdem begeistern und engagieren sich die meisten wieder erneut für die Übernahme eines Projekts. Denn ein Projekt ist so etwas wie ein eigenes „Baby". Man sieht es wachsen und gedeihen. Es gibt so gut wie keine Routine. Projekte sind eine ständige Herausforderung und oft gut für die persönliche Karriere.

Projekte hat es schon immer gegeben: Der Bau der Pyramiden, der Flug zum Mond, die Organisation einer Olympiade oder auch einer Betriebsfeier. Allen gemeinsam ist, das sie einen Auslöser und ein Ziel haben sowie einen klaren Anfang und ein klares Ende, welche die Mitarbeit überschaubar machen.

Für die Projektentstehung braucht es nicht viel. Man nehme viel Wissen, Kreativität, etwas Chaos, rühre kräftig um und erhält daraus ein Grobkonzept. Mit der Anwendung der Arbeitsmethode Projektmanagement wird die Projektleitung eine Aufgabe, die Freude macht und Frustration reduziert, denn durch projektorientiertes Arbeiten ist es leichter, eine Idee erfolgreich umzusetzen bzw. vom Nebel in die Klarheit zu sehen.

Was heißt „Projekt"?

Unter einem „Projekt" versteht man eine Aufgabe mit eindeutigem Anfang und Ende, die mit ganz bestimmten Mitteln und zu klar definierten Kosten in einer ganz bestimmten Zeit zu bewältigen ist.

Was heißt „Management"?

„Management" beinhaltet im wesentlichen die Komponenten Planung, Überwachung, Koordination und Steuerung eines Projekts. Weiterhin gehören dazu Kontrollfunktionen, Aufgaben der Berichterstattung und Präsentation des Projekts.

Was heißt „Projektmanagement"?

Projektmanagement ist die Planung, Überwachung, Koordination und Steuerung von Aufgaben und Ressourcen (Personal, Geldmittel, Raumkapazitäten, etc.), um ein klar definiertes Ziel, unter Beachtung von Zeit und Kosten, zu erreichen.

Welchen Nutzen bringt die Anwendung von Projektmanagement?

Die Aufgaben werden transparenter und überschaubarer. Problemsituationen sind rechtzeitig zu erkennen. Es fällt leichter, zielorientiert zu handeln.

Ein Projektteam, das für den Erfolg eines Vorhabens verantwortlich ist, kann die Techniken des Projektmanagements benutzen, um seine Arbeit zu organisieren. Durch die parallel durchgeführte Projektdokumentation sind Projekte auch später noch nachvollziehbar und vergleichbar.

4.1 Am Anfang war die Idee

Haben Sie noch keine Idee, aber Lust ein Projekt zu initiieren? Dann beginnen Sie doch mit einem „Ideensturm" – eine Methode für kreatives Denken und Arbeiten.

Das Brainstorming soll dazu verhelfen, in einer Gruppe innerhalb kürzester Zeit möglichst viele Ideen, Einfälle und Aspekte zu einer bestimmten Frage zu sammeln, mit dem Ziel die bestmögliche Problemlösung zu finden. Wie geht man vor? Beachten Sie zunächst die Grundregeln und gehen Sie entsprechend der folgenden Phasen vor:

Grundregeln:

- Jede Idee, auch die scheinbar abwegigste, ist willkommen.
- Jede Kritik an einer Idee ist untersagt.
- Ideen anderer aufgreifen und weiterspinnen ist erwünscht.
- Quantität geht vor Qualität.

1. *Phase*

- Grundregeln in Erinnerung rufen.
- Problemstellung erläutern: Wofür suchen wir Einfälle?
- Zeitrahmen vereinbaren (höchstens 15-20 Minuten).
- Die Teilnehmer/-innen produzieren Ideen.
- Der/Die Moderator/-in schreibt alles gut und sichtbar auf.

2. *Phase*

Jede Idee wird jetzt in folgenden Schritten besprochen:

- Gibt es Ähnliches in anderen Bereichen?
- Lässt sich die Idee abwandeln?
- Wie sähe eine Vergrößerung der Idee aus?
- Wie sähe eine Verkleinerung der Idee aus?

- Kann die Idee durch eine andere ersetzt werden?
- Können verschiedene Ideen miteinander kombiniert werden?

3. Phase

- Was machen wir mit dem Ergebnis des Brainstorming?
- Hat es uns weitergebracht? Hat sich der Aufwand gelohnt?
- Woran könnte es liegen, wenn wir jetzt „so klug sind wie zuvor“?

4.2 Das schrittweise Vorgehen in Projekten

Es gehört zum Projektmanagement, sich Schritt für Schritt vom Groben zum Detail heranzuarbeiten. Rationales Denken ist die Grundlage für zielgerichtetes Handeln.

Die Grundfragen:

- Wo stehen wir?
- Wohin wollen wir?
- Was wollen wir erreichen? Was vermeiden?
- Bis wann wollen wir was erreicht haben?
- Welche Wege gibt es dorthin? Welche Lösungen sind möglich? Welche Lösungen sind sinnvoll?
- Welche Randbedingungen müssen wir berücksichtigen?
- Welche Hilfsmittel und Unterstützung brauchen wir?
- Welche Hindernisse sehen wir? Überwindbare? Unüberwindbare?
- Was müssen wir tun, um das Ziel zu erreichen? Wie ist die Lösung zu realisieren?
- Welchen Weg wählen wir?

Und nachdem wir dem gewählten Weg gefolgt sind:

- Sind wir an unserem Ziel angekommen?

In Stichworten:

• Situationsanalyse	oder:	IST-Zustand
• Zielsetzung	oder:	SOLL-Zustand
• Lösungsvarianten	oder:	Verfahren, Methoden
• Lösungswahl	oder:	Methodenwahl
• Durchführung	oder:	Plan und Ablauf
• Auswertung/Evaluation	oder:	IST-SOLL-Vergleich

Projektphasen und Meilensteine

Projekte gestalten heißt, ein Problem in einzelne Teilphasen zu portionieren, fortschreitend weiter und tiefergehend auszuarbeiten. Der Ablauf von Projekten kann grob in vier verschiedene Phasen eingeteilt werden: Definition, Planung, Realisierung (Durchführung und Lenkung) und Abschluss.

1. *Definition*
   Vor dem tatsächlichen Beginn eines Projektes steht die Definitionsphase. Diese Phase beginnt mit der Projektinitiierung bzw. -idee. Der/die Initiator/-in stellt gegebenenfalls ein provisorisches Projektteam zusammen, um die Projektidee in einem ersten Kick-off-Meeting kritisch zu diskutieren und grob zu planen. Hier klären Sie als Projektteam mit Ihrem „Auftraggeber" die Ziele ab und prüfen das Projekt auf seine Durchführbarkeit und Wirtschaftlichkeit. Ergebnis ist der verabschiedete Projektauftrag.

2. *Planung*
   In der Planungsphase wird das Projekt im Detail geplant, d.h. es werden sowohl die einzelnen Tätigkeiten als auch der zeitliche Ablauf festgelegt. Diese Phase ist die Grundlage für die erfolgreiche Durchführung in der Realisierungsphase.

3. *Realisierung (Durchführung und Lenkung)*
   Die Durchführungsphase (Realisierung bzw. Implementierung der Projektplanung) und die Lenkungsphase (ständiger Soll-Ist-Abgleich, Projektcontrolling) gehen faktisch fließend ineinander über und können deshalb als eine Projektphase betrachtet werden.
   In der Realisierungsphase wird die zuvor gemachte Projektplanung möglichst sach-, termin- und kostengerecht umgesetzt und gegebenenfalls implementiert. Sie umfasst mehr als nur die reine Umsetzung des vorher Geplanten. Durch eine kontinuierliche Überprüfung des Projektfortschritts anhand von „Meilensteinen" muss sichergestellt werden, dass sich das Projekt noch auf der richtigen Schiene befindet. Zielabweichungen sind einer Entscheidung zuzuführen.

4. *Abschluss*
   Mit der Abnahme der Projektergebnisse durch den Auftraggeber wird die Abschlussphase eingeläutet. In dieser Phase steht die Know-how-Sicherung im Vordergrund, d.h. es wird ein Projektabschlußbericht zur späteren Nachvollziehbarkeit erstellt. Im Rahmen eines Abschlussmeetings werden die Projektergebnisse sowie der -verlauf noch einmal reflektiert.

Um Projekte überschaubar und kontrollierbar zu machen, empfiehlt sich die Unterteilung in Meilensteine. Ein Meilenstein stellt ein wesentliches Projektereignis dar, welches genau beschrieben und definiert werden muss. Meilensteine sind Zwischenergebnisse, welche das Projektcontrolling erheblich erleichtern. Innerhalb der Projektphasen gibt es wichtige Ereignisse, die als Meilensteine festgelegt werden können. Jeder Meilenstein kann erst überschritten werden, wenn die vorher formulierten Anforderungen auch tatsächlich erfüllt werden.

Durch Meilensteine werden üblicherweise einzelne Teilaufgaben eines Projekts abgeschlossen (z.B. Meilenstein „Ist-Analyse", Meilenstein „Konzeption" etc.). Es ist ratsam, für jedes Projekt 5-7 Meilensteine festzulegen. Der Projektstart und Endtermin stellen ebenfalls Meilensteine dar.

Meilensteine für den Bau eines Hauses können wie folgt aussehen:

- 1. Baugrube abgesteckt
- 2. Baugrube ausgehoben
- 3. Fundament gegossen
- 4. Rohbau fertig
- 5. Richtfest
- 6. Installationsarbeiten abgeschlossen
- 7. Innen- und Außenarbeiten abgeschlossen
- 8. Bauabnahme
- 9. Einzug

Die wichtigsten Meilensteine sind die Übergänge von einer Projektphase in die nächste.

4.3 Der Projektauftrag

Wenn Sie eine Aufgabenstellung gefunden haben, stellen Sie ein Projektteam bestmöglich zusammen, d.h. bilden Sie ein Team mit möglichst verschiedenen Kompetenzen und Sichtweisen. Dann empfiehlt es sich, die angestrebten Ziele in einem Schriftstück festzuhalten, dem sog. Projektauftrag. Er ist für alle Beteiligten verbindlich und fordert zum konkreten Handeln auf.

Während für Routinearbeiten Ziele oft nicht explizit definiert werden, erfolgt dies bei der Projektarbeit sehr detailliert. Die Projektziele können Sie mit der Anwendung von „**METER**" leicht formulieren. METER gibt fünf Kriterien an, denen hilfreiche Ziele entsprechen sollten:

M ESSBARKEIT:	Können Sie überprüfen, ob das Ziel erreicht wurde?
E INFACHHEIT:	Verstehen Sie und andere, was mit dem Ziel gemeint ist?
T ERMIN:	Ist klar, bis wann Sie das Ziel erreicht haben wollen?
E RREICHBARKEIT:	Liegt es im Rahmen Ihrer Möglichkeiten (Voraussetzungen, Ressourcen), das Ziel zu erreichen?
R ELEVANZ:	Hat das Ziel eine Bedeutung für das Projekt?

Ein unterzeichneter Projektauftrag stellt das formale Startereignis für ein Projekt dar. Er kann neben den folgenden Punkten auch eine Beschreibung des Projektnutzens, eine Begründung der Projektwürdigkeit und die Projektrisiken enthalten.

Projektauftrag:

Kurzbeschreibung der Ausgangssituation/ Problemstellung:	
Kurzbeschreibung der Projektidee/ des Projektinhalts: • Was soll geplant und erreicht werden?	
Projektleitung (Steuerfrau/Steuermann): • Wer ist verantwortlich für die Planung, Überwachung, Koordination und Steuerung des Projektes?	
Projektbeteiligte, Teammitglieder: • (Name, ggf. Anschrift, Fon, Fax, Email)	1. 2. 3.
Zielsetzung, Zielgruppe: • Was und für wen soll etwas verändert werden? • Was (noch nicht: wie) soll geplant und erreicht werden ? (= Sachziel) • Ist die Zielerreichung messbar, beobachtbar? • Bis wann soll das jeweilige Projektziel erreicht sein? (= Terminziel) • Nicht: „Ich werde eine Diät machen!" Sondern: „Vom 01.01. bis zum 31.03.2002 werde ich mein Gewicht von 75 auf 71 kg verringern!"	
Aufgabenstellung: • Was soll getan werden? Nicht wie! Die Aufgabenstellung ist nicht die Lösung!	
Zu erarbeitende Ergebnisse: • Was soll bei Abschluss vorliegen?	
Benötigte Ressourcen (räumlich, technisch ...):	
Projektbudget, Projektkosten: • Was darf das Projekt maximal kosten? (= Kostenziel) • Höhe der Eigen- und Fremdleistung?	
Rahmenbedingungen, Teamregeln, Arbeitsweisen: • Welche wichtigen Stellen nehmen Einfluss auf unser Projekt? • Wer ist in welcher Form durch das Vorhaben betrof fen? • Wer hat an den Projektergebnissen Interesse? • Welche Personen können Informationen liefern? • Wer könnte uns bei der Zielerreichung behilflich sein? • Wie soll der Projektverlauf dokumentiert werden?	
Termine, Meilensteine: (wichtige Ereignisse)	
Projekttitel, Motto für das Projekt:	

4.4 Die Projektplanung

Nach der Entwicklung einer zündenden Idee und der Verabschiedung des Projektauftrages haben Sie eine Grundlage für die erfolgreiche Realisierung Ihres Projektes geschaffen. Projektplanung heißt: Gut geplant ist halb gewonnen! Und einen Profi erkennt man bekanntlich daran, dass er weiß, was er tut.

Planen bedeutet das systematische Durchleuchten und Durchdringen einer Aufgabe. Dabei darf Planung nie als etwas Starres und Einmaliges begriffen werden! Planen bedeutet, kreativ zu sein, Neues auszuprobieren, Szenarien zu entwerfen usw.! Änderungen sind der Normalfall, nicht der Störfall. Überspitzt formuliert könnte man sagen, das einzig Beständige ist die Veränderung.

Der Projektstrukturplan

Der Projektstrukturplan bildet die Grundlage für die spätere Zuteilung der Ressourcen und Verantwortlichkeiten, die Ablauf- und Terminplanung, die detaillierte Kostenplanung und abschließende Risikoanalyse. Er ist somit das wohl wichtigste und aussagekräftigste Planungsinstrument.

Planung beginnt mit dem Ermitteln aller Tätigkeiten. Durch Zerlegung des Projektes in überschaubare und abgrenzbare Aufgaben erhalten Sie eine Übersicht aller Aktivitäten. Die geordneten Aktivitäten werden durch eine hierarchische Gliederung zu einem Projektstrukturplan zusammengeführt. Dieser setzt sich zusammen aus der Beschreibung von: Hauptaufgabe, Teilaufgaben, Arbeitspaketen.

Projektstrukturplan:

Hauptaufgabe: Was ist zu tun? Nicht wie! Beispiel: Vorbereitung einer Geburtstagsfeier	
Teilaufgaben: Einladungen Festlegen von Ort und Zeitpunkt Gestaltung der Feier	
Arbeitspakete: 1.1 Gästeliste erstellen 1.2 Einladungskarten entwerfen 1.2.1. bildliche Gestaltung 1.2.2. textliche Gestaltung 1.3 Einladungen versenden 1.3.1. Briefmarken kaufen 1.3.2. Briefumschläge beschriften 2.1 Termine abstimmen – Zeitpunkt festlegen 2.2 Räumlichkeiten finden 3.1. Auswahl von Speisen und Getränken, Musik	

Ein weiterer Schritt ist geschafft: Der Projektstrukturplan ist fertiggestellt! Mit den nachfolgenden Fragen können Sie den Projektstrukturplan hinsichtlich Vollständigkeit und Durchführbarkeit Ihres Projekts überprüfen:

- Führt die Abarbeitung der Arbeitspakete zum fertigen Projekt?
- Kann eine Zuordnung der Arbeitspakete zu einzelnen Mitgliedern der Projektgruppe getroffen werden?

Alles o.k.?, denn in einem weiteren Schritt geht es darum, jedes Arbeitspaket hinsichtlich zu erbringender Leistung, Terminen und Kosten eindeutig zu definieren.

Arbeitspaket:	1.1. Gästeliste erstellen	
Arbeitspaketverantwortliche/r:		
Aufgabenstellung:		
Zu erarbeitende Ergebnisse:		erledigt bis:
Budget:		
Randbedingungen:		
Termine, Meilensteine:		

Wenn Ihr Projektstrukturplan vollständig ist, haben Sie die Basis für die Ablauf-, Zeit-, Kapazitäts- und Kostenplanung erarbeitet.

Der Projektablaufplan

Bei der Aufstellung eines Projektablaufplans geht es um die folgenden Fragen:

- In welcher logischen Reihenfolge sind die Arbeitspakete auszuführen?
- Welche Arbeitspakete können parallel bearbeitet werden?
- Welcher Kapazitäts- und Zeitbedarf ist für die Bearbeitung der einzelnen Arbeitspakete notwendig?

An dieser Stelle ist eine Aufwandsschätzung notwendig, d.h.

- wie viel Ressourcen werden für die Bearbeitung der einzelnen Arbeitspakete benötigt?
- Wie viel Geld ist wann für was bereitzustellen?
- Was kostet das gesamte Projekt?

Nr. Arbeitspaket:	Arbeitspaket:	Kapazitäts- und Zeitbedarf (Tage, Wochen, DM):
1.1.	Gästeliste erstellen	
1.2.	Einladungskarten entwerfen	

Die Grobplanung ist nun mit dem Projektstrukturplan und dem Projektablaufplan abgeschlossen! Mit diesen Ergebnissen gehen Sie vom Groben ins Detail und stellen jetzt einen Projektterminplan auf: Wer macht wann was?

Der Projektterminplan

Der Terminplan gibt Auskunft, wann und von wem welche Arbeitsergebnisse vorliegen müssen. Sie ermitteln dazu für jedes Arbeitspaket:

- den Anfangs- und Endtermin,
- die Verantwortlichen und Beteiligten.

Die Arbeitspakete werden in der Reihenfolge der Abarbeitung mit Terminen und Beteiligten aufgeführt.

Nr. Arbeitspaket:	Verantwortlich:	Termin: von	bis
1.1.	Müller	15.02.	18.03.
1.2.			

Die Arbeitspakte werden als Balken über einer Zeitachse (= Balkendiagramm) dargestellt. Somit erhalten Sie einen optisch klaren Überblick über die Dauer der einzelnen Arbeitspakete sowie des Gesamtprojektes.

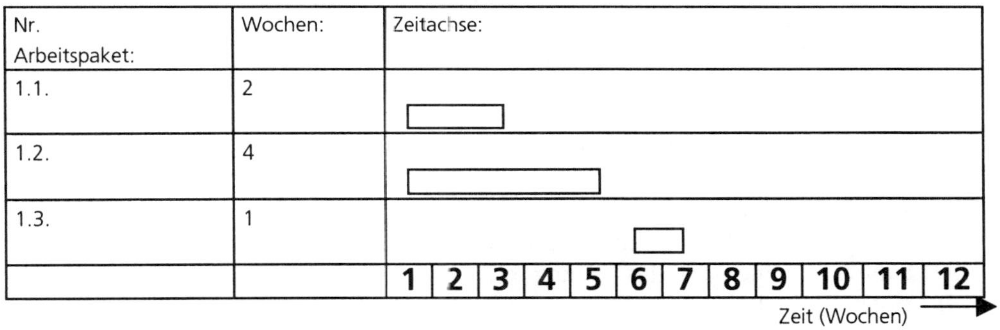

Je nach Projektumfang können Sie noch mit einer *Kapazitätsplanung* feststellen, wie viel Personal (Stunden) und Betriebsmittel benötigt werden, um den voraussichtlichen Bearbeitungsaufwand und die Auslastung zeitlich einplanen zu können.

Je nach Projektauftrag benötigen Sie Finanzmittel, um Kosten für Material, Fremdleistungen, externes Personal u.s.w. abdecken zu können. Wie viel Geld ist wann für was bereitzustellen? Was kostet das gesamte Projekt?

Wenn Sie dieses Stadium der Planung erreicht haben, muss eine Optimierung der gesamten Planung vorgenommen werden, ohne dass Sie den Projektabschlusstermin in Frage stellen!

Abschließend soll noch die *Qualitätsplanung* erwähnt werden: Welche Anforderung muss die zu erbringende Leistung erfüllen? Das heißt: Qualität muss geplant, kontrolliert und gesichert werden. Jede Leistung muss so beschrieben werden, dass bei der Abnahme eine eindeutige Messung des Ergebnisses möglich ist. Sind Ihre aufgestellten Ziele überprüfbar? Welche Anforderungen stellen Sie an die Qualität, und wie können Sie sie messen?

Fazit: Was kann ich mit Planung erreichen?

Planung heißt Probleme aufzuzeigen und zu lösen, bevor sie eintreten können!
Wesentliche Ergebnisse einer Planung sind:

- Sichere Aussagen zum Projektablauf,
- Ermittlung von kritischen Faktoren im Projektablauf zur Verminderung des Projektrisikos,
- Ermöglichung des zielgerichteten Einsatzes aller Projektressourcen,
- Basis zur effizienten Projektsteuerung.

Die Projektplanung kann den tatsächlichen Projektverlauf nur theoretisch vorwegnehmen. Eine *Kontrolle und Steuerung* in der Realisierungsphase kann daher immer nur so gut sein, wie die vorangegangene Planung war.

4.5 Der Projektabschluss

Ende gut, alles gut?

1. Überprüfen Sie die Abnahmebedingungen aus der Qualitätsplanung. Sind die Zielvorgaben erreicht, Ressourcen, Termine und Kosten eingehalten?
2. Erstellen Sie einen Abschlußbericht:
   - Ziele, Aufgabenstellung
   - Projektorganisation, -Strukturplan
   - Beschreibung der Leistung, Ergebnisse (sind die Ziele erreicht?)
   - Wichtige Ereignisse, kritische Probleme, zusätzliche Erkenntnisse
   - Projektkosten
   - Projektabnahme durch Auftraggeber (Unterschriften)
3. Führen Sie eine Abschlusssitzung mit dem Auftraggeber durch.
4. Holen Sie sich Feedback von den Projektmitgliedern!
5. Würdigen Sie die Leistung der Projektmitglieder durch Incentives, Belohnungen, Beurteilungen, Empfehlungen.
6. Feiern Sie das Projektende!

4.6 Tipps für eine erfolgreiche Zusammenarbeit in Projekten

Sitzungstechniken

1. Grundsatzfragen

- Was soll mit der Sitzung erreicht werden?
- Welche Themen sind zu behandeln?
- Wer muss unbedingt teilnehmen?
- Ist die Konferenz erforderlich, oder sind andere Mittel der Kommunikation besser geeignet?

2. *Organisatorische Vorbereitungen*
   - Wie viele Teilnehmer/-innen sollen an der Sitzung anwesend sein?
   - Welchen Einfluss hat die Anzahl der Teilnehmer/innen auf die Konferenzqualität?
   - An welchem Datum soll die Sitzung stattfinden? Ist genügend Zeit für die Vorbereitung der Teilnehmer/-innen eingeplant?
   - Welche Tageszeit ist günstig?
   - Sind vor der Konferenz Unterlagen zu erstellen und zu verschicken?
   - Wie viel Lektüre kann den Teilnehmer/innen zugemutet werden?
   - Sollte jemand die Leitung der Sitzung übernehmen?
   - Wie kann eine gute Atmosphäre geschaffen werden?
   - Wie sollen Konflikte ausgetragen werden? Sind Konfliktlösungs- und Entscheidungsregeln aufgestellt?
3. *Thematische Vorbereitungen*
   - Was soll behandelt werden gemessen an der verfügbaren Zeit? Was hat Priorität?
   - Wie können die Themen sinnvoll gegliedert werden? Wo sind Entscheide zu treffen?
   - Worüber soll eine Diskussion geführt werden und in welcher Breite?
   - Was ist nur Information mit der Möglichkeit, Klärungsfragen zu stellen?
   - Welche Ziele sollen bei den einzelnen Themen erreicht werden?
4. *Vorbereitungen im Hinblick auf die teilnehmenden Personen*
   - Welches ist die Situation und was sind die Bedürfnisse der Teilnehmer/-innen im Hinblick auf die zu behandelnden Themen?
   - Wie weit sind die einzelnen Teilnehmer/-innen informiert?
   - Bestehen unter den Teilnehmer/-innen persönliche Konflikte, die sich auf die Sitzung auswirken können?
   - Sind Vorgespräche mit einzelnen Teilnehmer/-innen nötig?
   - Wer wird das Protokoll führen?
5. *Meine Vorbereitungen als Sitzungsleiter/in*
   - Bin ich mit den Themen genügend vertraut, über die an der Sitzung gesprochen wird?
   - Wie sehe ich den Zeitablauf vor?
   - Wie eröffne ich die Sitzung?
     (Begrüßung, Zielsetzung der Sitzung, geplante Dauer)
   - Worauf will ich als Gesprächsleiter/-in besonders achten im sachlichen Bereich und im emotionalen Bereich?
   - Wie schließe ich die Sitzung ab?

Zeitverluste in Projekten erkennen

„Ich-habe-keine-Zeit“ macht die schönsten Vorsätze für Projektarbeit zunichte.

Es kann hilfreich sein, herauszufinden, welche Zeitfresser im Alltag unser Verhalten bestimmen, und wo die möglichen Lösungen liegen.

Zeitfresser:	Mögliche Lösungen:
Zu perfekt sein wollen	Nur so gut wie nötig, nicht so gut wie möglich arbeiten.
Alles selber tun	Die Aufgaben auf mehrere Personen verteilen.
Vieles gleichzeitig tun	Eins um andere tun, Prioritäten setzen.
Alles wissen wollen	Auf Projektteilnehmer/innen vertrauen. Kurzberichte vereinbaren. Zielerreichung kontrollieren, vorher keine Einmischung.
Unangenehmes aufschieben	Unangenehmes zuerst erledigen oder mindestens einen Schritt voranbringen.
Planlos arbeiten, ohne Prioritäten	Tagesziele setzen. Das Wichtige vor dem Dringenden tun.
Gespräche und Sitzungen nicht vorbereiten	Gesprächsziele, Sitzungsziele festlegen. Zeitplan erstellen.
Termine nicht einhalten	Termine vereinbaren und festhalten. Termine konsequent mahnen und selbst einhalten.
Durch häufige Telefonanrufe gestört werden	Sperrstunden einführen. Vor Gesprächen und Sitzungen Telefon abmelden.
Durch Besuche gestört werden	Besser wenige geplante als viele spontane Gespräche.

Wie Projekte erfolgreich zum Scheitern gebracht werden können

Mit den folgenden fast 20 „goldenen Regeln“ wird Ihnen aufgezeigt, wie man Projekte zum Scheitern bringt bzw. wie sich Veränderungen erfolgreich verhindern lassen:

1. Konzentrieren Sie sich auf das Wesentliche, lassen Sie *Zusammenhänge* außer acht!
2. Lösen Sie nur die *offensichtlichen Probleme* und vermeiden Sie im Sumpf der *Ursachen* zu wühlen!
3. Starten Sie Ihr Projekt erst, wenn wirklich alles zu Ende gedacht ist – oder alternativ: vergeuden Sie keine Zeit mit der *Planung*!
4. Versuchen Sie, möglichst alles im Griff zu behalten!
5. Vermeiden Sie *Reflexionen* über die Projektarbeit!
6. Legen Sie Ihr Projekt möglichst *allumfassend* an!
7. Produzieren Sie möglichst viel *Druck* und möglichst hohes *Tempo*!
8. Diffamieren Sie *Engagement* und *Unternehmungslust* als Hektik!

9. Beschäftigen Sie *nur* Veränderer und Innovatoren und keien Bewahrer und Erhalter im Projekt!
10. Sorgen Sie für *Geheimhaltung* oder für *Informationsflut*!
11. Stellen Sie entweder nur den *Menschen* oder nur die *Sache* in den Mittelpunkt!
12. Finden oder erfinden Sie *Sündenböcke* oder: Lösen Sie die Schuldfrage und nicht das Problem!
13. Errichten Sie *Klagemauern* und geben Sie dem Jammern und Wehklagen genügend Raum!
14. Beschreiben Sie nur Probleme, die zu Ihren *Lieblingslösungen* passen!
15. Sorgen Sie dafür, dass stets bei den *anderen* begonnen werden muss!
16. Sorgen Sie dafür, dass die *ungeschriebenen Regeln* Ihrer Projektarbeit ungeschrieben bleiben!
17. Halten Sie die *Ressourcen* für die Projektarbeit möglichst knapp!
18. Vermeiden Sie *Konflikte* oder integrieren Sie die bestehenden Konfliktpositionen!
19. Führen Sie *rasche* Beschlüsse herbei und sorgen Sie dafür, dass sie für Veränderung gehalten werden!
    (vgl. Nippa/Scharfenberg (Hrsg.) 1997, S. 261-274)

Literatur

Boy, Jacques/Dudek, Christian/Kuschel, Sabine/Dörr, Josef: Projektmanagement: Grundlagen, Methoden und Techniken, Zusammenhänge. Wagner, Hardy R. (Hrsg.) Offenbach, 3. Auflage – Mai 1996

Lotmar, Paula: Führen in sozialen Organisationen: Ein Buch zum Nachdenken und Handeln. Lotmar, Paula/Tondeur, Edmond. Bern/Stuttgart 1989

Nippa, Michael/Scharfenberg, Heinz (Hrsg.): Implementierungsmanagement. Wiesbaden 1997, S. 261-274

Teil IV: Das Staatsangehörigkeitsrecht in der interkulturellen Praxis

Das Staatsangehörigkeitsrecht in der interkulturellen Praxis

Carolin Reißlandt

Einleitung

Integrationsförderung ist nicht nur eine gestalterische Aufgabe für die Politik, sondern noch mehr eine Frage der praktischen Umsetzung auf den förderalen Ebenen unseres Gemeinwesens und in dessen zivilgesellschaftlicher Institutionen und durch seine Bürger. Zentrale Säulen der Integrationsförderung sind, wie auch die Süssmuth-Kommission in ihren Empfehlungen (s. Teil I, Kap. 1 Kasten – UKZU – Empfehlungen zur Integrationspolitik) hervorgehoben hat, daher die Bereiche Vorschule, Schule und Beruf, aber auch die Soziale Arbeit mit ihren breit gefächerten Aufgabenfeldern. Praktische Integrationsarbeit mit dem Ziel einer gleichberechtigten Teilhabe und Partizipation von Zugewanderten an der bundesdeutschen Gesellschaft kann hier am ehesten die Adressaten – neben der einheimischen Mehrheit vor allem zugewanderte Familien und deren Kinder – erreichen.

Wie kann das neue Staatsangehörigkeitsrecht für eine Integrationspolitik unter neuen Vorzeichen genutzt, wie kann die Bedeutung der Staatsbürgerschaft für das friedliche und gleichberechtigte Zusammenleben in einer multi-ethnischen Zivilgesellschaft etwa in Kindertagesstätten, Schule und Jugendarbeit herausgearbeitet werden? Wie können Migrantenfamilien motiviert werden, einen eigenen, aktiven Beitrag dafür zu leisten? Die breite und kontroverse öffentliche Debatte über das neue Staatsangehörigkeitsrecht im Jahr 1999 sowie die mit seinem Inkrafttreten im Januar 2000 verbundenen Erwartungen und Schwierigkeiten haben in Bund, Ländern und Gemeinden eine Fülle von Aktivitäten ausgelöst und zu vielfältigen Projekten geführt. Daran waren viele Menschen beteiligt, in haupt- oder ehrenamtlicher Funktion, Deutsche wie Ausländer, mit und ohne eigene Migrationserfahrungen – einig in dem Ziel, Antworten auf diese Fragen zu finden.

Im ersten Jahr der Geltung des neuen Rechts standen zunächst zwei Fragen im Vordergrund:

Einmal die allgemeine Information von Deutschen und Migranten, von Experten und Laien über das Gesetz selbst, die Verwaltungsvorschriften und die Praxis der Anwendung – angesichts der Komplexität der getroffenen Regelungen eine Sisyphus-Aufgabe. Dies zeigt bereits ein Blick in die professionell gestalteten Broschüren der Informationskampagne der Ausländerbeauftragten Anfang des Jahres 2000 (BBRegA, 2000). Dazu gehören auch Informationen über das „Einwanderungsland Deutschland", über weitere Zuwanderung unter den Bedingungen der Globalisierung sowie über das Selbstverständnis einer Nation, die sich nicht mehr allein als Abstammungsgemeinschaft definiert.

Zum anderen galt es, gezielt die Migrantenbevölkerung zu informieren, der das neue Recht den Zugang zur deutschen Staatsangehörigkeit ermöglicht hat. Vordringlich waren dabei die ausländischen Familien mit Kindern unter 10 Jahren: Gemäß Paragraf 40b StAG mussten sie binnen eines Jahres entscheiden, ob sie das Angebot, ihre Kinder mit zeitlich befristeter doppelter Staatsangehörigkeit einbürgern zu lassen („ius-soli"-Prinzip; s. Kap. I), annehmen sollten. Selbstverständlich betrifft eine solche Entscheidung alle Familienmitglieder.

Auch wenn im Jahr 2000 bundesweit kaum mehr als 20.000 Kinder über den Weg des Paragrafen 4ob StAG eingebürgert worden sind (allein in NRW gibt es rund 100.000 ausländische Kinder unter 10 Jahren), waren die entsprechenden Informationskampagnen und -projekte nicht vergeblich: Einmal wurden nicht nur im privaten Umfeld, sondern auch in öffentlichen Einrichtungen die zentralen Fragen diskutiert, die mit der Staatsbürgerschaft zusammenhängen, etwa: Wo will ich leben? Wo gehöre ich hin? Wo werden meine Kinder und Enkel leben? Was kann ich tun, um ihre Chancen zu verbessern? Zum anderen ist bei der unter Zeitdruck geforderten Entscheidung zur „Kindereinbürgerung" die Fülle der Probleme deutlich geworden, die das neue Recht für die betroffenen Familien, für die informierenden und beratenden Menschen und Institutionen sowie für die mit der Einbürgerung befassten Verwaltungsstellen geschaffen hat.

In den folgenden vier Abschnitten werden Projekte vorgestellt und Ansprechpartner genannt, die sich in unterschiedlichen beruflichen Praxisfeldern, mit unterschiedlichen Qualifikationen und Verantwortlichkeiten sowie auf den Ebenen von Bund, Ländern und Kommunen darum bemüht haben und bemühen, die Chancen des neuen Rechts für eine neue Integrationspolitik zu nutzen:

1. Ausgewählte Informationskampagnen zur Kindereinbürgerung des AWO-Bundesverbandes, des Landeszentrums für Zuwanderung (LzZ) in NRW und entsprechender Initiativen auf kommunaler Ebene;
2. Projekte aus der Jugendarbeit, die in Köln im Zusammenhang mit dem Multiplikatorenseminar zum neuen Staatsangehörigkeitsrecht (MUSSTAR) mit den Medien Film, Theater, Computer und Internet entwickelt worden sind;
3. das Internetdiskussionsforum www.musstar.de zu Fragen von Staatsangehörigkeit, Einwanderung und Rassismus;
4. das Modellprojekt SALWE „Integrationskurse für Zuwanderinnen und Zuwanderer" der Hochschule für Sozialwesen und der Stadt Esslingen.

1. Kampagnen zur Kindereinbürgerung

1.1 Beispiel aus der Bundesebene: 12-Wochen-Kampagne der Arbeiterwohlfahrt

Die Informationskampagne zur Kindereinbürgerung des Bundesverbandes der Arbeiterwohlfahrt (AWO) ist aufgrund der Verbandsstruktur und der damit bestehenden Vernetzungen ein bemerkenswertes, weil innerhalb kürzester Zeit bundesweit realisiertes Projekt.

Die dezentral organisierten Landes- und Bezirksverbände der Arbeiterwohlfahrt sind im Bundesverband als ihrem Dachverband zusammengeschlossen, der die Aufgaben eines Spitzenverbandes der freien Wohlfahrtspflege auf EU- und Bundesebene wahrnimmt. Im Referat Migration werden neben der Koordination der fachlichen Arbeit von Migrations-Referenten der Landes- und Bezirksverbände auch andere Aktivitäten, z.B. zur Reform des Staatsangehörigkeitsrechts, koordiniert. Die Kreis- und Ortsverbände der AWO nehmen vielfältige Integrationsaufgaben der öffentlichen Hand im Rahmen ihrer Migrationssozialdienste (früher: „Ausländersozialberatung") wahr. Hauptzielgruppe war traditionell die Gruppe der türkischen Migranten, die auch heute noch einen großen Teil der Klientel von AWO-Einrichtungen darstellt. Weitere Arbeitsfelder der Arbeiterwohlfahrt, die in Zusammenhang mit dem hier beschriebenen Projekt stehen, sind die Bereiche Kindertagesstätten, Integrationsmaßnahmen für Frauen und benachteiligte Jugendliche, Schulsozialarbeit sowie Gemeinwesenprojekte in Stadtteilen.

Ausgangssituation der 12-Wochen-Kampagne des Bundesverbandes war die Rückmeldung von Mitarbeitern der Migrationssozialdienste im Sommer 2000: Bei ratsuchenden Migrantinnen sei ein großes Defizit an sachgerechter Information zum Thema Einbürgerung vorhanden. Insbesondere die befristete Möglichkeit zur Kindereinbürgerung nach § 40b des Staatsangehörigkeitsgesetzes war trotz Kampagnen und Informationsangeboten weitestgehend unbekannt und ungenutzt geblieben. Das Bundesverwaltungsamt erklärte sich daher kurzfristig bereit, eine bundesweit angelegte Informationskampagne der AWO zu diesem Thema zu fördern. Ziel war, in Veranstaltungen einerseits über die notwendigen rechtlichen Voraussetzungen für eine Antragstellung und den Ablauf der Frist am 31.12.2001 zu informieren. Andererseits sollten die Betroffenen auch die Möglichkeit erhalten, über Vorbehalte und emotionale Hemmnisse gegenüber einer Einbürgerung zu diskutieren. Im September 2000 befragte der Bundesverband die Einrichtungen seiner Landes-, Bezirks-, Kreis- und Ortsverbände, die mit Familien und Kindern mit Migrationshintergrund arbeiten (z.B. Kindertagesstätten, Grundschulen, Migrationssozialberatungen). Ein Bedarf an rund 400 Informationsveranstaltungen zur Kindereinbürgerung nach § 40b StAG wurde bundesweit zurückgemeldet.

Zur Vorbereitung stellte der AWO-Bundesverband den Referenten Schulungs- und Arbeitsmaterialien zur Verfügung. Das Materialpaket enthielt Ziele, Inhalte und Vorschläge zum Ablauf der Veranstaltungen sowie Checklisten und Informationsmaterial für die Teilnehmer. Darüber hinaus gab es die Möglichkeit, an einer Multiplikatorenschulung teilzunehmen, was von zwei Trägern in Anspruch genommen wurde.

37 Einrichtungen der Migrationssozialdienste der AWO, die zum Thema Einbürgerung ohnehin Beratungen und vereinzelt auch Informationsveranstaltungen organisiert hatten, führten daraufhin von Oktober bis Dezember 2000 knapp 300 Informationsveranstaltungen zur Übergangsregelung des § 40b StAG durch. In der Regel wurden sie in Zusammenarbeit mit Kindertagesstätten, Grundschulen oder Integrationskursen für Frauen durchgeführt.

Die Veranstaltungen fanden in Form von Elterninformationsabenden statt. Die große Mehrheit der Teilnehmerinnen waren türkischer Herkunft, aber auch iranischer, irakischer, tunesischer und marokkanischer, kurdischer, afghanischer, lybischer, arameischer, polnischer und russischer Nationalität.

Erfahrungen der AWO-Kampagne

Insgesamt wurden in den Veranstaltungen sehr heterogene Eindrücke gesammelt, die sich aus den unterschiedlichen Lebenslagen der Familien erklären. Die Resonanz auf die Veranstaltungen allgemein und das Thema im Besonderen differierte von regem Interesse bis Zurückhaltung. Die konzeptionelle Mischung von Information und Diskussion schien dem Thema angemessen zu sein: eine Entscheidungshilfe kann nur gegeben werden, wenn sachgerechte Informationen vermittelt werden, aber auch die Schwierigkeiten zur Sprache kommen, die in den Familien diskutiert werden.

Besonders die Familien türkischer Herkunft kritisierten die Reform als eine Verschlechterung gegenüber dem alten Gesetz. Insgesamt ging der Bedarf an sachlich richtiger Information der Betroffenen über die 40b-Regelung hinaus. Die vielen individuellen Spielräume für Ausnahmeregelungen waren meist unbekannt. Die Vorteile einer Einbürgerung besonders für die Kinder wurden von den meisten Eltern eher pragmatisch gesehen.

Kontakt
Arbeiterwohlfahrt Bundesverband e.V., Fachbereich Migration, Marie-Juchaz-Haus
Oppelner Str. 130, 53119 Bonn
Tel.: 0228 / 66 85 – 0, Fax.: 0228 / 66 85 – 209
Web: http://www.awo.org/Mail
Mail: info@awobu.awo.org

Folienvorlage „Vorteile der Einbürgerung" aus den Materialien der AWO-12-Wochen-Kampagne

Für eine gleichberechtigte Zukunft ihres Kindes in Deutschland!

Durch die Einbürgerung ergeben sich für Ihr Kind und Ihre Familie u.a. folgende Vorteile:

- Kein Visum für Klassenfahrten und im Urlaub, Reisefreiheit im Gebiet der Europäischen Union
- Gesicherter Aufenthalt in Deutschland, unabhängig von den Eltern, auch bei Sozialhilfebezug des Jugendlichen
- Keine Auslieferung bei Jugendstraftaten
- Schutz im Ausland durch die deutsche Auslandsvertretung (Konsulat oder Botschaft)
- Sofortiger Nachzug des jungen Ehemanns ihrer Tochter oder des Sohnes aus dem Herkunftsland
- Familien- und Zivilrecht nach deutscher Rechtsprechung
- Kommunales Wahlrecht ab 16 Jahren
- Allgemeines Wahlrecht ab 18 Jahren
- Keine Benachteiligung beim Zugang zum deutschen Arbeitsmarkt
- Niederlassungs- und Berufsfreiheit im ganzen Gebiet der EU
- Lange Entscheidungsfrist über die endgültige Einbürgerung bis längstens zum 23. Lebensjahr

1.2 Beispiel aus NRW: Projekte des Landeszentrums für Zuwanderung (LzZ) (Andreas Deimann, Kirsten Laasner, José Sánchez Otéro)

Das 1998 eröffnete Landeszentrum für Zuwanderung NRW (LzZ) soll die Bemühungen von Wissenschaft, Praxis und Politik um die Integration der zugewanderten Bevölkerung vernetzen und die Ergebnisse auf verschiedene Politikressorts und Praxisfelder wirken lassen. Im folgenden werden die Aufklärungsarbeit bezüglich des neuen Staatsangehörigkeitsrechts und die Förderung der Einbürgerungsmotivation am Beispiel des Netzwerks „Interkulturelle Erziehung im Elementarbereich" dargestellt. Abschließend werden die Erfahrungen des LzZ mit der zögerlichen Haltung vieler Migranteneltern gegenüber einer Einbürgerung beschrieben.

Die Info-Kampagne zum neuen Staatsangehörigkeitsrecht

Viele Zuwanderinnen und Zuwanderer hatten in eine Novelle des veralteten Staatsangehörigkeitsrechts Hoffnungen gesetzt. Deshalb sah das LzZ seine Aufgabe nach In-Kraft-Treten der Verwaltungsvorschrift darin, zum einen die Bekanntmachung des Gesetzes im Allgemeinen, zum anderen eine gezielte Kampagne im Zusammenhang mit dem § 40b StAG durchzuführen.

Als grundlegende Information zu den wichtigsten Änderungen des Gesetzes wurde eine Kurz-Info erarbeitet, die seit Januar 2000 in 17 Sprachen auf den Internetseiten des Landeszentrums abrufbar ist. Diese richtet sich sowohl an die Betroffenen selbst als auch an Kommunen, Verbände, Vereine und Multiplikatoren der Migrationarbeit. Die Einrichtungen konnten somit den deutschen Text und die Übersetzungen ausdrucken und sie entweder per Post verschicken oder auf Veranstaltungen auslegen, um die Zuwanderer und Zuwanderinnen vor Ort gezielt anzusprechen.

Begleitend zum Textangebot gründete das Landeszentrum einen Arbeitskreis, in dem sowohl über die vielfältigen Aktionen zur Staatsangehörigkeitsreform in Nordrhein-Westfalen informiert als auch über Kooperationen bei Veranstaltungen und Kampagnen nachgedacht wurde. Die Teilnehmerinnen und Teilnehmer kamen aus unterschiedlichen Einrichtungen der Migrationsarbeit. Es waren Vertreter von Kommunen, Mitarbeiter an Volks- und Fachhochschulen, Vertreter der Wohlfahrtsverbände, der Gewerkschaften, der Hauptstelle der Regionalen Arbeitsstelle zur Förderung von Kindern und Jugendlichen aus Zuwandererfamilien (RAA) und des Städtetages.

Aufgrund der ursprünglich sehr kurzen Übergangsregelung bezüglich § 40b StAG – am 31. Dezember 2000 sollte die Frist zur Antragsstellung ablaufen – mussten innerhalb kürzester Zeit möglichst viele Betroffene und Multiplikatoren aufmerksam gemacht werden. Der beste Weg dahin war eine Informationsbroschüre, die in Kooperation mit dem Arbeitskreis Neue Erziehung e.V. Berlin, der Ausländerbeauftragten des Senats der Freien und Hansestadt Hamburg und dem Beauftragten für Flüchtlings-, Asyl- und Zuwanderungsfragen des Landes Schleswig-Holstein entstand. Im Mittelpunkt steht die neue Rechtslage und insbesondere die nachträgliche Einbürgerung von ausländischen Kindern unter 10 Jahren. Die Broschüre vermittelt nicht nur konkret und übersichtlich die wichtigsten Änderungen des neuen Staatsangehörigkeitsrechts, sondern fördert auch den Dialog zwischen Eltern und Kindern über die Vor- und Nachteile einer Einbürgerung der Kinder. Sie wurde an alle kommunalen Kindergärten sowie an Grundschulen mit mehr als 40 Schülern mit türkischem Pass in Nordrhein-Westfalen verschickt. Die erforderlichen Daten stellte das Landesministerium für Schule, Wissenschaft und Forschung zur Verfügung, für Rückfragen stand das LzZ zur Verfügung. So wurden innerhalb kürzester Zeit viele Kinder bzw. deren Eltern erreicht.

Erfahrungen

Trotz einiger kritischer Anmerkungen zur Versandaktion kann die Info-Kampagne des LzZ als Erfolg gewertet werden. Das beweisen sowohl Quantität als auch Qualität der Nachfragen. Besonders deutlich wurde das beträchtliche Informationsbedürfnis, das vom LzZ nicht immer gedeckt werden konnte. Zwar konnten die Mitarbeiter grundsätzliche Fragen zur Einbürgerung direkt beantworten, die häufigen einzelfallbezogenen Fragen aber waren nicht pauschal und ohne juristischen Beistand zu lösen. In solchen Fällen half das LzZ den Anrufern mit Hinweisen auf kompetente Juristen weiter. Bis zum Ablauf der Frist haben insgesamt 13.550 Kinder in Nordrhein-Westfalen von der Übergangsregelung Gebrauch gemacht.

Das Kita-Netzwerk „Interkulturelle Erziehung im Elementarbereich"

Im April 1999 gründeten in 52 Kindertageseinrichtungen arbeitende Erzieherinnen und Erzieher unter Koordination des LzZ das Netzwerk „Interkulturelle Erziehung im Elementarbereich". Fachpersonal wurde hier die Möglichkeit gegeben, Erfahrungen in der praktischen interkulturellen Arbeit auszutauschen sowie mit neuen Erkenntnissen im Bereich der Mehrsprachigkeit und der Zusammenarbeit mit einheimischen und zugewanderten Eltern vertraut zu werden.

Teil des Netzwerkes sind drei Fachforen – das „Forum Förderung von Mehrsprachigkeit", das „Forum Zusammenarbeit mit Eltern" und das Forum „Gemeinwesenorientierung/lokale Vernerzung"-, die sich in der Regel zweimal jährlich treffen. Einmal jährlich führt das Netzwerk ein Praxisforum zu aktuellen Fragen und Problemen der interkulturellen Erziehung im Elementarbereich durch, wozu Experten aus der Praxis, Politik, Verwaltung und Wissenschaft eingeladen werden. Ein daraus resultierender Jahresbericht vermittelt die wichtigsten Entwicklungen und Ergebnisse. Das Netzwerk wird voraussichtlich bis Ende 2002 vom LzZ koordiniert.

Das Thema Einbürgerung im Kita-Netzwerk

Ein Antrag auf Einbürgerung in Deutschland ist eine Entscheidung mit weitreichenden, oft unabsehbaren Folgen für eine ausländische Familie. Nicht zuletzt daraus ergibt sich die zögerliche Haltung vieler Migrantenfamilien gegenüber der Einbürgerung. Die Mitarbeiter der Kitas, die ein vertrauensvolles Verhältnis zu den betroffenen Kindern und Familien haben, werden daher oft mit Fragen konfrontiert, deren

Beantwortung ihr Fachwissen bei weitem überfordert. Um diese Mitarbeiter zu unterstützen, bemüht sich das Kita-Netzwerk um die Vermittlung von Basis-Informationen auch zum Thema Einbürgerung und um die Einsicht in die besondere Situation betroffener Familien.

Zugewanderte Familien prägt ein starkes Gefühl der Zugehörigkeit der Mitglieder zueinander. Die einzelnen Familienmitglieder treffen deshalb auch ihre persönliche Entscheidungen – viel stärker als einheimische Familien – so, dass die Solidarität mit der Familie nicht gefährdet wird. Auch sind die Einstellungen der Familien aufgrund der häufig stark ausgeprägten, intergenerativen Übertragung von Normen und Werten sehr viel konformer als in nicht-eingewanderten Familien. Sie wissen mehr übereinander, sie sind sehr viel sensibler für innerfamiliäre Interaktionen und synchronisieren diese stärker als einheimische Familien. Es gibt also eine hohe Korrespondenz der Erwartungen zwischen den Mitgliedern dieser Familien.

Oft können Eltern aus Gründen des familiären Zusammenhalts nicht hinnehmen, dass ihre Kinder, die jünger als zehn Jahre alt sind, eingebürgert werden, sie selbst und alle anderen Kindern aber nicht.

Für Jugendliche, die in der Bundesrepublik geboren oder aufgewachsen sind, gibt es eine weitere Begründung für die verhaltene Annahme des Einbürgerungsangebots: Sie fühlen sich oft als Europäer oder als Kosmopoliten, insbesondere dann, wenn sie aus Familien stammen, die aus zwei verschiedenen europäischen Ländern kommen – rund 20 Prozent der Schülerinnen und Schüler in der Bundesrepublik stammen aus binationalen Familien. Demzufolge verzichten sie auf die deutsche Staatsbürgerschaft – und bringen damit auch ihre Loyalität und Zugehörigkeit zu den Eltern, die aus einem anderem Land stammen, zum Ausdruck.

Erzieherinnen und Erzieher haben daher keine leichte Aufgabe, Migranteneltern zur Übernahme der deutschen Staatsbürgerschaft zu motivieren. Die Mitglieder der Unabhängigen Kommission „Zuwanderung" der Bundesregierung empfehlen diesbezüglich sinnvollerweise, dass die doppelte Staatsbürgerschaft als eine Möglichkeit zur Stärkung der Einbürgerungsmotivation von Migranten in Erwägung gezogen wird.

Kontakt

Landeszentrum für Zuwanderung NRW, Kelderstr. 6, 42697 Solingen
Telefon 0212 – 23 23 9-0, Fax 0212 – 23 23 9 -18
Email: lzz@lzz-nrw.de
Internet: www.lzz-nrw.de

1.3 Beispiel aus Köln: Das AaK-Projekt „Info-Bus zur Kindereinbürgerung"

Die Idee zu einem Infobus, der über die befristete Möglichkeit zur Einbürgerung von Kindern informieren sollte, entstand gegen Ende 1999 im Arbeitskreis für das ausländische Kind e.V. (AaK) in Köln. Gegründet wurde der Verein, der sich besonders auf kommunaler Ebene für die kulturelle, soziale und rechtliche Gleichstellung ausländischer Kinder, Jugendlicher und ihrer Familien einsetzt, im Jahr 1977. Er unterhält fünf interkulturell arbeitende Kindertagesstätten, ein Gemeinwesenzentrum sowie einen Jugendladen, in denen sozialpädagogische Angebote, Kurse und Informationsveranstaltungen – teilweise zwei- und mehrsprachig – angeboten werden. Weitere Aufgabengebiete des AaK sind Vernetzung, Einzelfallhilfen und die Durchführung und Organisation von Ferienfreizeiten oder Wochenendfahrten für die jeweiligen Zielgruppen.

Zielsetzung des Infobusprojekts im Spätsommer 2001 war zum einen, ausländische Eltern über die befristete Möglichkeit der Kindereinbürgerung gemäß § 40b StAG zu informieren, zum anderen sollten sie Gelegenheit zur Beratung, Entscheidungshilfe und Unterstützung bei der Antragstellung bekommen. Dazu mussten verständliche Informationsmaterialien konzipiert werden. Der Bus sollte auf zentralen öffentlichen Plätzen, vor Bezirksämtern oder in Wohngebieten mit hohem Ausländeranteil eingesetzt werden – die Menschen also dort aufsuchen, wo sie leben, arbeiten und sich aufhalten.

Der AaK wurde bei dem Busprojekt personell unterstützt durch Studentinnen der Fachhochschule und gefördert durch die GEW-Stiftung Köln. Zur Information von Eltern und deren Kindern wurden Informations- und Faltblätter sowie Poster im Info-Bus ausgelegt und an Passanten verteilt. Die Materialien waren in mehrere Sprachen (Türkisch, Englisch, Russisch und Französisch) übersetzt worden und informierten über praktische Vorteile der Einbürgerung von Kindern, die notwendigen Voraussetzungen der Eltern sowie über Adressen der lokalen Einbürgerungsbehörden und Beratungsstellen. Ein Elternbrief mit entsprechenden Informationen wurde über das Kölner Schul- und Jugendamt in städtischen Kindertagesstätten sowie an Grund- und Hauptschulen verteilt.

Das Infomobil, ein ausrangierter Linienbus der öffentlichen Verkehrsbetriebe, wurde wieder fahrtauglich gemacht und optisch-thematisch umgestaltet. Termine und Busstandorte wurden festgelegt sowie durch Plakate und Öffentlichkeitsarbeit angekündigt. Eine Einführung ins Thema bot auch ein Videofilm mit dem Titel „Willkommen in Deutschland", der die Diskussion um Einbürgerung aus dem Blickwinkel einer betroffenen türkischen Familie darstellt.

Insgesamt 13 mal wurde der Bus von September bis Dezember 2000 an zentralen und belebten Plätzen in Köln eingesetzt. Je nach Wetterlage, Intensität der Vorbereitung und Informationsarbeit im Vorfeld wurde das Beratungsangebot unterschiedlich angenommen. Pro Einsatz wurden durchschnittlich 12 Informations- und Beratungsgespräche in überwiegend türkischer Sprache geführt.

Erfahrungen

Das Info-Bus-Konzept mit einem niedrigschwelligen, aufsuchenden Informations- und Beratungsangebot hat sich bewährt, obwohl die jahreszeitlich bedingten Wetterverhältnisse die Arbeit wesentlich beeinflussten. Während bei Regen und Kälte selbst die Busatmosphäre die Zielgruppen nicht zum Verweilen einlud, war die Bereitschaft zur Information oder Beratung an schöneren Tagen auch bei vorübereilenden Passanten wesentlich größer.

Die Kenntnis über Einbürgerungsmöglichkeiten im Allgemeinen und Kindereinbürgerung im Besonderen war erwartungsgemäß gering. Auch war sie von falschen Informationen geprägt – besonders die aufenthaltsrechtlichen Voraussetzungen betreffend. Erst sachgemäße Information konnte den Betroffenen Klarheit sowohl über bestehende oder nichtbestehende Einbürgerungsmöglichkeiten als auch über die notwendigen Kriterien schaffen. Dabei zeigten Migranten mit weniger gesichertem Aufenthaltsstatus deutlich mehr Interesse am Erwerb des deutschen Passes für sich und ihre Kinder.

Deutlich wurden auch die Vorbehalte betroffener Eltern gegenüber der Regelung des § 40b StAG: die hohen Kosten für den Verwaltungsakt, die befristete Mehrstaatigkeit des Optionsmodells und die befürchtete Spaltung der Familie. Konterkarierend auf die Arbeit des Infobusses wirkte sich die gegen Jahresende besonders in türkischsprachigen Medien angekündigte Verlängerung der Antragsfrist bis Ende 2002 und eine damit verbundene Senkung der Einbürgerungsgebühren für Kinder von 500 auf 100 Mark aus. Die Diskussion darüber war ab November 2000 geführt worden, so dass viele Betroffene überlegten, ob der Antrag denn wirklich vor dem Ablauf der Frist am Jahresende gestellt werden müsse.

Kontakt

Hans-Peter Juretzki
Arbeitskreis für das ausländische Kind e.V., Antwerpener Straße 19-29, 50672 Köln
Tel. 0221 / 514055

1.4 Beispiel aus dem Stadtbezirk Köln-Kalk: Ein Kita-Projekt zum Staatsangehörigkeitsrecht

Die Idee für dieses Kita-Projekt wurde im April 2000 in einer Arbeitsgruppe des ersten Multiplikatorenseminars zum neuen Staatsangehörigkeitsrecht – MUSSTAR – im Kölner Stadtbezirk Kalk geboren. Leiterinnen von Kindertagesstätten aus einem Bezirk mit „besonderem Erneuerungsbedarf" und hohem Ausländeranteil entwikkelten – zusammen mit einem Mitarbeiter des Jugendamtes und einer Mitarbeiterin der Ausländersozialberatung der Arbeiterwohlfahrt aus dem Viertel – die Projektidee und verwirklichten sie. In vielen Kindertagesstätten in Kalk zeigen sich die Integrationsprobleme des Einwanderungslandes Deutschland deutlich und exemplarisch. Bis zu 50 Prozent der Kinder in den Einrichtungen sind „Ausländerkinder": Nicht nur Sprachprobleme, sondern alle Probleme des interkulturellen Zusammenlebens sind hier pädagogisch zu bewältigen.

Zielsetzung des Kita-Projekts war, die ausländischen Eltern der Kinder in den Einrichtungen bis Dezember 2000 über die Chancen und Bedingungen des neuen Staatsangehörigkeitsrechts zu informieren und ihnen – gegebenenfalls – den Weg zu einer qualifizierten Beratung oder zuständigen Behörde zu weisen. Zwei Vorhaben zur Umsetzung dieser Ziele wurden entwickelt:

- Eine – eintägige – Fortbildung zum neuen Staatsangehörigkeitsrecht in der Einwanderungsgesellschaft für die in den Kalker Kindertagesstätten beschäftigten *Erzieherinnen*. Dadurch sollten sie die für Migrantenfamilien wichtigen und komplizierten Inhalte des neuen Rechts im Kern verstehen und vermitteln können;
- Informationsveranstaltungen *für Eltern* (in der Regel: Mütter) mit ausländischer Staatsangehörigkeit zum neuen Recht an den üblichen Elternabenden und zusätzlichen Terminen nachmittags.

An der Fortbildungsveranstaltung im Juni 2000 haben 25 Erzieherinnen aus Köln-Kalk teilgenommen. Im Anschluss an den informativen Teil wurden geeignete, teilweise mehrsprachige Materialien für die geplanten Elternnachmittage und -abende zusammengestellt oder auch selbst – etwa Plakate – entwickelt. Außerdem entstand die Idee, einen Videofilm über eine türkische Familie zu drehen. Darin sollten die unterschiedlichen Varianten von Staatsbürgerschaft für die einzelnen Familienmitglieder (türkisch, deutsch, türkisch und deutsch auf Zeit bzw. auf Dauer) sowie die damit verbundenen Probleme und Kosten dargestellt werden.

Durchgeführt wurden einrichtungsübergreifend eine Elterninformationsveranstaltung vormittags bzw. nachmittags im September 2000. Circa 15 ausländische Eltern – vorwiegend Mütter – nahmen jeweils daran teil. Nach dem Videofilm und einem einführenden Vortrag konnten Fragen gestellt, Probleme erörtert und auch Ängste formuliert werden.

Eines der Ergebnisse: Auch Mütter, die nur über geringe Deutschkenntnisse verfügen, bemühen sich um möglichst gute Chancen für ihre Kinder. Das neue Recht birgt jedoch für die Migrantenfamilien große Probleme. Positiv zu vermerken ist, dass über die Gespräche zum Staatsangehörigkeitsrecht auch die wichtige Frage der Bleibeabsichten und -perspektiven angesprochen werden konnte.

Kontakt

Petra Gatter
Fachberatung städtischer Kindertagesstätten, Bezirksjugendamt Köln-Kalk
51103 Köln

2. Multiplikatoren-Seminar zum neuen Staatsangehörigkeitsrecht (MUSSTAR)

2.1 Das Projekt MUSSTAR

Die Idee für das Projekt MUSSTAR – eine Kooperation des Fachbereichs Sozialarbeit der Fachhochschule Köln mit dem Bezirksverband Mittelrhein der Arbeiterwohlfahrt – ist im Herbst 1999 geboren worden. Ziel war die Entwicklung eines praxisorientierten, stadtteilbezogenen und aktivierenden Konzepts für Fortbildung und Projektarbeit von Multiplikatoren zum neuen Recht.

Zielgruppen des Projekts waren professionelle und ehrenamtliche Mitarbeiter (Multiplikatoren) vor allem aus den Bereichen Soziale Arbeit, Kindertagesstätten, Schulen, aber auch aus Kirchen, Polizei, Gewerkschaften und Selbstorganisationen von Migranten, die in benachteiligten Stadtteilen und mit ausländischen Kindern, Jugendlichen und deren Familien arbeiten. Mittelbar zielte das Projekt auf eine Verbesserung der Information über die rechtlichen und politischen Aspekte des neuen Gesetzes und die damit verbundene integrationspolitische Zielsetzung gegenüber Deutschen und Migranten (politische Bildung). Studierende der Sozialarbeit wurden in das Projekt einbezogen, um dabei Kompetenzen in interkultureller Jugend- und Gemeinwesenarbeit sowie im Umgang mit neuen Medien in der Jugendarbeit zu erwerben.

Im Rahmen des Projekts MUSSTAR sind drei Multiplikatorenseminare durchgeführt und kleinere Projekte entwickelt worden. Andere Projekte sind bei MUSSTAR-Fortbildungen entstanden oder von MUSSTAR unterstützt worden. Einige davon werden im Folgenden dokumentiert (vgl. folgende Kapitel bis 2.4).

Die Zusammenarbeit des Fachbereichs Sozialarbeit mit der Arbeiterwohlfahrt, Bezirksverband Mittelrhein e.V., hat sich als positiv und fruchtbar erwiesen. Es wurden Strukturen und Kompetenzen beider Seiten in der Migrationsarbeit von der örtlichen Ebene bis hin zur Bundesebene genutzt. Die Kooperation wurde dadurch ermöglicht, dass die Arbeiterwohlfahrt eine Absolventin des Fachbereichs für das Berufsanerkennungsjahr ein- und zu erheblichen Teilen ihrer Arbeitszeit für das Projekt MUSSTAR freigestellt hat. Die FH Köln und der Fachbereich Sozialarbeit haben durch die Freistellung eines Hochschullehrers von Lehraufgaben (Forschungsfreisemester im WS 99/00) die konzeptionelle Entwicklung von MUSSTAR ermöglicht und aus Mitteln für Forschung und Entwicklung eine Anschubfinanzierung gewährleistet. Dieses einfache und kostengünstige Zusammenwirken von Theorie und Praxis hat das Einwerben von Drittmitteln erleichtert und erhebliche Synergieeffekte bewirkt, wovon beide Seiten profitiert haben und ohne die MUSSTAR nicht hätte realisiert werden können. Finanziert wurde MUSSTAR aus Mitteln der Fachhochschule Köln, der AWO, Bezirksverband Mittelrhein e.V., der Bundeszentrale für politische Bildung und der GEW-Stiftung Köln.

Abgeschlossen wird das Projekt mit der Veröffentlichung dieses Handbuches „Staatsbürgerschaft im Einwanderungsland Deutschland“.

2.2 Die Multiplikatorenseminare (MUSSTAR-Fortbildungen)

Im Jahr 2000 sind drei MUSSTAR-Fortbildungen durchgeführt worden: zwei zweitägige Veranstaltungen in Köln-Kalk (April) und im Kölner Agnesviertel (November) sowie eine eintägige Fortbildung im September.

Grundlage der Seminare von MUSSTAR bildete ein stadtteilbezogener und zielgruppenübergreifender Ansatz. Stadtteilbezogen deshalb, weil die Teilnehmer auf der Basis von Sozialraumanalysen der jeweiligen Veranstaltungsorte (Stadtteile mit hohem Ausländeranteil) eingeladen wurden. Und zielgruppenübergreifend, da Multiplikatoren aller Berufe aus der Integrationsarbeit im Stadtteil angesprochen und politologische, juristische und sozialarbeiterische Inhalte im Fortbildungskonzept berücksichtigt wurden.

Das Fortbildungskonzept bestand aus zwei Elementen: fachlich-theoretischer Information und „aktivierenden" Arbeitsgruppen. Der informative Teil setzte sich themen- und fachübergreifend aus zwei rechtlichen und zwei politologischen Referaten zusammen. Im Mittelpunkt der Informationen über das Staatsangehörigkeitsrecht standen Einbürgerungsmöglichkeiten sowie Rechte und Pflichten deutscher Staatsbürger. Sie wurden eingebettet bzw. ergänzt durch Informationen zu dem gesellschaftspolitischen Hintergrund der Einwanderungsproblematik und um Möglichkeiten kommunaler Integrationspolitik und -arbeit, die auf die behutsame Förderung der vorhandenen Potenziale setzen. Die schriftliche (erweiterte) Fassung dieser Referate sind in Teil I des Handbuches dokumentiert.

Der Diskussion der Referate wurde nur begrenzte Zeit eingeräumt, um Zeit für die Entwicklung von Projektideen in den Arbeitsgruppen zu finden – für eigene Anschluss-Projekte der Teilnehmer am jeweiligen Arbeitsplatz oder für gemeinsame im Stadtteil, etwa bei Stadtteilfesten. Dazu wurde auf der Basis des Projektmanagements ein Arbeitsgruppen-Konzept entwickelt und angewandt, das es ermöglichte, in kurzer Zeit Projekt-Ideen zu konkreten Projekten zu bündeln. (vgl. Teil III, Kap. 4)

Einen etwas anderen Ansatz verfolgte MUSSTAR bei einer eintägigen Fachtagung: Selbstorganisationen der Migranten in Köln und Umgebung, in denen Mitarbeiter oft ehrenamtlich arbeiten, wurden für einen Samstag zur Diskussion in die Fachhochschule eingeladen. Neben der Information ging es hier in den anschließenden Arbeitsgruppen insbesondere darum, die sich langsam herauskristallisierenden Hemmnisse zu erfahren, die „begünstigte" Migranten daran hindert, das Angebot der Einbürgerung anzunehmen. Diese Tagung war insofern „politischer". Sie wurde mit einem Referat von Prof. Dr. Hakki Keskin, dem Vorsitzenden der „Türkischen Gemeinde in Deutschland e.V.", begonnen und durch eine Podiumsdiskussion abgeschlossen, an der neben Mitgliedern des Ausländerbeirates in Köln und anderen Experten auch die Leiterin des Landeszentrum für Zuwanderung NRW, Dr. Lale Akgün, teilnahm. Der Fokus der Arbeit in den Arbeitsgruppen lag in der Identifikation, Diskussion und Dokumentation der Probleme des neuen Staatsangehörigkeitsrechtes aus der Sicht von Betroffenen.

Erfahrungen

Die Verbindung von politologischen und juristischen Informationen hat sich bewährt. Die rechtlichen Informationen, die bei den MUSSTAR-Fortbildungen vermittelt wurden, waren für die teilnehmenden juristischen Laien eine große Hilfe. Sie boten die Möglichkeit, sich durch das Dickicht der diversen Aufenthaltstitel zu schlagen, die Anspruchsgrundlagen und Verwaltungsvorschriften sowohl allgemein als auch in Fallbeispielen kennen zu lernen sowie sich hinsichtlich der Rechte und Pflichten als deutscher Staatsbürger zu vergewissern. Dies wird jedoch erst verständlich und für andere vermittelbar, wenn zugleich die Probleme der Einwanderungsgesellschaft (z.B. Demokratie und Chancengleichheit, Rassismus, demografische Entwicklung, Benachteiligung junger Migranten im Bildungssystem) und die

Chancen einer neuen, energischen Integrationspolitik besonders auf der kommunalen Ebene thematisiert werden. Die Teilnehmer der Fortbildungen haben den themen- und fachübergreifenden Ansatz durchweg als positiv und für ihre Arbeit nützlich bewertet.

Der Stadtteil- oder Sozialraumansatz in den Stadt- und Regionalwissenschaften wie in der Sozialarbeit ist seit den 70er Jahren wissenschaftlich etabliert, die Gemeinwesenarbeit gehört seit langem zum Methodenrepertoire der Sozialarbeit.

Der zielgruppenübergreifende, auf Multiplikatoren in Stadtteilen mit hohem „Ausländeranteil" gerichtete Ansatz von MUSSTAR ist gleichwohl nur mit einem sehr hohen Aufwand an „Vernetzungsarbeit" möglich gewesen. Dies liegt u.a. an den vertikal aufgebauten Strukturen der Trägerorganisationen, die den Praktikern vor Ort wenig Spielraum zur Vernetzung lassen. Es war notwendig, gleichzeitig Praktiker und Leitungsebene der Trägerorganisationen zu überzeugen und zur Mitarbeit zu bewegen. Der sehr hohe Problemdruck in den Stadtteilen und großes persönliches Engagement der Beteiligten haben bei MUSSTAR zu bemerkenswerten Ergebnissen in Form von Anschlussprojekten geführt. Auf Dauer ist der Stadtteilansatz nur dann effektiv zu realisieren, wenn eine regelmäßige Zusammenarbeit der Praktiker im Stadtteil, ihre entsprechende Qualifizierung und die Finanzierung der zusätzlichen Arbeit gesichert sind.

Von großer Bedeutung war und ist die Beteiligung der Selbstorganisationen von Migrantinnen und Migranten. Ihre stärkere Beteiligung ist wünschenswert und notwendig, um die Akzeptanz von Reformen in der Integrationspolitik zu erhöhen und Reibungsverluste zu vermeiden. Dies ist weder im Gesetzgebungsverfahren zur Reform des Staatsangehörigkeit noch in der Zuwanderungsdebatte seither in ausreichender Weise berücksichtigt werden. Bei der MUSSTAR-Tagung mit Vertretern der Migrantenselbstorganisationen sind neben großen Informationsdefiziten zu dem neuen Recht und den Verwaltungsvorschriften die Hemmnisse gegenüber der Annahme der deutschen Staatsangehörigkeit deutlich geworden, die in Teil II dokumentiert sind.

Kontakt

FH Köln, FB Sozialarbeit
Prof. Dr. Henning Storz
Mainzerstr. 5, 50678 Köln
Tel. 0221 /8275 3332, Fax: 0221 / 8275 3946
Email: henning.storz@dvz.fh-koeln.de

2.3 Das Theaterprojekt „Nase oder Nichtnase? Das ist hier die Frage"

Die Projektidee eines Theaterstücks zum neuen Staatsangehörigkeitsrecht entwickelten Studierende im Rahmen des Seminars „interkulturelle soziale Arbeitsfeldvorbereitung". Jugendliche mit ausländischem und deutschem Pass sollten sich durch das Medium Theater mit dem Thema auseinandersetzen und ein eigenes Stück dazu entwickeln.

Durchgeführt wurde die Theaterwerkstatt von zwei Studentinnen unter Anleitung einer lehrenden Sozialarbeiterin und zwei Mitarbeiterinnen des Theaterpädagogischen Zentrum Köln e.V. (TPZ), die den theaterfachlichen Teil des Prozesses begleiteten. Neun Schülerinnen und ein Schüler im Alter von 12 bis 15 Jahren aus dem Kölner Agnesviertel konnten für diese Idee gewonnen werden und realisierten in insgesamt drei Monaten bis zur Uraufführung im November 2000 das Theaterstück „Nase oder Nichtnase? Das ist hier die Frage". Gefördert wurde das Projekt von der GEW-Stiftung Köln.

Ziel des Theaterprojekts war es, Jugendlichen mit und ohne deutschen Pass die Thematik des Staatsangehörigkeitsrechts spielerisch und verständlich zu vermitteln. Die Jugendlichen sollten sich mit ihren eigenen Lebensplänen, Wünschen, Träumen und Werten auseinandersetzen und diesen Prozess in ihr soziales Umfeld weitertragen. Auch sollten Kommunikations- und Ausdrucksfähigkeit gestärkt, das Selbstwertgefühl gesteigert, soziale Anerkennung vermittelt und soziale Kompetenzen wie Toleranz, Rücksichtnahme und Verständnis gefördert werden. Darüber hinaus sollte das Interesse des Fachpublikums geweckt werden.

Die Theaterpädagogik als Methode bot sich an, weil sie mit interessierten Laien arbeitet, die mit und ohne schauspielerische Vorerfahrungen kommen. Mit Wahrnehmungs-, Sensibilisierungs- und Reaktionsübungen werden für das Theaterspielen förderliche Fähigkeiten wie Ausdruckskraft, Kreativität, Selbstvertrauen, soziale Kompetenz und Ensemblespiel trainiert. Der Prozess der Gruppenfindung bis hin zur inhaltlichen Entwicklung des Stückes ist dabei ebenso wichtig wie das Produkt selbst, die öffentliche Aufführung. Die Darstellungsweise entspricht den Fertigkeiten der Spieler und wird nicht an Maßstäben gemessen, die an Berufsschauspieler gestellt werden. Damit unterscheidet sich eine theaterpädagogische Arbeitsweise in wesentlichen Punkten von der professionell-schauspielerischen Arbeit am Theater.

Bevor das Projekt starten konnte, mussten jugendliche Schauspieler an Kölner Schulen gesucht und die Finanzierung des Vorhabens geklärt werden. Endlich, nach der Sommerpause 2000, ging es los. Jeweils wöchentlich und an zwei Wochenenden fanden Proben statt, in denen das Stück in mehreren Szenen und Standbildern entwickelt und zu einer Geschichte zusammengefügt wurde.

Uraufgeführt wurde das Stück im November 2000 und fand großen Beifall. Auch eine weitere Aufführung auf der „Komet – Fachmesse für soziale Arbeit" brachte Anerkennung vom Fachpublikum. Der Rahmen der letzten Aufführung war ein gänzlich anderer: vor ausschließlich jugendlichem Publikum wurde das Stück in einem Kölner Jugendzentrum (vgl. folgendes Kap.) aufgeführt – mit großem Erfolg, wie die Spielerinnen und Zuschauer einhellig berichteten.

Die Geschichte von „Nase oder Nichtnase? Das ist hier die Frage"

Das 40-minütige Schauspiel ist ein Stück ohne durchlaufende Handlung – eine Collage von Standbildern und kurzen Szenen mit Episoden aus dem Leben eines Mädchens kurz vor ihrem 18. Geburtstag, die sich zu einer Geschichte zusammenfügen: Das Mädchen ist eine „Nase" (sie trägt eine schwarze Clownsnase). Auch wenn sie im Land der „Nichtnasen" lebt, mit denen sie mehr und mehr Kontakte knüpft, sind ihre Freunde mehrheitlich „Nasen". Das Mädchen und ihre Freunde sammeln gute, aber auch diskriminierende Erfahrungen im Umgang mit den „Nichtnasen". Das wird dargestellt durch in Standbildern visualisierte Begriffe wie „Willkommen", „Heimat", „Freundschaft" und „Zuhause", die durch kurze Textpassagen von den Schauspielern interpretiert werden. An ihrem 18. Geburtstag steht das Mädchen vor einer schweren Entscheidung: Soll sie ihre Nase nun behalten oder sie ablegen, um eine „Nichtnase" zu werden? Vor dem Hintergrund dieses Konflikts wird sie fast zerrissen – zwischen ihren Freunden, den Nasen, auf der einen und den Nichtnasen auf der anderen Seite.

Die „Nase" symbolisiert hier eine ausländische, die „Nichtnase" die deutsche Staatsbürgerschaft. Der persönliche Konflikt des Mädchens, eine Entscheidung für oder gegen eine Staatsangehörigkeit treffen zu müssen (Prinzip der Vermeidung von Mehrstaatigkeit), wird den Zuschauern auf eine sehr anschauliche Weise vermittelt. So wird ein kompliziertes und schwieriges Thema wie das neue Staatsangehörigkeitsrecht und die darin enthaltene Optionspflicht dem Publikum auf plastische und verständliche Weise dargeboten.

Beispielhafte Szenen und Standbilder

Das Standbild „Heimat":
Valentin und Franzi bilden ein Haus, in dem sie, sich gegenüberstehend, die Hände aneinander legen. Lea und Simone sitzen darunter in dem Haus, auf ihrem Schoß liegt Monika. Neben diesem Bild steht Eva und sagt: „Heimat ist für mich ein Ort, an dem ich mich geborgen fühle, mit Menschen, denen ich mich nahe fühle."

Das Standbild „Freundschaft":
Simone und Nina stehen eng umarmt beieinander. Die Köpfe berühren sich. Lea steht neben dem Bild und sagt: „Ich fühle mich zu Hause, wenn ich bei meiner Freundin bin"

Das Standbild „Zuhause“:
Eva steht zwischen zwei Paaren. Das erste Paar steht sich umarmend und tuschelt, das zweite zeigt ihr den Mittelfinger und eine lange Nase. Neben diesem Bild steht Franzi und sagt: „Ich fühle mich zu Hause, wenn es keine Komplikationen gibt“.

Weitere Szenen spielen in der U-Bahn, in der Disco und vor einer Konzertkasse. Sie thematisieren „Anderssein“, „Fremdenfeindlichkeit“, die Annäherung an die „Fremden“ und ihr „Anderssein“ bis hin zur Freundschaft von „Nasen“ und „Nichtnasen“.

Das Stück findet seinen Höhepunkt bei der Feier des 18. Geburtstages. Das Geburtstagskind, eine „Nase“, lädt sowohl ihre „Nasen-“ als auch ihre „Nichtnasen-Freunde“ ein. Beide Seiten versuchen, das Geburtstagskind auf die jeweilige Seite zu ziehen, indem sie versuchen, die Vorteile eines Lebens mit bzw. ohne Nase schmackhaft zu machen. Das Ende bleibt offen.

Kontakt
Bettina Huhn
Theaterpädagogisches Zentrum Köln
Genter Str. 23, 50672 Köln
Tel. 0221/7021678

2.4 STEP 21 – Comicwettbewerb mit Jugendlichen

Die Idee eines STEP 21-Comicwettbewerbs in Kölner Jugendzentren entwickelten Studenten der interkulturellen Sozialarbeit an der Fachhochschule Köln, nachdem sie die neuen Medien der Hamburger Jugendinitiative STEP 21 kennengelernt und eine Einführung in die Handhabung der Comicsoftware aus der STEP 21-Box erhalten hatten. Sie wurde im Sommer 2000 im Arbeitskreis „Jugend und Medien“, in dem verschiedene interkulturell arbeitende Jugendzentren an der Fachhochschule Köln zusammenarbeiten, vorgestellt und diskutiert. Dabei wurde beschlossen, dass die beteiligten Einrichtungen mit ihren Jugendgruppen an dem Wettbewerb unter der Koordination der Studenten teilnehmen wollten.

Ein Ziel des Wettbewerbs war, Jugendliche mit Migrationshintergrund über die für sie relevanten Inhalte der Reform des Staatsangehörigkeitsrechts zu informieren und ihnen zu ermöglichen, die Inhalte zu reflektieren, für sich selbst zu hinterfragen und zu einer eigenen Meinung zu finden. Ein weiteres Ziel bestand darin, eine Abschlussveranstaltung zur Prämierung der besten Comics zu arrangieren, damit sich die Teilnehmer gegenseitig kennenlernen und austauschen konnten. Damit sollte auch Öffentlichkeit für die Beiträge der Jugendlichen geschaffen und die Gelegenheit zur Diskussion darüber geboten werden.

Jugendliche und Einbürgerung

Für die Zielgruppe des Projekts – Jugendliche mit Migrationshintergrund in Jugendeinrichtungen – stellt das Thema „Einbürgerung“ u.U. ein großes Konfliktpotenzial dar: Ein entscheidendes Element der Reform – das Prinzip der Vermeidung von Mehrstaatigkeit – verlangt von jugendlichen Einbürgerungsbewerbern eine klare Abgrenzung von ihrer bisherigen Staatsangehörigkeit und damit auch eine Neudefinition des eigenen Selbstbildes. Die Entscheidung für einen Lebensmittelpunkt zu treffen, ist besonders dann für Jugendliche der zweiten und dritten Generation schwierig, wenn Loyalitätskonflikte mit der Herkunftskultur und den Mitgliedern ihrer „Community“ eine Rolle spielen. Eine große Rolle spielen in der Regel auch die Rückkehr- oder Bleibeabsichten der anderen Familienmitglieder. Einbürgerung stellt für Jugendliche in einer Phase der sozialen Positionierung in der Gesellschaft, in der sie leben, ein wichtiges Thema und den Abschluss eines langen individuellen Entscheidungsprozesses dar.

Planung und Durchführung des Wettbewerbs

Die Idee, das Thema („Wo gehör’ ich hin?“) und die Organisation des Wettbewerbs wurden mit den Mitarbeitern der Einrichtungen auf Sitzungen des Arbeitskreises Jugend und Medien abgestimmt. Dabei gab es zwei Alternativen für die Comic-Geschichten: zum einen bestand die Möglichkeit, die Kategorie „Erfinde eine Geschichte zum Thema“ auszuwählen, zum anderen konnte die Kategorie „Anfangsszenarien“ gewählt werden, welche die Jugendlichen weiterentwickeln sollten. Die Studierenden organisierten Plakate und Aushänge in den Einrichtungen, während die Mitarbeiter und Gruppenleiter der Jugendzentren die Jugendlichen motivierten, an dem Wettbewerb teilzunehmen. Zur technischen Vorbereitung musste die Software auf den zur Verfügung stehenden Rechnern in den Jugendzentren installiert werden. Die Mitarbeiter und weitere Interessenten hatten im Vorfeld des Wettbewerbs die Möglichkeit, bei einer Schulung durch die Studenten in die Handhabung der STEP 21-Comic-Software eingeführt zu werden.

Durchgeführt wurde der Wettbewerb in Zusammenarbeit mit den Ansprechpartnern der Einrichtungen an je einem Nachmittag in jedem der fünf Jugendzentren. Nach einer Einführung in die Software erklärten die Studierenden den Jugendlichen den Hintergrund und das Motto des Wettbewerbs „Wo gehör' ich hin?" und forderten sie auf, ihre eigene Meinung zu entwickeln und darzustellen. Die neben den „freien Geschichten" zur Auswahl stehenden „Anfangszenarien" zu den Themen Lebensplanung, Identität und Diskriminierung wurden diskutiert, ausgewählt und individuell oder in Kleingruppen von zwei bis vier Jugendlichen weiterentwickelt bzw. neu erfunden.

Für die Prämierung der besten Comics hatte das Jugendzentrum Klingelpütz im Agnesviertel Räumlichkeiten, Verpflegung und Getränke zur Verfügung gestellt. Mit Unterstützung der GEW-Stiftung konnten sogar Preise für die Sieger finanziert werden. Auch wenn im Ergebnis zahlenmäßig nur wenige der Comicgeschichten fertiggestellt und eingereicht wurden, hatte sich doch eine große Anzahl engagierter Jugendlicher an dem Wettbewerb und an der Abschlussveranstaltung beteiligt. Rund 65 Jugendliche zusammen mit ihren Gruppenleiterinnen und -leitern nahmen teil. Als Rahmenprogramm wurde das Theaterstück „Nase oder Nichtnase" aufgeführt, während eine HipHop-Band – ebenfalls unter großem Beifall – erstmals ihre eigenen Stücke gegen Rassismus und Gewalt präsentierte.

Erfahrungen des Comic-Wettbewerbs

Die Erfahrungen mit den Jugendlichen verdeutlichen, dass die Arbeit mit dem Medium Computer für sie in jeder Hinsicht spannend ist. Die entscheidende Motivation, sich über einen längeren Zeitpunkt mit einem Thema auseinander zu setzen, hat hier der thematisch ausgerichtete Wettbewerb geboten.

Die eingesandten Comicgeschichten zeigen neben vielfältigen Ideen und Problemlösungsstrategien auch, dass die Jugendlichen in der Schriftsprache eine eigene Sprachkultur entwickelt haben. Sie ist eine spannende Mischung subkultureller, sowohl türkischer als auch deutscher und internationaler Elemente. Auch inhaltlich war der Comicwettbewerb ein Erfolg. Es wurden in etwa gleich viele Comics zu den beiden Kategorien „Anfangsszenarien" und „Eigene Geschichte" entwickelt. Allen Einsendungen war gemeinsam, dass sie sich sehr nah am Thema bewegten und Freundschaft meist als zentrale Lösung der unterschiedlichen Problemsituationen gewählt wurde. Neben den Migrationserfahrungen der Jugendlichen spiegelte sich aber auch die eigene Kenntnis von Diskriminierungserfahrungen in vielen Comics wieder.

Am Rande der Abschlussveranstaltung wurde in den Gesprächen der Jugendlichen deutlich, dass Informationen rund um das Staatsangehörigkeitsrecht aufgenommen und die impliziten Themen wie Lebensplanung, Identität und Ausgrenzungserfahrungen diskutiert worden waren. Die meisten haben sich eine eigene Meinung gebildet. Die Reportage einer lokalen Tageszeitung mit Gruppenfoto auf der Titelseite berichtete ausführlich über den Wettbewerb und die Abschlussveranstaltung. Das eigene Foto in der Zeitung, Preise für die Sieger und das Kennenlernen von Jugendlichen aus anderen Kölner Einrichtungen belohnten für vergangene Mühen mit der Technik, so dass der Abend als großer Erfolg bewertet wurde. Mit der Presseresonanz bzw. der medialen Präsentation der Comicgeschichten per Overhead auf der Abschlussveranstaltung erfuhren die prämierten Geschichten öffentliche Aufmerksamkeit und Anerkennung – für die meisten Beteiligten eine ganz neue Erfahrung.

Siegercomics aus der Kategorie „Anfangsszenarien“

Kontakt

Projekt MUSSTAR
FH Köln, FB Sozialarbeit
Prof. Dr. Henning Storz
Mainzerstr. 5, 50678 Köln
Tel. 0221 /8275 3332, Fax: 0221 / 8275 3946
Email: henning.storz@dvz.fh-koeln.de

2.5 Projekte von Jugendgruppen der Franziskusstiftung im Jugendtreff Vingst

Die Erfahrungen und Probleme von jugendlichen Migranten spielen im Jugendtreff des Bürgerzentrums Köln-Vingst eine wichtige Rolle. Das Stadtviertel Köln-Kalk, der Sitz der Einrichtung, ist gekennzeichnet durch einen hohen Anteil von Ausländern, Sozialhilfeempfängern und (auch jugendlichen) Arbeitslosen. Deshalb wird auch dieser Stadtteil im Rahmen des Agenda 21-Programmes als „Stadtteil mit besonderem Erneuerungsbedarf" verstärkt mit Mitteln des Bundeshaushalts gefördert. Das Stadtviertel hat ein relativ gut ausgebautes Netzwerk sozialer Institutionen, die sowohl Beratung und Hilfe in den verschiedensten Krisensituationen anbieten, als auch Gemeinwesenarbeit im Stadtteil und in den Quartieren leisten.

Jürgen Neitzert und Markus Fuhrmann arbeiten dort seit Jahren mit festen Gruppen von Jugendlichen, überwiegend türkischer Nationalität, im Alter von 14 bis 19 Jahren. Zu Beginn der großangelegten Einbürgerungskampagne im Jahr 2000 berichteten vor allem türkischsprachige Zeitungen über die neuen Möglichkeiten zur Einbürgerung, auch wenn die Informationen oft mehr versprachen, als im Einzelfall möglich war. Für die Jugendlichen wurde damit ein Thema angestoßen, das nicht explizit vorrangig, aber dennoch von Interesse war, berührt es doch den immer wiederkehrenden Wunsch nach einer möglichst erfolgreichen sozialen Positionierung in der bundesdeutschen Gesellschaft.

Internetseite von Jugendlichen zum Thema: „Wo gehör' ich hin?"

Angeregt durch Anfragen und Diskussionen unter den Jugendlichen zum Thema Einbürgerung beschloss die Gruppenleitung, die Themen Lebensplanung und Lebenswelt aufzugreifen und mit den Jugendlichen zu bearbeiten. Sie wollten Informationen über die Reform des Staatsangehörigkeitsrechts und die Einbürgerungsmöglichkeiten, welche die Jugendlichen über Zeitungen und Diskussionen aufgenommen hatten, sachlich aufarbeiten und ggf. richtigstellen. Durch den Einsatz neuer Medien in der Gruppenarbeit sollte eine jugendgerechte Auseinandersetzung – im Sinne einer „Entscheidungshilfe" – mit diesem eher trockenen, aber wichtigen Thema angestoßen werden. Damit konnte nicht zuletzt auch die Medienkompetenz von Jugendlichen entdeckt und gefördert werden, die keinen Zugang zu einem heimischen PC haben.

Zu Beginn des Projekts sammelten die Jugendlichen Ideen: „Was wollen wir machen und wie wollen wir es machen?" Die Idee einer eigenen Homepage über die Gruppe entstand. In einer Schulung mit der Frontpage-Software erlernten die Beteiligten zunächst die Herstellung von Internetseiten. Der nächste Schritt bestand darin, Digitalfotos der Gruppenmitglieder anzufertigen. Anschließend erstellten sie kurze Texte über sich selbst, über ihr Lebensgefühl, über die Clique und „ihr" Viertel, die in die Gestaltung einer gemeinsamen Homepage mit eigenen Seiten der Teilnehmer eingearbeitet wurden. Die Internetpräsenz wird seitdem regelmäßig gepflegt und aktualisiert, auch wenn die Beschäftigung mit dem Thema Einbürgerung kaum noch eine Rolle spielt.

Erfahrungen

Für eine themenorientierte Arbeit mit Jugendlichen sind die eingesetzten Methoden und Medien mitentscheidend und sollten dementsprechend erfahrungs- und erlebnisorientiert ausgewählt werden. Der Einstieg über neue Medien, insbesondere das Internet und STEP 21-Medien, interessieren die Jugendlichen, denn sie bieten Spielraum für kreatives Lernen im Umgang mit Medien, für die Darstellung eigener Sichtweisen und für eine öffentliche Selbstdarstellung.

Zwar wurde das Thema Staatsangehörigkeitsrecht nicht explizit sachlich und informativ behandelt – das ist in den freiwilligen Angeboten der offenen Jugendarbeit ohnehin fast unmöglich. Trotzdem haben sich die Jugendlichen in ihrer Freizeit mit dem Thema Identität, Pass, Lebens- und Zukunftsplanung auseinandergesetzt und ihre eigenen Positionen gefunden. Die erfolgreiche Beteiligung am Comicwettbewerb zum neuen Staatsbürgerschaftsrecht mit der STEP 21-Software war bei der Erstellung der Webseiten für die Kontinuität motivierend – ein schöner Erfolg.

Die Dia-AV-Produktion

Eine weitere Projektidee war die Produktion einer Dia-Audio-Vision mit verschiedenen Jugendgruppen aus dem Stadtviertel. Sie wurde von einer Arbeitsgruppe entwickelt, an der Vertreter des Runden Tisches für Ausländerfreundlichkeit, der RAA Kalk, des Bürgerzentrums Vingst und der Jugendgruppen der Franziskusstiftung beteiligt waren. Ziel war, nicht nur das Interesse der Jugendlichen für das Thema Staatsbürgerschaft zu wecken, sondern auch Informationen weiterzugeben und damit eine Auseinandersetzung mit der Frage „Einbürgerung ja oder nein?" anzuregen. Die DIA-AV-Produktion sollte gemeinsam mit anderen Aktivitäten aus dem Stadtteil der Öffentlichkeit präsentiert werden, auch wenn nicht das Ergebnis, sondern der Prozess im Vordergrund stehen sollte.

Für die Projektbeteiligten schien das Medium Dia-Audio-Vision in seiner Verbindung von Bild- und Tonelementen geeignet, um im weitesten Sinn das Staatsangehörigkeitsrecht und im engeren Sinn die Lebensplanung der Jugendlichen als Thema aufzugreifen. Die notwendigen Ressourcen (Fotoapparate, Medienwerkstatt, Pädagogische Anleitung) wurden von den beteiligten Einrichtungen zur Verfügung gestellt.

Zur technischen und medienpädagogischen Einführung in das Medium und seine Präsentationsmöglichkeiten besuchten Jugendliche aus dem Vingster Treff eine Dia-AV-Vorführung in der VHS Kalk. Nach einer Phase der Ideenfindung beschlossen sie, sich selbst in ihren Lebensweltbezügen in einer eigenen Dia-AV-Produktion darzustellen. Fotos in Dia-Form wurden erstellt, ausgewählt und technisch bearbeitet. Danach wurden Musikstücke und Texte in Kleingruppen ausgewählt, tontechnisch geschnitten und zu der Dia-AV programmiert. Das Ergebnis wurde bei dem Aktionstag der Kalker Initiativen zum „Kalker Sommer 2001", einem Sommerstraßenfest im Stadtteil, der Öffentlichkeit präsentiert.

Erfahrungen

Die Arbeit mit dem Medium Dia-Audio-Vision ist relativ aufwendig, sowohl medientechnisch als auch personell, da für die Gruppenleitung eine intensive Einarbeitung in den Umgang mit dem Medium vorausgesetzt wird. Die Jugendlichen erstellten Dias aus ihrem Lebensumfeld und selbst ausgedachten Alltagsszenarien. Sie hatten auch großes Interesse, die Fotos zu sehen, Abzüge davon zu machen und am Ende ihre fertiggestellte Dia-AV und andere bereits erstellte Dia-AVs zu sehen. Die Mitarbeit in der Endphase der Erstellung einer eigenen Produktion hatte aber wegen des verhältnismäßig großen Aufwandes einen geringeren Reiz für die Jugendlichen, so dass der Aufwand nur bedingt den pädagogischen Erfolg rechtfertigte.

Kontakt

Jürgen Neitzert, Markus Fuhrmann
Donnerstagsgruppe des Jugendtreffs Vingst, c/o Gemeinschaft der Franziskaner,
Burgstr. 61, 51103 Köln
www.jugendtreff-vingst.de

3. www.musstar.de: Das Internetdiskussionsforum zu Fragen von Staatsangehörigkeit, Einwanderung und Rassismus (Margarete Wohlan)

Erfahrungen mit www.musstar.de

Die Idee eines Internetdiskussionsforums zum neuen Staatsangehörigkeitsrecht entstand auf einer Tagung der Arbeitsgruppe Interkulturelle Soziale Arbeit des Fachbereichstages Soziale Arbeit. Unter www.musstar.de sollten Betroffene, Interessierte und Experten die Möglichkeit haben, Fragen zu stellen und Erfahrungen auszutauschen. Entwickelt und durchgeführt wurde das Projekt von der Clearingstelle des Interkulturellen Rates in Kooperation mit MUSSTAR und mit der Bundeszentrale für politische Bildung. Eine Berliner Journalistin betreute die Entwicklung des Konzepts und die technische Umsetzung. Während der 'Phase im Netz' moderierte sie auch die Webseite.

Das Projekt www.musstar.de wurde am 14. Dezember 2000 ins Internet gestellt und endete am 30. April 2001, ist jedoch vorläufig weiterhin im Netz. Insgesamt besuchten in dieser Zeit knapp 2600 Personen das Internetdiskussionsforum – jedoch nicht alle, die sich informierten, haben auch diskutiert: 117 Diskussionsbeiträge verteilen sich auf die drei Chat-Foren „Politik" (50), „Familie" (51) und „Recht" (16). Während der Laufzeit des Projektes im Internet wurden fünf Newsletter an die eingetragenen Mitglieder (Gewerkschaften, Arbeitgeberverbände, Parteien, Nichtregierungsorganisationen, Bildungsstätten, Familienorganisationen, kirchliche Einrichtungen, Medien, Richterbund) gemailt. Die Inhalte der Newsletter variierten je nach aktueller Lage: während die ersten beiden die Bekanntmachung von Musstar zum Ziel hatten, lag der Schwerpunkt bei den drei weiteren darauf, die gesellschaftlichen Diskurse über Staatsangehörigkeit und Rassismus aufzunehmen und sie im Sinne des Projektes weiterzuführen.

Mehrmals täglich wurden die Chat-Foren im Projekt aufgesucht, um auf eingegangene Meinungsbeiträge zu reagieren. Um leichter in die Diskussion einzusteigen, wurden dem Chat-Forum „Politik" zu Beginn drei Thesen vorangestellt. Diese Thesen wurden im Verlauf des Projekts um zwei weitere Themen ergänzt – „Rassismus" und „Einwanderungsland Deutschland".

Texterstellung, Koordination

Auf der Startseite von www.musstar.de findet der Besucher das Bild einer Hand mit einem Reisepass, daneben ein kurzer Text, der auf die Inhalte und die Verfasser des Diskussionsforums verweist. Neun Links auf der Navigationsleiste führen zu verschiedenen Themen: den Chat-Foren Politik, Familie und Recht, dem neuen Staatsangehörigkeitsrecht (STAR) und dem Multiplikatorenseminar zum neuen Staatsangehörigkeitsrecht (MUSSTAR). Auch die Kooperationspartner des Projekts wurden auf der Navigationsleiste verlinkt. Weiterführende Links (u.a. zu Beauftragten der Bundesregierung für Ausländerfragen, Verband für interkulturelle Arbeit VIA e.V.,

Studie der Landesarbeitsgemeinschaften der Ausländerbeiräte in NRW über 'Themen der Rechten – Themen der Mitte' und den Kooperationspartnern des Projekts) und Impressum vervollständigen das Angebot.

Die drei Chat-Foren sind unterschiedlich gestaltet. Während „Politik" und „Recht" mit vorangestellten Texten zur Diskussion einladen, wurde das Forum „Familie" sehr anwenderfreundlich und anschaulich gestaltet – auch, um Internetnutzern ohne Kenntnisse bezüglich des neuen Staatsangehörigkeitsrechts die Diskussion zu ermöglichen. Ein digitales Foto einer ausländischen Familie (7 Personen) steht im Zentrum dieses Chat-Forums. Jedes der Familienmitglieder wird mit einer Biografie verlinkt und kann angeklickt werden. Die auf jedes Familienmitglied zugeschnittenen juristischen Erläuterungen veranschaulichen sowohl die Erleichterungen als auch die Komplikationen, die durch die Beantragung der deutschen Staatsangehörigkeit entstehen können.

Phase im Netz

Um die Diskussion immer wieder anzuregen, wurden während der viereinhalb Monate, die Musstar im Netz war, fünf Newsletter an die eingetragenen Mitglieder gemailt. Für die Nicht-Mitglieder bestand die Möglichkeit, diese Newsletter auch auf der Homepage von Musstar zu lesen bzw. herunterzuladen.

Newsletter 1: Die Bekanntmachung des Internetdiskussionsforums Musstar – was es will, wer dahinter steht, wer angesprochen werden soll.

Newsletter 2: Ein erster Zwischenbericht über Musstar. Die erste vorläufige Bilanz der Diskussion macht deutlich: das neue Staatsangehörigkeitsrecht (STAR) ist nicht nur ein neues Gesetz, sondern rührt auch an das Selbstverständnis einer modernen Gesellschaft.

Newsletter 3: Interview mit dem Bundesvorsitzenden der „Türkischen Gemeinde in Deutschland" Prof. Dr. Hakki Keskin über die Gründe für die geringe Zahl der Einbürgerungen und die Aussichten des neuen Staatsangehörigkeitsrechts.

Newsletter 4: Informationen über die Erweiterung von Musstar um die Themen „Einwanderung" und „Rassismus". Dies wurde nicht nur aufgrund der aktuellen Diskurse in Politik und Gesellschaft notwendig, sondern auch, weil die Beiträge bei MUSSTAR zeigen, dass Staatsangehörigkeit nur ein Anlass ist, um Erfahrungen und Ängste im Einwanderungsland Deutschland zu thematisieren.

Newsletter 5: Aufgrund der Debatte über Patriotismus und Nationalstolz fragte MUSSTAR in Deutschland lebende Ausländer: Sind Sie stolz, ein Deutscher zu sein? Dieser Newsletter erschien in der türkisch-deutschen taz-Beilage „Persembe" am 5. April 2001 auf der ersten Seite; der Hinweis auf das Projekt MUSSTAR und dessen Internetadresse bedeutete eine kostenlose Werbung für das Internetdiskussionsforum.

Auswertung der Diskussionsbeiträge der Chat-Foren

Die Fragen, Antworten und Meinungen in den drei Foren variieren stark untereinander; auch die Phasen, in denen die einzelnen Foren aufgesucht wurden, sind sehr unterschiedlich. Während im Chat-Forum „Familie" vor allem im Dezember 2000 diskutiert wurde, begann die Diskussion im Chat-Forum „Politik" erst im Januar, hielt sich aber dafür gleichmäßig bis zum April 2001. Beim Chat-Forum „Recht" fand eine „richtige" Diskussion nicht statt – offensichtlich aufgrund der schwierig zu vermittelnden Inhalte (Gesetzestexte sind trotz aller Vereinfachung nicht populär) und der kleinen Zielgruppe, die angesprochen werden sollte: Juristen nutzen selten das Medium Internet. Auch das Einfügen der ersten Urteile nach dem neuen Staatsangehörigkeitsrechts ins Forum belebte nur geringfügig die Diskussion.

Im Chat-Forum „Familie" gelang die Diskussion am ehesten. Dies lag sowohl an der anwenderfreundlichen Gestaltung dieses Forums als auch an den Themen, die diskutiert wurden und zu denen jeder seine Erfahrungen beitragen konnte. Vor allem aber fand sich gleich zu Beginn ein in Deutschland lebender Türke, der offen über seine Gefühle „spricht" – und dadurch eine Diskussion auslöste.

Zwischen den folgenden zwei Auszügen aus der Diskussion liegen nur drei Tage: „Erst einmal hallo!" und „Also, ich überlege mir jetzt erst einmal alles, was ihr gesagt habt. Ich bedanke mich, weil ihr alle so offen ward!" Murat hat die Gelegenheit genutzt und seine Gedanken zum deutschen Pass beschrieben. Er erfüllt alle Voraussetzungen, um eingebürgert zu werden, aber... Das Gefühl, seine Heimat Türkei, die eigene Kultur und Identität zu verraten, lässt ihn nicht los. Die Diskussion führt nicht dazu, dass er sich einbürgern lässt – noch fühlt er sich dafür nicht „stark genug". Aber er ist zum Nachdenken angeregt worden – und das ist genau das, was mit dem Internetdiskussionsforum MUSSTAR erreicht werden soll. Das

Feedback auf seine Meinung und seine Fragen ist außerordentlich – nicht nur die Kooperationspartner von MUSSTAR, sondern auch andere Netzsurfer wenden sich mit unterschiedlichen Antworten an Murat – eine Auswahl:

„Ich denke, nicht das Recht, sondern die Migration spaltet die Familie. Als Vater in einer Migrantenfamilie würde ich mich darum bemühen, allen Familienmitgliedern, besonders den Kindern, die bestmöglichen Rechte zu sichern, in dem Land, in dem sie leben. Für den Zusammenhalt der Familie müssen wir selber sorgen." (HS)

„Ich denke, dass die Mehrstaatigkeit auch nur eine bestimmte Generation, nämlich die erste und noch die zweite Generation der in Deutschland lebenden Migranten interessiert. Die nächsten Generationen werden, vermute ich, weniger Interesse an ihrer ursprünglichen Staatsangehörigkeit haben. Die erste Generation hat noch ein Drittel ihres Lebens in ihren Heimatstaaten verbracht, ist dort aufgewachsen, zur Schule gegangen. Die zweite Generation ist, obwohl in Deutschland zum Teil geboren und hier zur Schule etc. Gegangen, noch in die Heimatländer ihrer Eltern gereist, hatten und haben vielleicht noch Verwandte, Freunde etc. Dort. Die dritte Generation beispielsweise hat so gut wie gar keine Familienstrukturen mehr im Heimatland ihrer Großeltern und damit auch weniger Bezug. Ich glaube, dass sie weniger innerliche Barrieren haben werden, auf ihre ursprüngliche Staatsangehörigkeit zu verzichten." (KA)

„Das wilhelminische Gesetz ist überholt und dringend reformbedürftig. Ich glaube, dass sich viele Ausländer türkischer Herkunft zunehmend an islamischen Organisationen orientieren. Die Einbürgerung muss für Türken wie die Angehörigen der vorgestellten Familie einfacher und erschwinglich werden." (JG)

„Mein ‚Zugehörigkeitsgefühl' ist doch nicht von einem Stück Papier mit amtlichem Siegel abhängig! Alles redet von Europa, manche bezeichnen sich als Weltbürger, aber hier macht man alles an einem Dokument fest, wo ein Ländername drauf steht?" (Pa)

„Ich denke genauso wie Sie, habe leider nicht das Glück der doppelten Staatsangehörigkeit. Ich habe nur den deutschen Pass. Fühle mich jetzt auch nicht wie eine Verräterin." (AG)

Die Themen rund um die Einbürgerung weckten Emotionen und führten häufig zu spontanen Reaktionen, wie die Auswahl der Beiträge verdeutlicht. Die rege Diskussion beschränkte sich allerdings v.a. auf Dezember 2000. Das liegt an Murat, der die Diskussion drei Tage lang förderte. Als er seine Meinung beschrieben hatte und auf seine Fragen Antworten bekam, hatte er (möglicherweise) keinen Grund, ins Chat-Forum zu schauen. Andere hätten an seine Stelle treten müssen – die blieben aber aus (siehe dazu Punkt: Resümee und Ausblick). Ein anderer Grund könnte auch das über viereinhalb Monate gleichbleibende Informationsangebot auf der Startseite des Chat-Forums „Familie" sein: Man hätte auch hier – wie im Chat-Forum „Politik" – durch aktuelle (provokante) Thesen möglicherweise die Diskussion anregen können. Anscheinend reichen die Newsletter, die ja zu diesem Zweck eingerichtet wurden, nicht aus.

Das Chat-Forum „Politik"

Dieses Forum war stärker als die anderen beiden auf eine regelmäßige Neubelebung der Diskussion angewiesen. Deshalb wurden die zu Beginn aufgestellten drei Diskussionsthesen um zwei weitere ergänzt:

1. These:
Eine ethnisch homogene, im völkischen Sinn „deutsche" Bevölkerung hat es auch in der Vergangenheit nicht gegeben. Die absehbare demografische Entwicklung wird die Größe und die Altersstruktur, aber auch die ethnische Zusammensetzung der Bevölkerung in Deutschland bereits in naher Zukunft weiter und nachhaltig verändern. Es liegt im wohlverstandenen Eigen-Interesse der deutschen Bevölkerung, die Potenziale der Zuwanderung zu nutzen.

2. These:
Die deutsche Politik und große Teile der Bevölkerung haben sich schwer getan / tun sich schwer, die Tatsache der Migration nicht nur hinzunehmen, sondern anzunehmen und positiv zu gestalten. Dies hat die ethnische und soziale Aufsplitterung der Gesellschaft gefördert, verstärkt Fremdenfeindlichkeit und Rassismus und gefährdet den sozialen Frieden.

3. These:
Deutschland hat seit Jahrzehnten eine multikulturelle Bevölkerung. Die Reform des deutschen Staatsangehörigkeitsrechtes war daher seit langem überfällig. Das neue Recht ist ein – unbefriedigender – Kompromiss, umstritten und kompliziert. Aber es ist mit der Einführung des Geburtsortprinzips (ius soli) ein Schritt in die richtige Richtung.

4. These:
Die von Bundesinnenminister Otto Schily in Aussicht gestellte Verlängerung der Fristen zur Kindereinbürgerung (§40b StAG) und die Reduzierung der entsprechenden Kosten bringt allenfalls eine kleine Verbesserung des neuen Rechts. Notwendig ist eine umfassende Novellierung. Der wichtigste Punkt dabei: Die Hinnahme der doppelten Staatsbürgerschaft – zumindest für den begrenzten Kreis der dauerhaft und rechtmäßig hier lebenden „Gastarbeiterfamilien".

5. These:
Weit verbreiteter Rassismus in Deutschland einerseits – Notwendigkeit einer weiteren Zuwanderung andererseits: Nur eine neue, energische Integrationspolitik gegenüber den bereits heute hier dauerhaft und rechtmäßig lebenden Migranten (im Bildungssystem, im Gesundheitssystem, im System der sozialen Sicherung, etc.) kann die Herausforderungen der Gegenwart und der Zukunft friedlich bewältigen und die weitere soziale Spaltung der Gesellschaft wie die Entwicklung von Parallelgesellschaften („Ghettos") verhindern. Dazu ist die Vermittlung „interkultureller Kompetenz" als Schlüsselqualifikation in allen Ausbildungsbereichen und die „interkulturelle Öffnung" dieser Systeme unabdingbar.

Die Beiträge im Politik-Forum sind so unterschiedlich, dass sie kaum auf einen Nenner zu bringen sind. Meinungen zum neuen Staatsangehörigkeitsrecht, zu aktuellen Debatten in Politik und Gesellschaft über Leitkultur, Nationalstolz und NPD-Verbot, aber auch persönliche Einstellungen zu Deutschland wechseln sich ab. Auch die Verfasser der Beiträge kommen – soweit erkennbar – aus unterschiedlichen gesellschaftlichen Gruppen. Die Inhalte der Beiträge werden in diesem Manual an vielen Stellen wiedergegeben. Deshalb soll hier nur eine Erfahrung widergegeben werden, die aus dem Rahmen fällt.

„Ich habe Deutschland geheiratet. Irgendwann wurde mir klar, dass wir zusammengehören. Ich sagte: Wir kennen uns jetzt schon so lange, ich kenne Dich sogar besser als Du vielleicht annehmen magst. Ich fühle mich bei Dir wohl, auch wenn ich das manchmal nicht wahrhaben möchte. Deshalb bat ich um Deine Hand und Du hast JA gesagt. Seit diesem Zeitpunkt sind wir verheiratet. Meine erste Ehe ist am bröckeln. Sie bröckelt immer mehr, mehr als ich glauben möchte, und manchmal denke ich, sie ist zerstört. Wir sehen uns nur noch selten. Ich verstehe Dich immer weniger. Doch ich kann die Scheidung nicht einreichen. Denn immer, wenn ich Dich wiedersehe, dann beginnt die Flamme in mir wieder zu lodern und ich spüre, dass das Feuer noch nicht ganz erloschen ist. Ich will und kann den Ring (den Pass), das Einzige, was uns noch geblieben ist, nicht wegwerfen. Es würde mir das Herz brechen. Ich hoffe, Deutschland, Du verstehst das." (Romeo)

Chat-Forum „Recht"

Durch die gezielte Vorgabe, in diesem Forum das konkrete Staatsangehörigkeitsrecht und dessen Umsetzung zu thematisieren, wurden die Inhalte der Beiträge gesteuert. Sowohl die angegebenen drei Beispiele aus der Praxis, die ins Thema einführten, als auch die Aufforderung, andere Fälle mit ungerechten oder unverständlichen Ergebnissen, Schwachstellen im Gesetz und Verbesserungsvorschlägen in die Diskussion einzubringen, hielten wahrscheinlich viele Internetnutzer von einer Teilnahme an der Diskussion ab. Die Juristen, die sich hier hätten austauschen können, scheinen das Medium Internet dafür kaum zu nutzen. Dennoch: eine negative Bilanz zu ziehen ist trotz der „nur" 16 Beiträge nicht angebracht. Wen sonst hätten beispielsweise Cou. und Mod. fragen können und – wichtiger – auch so schnell eine Antwort bekommen auf ihre Frage: „Hat ein Ausländer, der in Deutschland studiert, die sog. „Green Card" bekommen hat und über 10 Jahre hier lebt, die Hoffnung, mal eine unbefristete Aufenthalterlaubnis zu bekommen oder eingebürgert zu werden?" Auch die kleine Diskussion rund um die Lese- und/oder Schreibunfähigkeit von Ausländern einerseits und die vorgeschriebenen Tests als Bedingung zur Erlangung der deutschen Staatsangehörigkeit andererseits hätte so nicht stattgefunden. Die häufigsten Fragen des Forums werden im Anhang unter „Fragen und Antworten" beschrieben.

Resümee und Ausblick

Eine rege Diskussion im Internet zu Fragen der Einwanderung, Rassismus und Staatsangehörigkeit zu initiieren ist ein schwieriges Unterfangen. Dafür gibt es unterschiedliche Gründe: So ist das Medium Internet bei politischen Diskussionen bisher selten erfolgreich gewesen. Das liegt auch daran, dass der durchschnittliche Internetnutzer das Medium vor allem für Konsum-, Unterhaltungs- und/oder Recherchezwecke nutzt.

Ein zweiter Grund liegt in der Auswahl der angemailten Adressaten. Im Vorfeld wurden 245 Adressaten (u.a. Gewerkschaften, Arbeitgeberverbände, Parteien, Nichtregierungsorganisationen, Bildungsstätten, Familienorganisationen, kirchliche Einrichtungen, Medien, Richterbund) auf www.musstar.de hingewiesen, in regelmäßigen Abständen durch Newsletter informiert und zur Diskussion eingeladen – wie viele von den insgesamt knapp 2600 Besuchern des Forums dadurch motiviert wurden, ist nicht überprüfbar. Es steht jedoch fest, dass viele der 117 Beiträge in den Chat-Foren von Personen verfasst wurden, die keinen organisierten Background haben, d.h. keine ausgesprochen gewerkschaftliche, parteipolitische oder kirchliche

Orientierung vertreten. Die Erfahrungen während der Laufzeit des Projekts legen den Schluss nahe, dass gerade Mitglieder von solchen Organisationen, aber auch Professoren und Personen, die in der Öffentlichkeit stehen (Vorsitzende, Politiker), ihre Beiträge sehr überlegt formulieren – ein spontaner „Schlagabtausch" oder eine Diskussion, die über ein längeres Statement hinausgeht und auf vorherige Meinungen / Fragen eingeht, sind bei dieser Gruppe selten.

Ein dritter Grund könnte darin liegen, dass das Projekt MUSSTAR noch zu wenig auf das Medium Internet ausgerichtet wurde: So ist die Startseite sehr übersichtlich, d.h. nicht mit Texten überfrachtet, gestaltet und das Chat-Forum „Familie" durch die anklickbaren Familienmitglieder für Netzsurfer leicht konsumierbar. Aber der Rest des Angebots besteht aus langen, z.T. schwierigen Texten, die nur beim gezielten Anklicken und wirklichem Interesse gelesen werden – der Schritt zum Chatten ist damit noch nicht vollzogen.

Ein vierter und letzter Grund liegt darin, dass bisher kaum diejenigen Bürger angesprochen wurden, die dieses Internetdiskussionsforum tatsächlich für sich nutzen können: die politisch Interessierten und die betroffenen Migranten. Das liegt zum einen daran, dass es bisher kaum eine Möglichkeit gibt, diese Personen – da häufig nicht organisiert – anzusprechen, zum anderen haben viele von ihnen (noch) keinen eigenen Internetzugang. Aber gerade diese Gruppe ist bisher durch die 'üblichen' Angebote wie Weiterbildungsangebote, Seminare und Kongresse noch zu wenig erreicht worden. Ein entsprechendes Angebot im Internet könnte eine Lücke schließen. Deshalb sollte über Strategien nachgedacht werden, wie diese Gruppe zu erreichen wäre.

Das Internetdiskussionsforum Musstar ist ausbaufähig und kann langfristig erfolgreich sein. Knapp 2600 Besuche machen deutlich, dass www.musstar.de vor allem als Informationsmedium genutzt wurde. Dieser Beweggrund muss in den Mittelpunkt einer Weiterführung des Projekts gestellt werden. Ein Projekt, das überparteilich, unabhängig und sachbezogen Fragen der Einwanderung, des Rassismus und der Staatsangehörigkeit behandelt und dieses einer breiten Öffentlichkeit zugänglich macht, sollte weiterhin gefördert werden. Hier ist kein kurzfristiger Erfolg zu erzielen, sondern ein langer Atem notwendig. Gleichzeitig müsste darüber nachgedacht werden, wie die nicht-organisierten Personen (Migranten, Bürger) gezielt angesprochen werden können.

Kontakt

Margarete Wohlan, Journalistin
E-mail: margarete.wohlan@musstar.de
Tel.: 030-21474433

4. Modellprojekt SALWE – Integrationskurse für Zuwanderinnen und Zuwanderer (Hildegard Simon Hohm)

Orientierungshilfen und Deutschangebote für Zuwanderer

Das hier unter dem Namen SALWE vorgestellte Modellprojekt zur Entwicklung eines Netzwerks von modularen Integrations- und Sprachkursen soll verdeutlichen, wie ein Modell der derzeit diskutierten „Integrationskurse für Einbürgerungsbewerber/Neuzuwanderer" aussehen könnte. SALWE ist ein Kooperationsprojekt der Hochschule für Sozialwesen und der Stadt Esslingen, in Zusammenarbeit mit dem Ausländerbüro Esslingen und Trägern kommunaler Sprachförderangebote.

Ausgangslage und Handlungsbedarf

Zum gegenwärtigen Zeitpunkt haben wir in der Bundesrepublik Deutschland keine entsprechende gesetzliche Regelung für die Teilnahme an Integrationskursen, auch wenn diese im Zuwanderungsgesetzentwurf des Bundesinnenministers vorgesehen sind. Unabhängig von den Überlegungen der politischen Parteien und der Zuwanderungskommission über die zukünftige Regelung der Zuwanderung und Integration dieser Menschen, wird es daneben auch weiterhin Zu- und Einwanderung nach Deutschland geben, die nicht von einem Zuwanderungsgesetz erfasst wird: Die Zahl der neu Einreisenden betrug 1998 etwas mehr als 800.000, die Zahl der Menschen, die Deutschland verließen, etwas über 755.000. Wie im Bundesgebiet insgesamt, so hat es auch in Baden-Württemberg in den letzten Jahren eine stetige Zunahme von erstmaligen Einreisen ausländischer Staatsbürger gegeben: 1997 ca. 36.000, 1998 ca. 50.000. In Esslingen betrug die Zahl zugezogener ausländischer Personen im Jahr 2000 exakt 2251.

Die Integration von Zuwanderergruppen wurde und wird nur unter bestimmten Voraussetzungen gestaltet und unterstützt. Für viele Menschen, die dauerhaft nach Deutschland zuwandern, z. B. zum Zwecke des Ehegatten- und Familiennachzugs oder im Rahmen der Freizügigkeit von EU-Bürgerinnen und EU-Bürgern, existieren – von Informationsbroschüren abgesehen – nur wenige offizielle Orientierungs- oder Integrationsangebote.

Deshalb existieren auch nach langjährigem Aufenthalt in Deutschland für viele zugewanderte Menschen noch immer erhebliche Zugangsbarrieren zu deutschen Einrichtungen. Oftmals spielen in diesem Zusammenhang Sprachprobleme, aber auch Unwissenheit und Unkenntnis über die in Deutschland bestehenden Angebote oder Regelungen eine große Rolle.

Unabhängig von einem Zuwanderungsgesetz in der Zukunft sollte es für alle Zuwanderinnen und Zuwanderer nach Deutschland Integrationsangebote geben. Ein entsprechendes Serviceangebot von Kommunen ist auch ein positives Willkommenssignal und Werbung für den Standort. Damit können bereits in der Anfangsphase entscheidende Weichenstellungen für Integration und Partizipation gestellt werden.

In allen aktuellen Überlegungen zu Integrationskursen stehen formalisierte und verschulte Formen der Gestaltung dieser Kurse im Mittelpunkt der Überlegungen. Nicht beachtet wurden bislang drei wichtige Komponenten für den Erfolg von Bildungsarbeit mit Erwachsenen:

1. Ressourcenorientierung
2. Lebensweltbezug von Bildungsangeboten
3. Bürgerschaftliches Engagement und seine Vernetzung innerhalb der ausländischen Einwohnerschaft einer Kommune.

Diese drei Aspekte nehmen einen zentralen Stellenwert in der Konzeption von SALWE ein. Aus der Forschung über Einwanderungsprozesse wissen wir, dass sich in den Aufnahmegesellschaften sog. Einwandererkolonien bilden, die formelle und informelle Hilfe- und Unterstützungsstrukturen für Neuzugewanderte bereitstellen. Die dort entwickelten Muster und Angebote tragen insbesondere auch dazu bei, dass sich die Neuankömmlinge schneller in der neuen Umwelt und Gastgesellschaft orientierten und zurechtfinden können.

Solche informellen Angebote gibt es auch in den sog. Minderheitensubkulturen oder Einwanderungskolonien der Griechen, Italiener, Türken usw. in Deutschland. Sie werden zum Teil privat und spontan geleistet, zu einem großen Teil aber auch von den ausländischen Vereinen organisiert. Ihre Akzeptanz ist in vielen Fällen auch dadurch gewährleistet, dass diese Informationen in der Muttersprache gegeben werden. Die Ratgebenden wissen aus eigener Erfahrung, welche Kenntnisse für die Orientierung in einer neuen Umwelt relevant sind und wie sie „am besten“ zu vermitteln sind. Die in diesem Alltagshandeln und Engagement schlummernden Ressourcen und Potentiale, deren Tragweite für die Integration bislang verkannt wurde, sollen im Projekt SALWE aufgegriffen, professionell bearbeitet und eingesetzt werden. Das gleiche gilt für den Lebensweltbezug dieser Alltagsberatung. Auch von diesen Erfahrungen und Beispielen soll das Kursangebot erfolgreich profitieren.

Das Projekt SALWE – Serviceangebot/Sprechen Arbeiten, Leben, Wohnen in Esslingen

Die Stadt Esslingen beabsichtigt, Orientierungskurse als ein freiwilliges Angebot in Form von mehreren Schulungseinheiten für alle Neuankömmlinge in Esslingen und Landkreis anzubieten. Zielsetzung ist, den Zugang zum Arbeitsmarkt und zu gesellschaftlichen Institutionen zu erleichtern, sowie gesellschaftliche Partizipation für neu Zugewanderte zu ermöglichen.

SALWE ist gedacht als ein Service von bürgerschaftlich engagierten Freiwilligen für Neuankömmlinge. An der Durchführung der Module beteiligen sich deshalb nichtdeutsche und deutsche Freiwillige gemeinsam. Neben dem Ausländerausschuss und dem Ausländerbüro der Stadt Esslingen haben bereits zahlreiche ausländische Vereine, ehrenamtliche Initiativen, Institutionen der Migrantenarbeit und Anbieter von Sprachkursen ihre Zusammenarbeit bekundet. Ein Angebot von Migranten für Migranten zur Orientierung und Partizipation in der deutschen Gesellschaft bietet gute Chancen, Barrieren für die Teilnahme an einem Integrationsangebot so niedrig wie möglich zu halten und auf der anderen Seite motivierend für die Annahme eines solchen Serviceangebotes zu sein. Ein solches Konzept einer Kommune und ihrer Bürgerinnen und Bürger ist zugleich auch ein deutliches Signal der Aufgeschlossenheit und des Wunsches für ein gutes Zusammenleben an alle Neuzugereisten.

Die Mitarbeit bei SALWE stärkt außerdem die Integration der bereits hier lebenden Migrantinnen und Migranten, weil sie ihr Partizipationsinteresse ernst nimmt und sie an der Zukunftsgestaltung der Kommune aktiv beteiligt. Die kontinuierliche Einbindung freiwillig Engagierter aus allen Bevölkerungsgruppen in ein solches Projekt kann zugleich auch den Abschottungstendenzen sowohl auf Seiten der deutschen als auch auf Seiten der zugewanderten Einwohnerinnen und Einwohner, entgegen wirken.

Inhalt der Trainingseinheiten von SALWE

Die Orientierungskurse im Projekt SALWE sollen aus fünf Modulen/Trainings-Einheiten bestehen. Die Teilnahme wird mit einem Zertifikat bescheinigt. Alle fünf Module beschäftigen sich mit grundlegenden Themen, die für die Bewältigung des Alltags in einer neuen Stadt und zum Verständnis der Menschen und der kulturellen Vielfalt in einem neuen Land wichtig sind.

Begonnen wird mit einem Basismodul, das Hilfestellung zur Orientierung innerhalb des regionalen sozialen Beratungsnetzes und der gesellschaftlichen Infrastruktur geben soll. Die Inhalte dieses Moduls sind auf die kommunalen, kulturellen, sozialen, politischen und religiösen Einrichtungen der Stadt Esslingen zugeschnitten. Drei weitere Module bieten Informationen zu den zentralen Lebensbereichen Arbeit, Leben/Freizeit und Wohnen. Ein ergänzendes Modul für Familien gibt Auskunft über Kindergarten, Schule und Ausbildung. Die Module werden in der Muttersprache der Zielgruppe angeboten, ergänzt durch Hinweise auf elementare Begriffe der deutschen Sprache.

In dem Projekt SALWE werden die Orientierungskurse mit zielgruppenspezifischen Deutschkursen verknüpft. Hierbei wird auf das bereits existierende Angebot in Esslingen und der Region zurückgegriffen und Vorschläge zu seiner Weiterentwicklung gemacht. Die Kursteilnehmer werden bei der Suche nach einer geeigneten Möglichkeit zum Erwerb der deutschen Sprache durch das Ausländerbüro der Stadt Esslingen unterstützt und auf für sie passende Angebote hingewiesen. Die Vernetzung mit den Sprachförderangeboten in Esslingen und Umgebung wird von dem Kooperationspartner, Stadt Esslingen – Ausländerbüro, vorgenommen.

Die Module der Orientierungskurse sollen an den Interessen und Wünschen der Teilnehmerinnen und Teilnehmer ausgerichtet sein: Die Auswahl der verschiedenen Bausteine eines Moduls wird nach dem aktuellen Bedarf der jeweiligen Kursteilnehmer getroffen. Die Vermittlung soll auf anschauliche und praxisnahe Weise geschehen und vielfältige Gelegenheiten zum interkulturellen Lernen geben. Die Medien haben daher einen Schwerpunkt im audio-visuellen Bereich. Die eingesetzten Methoden sollen aktivierend und teilnehmerorientiert sein. Gedacht ist dabei u.a. an Trainingselemente aus interkulturellen Schulungen, z.B. Rollenspiele, aber auch an Informationsgespräche und Exkursionen in die Umgebung sowie Besuche bei wichtigen Institutionen. Die Vereine und Initiativen mit ihren Partizipationsmöglichkeiten sollen darüber hinaus auch nach Abschluss der Kurse weiter Ansprechpartner bleiben.

Zielgruppe sind Neuankömmlinge ab ca. 16 Jahren, die seit kurzem oder auch schon länger in Esslingen und der Umgebung leben. Das Angebot ist zunächst auf den Landkreis Esslingen beschränkt und in besonderem Maße auf Migrantinnen und Migranten in der Stadt Esslingen und der näheren Umgebung ausgerichtet. Um eine spätere Übertragbarkeit der Module auf andere Städte und Kreise zu ermöglichen, werden alle Module bereits in der Anfangsphase auch allgemeine Bausteine enthalten.

Kontakt

Prof. Dr. Hildegard Simon-Hohm
FH Esslingen – Hochschule für Sozialwesen
Flandernstraße 101, 73732 Esslingen
Email: simon-hohm@hfs-esslingen.de

Teil V:
Das neue Staatsangehörigkeitsrecht – Anregungen für den Unterricht

Das neue Staatsangehörigkeitsrecht – Anregungen für den Unterricht

Kuno Rinke

Einleitung

„Man wollte Arbeitskräfte und es kamen Menschen". Mit dieser bekannten Aussage zur bundesrepublikanischen „Gastarbeiterzeit" der fünfziger und sechziger Jahre wurde das zentrale gesellschaftspolitische und bildungspolitische Defizit formuliert.

Die gegenwärtige Diskussion unter den politischen und ökonomischen Eliten über die Steuerung von Einwanderung nach Deutschland ist ebenfalls utilitaristisch geprägt. Sie fokussiert häufig auf Fragen nach der Qualifikation der Arbeitskräfte und ihrer Anzahl sowie nach Milderung der ökonomischen Belastung, die aus der rückläufigen natürlichen Bevölkerungsbewegung erwächst. Allerdings deutet sich im heutigen öffentlichen Diskurs der politische Wille an, das genannte Defizit nicht wiederholen zu wollen, sondern durch eine Integrationspolitik aufzufangen. Dies belegt der Bericht der Unabhängigen Kommission „Zuwanderung", „Zuwanderung gestalten – Integration fördern" vom Juli 2001.

Eine Hürde scheinen allerdings auch hier die Haushaltskassen auf den verschiedenen staatlichen Ebenen zu sein, wie sich exemplarisch an Forderungen nach obligatorischen Deutschtests für Zuwanderer und am zu befürchtenden fehlenden flächendeckenden Lehrangebot zeigt. Neben der Diskussion über finanzielle Rahmenbedingungen steht in Deutschland der konzeptionelle Diskurs über das, was Integration bedeute und in welcher Beziehung sie z.B. zu Forderungen nach Toleranz und Anerkennung stehe.

Die Deckung der Nachfrage nach Arbeitskräften bestimmter Qualifikation und die Verringerung von Deckungslücken der Sozialversicherungskassen mittels Einwanderung ist eine Seite, *eine* andere ist das Vertrautsein der Menschen im Umgang mit Heterogenität, eine *weitere* ist der gleich-gültige Umgang miteinander. Die verpflichtende Teilnahme von Zuwanderern an sogenannten Integrationskursen kann nur eine einleitende Maßnahme sein, die kein Ersatz für die Bewältigung einer gesamtgesellschaftlichen Herausforderung ist.

Der aktuellen Zuwanderungsdebatte voraus ging die Debatte über ein neues Staatsangehörigkeitsrecht, das schließlich am 1.1.2000 ist in Deutschland in Kraft getreten ist. Die folgenden Anregungen für den Unterricht in Politischer Bildung (dieser Begriff umfasst hier das Spektrum der schulformbezogenen Fachbezeichnungen) sind offen angelegt. Sie richten sich schulformübergreifend an Lehrerinnen und Lehrer der Sekundarstufen 1 und 2. Entsprechend der Unterrichtsbedingungen (z.B. Schulform, Altersstufe, Stundenraster, Zeit) können die Sequenzen nach Reihenfolge, Inhalt, Umfang und Bearbeitungsmethode variiert werden. Je nach räumlicher Lage der Schule können Materialien ausgetauscht und ortsbezogen spezifiziert werden. Um eine Doppelung der Materialien im vorliegenden Handbuch zu vermeiden, wir vielfach auf einzelne Kapitel verwiesen.

Die didaktisch-methodische Abfolge der Reihe sei kurz skizziert. Die Sequenzen fokussieren auf das neue Staatsangehörigkeitsrecht und schließen einen internationalen Vergleich mit ein (Nr. 3 bis 11). Die Hinführung erfolgt zunächst unabhängig von der aktuellen Gesetzgebung über die Anknüpfung an subjektive Wahrnehmungen und Kommunikationen. Verschiedene Wahrnehmungsformen (z.B. Selbst- und Fremdwahrnehmung) und Gesprächsebenen aller Beteiligten (z.B. Lerngruppe, Befragte, Personen in den Materialien) können verdeutlicht werden (Nr. 1). Fragen nach der Migration – nach dem Migrationshintergrund von Mitgliedern der Lerngruppe (Nr. 2) und nach der Migration nach Deutschland und in ausgewählte Städte (Nr. 12) – führen dann zunächst zur Frage der Gesetzgebung und öffnen anschließend wieder den Blick für grundsätzliche Fragen nach Integration, Toleranz und Anerkennung (Nr. 13).

Der Leitgedanke „Gleich -Gültigkeit und Vielfalt als Selbstverständlichkeit“ fasst den Kern der Überlegungen zusammen, der den didaktisch-methodischen Ansatz der Anregungen für den Unterricht begründet. Es ist eine Perspektive angestrebt, die ethnisch-kulturelle Vielfalt als Selbstverständlichkeit fokussiert und zugleich nicht zwischen Normalität und Besonderheit, dem ‚Wir‘ und den ‚Anderen‘ trennt. Dazu gehört auch, dass die Mitglieder der Lerngruppe als *Subjekte* ernstgenommen und nicht in eine ethnisch-kulturelle Gruppe eingeordnet werden, der dann gleichsam stereotype Eigenschaften z.B. hinsichtlich ihres Empfindens, ihrer sozialen Lage oder ihrer Handlungsorientierungen von außen zugewiesen werden (Rinke 1998, S. 49f; 51f; Diehm/Radtke 1999, S. 9ff). Anzustreben ist die Förderung einer Haltung im Umgang mit anderen Menschen, die Gleichheit und Verschiedenheit als Selbstverständlichkeit versteht. Gleichheit der Subjekte im Hinblick auf ihre Ansprüche, Rechte und Chancen auf der einen, Verschiedenheit in ihren Selbstdefinitionen und ihren Lebensweisen auf der anderen Seite umfassen das, was mit Anerkennung verstanden werden kann. Dies schließt die universelle Orientierung an Menschenrechten und am Modus einer verständigungsorientierten Konfliktregulierung nicht nur ein, sondern hat sie zu ihrer Voraussetzung (vgl. Rinke 2000, 121ff; S.121f).

Für die Unterrichtsvorschläge folgt daraus die tragende Bedeutung, die das Prinzip der Mehrperspektivität bei der Materialauswahl und den Bearbeitungsvorschlägen einnimmt. Der Umgang mit Verschiedenheit z.B. hinsichtlich der Wahrnehmungen, der Interessen und der Zielsetzungen sowie der Umgang mit möglicherweise oder notwendig sich daraus erwachsenen Konflikten kann durch die didaktisch-methodische Aufbereitung reflektiert werden. Die Vorschläge sollen vor allem die Schülerinnen und Schüler im Sinne eines subjektorientierten Lernens aktivieren (Holzbrecher u.a. 2001, Kap. 1) sowie ihre Kommunikation untereinander fördern.

Weiterhin ermöglichen weiterführende Hinweise eine zusätzliche Erschließung von Materialien und Fragestellungen. Zudem werden Vorschläge zur altersgemäßen Reflexion über Methoden und zu deren Einübung angegeben.

Die folgenden Materialien gehen auf die Handreichung des Autors zurück, die unter dem Titel „Ich bin jetzt auch deutsch" von der Landeszentrale für Politische Bildung und der Ausländerbeauftragten des Senats der Freien und Hansestadt Hamburg im Frühjahr 2001 herausgegeben worden sind. Gedankt für die Unterstützung und die Bereitstellung von Materialien für die folgenden Unterrichtsanregungen sei der Ausländerbeauftragten Frau Prof. Ursula Neumann, dem Referenten für Öffentlichkeitsarbeit Herrn Friedhelm Krösche sowie Frau Dr. Rita Bake und Frau Dr. Helga Kutz-Bauer von der Landeszentrale Hamburg.

1 Menschen – durch die Brille gesehen

1.1 Schnipsel

Erfahrungen (1)

Foto: Andreas Laible, aus: Massaquoi, Hans-Jürgen (1999): «Neger, Neger, Schornsteinfeger!» Bern, München, Wien: Scherz Verlag, Fretz&Wasmuth Verlag.

„Da von den Deutschen meiner Generation erwartet wurde, dass sie hellhäutig waren und sicher nicht afrikanischer Abstammung, wurde es mein Los, fortwährend zu erklären, wieso jemand mit brauner Haut und schwarzem krausen Haar akzentfrei deutsch sprach und Deutschland als Geburtsland für sich beanspruchte".

(Massaquoi, Hans-Jürgen (1999): «Neger, Neger, Schornsteinfeger!», S. 9)

Hans-Jürgen Massaquoi wurde 1926 in Hamburg-Eppendorf geboren und verließ 1948 Hamburg, um nach Liberia zu seinem Vater zu gehen. Seit 1950 lebt er in den USA. Er wurde leitender Redakteur der „Ebony", der größten afro-amerikanischen Zeitschrift der USA.

Auf dem Ausländeramt in Hamburg (2)

Sachbearbeiter: Wo kommen Sie her?
Konstantinidos Savrakis, 19 J.: Aus Bergedorf!
SB.: Ich meine, wo sind Sie geboren?
K.S.: In Brunsbüttel!
(nach: Django Asül, Kabarettist)

Frage und Antwort in der Stuttgarter Fußgängerzone (3)

Gell, Sie sind a Ausländer?
Noi, i bin a Türk!

(Heiner Geißler, CDU, erzählt dies in einer Talkshow im Juli 2000 über ein Gespräch des ehemaligen Stuttgarter Oberbürgermeisters Manfred Rommel, CDU)

Beim Meldeamt (4)

(Robert Gernhardt, Vom Schönen, Guten, Baren. Bildergeschichten und Bildergedichte, 3. Auflage, Zürich: Haffmans 1997, S. 342)

Tarnungen (5)

„Berlin ist eine geheimnisvolle Stadt. Nichts ist hier so wie es zunächst scheint. In der Sushi-Bar auf der Oranienburger Straße stand ein Mädchen aus Burjatien hinter dem Tresen [...] Nichts ist hier echt, jeder ist er selbst und gleichzeitig ein anderer [...] Die Chinesen aus dem Imbiss gegenüber von meinem Haus sind Vietnamesen. Der Inder aus der Rykestraße ist in Wirklichkeit ein überzeugter Tunesier aus Karthago. Und der Chef der afroamerikanischen Kneipe mit lauter Voodoo-Zeug an den Wänden – ein Belgier. Selbst das letzte Bollwerk der Authentizität, die Zigarettenverkäufer aus Vietnam, sind nicht viel mehr als ein durch Fernsehserien und Polizeieinsätze entstandenes Klischee. Trotzdem wird es von den Beteiligten bedient, obwohl jeder Polizist weiß, dass die sogenannten Vietnamesen aus der Inneren Mongolei kommen".

(Wladimir Kaminer, Geschäftstarnungen, in: Russendisko. Goldmann: München 2000, S. 98f. Viele der in diesem Band veröffentlichten Kurzgeschichten sind in der Berliner taz erschienen und zu finden unter www.taz.de)

Vorschläge zur Bearbeitung:

- *Untersuche die Beispiele und notiere deine Beobachtungen, Überlegungen und Schlussfolgerungen.*
- *Notiere: wie nehmen Personen die anderen wahr, wie nehmen sie sich selbst wahr? Welche Wechselwirkungen in der Kommunikation gibt es?*

Variationen in den Aufgabenstellungen nach Altersstufe und mögliche Impulse bei der Besprechung:

- *Warum formuliert H.J. Massaquoi einen Anspruch? Was beansprucht er? Müsste ein Mensch in gleicher Lage in Deutschland heute auch noch diese Fragen beantworten (1)*
- *Welche Antwort erwarten die Personen, die Fragen stellen? Warum? Wie verstehen die Personen, die antworten, diese Fragen? Warum antworten sie so, wie sie antworten? (2,3)*
- *Beschreibe die Karikatur! Was soll sie bedeuten? Formuliere die passende Frage zu der gegebenen Antwort! Formuliere die passende Antwort zu der formulierten Frage! (4)*
- *Was versteht Kaminer unter"Geschäftstarnungen"? Was sagen sie über erwartete und erzielte Wahrnehmungen und Wirkungen aus? Wie könnte die Aussage „Jeder ist er selbst und gleichzeitig ein anderer" verstanden werden? (5)*

Verschiedene *Sozialformen* sind denkbar:

In *Gruppenarbeit* (z.B. 4 – 5 Personen) könnten arbeitsgleich alle Beispiele untersucht werden. Dabei ist das Verfassen eines Verlaufsprotokolls in jeder Gruppe hilfreich. Die Beispiele ermöglichen vielfältige Interpretationsansätze, deren Protokollierung für die spätere Auswertung im Plenum genutzt werden kann. Eine anschließende Präsentation und Diskussion jeder Gruppe könnte im Klassenverband erfolgen. – Bei reduzierter Materialauswahl könnte auch *Partnerarbeit* erfolgen.

Ergebnissicherung an der Tafel, auf einer Folie oder als Wandzeitung. Letzteres hat den Vorteil, dass die Ergebnissicherung nicht an das Stundenraster gebunden ist. Zudem bleiben die Ergebnisse in der Klasse visuell präsent.

Eine mögliche Strukturierung der Ergebnissicherung könnte sich an den jeweiligen Beispielen orientieren oder über die gemeinsamen Gesichtspunkte erfolgen, unter denen die Gruppen die Beispiele diskutiert haben.

Einübung von Methoden: protokollieren, präsentieren, vortragen.

Weiterführende Aufgaben:

- Die bewegende Autobiografie von **Hans-Jürgen Massaquoi** (1999) könnte im Unterricht z.B. als Ganztext (Referat) oder in stufenbezogenen Auszügen in Sek. 1 und Sek. 2 eingesetzt werden. Der Autor ist Sohn einer weißen deutschen

Krankenschwester und eines schwarzen Liberianers aus einer Diplomatenfamilie. Das Buch ist eine Fundgrube zum Verhältnis von Staatsbürgerschaft, Diskriminierung und Rassismus in Deutschland. Die Erinnerungen geben in dieser Hinsicht für die Jahre nach 1948 auch Einblicke nach Afrika und in die USA.

- *Ist Massaquois Zitat im heutigen Deutschland überholt und nicht mehr aktuell?* Die Beantwortung dieser Frage könnte z.B. von Schülern bei folgenden Institutionen recherchiert werden.
  – ADEFRA e.V. – Schwarze deutsche Frauen / Schwarze Frauen in Deutschland (gegründet 1986). Vgl. http://www.woman.de/frauimnetz/adefra.html
  – ISD e.V. – Initiative Schwarze Deutsche und Schwarze in Deutschland (gegründet 1986).

1.2 „Ausländer" & „Deutsche" – Assoziationen

Eine Assoziationskette erstellen (Clustermethode)

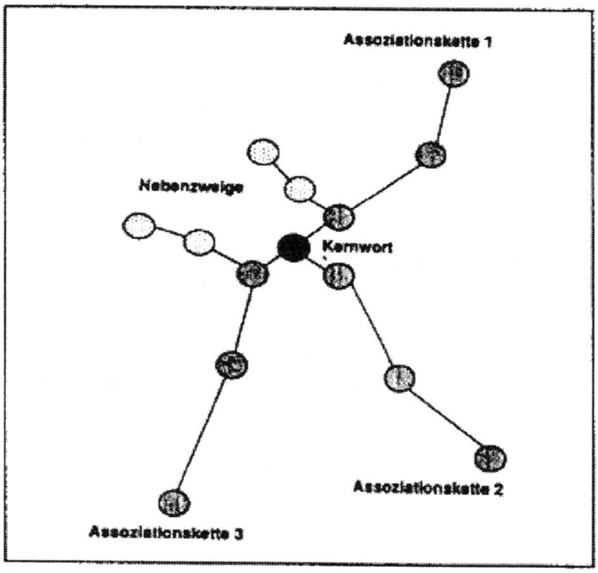

Modell des klassischen Clusters

aus: Phönix. Der etwas andere Weg zur Pädagogik. Ein Arbeitsbuch Band 1. Verfasst von: Heinz Dorlöchter, Gudrun Maciejewski, Edwin Stiller. Paderborn: Schöningh 1996, S. 19

Vorschläge zur Bearbeitung:

- Die Schüler erhalten folgende Aufträge und Informationen:
  Nimm ein leeres DIN-A-4 Blatt und lege es quer.
  Schreibe das Wort „Ausländer“ oder „Deutscher“ („Heimat“/„Fremde“) in die Mitte und kreise es ein.

Schließe die Augen und warte auf Einfälle.
Schreibe die Einfälle möglichst schnell und ohne Nachdenken auf und bilde Assoziationsketten.
Höre nach 5 Minuten mit dem Schreiben auf.

- Weiterbearbeitung:
  Die Cluster der Schüler können an der Wand aufgehängt werden. Die Schüler schauen sich die Ergebnisse an und vergleichen.
- Als Ergebnis kann anschließend ein gemeinsames Cluster auf einer Wandzeitung erstellt werden (*Unsere Assoziationsketten*).

1.3 Von Worten und Menschen – ein Wortfeld

Worte / Begriffe können als Brillen bezeichnet werden, durch die Menschen betrachtet werden: was wird gefiltert und nicht erfasst? Was wird erfasst? Gibt es Überschneidungen bei mehreren Begriffen/Worten? Welche Begriffe sind abwertend? Welche nicht? Warum werden manche Begriffe als Abwertung empfunden? Von wem? Meinen wir dasselbe, wenn wir die dieselben Begriffe verwenden?

- Ein Wortfeld erstellen mittels Brainstorming im Klassenverband (5 Minuten):
  Welche Bezeichnungen / Worte verbindest du mit dem Wort „Menschen mit Migrationshintergrund / Ausländer“ (nur ein Wort vorgeben)*? Kommentiere nicht die Nennungen deiner Mitschüler“.*
  Das Wort wird in die Mitte der Tafel geschrieben.
  Die Schüler rufen ihre Begriffe in die Klasse. Sie werden von einem Schüler oder von der Lehrperson ungeordnet an die Tafel geschrieben.
- Entwicklung einer mind map, in der alle Begriffe strukturiert erfasst werden:
  Bildet Gruppen (3-5 Personen) und erstellt eine mind-map zu den Worten (Folie oder DIN-A-4 Blatt quer).
  Präsentiert anschließend eure Ergebnisse der Klasse

Methodenreflexion:

- Ebenfalls könnten die Methoden „brainstorming“ (u.a. Sinn der Zeitbegrenzung auf wenige Minuten und der Ausschaltung jeglicher Kommentare und Bewertungen) und des „mind-mapping“ besprochen werden.

Vorschläge für die Durchführung:

- Erfahrungsgemäß ist den Schülern der unterschiedliche rechtliche Status von Menschen nicht-deutscher Staatsangehörigkeit in Deutschland nicht bekannt. Die verschiedenen Bezeichnungen, die in den Wortfeldern auftauchen, können mit Hilfe der Übersicht geklärt werden.

Ausländer/-innen sind alle Nichtdeutsche nach dem Grundgesetz Art. 116, Abs. 1
Ausländische_Arbeitnehmer sind Personen, die als ehemals angeworbene Arbeitnehmer oder als Angehörige in Deutschland leben. **a. EU-Angehörige** **b. angeworbene Arbeitnehmer** sind Personen, die durch Anwerbe-Abkommen der BRD bzw. Regierungsverträge der DDR als „Gastarbeiter bzw. „Vertragsarbeiter" nach Deutschland gekommen sind. Aktuelle zwischenstaatliche Abkommen bestehen für: – **Werkvertragsarbeitnehmer** (Beschäftigte von Firmen mit Sitz im Ausland, die auf der Grundlage eines Werkvertrages in Deutschland arbeiten) – **Saisonarbeitnehmer** (Sie können seit 1991 für maximal drei Monate im Jahr eine Tätigkeit in Deutschland aufnehmen z.B. in der Landwirtschaft) – **Grenzarbeitnehmer** (Sie können eine Erlaubnis erhalten, wenn sie täglich zurückkehren oder höchstens zwei Tage pro Woche mit Übernachtung arbeiten, z.B. Arbeitnehmer aus grenznahen Gebieten in Polen, der Slowakischen und der Tschechischen Republik) – **Gastarbeitnehmer** (Ausländische Fachkräfte, die in Deutschland durch Arbeit und Weiterbildung ihre beruflichen und Sprachkenntnisse erweitern wollen. Ihre zahl ist auf 3000 bis 5000 kontingentiert)
Flüchtlinge sind nach der Genfer Flüchtlingskonvention von 1951 Personen, die sich aus der begründeten Furcht vor Verfolgung wegen Rasse, Religion, Nationalität, Zugehörigkeit zu einer sozialen Gruppe oder politischer Überzeugung außerhalb des Landes befinden, dessen Staatsangehörigkeit sie besitzen. **a. Asylbewerber** sind Flüchtlinge, die einen Asylantrag gestellt haben, über den noch nicht entschieden worden ist **b. Asylberechtigte** sind Flüchtlinge, deren Antrag positiv entschieden worden ist. **c. Bürgerkriegsflüchtlinge** sind Personen, die aus einem Gebiet geflohen sind, in dem Krieg oder Bürgerkrieg herrscht und die ohne das Asylverfahren aus humanitären Gründen zeitweise geduldet werden. **d. De-facto-Flüchtlinge** sind Personen, die im Asylverfahren nicht anerkannt worden sind, aus humanitären Gründen aber nicht abgeschoben werden können. **e. Kontingentflüchtlinge** sind Personen, die im Rahmen humanitärer Hilfsaktionen auf Beschluss der Bundesregierung in einer bestimmten Zahl („Kontingent") aufgenommen werden.

Vgl. Jaitner, S. 84; Institut der deutschen Wirtschaft, Ausländer in Deutschland, S. 72f.

Zusatzinformationen / Impulse zur der Verwendung von Sprache und der damit verbundenen/verborgenen Bedeutung:

- *Was bedeutet es, wenn die Bezeichnung „Berliner Ausländerbeauftragte" zur „Beauftragten für Migranten und Migrantinnen" wechselt?*
  Was bedeutet es, wenn die Bezeichnung „ausländische Kinder" (Berliner Schulgesetz bis April 1996) in „Schüler nichtdeutscher Herkunftssprache" geändert wird?
  Macht es einen Unterschied von „Ausländern" oder von „Menschen mit Migrationshintergrund" zu sprechen?

Macht es einen Unterschied, ob von „Ausländern", „ausländischen Mitbürgern" oder ausländischen Bürgern" in Deutschland gesprochen wird?
Was bedeutet „Kanake"? Warum wird dieses Wort z.B. von Künstlern verwendet (vgl. „Kanakmän" von Muhsin Omurca oder „Kanak Sprak" von Feridun Zaimoglu)
Gibt es „Edelausländer", „Ausländer", „Fremdartige Ausländer", „Abgelehnte Ausländer"? Wer, warum?
(Könnte tabellarisch zugeordnet werden)

- *Gibt es Beispiele aus nicht deutschen Sprachen für den Versuch, Menschen mit Migrationshintergrund mit bestimmten Begriffen zu erfassen und zu kennzeichnen?*
  Erstelle ein Wortfeld in einer nicht deutschen Sprache. Vergleiche mit dem Wortfeld in deutscher Sprache? Gibt es Wörter, die es im Deutschen nicht gibt? Gibt es Gemeinsamkeiten / Unterschiede?

1.4 Was ist politisch korrekt?

Wladimir Kaminer schrieb im Mai 2001 eine Kolumne über die Erlebnisse seines Freundes und Sprachlehrers Thomas im „Lehrgang ‚Deutsch für Ausländer' einer renommierten Berliner Sprachschule":

Die Kursgruppe wurde gerade neu zusammengestellt und bestand fast ausschließlich aus Russlanddeutschen – es waren Aussiedler aus Kasachstan. Als auffällige Minderheit hatten sie dort laut eigener Aussage für ihr Deutschtum viele Erniedrigungen über sich ergehen lassen müssen. Infolgedessen hielten die Schüler eng zusammen und verfügten über einen ausgeprägten Nationalstolz. So meuterten sie gleich am ersten Tag wegen der Bezeichnung ihres Kurses als „Deutsch für Ausländer". Wir sind doch keine Ausländer, wir sind hundertprozentige Deutsche! Einen solchen Kursus zu besuchen, verstößt gegen unsere Würde, wir sehen uns schon wieder von der Gesellschaft an den Rand gedrängt, schimpften sie. Thomas konnte ihre Sorgen nicht ganz nachvollziehen. Wie soll unser Kurs denn heißen?, fragte er sie. „Deutsch für Deutsche", war die Antwort. Thomas überlegte nicht lange und änderte leichten Herzens den Titel auf Programmzettel und Lehrplänen. Es ist doch egal, wie der Kurs heißt, Hauptsache, sie lernen fleißig, dachte er.

Zwei Wochen lief alles wie am Schnürchen. Allerdings machten die anderen Studierenden immer wieder Witze über den Kurs „Deutsch für Deutsche" im Lehrplan. Eines Tages rief der Direktor Thomas zu sich und herrschte ihn an: „Was haben Sie sich dabei bloß gedacht? Unsere Schule ist ein modernes Lehr- und Kommunikationszentrum. Wollen Sie, dass die ganze Stadt über uns lacht?" [...] Nach langem Hin und Her nannte Thomas seinen Kurs bescheiden, aber geschmackvoll „Deutsch als Fremdsprache". Wieso bin ich nicht gleich auf diese Idee gekommen, es lag doch auf der Hand, freute er sich.

Seine Gruppe lehnte den neuen Namen aber sofort wieder kategorisch ab: Deutsch ist für uns in gar keinem Fall eine Fremdsprache, Deutsch ist unsere Muttersprache, sagten die Russlanddeutschen. Wir kennen sie nur nicht, weil uns dieses Wissen vom sowjetischem Regime gestohlen wurde. [...] Es wurde eine Konferenz zusammengerufen. Dort verhandelten beide Seiten über den angemessenen Namen des Kurses. Nach ungefähr zwei Stunden wurde eine Lösung gefunden: Ab nun hieß der Kurs von Thomas „Deutsch als verschüttete Muttersprache". Damit waren alle zufrieden.

(aus:Wladimir Kaminer, Verschüttet. In: taz Nr. 6451 vom 21.5.2001, S.18, 123; vollständig in: http://www.taz.de)

Vorschläge zur Bearbeitung:

- *Ist es „egal" wie der Kurs heißt? Für wen ist dies nicht der Fall? Warum?*
- *Welche Fremd- und Selbstwahrnehmungen sind mit den verschiedenen Kursbezeichnungen verbunden?*
- *Gibt es Ähnlichkeiten mit den von euch erstellten Wortfeldern (Punkt 1.2 und 1.3)?*
- *Was ist politisch korrekt?*

1.5 Stille Post mit Bildern

Eine Hamburger Schulklasse

(aus: Ein Land – viele Religionen. Reihe: Miteinander Leben in Europa. Hamburg. edition Körber-Stiftung 1996, S. 22)

Vorschläge zur Bearbeitung:

- Ein Schüler bekommt das Bild der Schulklasse. Die Aufgabe für den Schüler: *„Beschreibe das Bild deinem Nachbarn. Der darf das Bild aber nicht sehen!"*
- Der Nachbar berichtet nun seinerseits weiter, ohne das Bild zu sehen. Nach einigen Stationen sieht die Klasse das Bild an.
- In der Auswertung können folgende Fragen behandelt werden: *Was wurde beschrieben? Was wurde nicht beschrieben? Was kam beim Bericht hinzu? Welche Einschätzungen wurden deutlich? Was war schwierig zu beschreiben?*

Alternativen: Geeignet sind auch andere Bilder, die einen Bezug zur Einwanderungsgesellschaft haben, wie z.B. das Foto einer Fußballnationalmannschaft (vgl. Jaitner, S. 83). Zur EM 2000 Niederlande: www.de.sports.yahoo.com/euro2000/ neth. Zur WM 1998 Frankreich: www.tvtodayde/wm98/mannschaft/

2 Der Stammbaum – Haben wir alle einen Migrationshintergrund?

Wanderungen wird es in der Geschichte vieler Familien in Deutschland gegeben haben. Familienmitglieder, die ihren Wohnort aus unterschiedlichen Gründen verlassen haben können: z.B. als Vertriebene nach 1945, aus Deutschland ins Ausland, aus dem katholischen Süden in den protestantischen Norden, aus dem Ausland nach Deutschland, zwischen verschiedenen nichtdeutschen Ländern. Alle Ortsveränderungen waren mit Erwartungen und Erfahrungen verbunden, die es wert sind, festgehalten zu werden. Die Befragung der Eltern oder Großeltern oder auch von anderen Verwandten wird dazu sicherlich nötig sein. Dabei kann sich an einzelnen Geschichten herausstellen, dass Familienmitglieder auch Deutschland als Emigranten verlassen haben.

Vorschläge zur Bearbeitung:

Wir erstellen einen Familienstammbaum

- *Erstelle einen Stammbaum deiner Familie* (Hausaufgabe).
- *Bildet kleine Stehzirkel zu drei oder vier Personen und stellt euch die Stammbäume gegenseitig vor*
- Im Anschluss daran ein offenes Gespräch (Stuhlkreis) über Erfahrungen mit Wanderungen.
- Die Stammbäume können in der Klasse aufgehängt werden.
- Wanderungsbewegungen der Familien könnten in einer Welt-/Europa-/Deutschlandkarte erfasst und visualisiert werden (z.B. mit Heftzwecken und Bindfäden zwischen Hamburg und den Herkunfts- bzw. Zielorten der Wanderungen; verwendet werden können auch Haftpunkte mit Farben für die jeweiligen Generationen).

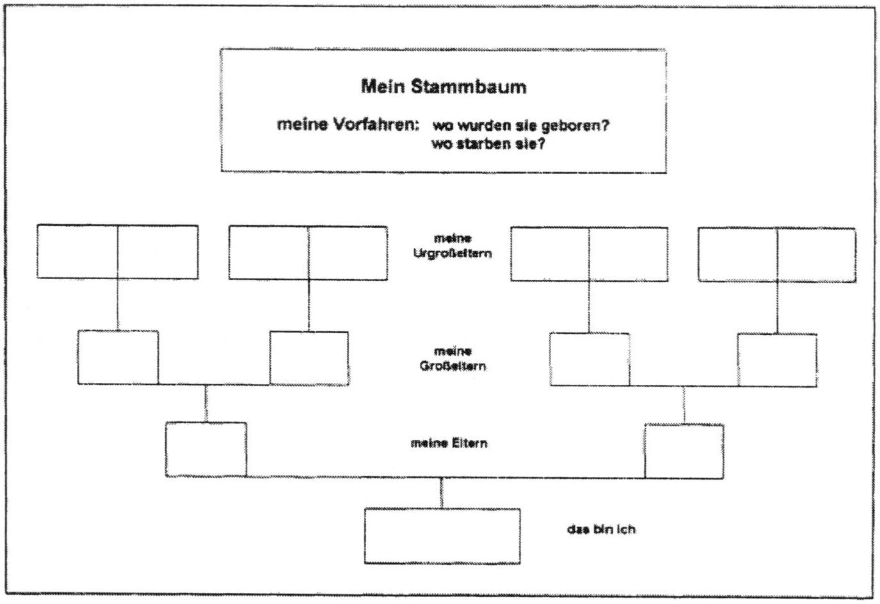

(nach Jaitner, S. 96f.)

Wir befragen Mitglieder unserer Familie

- *Spreche mit Mitgliedern deiner Familie über Wanderungen, die sie oder eure Vorfahren hinter sich haben. Stelle ihnen Fragen und schreibe auf einer DIN-A-4 Seite auf, was sie dir erzählt haben.*
- Die möglichen Fragen könnten zuvor mit der Klasse entwickelt werden.
- Die Blätter könnten in der Klasse aufgehängt werden.

3 Typisch deutsch? – Typisch deutsch! Die Kampagne zum neuen Staatsangehörigkeitsrecht

Vorschläge zur Bearbeitung

Die Plakate können in Gruppenarbeit ausgewertet werden. Jede Gruppe erhält ein Plakat.

- *Untersuche das Plakat nach Aufbau, Inhalt, Zielgruppe und Absicht. Welche Zusammenhänge erkennst du bei dem Plakat zwischen diesen verschiedenen Punkten.*

Typisch Deutsch.
EINBÜRGERUNG: Fair. Gerecht. Tolerant.
EINBÜRGERUNG: Das neue Staatsbürgerrecht ab 1. Januar 2000.
www.einbuergerung.de

Plakat 1

Typisch Deutsch.
Kinder ausländischer Eltern
Hier zu Hause
EINBÜRGERUNG:
Fair. Gerecht. Tolerant.
EINBÜRGERUNG: Das neue Staatsbürgerrecht ab 1. Januar 2000.
www.einbuergerung.de

Plakat 2

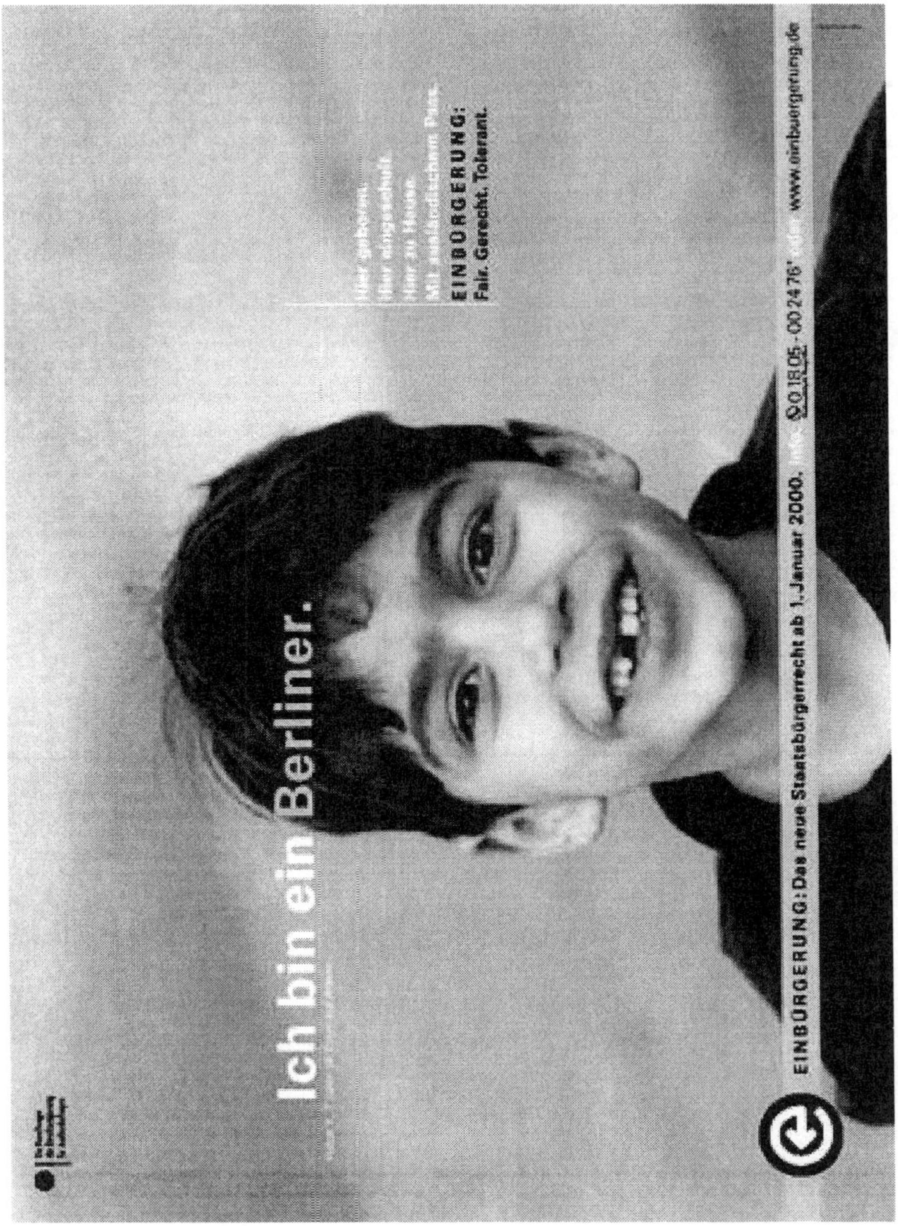
Ich bin ein Berliner.
EINBÜRGERUNG:
Fair. Gerecht. Tolerant.
EINBÜRGERUNG: Das neue Staatsbürgerrecht ab 1. Januar 2000.
0180 5 - 00 24 76*
www.einbuergerung.de

Plakat 3

- *Stelle Bezüge zum bisherigen Unterricht her (z.B. Verwendung von Sprache; Selbstwahrnehmung und Fremdwahrnehmung).*
- Ein Gruppenmitglied hält die Arbeitsergebnisse in einem Protokoll fest. Anschließend trägt die Gruppe oder ein Gruppensprecher die Ergebnisse vor.
- Nach den Gruppenvorträgen können alle Plakate verglichen und über die Plakataktion in ihrer Gesamtheit gesprochen werden.

Mögliche Impulse bei der Diskussion:

- *Wie wirkt das Plakat auf euch? Worauf zielte der erste Blick? Was war der erste Gedanke? Gab es Meinungsunterschiede in der Gruppe?*
- *Wie wird der Begriff „Inländerin" verstanden? In welchem Verhältnis steht er zum Begriff „Ausländer"?*
- *Warum gibt es keine Erläuterungen zum Mann? Warum steht auf dem Plakat nicht„Typisch Deutsch?"? Warum ist dann überhaupt „Typisch Deutsch." auf dem Plakat zu lesen? (Plakat 1).*
- *Was bedeutet „Einbürgerung"? Sind die noch nicht eingebürgerten Menschen keine Bürger?*
- *Mit ähnlichen Fragen und dem Hinweis auf den Plakaten zum neuen Staatsangehörigkeitsrecht kann zur neuen Rechtslage übergeleitet werden.*

www.
Die Materialien zur Kampagne einschließlich der Plakate sind als download zu erhalten unter: www.einbuergerung.de/mate.html

Bestellungen können angefordert werden unter

Frau Marieluise Beck
Beauftragte der Bundesregierung für Ausländerfragen, Mauerstraße 45-52, 10117 Berlin
Tel.: 01888/527-2973/74, Fax: 01888/527-1930, Materialbestellungen unter 01888/527-2760
Internet: http://www.bundesauslaenderbeauftragte.de

4. Die Ersten – Einbürgerung nach neuem Recht

Blumen und 2000 Mark für das erste Baby des Jahres (1)

Der Trubel lässt den Kleinen völlig kalt – seelenruhig schlummert Izzet in den Armen seiner Mutter. Star auf der Titelseite des Hamburger Abendblattes und im Fernsehen ist der Winzling gestern gewesen – schließlich ist er Hamburgs erstes Neujahrsbaby des Jahres 2000.
Drei Minuten nach Mitternacht kam Izzet im AK Altona vor vier Tagen auf die Welt – seine Eltern, der Türke Burhan Isler und seine 25-jährige Ehefrau Zeynep können es immer noch nicht glauben. Der 29-jährige Vater erzählt: „Eigentlich sollte unser Sohn erst in zwei Wochen auf die Welt kommen. Mit einem Millenniumsbaby haben wir gar nicht gerechnet. Doch dann gingen Silvester die Wehen bei meiner Frau los."
Burhan Isler, der bei der Deutschen Bahn arbeitet, war bei der Geburt dabei und hielt seiner Frau die Hand: „Es ging ganz schnell und war völlig unkompliziert." Für das Ehepaar aus Altona ist es der zweite Sohn – zu Hause wartet der fünf Jahre alte Hasan schon gespannt auf sein neues Brüderchen. [...]

(Quelle:Hamburger Abendblatt vom 04.01.2000; www.abendblatt.net/contents/ha/news/lokales/html/040100/1804BABY6)

Eine Familie – verschiedene Rechte? (2)

These 1: Für den 4jährigen Sohn: Soll die bis zum 31.12.2000 bestehende Kindereinbürgerung weiterhin bestehen?

These 2: Für die Mutter: Das neue Staatsangehörigkeitsrecht spaltet meine Familie.

These 3: Die Kosten für die Einbürgerung der ganzen Familie sind zu hoch.

Diskutieren Sie mit:

Forum

(aus: http:///www.mustar.de/foren/familie/index.html)

Der Vater

lebt seit 30 Jahren in Deutschland und besitzt seit 1990 eine Aufenthaltsberechtigung. Viel Geld für die Einbürgerung hat er nicht. Er fragt sich, was ihm die Einbürgerung bringen würde.

Er hat seit mehr als acht Jahren seinen rechtmäßigen gewöhnlichen Aufenthalt in Deutschland, ist im Besitz einer Aufenthaltsberechtigung, bezieht keine Arbeitslosen- oder Sozialhilfe ist nicht wegen einer Straftat verurteilt, verfügt über ausreichende Deutschkenntnisse, es liegen kein Ausweisungsgrund nach § 46 Nr. 1 Ausländergesetz und keine verfassungsfeindlichen Betätigungen vor. Er ist auch bereit, das Bekenntnis zum Grundgesetz (Loyalitätserklärung) abzugeben. Er fragt, ob er seine Staatsangehörigkeit behalten kann und wenn nicht, ob er dann zumindest die Möglichkeit hat, seine bisherige Staatsangehörigkeit nach Entlassung wieder zu erwerben.

Die Mutter

besitzt eine unbefristete Aufenthaltserlaubnis seit 1990, sie hat nie in Deutschland gearbeitet, sie versteht, aber spricht wenig deutsch. Befürchtet daher, den Deutschtest nicht zu bestehen

Einen Schulabschluss kann sie nicht vorlegen. In ihrem Alltag findet sie sich aber sehr wohl zurecht. Behördengänge und Arztbesuche erledigt sie ohne fremde Hilfe. Sie hat Interesse an der deutschen Staatsangehörigkeit. Sie hat Angst, als einzige nicht eingebürgert zu werden, wenn sie den Deutschtest nicht besteht. Sie möchte aber keine Spaltung innerhalb der Familie. Sie kann zwar einigermaßen einen Zeitungsartikel lesen, befürchtet aber den Inhalt nicht wiedergeben zu können. Sie fragt, was sie tun kann, um den Deutschtest zu bestehen.

Der fünfzehnjährige Sohn

ist wegen kleinerer Delikte aufgefallen. Das Gericht hat ihm die Ableistung von 20 Arbeitsstunden in einem Tierheim aufgegeben. Dabei handelt es sich um eine Erziehungsmaßregel nach dem Jugendgerichtsgesetz.

Die Großmutter

zog 1967 zu ihrem Ehemann nach Deutschland. Heute ist sie 60 Jahre alt. Sie hat in Deutschland nie gearbeitet, spricht wenig Deutsch und kann weder lesen noch schreiben. Sie will in ihrer Heimat beerdigt werden und befürchtet, dass ihre Verwandtschaft sie für illoyal halten würde.

Die sechzehnjährige Tochter

ist in Deutschland aufgewachsen und fühlt sich hier zu Hause. Sie ist im Besitz einer unbefristeten Aufenthaltserlaubnis. Nach der Schule möchte sie eine Ausbildung als Bankkauffrau beginnen und bewirbt sich zur Zeit. Sie hat aber in der Vergangenheit negative Erfahrungen gemacht. Sie hat das Gefühl, dass sie aufgrund ihrer ausländischen Herkunft nicht gleich behandelt und anerkannt wird. Sie erlebt viel Diskriminierung im Alltag und zweifelt daher, ob sich durch den deutschen Pass für sie etwas ändern würde.

Der vierjährige Sohn

ist in Deutschland geboren. Er geht in den Kindergarten und wächst bilingual auf. Die Eltern geben sich Mühe, mit ihm zu Hause deutsch zu sprechen.

Der Großvater

ist 65 Jahre alt, kam 1965 nach Deutschland zum Arbeiten. Nach einem langen Berufsleben bezieht er jetzt eine Rente. Er kann sich ohne nennenswerte Probleme in deutscher Sprache mündlich verständigen. Er will in seiner Heimat beerdigt werden, glaubt, dass der Verlust seiner Staatsangehörigkeit gleichbedeutend ist mit dem Verlust seiner kulturellen Identität. Er möchte seine ausländische Staatsangehörigkeit behalten, weil er unsicher ist. Er weiß nicht, was er verliert, wenn er seine ausländische Staatsangehörigkeit aufgeben muss, um die deutsche Staatsangehörigkeit zu erwerben.

Der Großvater ist bei guter Gesundheit und muss sich für das Entlassungsverfahren auch nicht in sein Herkunftsstaat begeben.

Vorschläge zur Bearbeitung

Die Bestimmungen des alten und neuen Staatsangehörigkeits- bzw. Ausländergesetzes können mit Hilfe der Fallbeispiele erarbeitet, verglichen und bewertet werden. Dies ist verbunden mit einem Prozess der Urteilsbildung und einer abschließenden begründeten Entscheidung. Ergänzend dazu können auch die Staatsangehörigkeitsgesetze in anderen Ländern vergleichend herangezogen werden.

- *Erläutere, auf welcher gesetzlichen Grundlage Izzet Isler aus Hamburg-Altona die deutsche Staatsangehörigkeit erhalten hat. Welche Möglichkeiten haben seine Eltern? Welche Unterschiede bestehen zur alten Gesetzgebung? Kläre und diskutiere mit den anderen deiner Gruppe die Fälle und tragt die Ergebnisse der Klasse vor (Gruppenarbeit/Partnerarbeit) (1,2).*
- *Kläre, welche gesetzlichen Bestimmungen für die einzelnen Familienmitglieder gelten? Entscheidung und begründe, inwieweit die deutsche Staatsangehörigkeit möglich ist. (2)*
- *Nimm einmal an, die Familien leben in anderen Ländern. Hätten Sie dann alle einen Pass dieses Landes? (1,2)*
- Die Ergebnissicherung kann in einer Tabelle erfolgen (Kopfzeile/Spaltenüberschriften: Familienmitglieder; Neues Gesetz; Altes Gesetz; Einbürgerung ja oder nein; Begründungen; Sonstiges) Auf einer großen Wandzeitung oder auf einer Folie könnten die Ergebnisse der Gruppen der Reihe nach während der Präsentation von den Schülern/Gruppen eingetragen werden.

Alternativen und Vertiefungen:

- *Nimm zu den Bedenken und Fragen einzelner Familienmitglieder Stellung. (3).* Möglich ist hier auch ein Schreibgespräch in Kleingruppen (z.B. 4 Personen).
- *Beteilige dich am Diskussionsforum im Internet bei mustar.de. Du kannst dich an den im Beispiel 2 angegebenen drei Thesen orientieren. Möglich sind aber auch Stellungnahmen zu anderen Aspekten.*
- *Werte die Beiträge des Diskussionsforums aus. Lege Gesichtspunkte für deine Auswertung fest.*
- Vermutlich wird in der lokalen Presse jeweils über die ersten Einbürgerungen nach neuem Recht berichtet worden sein. Dies könnte im Internet überprüft werden, so dass dann jeweils auch lokale Beispiele im Unterricht besprochen eingesetzt werden können.

5 Was steht im neuen Gesetz?

Im Handbuch sind die alte und neue Gesetzgebung zur Staatsangehörigkeit umfassend dokumentiert und erläutert: das neue Staatsangehörigkeitsgesetz (StAG – gültig ab 01.01. 2000), das alte Reichs- und Staatsangehörigkeitsgesetz (RuStAG – gültig bis 31.12.1999) sowie das neue Ausländergesetz (AuslG – gültig ab 01.01. 2000) und das alte Ausländergesetz (gültig bis 31.12.1999).

Zur Beurteilung der Fallbeispiel können folgende Quellen herangezogen werden:

- Aus dem Handbuch:

  Henning Storz, Teil I, Kap. 1.1 (Neuerungen der Gesetze); Kap. 1.2 (Grundgesetzartikel)
  Helga Spindler, Teil I, Kap. 2.1 (Anspruchs- und Ermessenseinbürgerungen), 2.2 (Neuregelungen ab 2000); 2.3 (Allgemeine Voraussetzung für die Einbürgerung und Aufenthaltstitel), 2.4 (Erwerb der Staatsangehörigkeit durch Geburt); 2.5 (Anspruch auf Einbürgerung)

- Eine übersichtliche Gegenüberstellung von alten und neuen Regelungen gibt die Broschüre „Ich bin jetzt auch deutsch" (Rinke, S.16-21), die kostenlos erhältlich ist: *www.hamburg.de/Behoerden/Landeszentrale/archiv/rinke_deutsch.htm.*
- Bund, Bundesländer, Städte und Gemeinden haben seit Inkrafttreten des Neuen Staatsangehörigkeitsgesetzes umfangreiche und vielfach mehrsprachige Informationen ins Netz gestellt. Dort können auch länderspezifische Unterschiede im Einbürgerungsverfahren überprüft werden. Als Beispiel:

  - **Hamburg:** www.hamburg.de/Behoerden/Auslaenderbeauftragter/themen/einbuerg.htm
  - **Düsseldorf:** www.duesseldorf.de
  - **München:** hermes.muenchen.de/referat/kvr/einbuergerung/index.html
  - **Berlin:** www.berlin.de

  Hinzu kommen die websites weiterer Organisationen wie z.B. Paritätischer Wohlfahrtverband NRW. Aktionsbüro Einbürgerung: www.einbuergern.de/Angebote/VerglAuslG/Vergleich_auslg.htm

Weitere Bearbeitungsvorschläge:

- *Im Internet ist diese Mitteilung des Bundesinnenministeriums zu lesen. Wie sind die unterschiedlichen Positionen zwischen Bundesregierung und Bundesrat möglicherweise zu erklären? Wie ist deine Meinung dazu?*

Kindereinbürgerung. Wichtige Information!

Der Anspruch auf Einbürgerung für Kinder unter 10 Jahren ist am 31.12.2000 abgelaufen. Einer Verlängerung der Frist bis Ende 2002 und einer Senkung der Einbürgerungsgebühren hatte die Bundesregierung und der Bundestag bereits Anfang des Jahres zugestimmt, die Initiative wurde aber vom Bundesrat abgelehnt. Auch im Vermittlungsausschuss von Bundestag und Bundesrat kam eine Einigung durch die Ablehnung der unionsgeführten Länder bisher nicht zustande. Das Verfahren ruht bis auf Weiteres. Mit einer baldigen Verlängerung der Frist ist daher nicht zu rechnen.

(Quelle: www.bundesauslaenderbeauftragte.de/themen/keinb.stm am 18.10.01)

6 „Entweder ... oder!" – Eine Entscheidung wird verlangt

6.1 Er hat sich schon entschieden:

Faith Akin
Foto: www.senatorfilm.-de/imjuli/seiten/cast.htm am 08.10.2000

Der Hamburger Regisseur Fatih Akin in einem Gespräch im August 2000:

„ Als Sohn türkischer Eltern wurde Fatih Akin 1973 in Hamburg geboren. Mit dem Multi-Kulti-Drama «Kurz und schmerzlos» überzeugte Akin, erhielt den «Bayerischen Filmpreis» als Nachwuchsregisseur und auch zwei Nominierungen für den «Deutschen Filmpreis». Mit «Im Juli» [...] inszeniert [Atkin] einen heiteren Liebesfilm mit Moritz Bleibtreu als schüchternem Lehrer, der sich Hals über Kopf in eine Türkin verliebt und ihr von Hamburg bis Istanbul folgt. [...]

Sie haben seit 1994 die deutsche Staatsangehörigkeit. Wem fühlen Sie sich zugehörig?

Fatih Akin: Gemeinsam mit meiner Familie habe ich den Schritt getan, ein Akt der Vernunft. Ein Stück Papier verändert nicht das Bewusstsein. Wenn ich behaupten würde, ich bin ein Deutscher und kein Türke mehr, würde ich schon einigen Leuten Kummer bereiten, das möchte ich nicht.

Wie würden Sie sich bezeichnen?

Akin: Als Hamburger. Das ist ein Kompromiss, trifft aber auch zu. Ich lebe in einem Freundeskreis aus unterschiedlichen Kulturen, es entwickelt sich etwas völlig Neues, das nenne ich Hamburg.

Fühlen Sie sich dennoch manchmal als Ausländer?

Akin: Es gibt Situationen, in denen ich mich fremd fühle, gerade wenn es um politische Entscheidungen geht. Aber wenn ich Rechtsradikale auf der Straße sehe, fühle ich mich als Deutscher und empfinde es als Pflicht, etwas zu unternehmen. Den versteckten Rassismus halte ich für sehr gefährlich. Der ist allerdings nicht auf Deutschland begrenzt, den gibt es überall.

Sie drehen gerade «Ich habe vergessen, zurückzukehren», einen TV-Dokumentarfilm über Ihre Familie.

Akin: Es ist die Geschichte meiner Eltern und auch meine Geschichte. Sie sind vor 40 Jahren in dieses Land gekommen, kannten die Sprache nicht und kriegten dennoch alles auf die Reihe. Bei den Recherchen habe ich völlig unbekannte Anekdoten erfahren, viel über meine Eltern, meinen Vater, seine Schwester und zwei Brüder, die wieder in die Türkei zurückkehrten. [...]".

Quelle: Margret Köhler, Raus aus der Nische, in: Berliner Morgenpost vom 23.08.2000

Vorschläge zur Bearbeitung:

- *Welche Bedeutung hatte die Entscheidung für die Deutsche Staatsangehörigkeit für Herrn Akin? Warum bezeichnet er sich als Hamburger?*
- *Was könnte Akin unter dem „versteckten Rassismus" verstehen?*

6.2 Wie würdest du entscheiden?

(Quelle: Das Parlament, N.7/8 v. 12./19. Februar 1999)

- *Stelle Bezüge zwischen der Karikatur und den Regelungen zum Doppelpass im neuen Staatsangehörigkeitsgesetz her.*
- *Nimm einmal an, du stündest im Alter von 18 und 23 Jahren in Deutschland oder in einem anderen Land deiner Wahl vor der Entscheidung:*
    - *Ich gebe den deutschen Pass ab und behalte meine zweite Staatsangehörigkeit.*
    - *Ich behalte die deutsche Staatsangehörigkeit und gebe meinen zweiten Pass ab.*

Schreibe in fünf Minuten auf, wie du dich entscheidest und warum.

Hier sind einige Antworten von Schülern, denen im Herbst 2000 dieselbe Frage gestellt wurde:

Franke, 17 Jahre:
„Da ich schon in einem Jahr vor der Optionspflicht stehen werde, ist diese Frage für mich sehr viel aktueller als für andere und ich bin mir trotz vieler langwieriger Überlegungen noch immer nicht sicher, ob ich die niederländische oder deutsche Staatsangehörigkeeit annehmen werde. Ich kann aber sagen, dass ich mich wahrscheinlich für die deutsche entscheiden werde, weil ich erstens besser Deutsch kann und auch die deutschen Traditionen pflege und zweitens, weil ich wahrscheinlich auch in Deutschland arbeiten werde".

Aylin, 16 Jahre:
„Für mich als eine in Deutschland lebende Türkin ist es nicht schwer, sich in diese Situation hineinzuversetzen. Würde ich mich jetzt dazu entscheiden, die deutsche Staatsangehörigkeit anzunehmen, würde ich auch bei der Optionspflicht für die deutsche Staatsangehörigkeit entscheiden. Für mich hätte es keine Vorteile, die türkische Staatsangehörigkeit zu behalten, da ich durch sie auch weniger Rechte habe in Deutschland. Ehrlich gesagt, wüsste ich keinen plausiblen Grund dafür, die doppelte Staatsangehörigkeit zu bevorzugen, außer dass ich etwas Altes, Gewohntes nicht aufgeben müsste. Da ich nicht vorhabe, wieder in die Türkei zu ziehen, sehe ich keine Notwendigkeit, die türkische Staatsangehörigkeit zu haben. Die Staatsangehörigkeit macht mein Ich nicht aus"

Thomas, 16 Jahre:
„Ich habe die Staatsangehörigkeit der Staaten Deutschland und Paraguay. Durch eine Sonderregelung werde ich mich nicht für eine entscheiden müssen, sondern beide auf Lebenszeit behalten. Müsste ich mich entscheiden, würde ich wohl eine Münze werfen, da ich einerseits den Grossteil meines Lebens in Deutschland lebe, andererseits aber meine Familie in Südamerika lebt. Ich könnte mich nicht entscheiden, ließe den Zufall diese Aufgabe übernehmen, so wie ich zufällig zwei erhielt".

6.3 Ein Schreibgespräch

(Quelle: General-Anzeiger der Stadt Bonn vom 29. Mai 2000)

Vorschläge zur Bearbeitung:

- Zwei Schülerinnen/Schüler nehmen das Foto als Impuls für ein fiktives, stilles (schriftliches) Gespräch. Es wird eine Rollenverteilung vorgegeben: eine der beiden jungen Frauen möchte die deutsche Staatsangehörigkeit annehmen, die andere nicht. Folgende Aufgabe kann gegeben werden:
  Angenommen, die beiden jungen Frauen stehen vor der Pflicht, sich für eine Staatsangehörigkeit entscheiden zu müssen. Sie diskutieren miteinander, tauschen ihre Meinungen aus, wägen Vor- und Nachteile ab. Übernimm die Rolle einer der beiden Frauen und diskutiere schriftlich mit deinem Partner/deiner Partnerin. Einer beginnt und schreibt seine Gedanken auf ein DIN-A-4 Blatt. Danach gibt er das Blatt weiter. Der Partner/diePartnerin wiederum liest und schreibt eine Antwort/Überlegung usw.
- Denkbar ist auch, die Rollenverteilung derart vorzugeben, dass die eine Frau sich für die deutsche Staatsangehörigkeit entscheidet und die andere dagegen ist. Über diese Vorgabe könnte ein schriftliches Gespräch entwickelt werden.
- Eine dritte Möglichkeit ist die Entwicklung von Rollenkarten durch Schülergruppen. Danach könnte ein solches Gespräch vor der Klasse erfolgen.
- Es könnte auch die Perspektive eines der Männer übernommen werden, die diese beiden Frauen anschauen.

6.4 Einbürgerungen – weniger als erwartet?

Statistisches Bundesamt – Mitteilung für die Presse am 05. Juli 2001

[...] Von den 186 700 im Jahr 2000 eingebürgerten Ausländern erwarben 73 200 oder 39,2 % die deutsche Staatsangehörigkeit auf Grund der seit dem 1. Januar 2000 geltenden Neufassung des § 85 Ausländergesetzes – AuslG.

62 300 Ausländer (33,4 %) sind auf Grund der Übergangsregelung in § 102a AuslG nach den vor dem 1. Januar 2000 geltenden Einbürgerungsregelungen der §§ 85 und 86.

Weitere 48 950 Ausländer (26,2 %) erhielten nach den Bestimmungen des seit dem 1. Januar 2000 geltenden neuen Staatsangehörigkeitsgesetzes (StAG) die deutsche Staatsangehörigkeit; darunter waren 20 200 in Deutschland geborene ausländische Kinder unter 10 Jahren, die auf Grund des durch das Gesetz zur Reform des Staatsangehörigkeitsgesetzes eingeführten § 40b StAG eingebürgert wurden.

Eingebürgerte Ausländer im Jahr 2000 nach ausgewählten früheren Staatsangehörigkeiten – Vorläufige Ergebnisse

Land der früheren Staatsangehörigkeit	Anzahl	Anteil an allen Einbürgerungen in %
Türkei	82 800	44,4
Iran, Islamische Republik	14 400	7,7
Jugoslawien (Serbien/Montenegro)	9 800	5,2
Libanon	5 700	3,0
Marokko	5 000	2,7
Afghanistan	4 800	2,6
Sri Lanka	4 600	2,5
Russische Föderation	4 600	2,5
Vietnam	4 500	2,4
Bosnien und Herzegowina	4 000	2,1

(Quelle: http://www.auslaender-statistik.de/bund/einbue_1.htm; ... einbue_3.htm; ...einbue_3.htm. Weitere Informationen sind zu erhalten bei: Statistisches Bundesamt, Pressestelle, Gustav-Stresemann-Ring 11, 65189 Wiesbaden. Telefon: (06 11) 75 – 34 44, Telefax (06 11) 75 – 39 76. E-Mail: presse@destatis.de – Internet: http://www.destatis.de/)

Vorschläge zur Bearbeitung:

- *Kläre die rechtlichen Grundlagen der Einbürgerungen.*
- *Vergleiche die Einbürgerungen mit früheren Zahlen.*
- *Kann die neue Gesetzgebung als Erfolg bezeichnet werden?*
- In den Suchmaschinen zum Internet werden zum Stichwort Einbürgerungen zahlreiche Informationen aus den Bundesländern und aus verschiedenen Ortschaften zum Erfolg der neuen Regelung zu finden sein. Auch in den Archiven der Tageszeitungen werden viele Artikel bereitgestellt.

7 „... ausnahmsweise doch" – Die doppelte Staatsangehörigkeit auf Lebenszeit

(Quelle: *Perşembe* S. 8 in der taz vom 21.09.2000 8; die Beilage der taz erschien immer donnerstags. Ihr Druck ist im Sommer 2001 aus Kostengründen eingestellt worden. Vgl. http://www.persembegazetesi.de Informationen zu *Perşembe* gibt es unter www.per-ga.de).

Vorschläge zur Bearbeitung:

- *Hast du gelacht? Warum? Worüber? Woher kommt oder worin besteht der Witz?*
- *Welche Fragen werden im Zusammenhang mit der doppelten Staatsangehörigkeit in diesem Comic angesprochen? Welche Antworten können gegeben werden? Beziehe die folgenden Informationen ein.*

Das Bundesministerium des Inneren *antwortet:*

Haben Mehrstaater mehr Rechte?

Nein! In Deutschland haben deutsche Mehrstaater nicht mehr und nicht weniger Rechte als alle deutschen Staatsangehörigen.
Kein deutscher Mehrstaater kann unter Berufung auf die andere Staatsangehörigkeit in Deutschland zusätzliche Rechte geltend machen oder sich seinen Pflichten entziehen.
Darüber hinaus gehende Rechte können sich für deutsche Mehrstaater im Verhältnis zu dem jeweils anderen Staat ergeben, dessen Staatsangehörigkeit sie auch haben. Die Ausübung dieser Rechte (zum Beispiel Wahlrecht) hängt zum einen von der Rechtsordnung des anderen Staates ab und bleibt zum anderen ohne Einfluß auf Politik, Gesellschaft oder den Einzelnen in Deutschland.

Wie ist die Frage der Wehrpflicht geregelt?

Deutsche Staatsbürger sind grundsätzlich in Deutschland wehrpflichtig, das ist bei deutschen Mehrstaatern nicht anders. Der in Deutschland geleistete Wehrdienst wird aufgrund einer Vielzahl von internationalen Verträgen und zweiseitigen Abkommen oder aufgrund des jeweiligen nationalen Rechts zumeist anerkannt
Vor der Einbürgerung bereits in der Armee des Herkunftsstaates geleisteter Wehrdienst kann in Deutschland in der Höhe seiner tatsächlichen Dauer anerkannt werden. Das heißt, ein türkischer Staatsangehöriger, der in der Türkei beispielsweise den auf einen Monat verkürzten Wehrdienst geleistet hat, kann nach der Einbürgerung auch nur diesen Monat auf die Dauer seiner Wehrpflicht in Deutschland angerechnet bekommen. Der Rest muß nachgedient werden.
Tritt ein Deutscher freiwillig als Berufssoldat in den Dienst einer fremden Armee, so verliert er künftig grundsätzlich die deutsche Staatsangehörigkeit, wenn er dadurch nicht staatenlos wird.

(Quelle: www.bmi.bund.de/Stichwort: Mehrstaater. Unter dieser Adresse werden weitere Fragen beantwortet)
Weitere Quellen im Handbuch:

- *Klaus Riekenbrauk* gibt ausführliche Informationen zu den „Rechten und Pflichten als deutsche(r) Staatsbürger(in)“, zu Mehrstaatern und zu Rechten und Plflichten im Herkunftsland nach der Einbürgerung (Teil I, Kap. 3).

Wieviele Menschen mit zwei Pässen leben bereits jetzt in Deutschland?

Es leben mittlerweile in Deutschland etwa 2 Millionen Besitzer von zwei Pässen, einem Deutschen und dem eines anderen Landes. Zwei Pässe haben vor allem die Kinder aus binationalen Ehen, in denen einer der Eltern Deutscher, der andere Ausländer ist. 1996 stammten 7% aller in Deutschland geborenen Kinder aus binationalen Ehen, jede achte in Deutschland geschlossene Ehe war binational. Diese Zahl wird in Zukunft weiter wachsen, man rechnet in den nächsten Jahren mit 15%. Die Zahl der Menschen mit 2 Pässen stieg auch deshalb, weil die Aussiedler die Pässe ihrer Herkunftsländer behalten durften. (nach: Jaitner, S. 81f)

Weitere Informationen:

- Über binationale Ehen sind Daten zu erhalten im sechsten Familienbericht des Bundesinnenminsiteriums „Familien ausländischer Herkunft in Deutschland, Berlin 2000 (S.68-89). Für Multiplikatorinnen und Multiplikatoren zu bestellen per email: broschuerenstelle@bmfsfj.bund.de
- Über Erfahrungen in binationalen Ehen wird berichtet unter: www.ikforum.de/Unsere_AK_s/AK_Integration/binationalen_Familien_und_Part/

Quelle: Statistisches Bundesamt.
(Quelle: www.Bundesauslaenderbauftragte.de/fakten/tab15.htm am 18.10.2001)

Vorschläge zur Bearbeitung:

- *Auf welcher gesetzlichen Grundlage gab es vor Einführung des neuen Rechtes die Hinnahme von Mehrstaatigkeit bei der Einbürgerung?*
- *Wie haben sich die Zahlen entwickelt? Vgl. www.Bundesauslaenderbeauftragte.de/fakten/tab15.htm am 18.10.2001*
- *Zur besseren Veranschaulichung der Zahlen oder bestimmter Entwicklungslinien kannst du sie mit einem Grafikprogramm z.B. in Säulen- oder Kreisdiagramme umsetzen.*
- *Inwieweit ist auch nach dem neuen Recht die doppelte Staatsangehörigkeit erlaubt?*
- *Kennst du Menschen, die zwei Staatsangehörigkeiten besitzen. Du könntest sie über ihre Erfahrungen und Meinungen befragen.*
- Henning Storz fragt in Teil I, Kap. 1.7 des Handbuchs „Doppelte Staatsbürgerschaft – doppelte Rechte, halbe Identifikation?". Diese Fragestellung bietet sich auch als übergreifende Aufgabenstellung für Lerngruppen an.
- Folgende Leitfragen von Henning Storz (Teil I, Kap. 1.7) könnten für Diskussionen und für Recherchen der Lerngruppen eine Stukturierung und Problematisierung ermöglichen:
  - *Wieviele Deutsche haben bereits eine doppelte Staatsangehörigkeit, aufgrund welcher Bestimmungen? Verstößt doppelte Staatsangehörigkeit gegen das demokratische Gleichheitsprinzip („one man, one vote") dadurch, dass, wer sie besitzt, seine politischen Rechte in zwei Staaten ausüben kann, gibt es weitere Vorteile? Wie steht es um die Loyalität von „Doppelbürgern" im Fall von Krisen oder gar Kriegen zwischen den beiden Staaten, deren Bürger sie sind, besteht die Gefahr des Imports politischer Konflikte aus dem Herkunftsland nach Deutschland?*
  - *Welche Anpassungsleistungen sind an die Menschen und ihre Familien zu stellen, die „deutsche Staatsbürger" werden wollen? Gehört dazu etwa auch die Anpassung an eine „deutsche Leitkultur", wie dies der Vorsitzende der CDU/CSU Bundestag Friedrich Merz im Herbst 2000 gefordert hat?*
  - *Warum tun sich so viele Migranten-Familien – zumal in der ersten Generation – so schwer, die Staatsangehörigkeit ihres Herkunftslandes aufzugeben, um deutsche Staatsbürger zu werden, wenn sie doch wissen, dass zumindest der jüngere Teil der Familie nicht mehr dauerhaft in das Herkunftsland seiner Vorfahren zurückkehren wird?*

8 Soll ein Sprachtest entscheiden?

8.1 Aus der Presse

Premiere in Berlin: Erst Sprachtest, dann folgt die Einbürgerung

Bis zu 5000 Prüfungen pro Jahr sollen an den Volkshochschulen abgenommen werden
Der umstrittene Sprachtest, den Einbürgerungswillige in Berlin künftig bestehen müssen, ist gestern von Schulsenator Klaus Böger und der Berliner Ausländerbeauftragten Barbara John vorgestellt worden. Von März an müssen Ausländer, die die deutsche Staatsbürgerschaft erwerben wollen, diese Prüfung an einer von sieben Berliner Volkshochschulen ablegen. Berlin ist das erste Bundesland, das einen solchen Modelltest vorlegt. Notwendig wurde die Erarbeitung des «Sprachtests für die Einbürgerung» durch die rotgrüne Staatsbürgerschaftsrechtsreform, die unter anderem einen «Nachweis ausreichender Deutschkenntnisse» vorschreibt. Ob dieser Nachweis auch in schriftlicher oder lediglich in mündlicher Form anzutreten ist, bleibt nach einem bayerischen Veto im Bundesrat den einzelnen Bundesländern überlassen.
Anders als die bayerische Landesregierung, die Mitte März einen Mustertest vorstellen will, der auch das schriftliche Ausdrucksvermögen von Einbürgerungswilligen testen soll, beschränkt sich der Berliner Entwurf auf drei Komponenten: das so genannte Leseverstehen sowie das mündliche Ausdrucksvermögen und das Hörverstehen im Gespräch mit einem erfahrenen Sprachlehrer. Andere Bundesländer, darunter Schleswig-Holstein, Hessen und Nordrhein-Westfalen, begnügen sich mit nur mündlichen Prüfungen. Frau John hält die Übernahme des Berliner Modells durch andere Bundesländer für möglich. Mit jährlich bis zu 5000 absolvierten Sprachtests rechnet die Ausländerbeauftragte für Berlin.[...]

(Quelle: Hendrik Werner, in: Berliner Morgenpost 29.02. 2000; www.berliner-morgenpost.de am 26.07.2000)

Sprachtest zur Einbürgerung fiel nicht schwer

Fünf Ausländer absolvierten die neue Schnellprüfung

Auch wenn das Ergebnis offiziell noch nicht bekannt gegeben werden darf: Es scheint, als hätten die ersten fünf Prüflinge den Sprachtest für einbürgerungswillige Ausländer in Berlin-Schöneberg bestanden.

(Quelle: Marijke Engel, *Berliner Zeitung* vom 02.03.2000. www.uni-marburg.de/dir)

Durchgefallen in Deutsch: Einbürgerung verweigert
Ein Sprachtest bestimmt über die Zuerkennung der Staatsbürgerschaft in Deutschland. Nicht reden muss der Anwärter können, sondern Zeitung lesen.

(Quelle: Veronika Kabis-Alamba, *taz* Nr. 6176 vom 26.6.2000. www.taz.de)

„Nichts für Analphabeten" (Türkischer Bund, Berlin)

(Quelle: Marlies Emmerich, Mit dem Sprach-Schnelltest zum deutschen Pass, in: Berliner Zeitung v. 29.02.2000. www.BerlinOnline.de/wissen/berlin)

„Der Sprachtest wird insbesondere die erste Arbeitnehmergeneration hart treffen"

(Quelle: Zentrum für Türkeistudien – Pressemitteilung vom 09.02.2000 unter:www.uni-essen.de/zft/news/mitteilung/d_mitteilung.html)

„Bayern verhindert Einbürgerung"

(Quelle:Pressemitteilung vom 13.03.2000 Nr. 0133/2000 der Bundestagsfraktion Bündnis90/Die Grünen: www.gruene-fraktion.de/archiv/pm/2000/).

8.2 Was bedeutet „ausreichende Deutschkenntnisse"?

... zum Beispiel in Hamburg:

Nach dem neuen Staatsangehörigkeitsrecht ist eine Einbürgerung grundsätzlich nur möglich bei „ausreichenden Deutschkenntnissen". Aber keine Sorge! Denn von Januar bis Juni 2000 hat die Einbürgerungsbehörde in Hamburg über 6000 Einbürgerungsanträge angenommen. Nur ganz wenige Anträge wurden wegen mangelnder Deutschkenntnisse abgelehnt.
Schließlich bedeutet „ausreichende Deutschkenntnisse" nicht, dass Sie perfekt oder gar akzentfrei Deutsch können müssen. Außerdem gibt es für bestimmte Personengruppen Ausnahmen. So bei der *Miteinbürgerung für minderjährige Kinder* und *Ehepartner* sowie für *Personen ab 60 Jahren [...]*
Wenn Sie in Hamburg Ihren Einbürgerungsantrag stellen, macht sich die Einbürgerungsbehörde in einem persönlichen Gespräch ein Bild von Ihren Deutschkenntnissen.

Aus: www.hamburg.de/Behoerden/Auslaenderbeauftragter/themen/einbuerg/deutschkenntnisse.htm v. 14.09.2000)

... nach den Verwaltungsvorschriften Staatsangehörigkeitsrecht:

Danach wird von Ihnen erwartet, dass Sie sich im täglichen Leben in der deutschen Umgebung zurechtfinden.

Dazu gehört, dass Sie
Kontakte mit Behörden in deutscher Sprache erledigen können,
- ein Gespräch in deutscher Sprache führen können, wie es mit jemandem in Ihrem Alter und Bildungstand üblich ist und
- einen deutschen Text des alltäglichen Lebens, z.B. einen Zeitungsartikel, lesen, verstehen und den wesentlichen Inhalt mündlich wiedergeben können.

Auf Behinderungen, die Ihnen das Lesen oder Sprechen nachhaltig erschweren, muss Rücksicht genommen werden.

Wer sich nur auf *einfache Art mündlich* verständigen kann, hat keine ausreichenden Deutschkenntnisse für eine Einbürgerung.

Ausreichende Deutschkenntnisse können Sie auch nachweisen durch:
- das Zertifikat Deutsch oder ein gleichwertiges Sprachdiplom,
- vierjährigen erfolgreichen Besuch einer deutschsprachigen Schule (Versetzung in die nächst höhere Klasse),
- einen Hauptschulabschluss oder einen gleichwertigen deutschen Schulabschluss,
- Versetzung in die zehnte Klasse einer deutschsprachigen Schule (Realschule, Gymnasium, Gesamtschule),
- erfolgreichen Abschluss eines Studiums an einer deutschsprachigen Hochschule oder Fachhochschule oder einer Berufsausbildung in der Bundesrepublik Deutschland.

Aus:http://www.hamburg.de/Behoerden/Auslaenderbeauftragter/themen/einbuerg/deutschkenntnisse.htm (14.09.2000)

Zu den Ausnahmen bei der „Miteinbürgerung" vgl. die http: www.hamburg.de/Behoerden/Auslaenderbeauftragter/themen/einbuerg/deutschkenntnisse.htm (14.09. 2000).

8.3 Wir entwickeln einen Sprachtest

Ein Beispiel aus dem Sprachtest in Bayern:

> *Einbrecher haben am Wochenende in Neuhausen den Tresor eines Drogeriemarktes geknackt und 40 000 DM Bargeld darin gefunden. Außerdem nahmen sie zigaretten, Kosmetika und Vitaminpräperate, deren Wert noch nicht bekannt ist. Offenbar wollten die Täter auch noch nebenan in den Supermarkt einsteigen. Dort lösten sie jedoch Alarm aus und mussten ohne Geld flüchten. Am gleichen Tag wurde aus dem Büro eines Malermeisters in der Luisenstraße die Kasse mit 3000 Mark gestohlen. Die Einbrecher hatten – laut Polizei – wahrscheinlich einen Schlüssel zum Büro.*
> Was ist nun richtig, was falsch?
>
> A: Die Einbrecher nahmen Zigartten, Kosmetika und Vitaminpräperate im Wert von 40 000 Mark mit.
> B: Am Wochenende wurden bei zwei verschiedenen Einbrüchen mehr als 40 000 Mark gestohlen.
> C: Die Einbrecher nahmen aus dem Supermarkt alles Geld mit.

(Quelle: Iris Hilberth, Deutschstunde in Raum 208. In Bayern müssen Einbürgerungswillige einen Sprachtest bestehen: mündlich, schriftlich und oftmals verwirrend. In: Frankfurter Rundschau v. 14.06.2000)

Vorschläge zur Bearbeitung:

- *Simuliert eine Überprüfung der Sprachkenntnisse, wie es in Hamburg üblich ist.*
- *Bildet Gruppen, in denen ihr euch Fragen und die Gesprächsführung überlegt.*
- *Stellt anschließend in der Klasse ein Gespräch nach.*
- *Vergleiche die unterschiedlichen Regelungen in den Bundesländern. Welches Verfahren ist deiner Meinung nach das Beste? Warum?*
- *Ist es deiner Meinung nach überhaupt sinnvoll, für die Einbürgerung den Nachweis von Sprachkenntissen zu verlangen? In den USA gibt es z.B. Regionen in denen US-Bürger nur Spanisch sprechen können.*
- *Sollte in dem Bundesland, in dem du wohnst, ein Sprachtest nach dem Modell für Berlin oder Bayern eingeführt werden? Wenn du in Berlin oder Bayern wohnst, sollten die Regelungen aus den anderen Bundesländern eingeführt werden?*
  Du übernimmst die Rolle eines Politikberaters und einer Politikberaterin. Du hast aus den Reihen des Landesparlamentes/Senats den Auftrag erhalten, ein Gutachten zu schreiben. Es geht um die Frage, ob ein Sprachtest nach dem Vorbild in Berlin oder Bayern durchgeführt werden soll/ob das Modell aus anderen Bundesländern eingeführt werden soll. Die Auftraggeber für das Gutachten haben folgende Erwartungen:

1. *Die gesetzlichen Bestimmungen müssen durch den Test erfüllt werden.*
2. *Es sollte erläutert werden, was und wie getestet werden sollte?*
3. *Es soll ein Mustertest mit Materialien und Aufgaben vorgelegt werden. Es soll auch hervorgehen, ab wann dieser Test bestanden worden sein soll.*
4. *Abschließend soll eine Empfehlung für die Auftraggeber ausgesprochen werden. Es soll erläutert werden, ob das bestehende Verfahren in deinem Bundesland beibehalten oder geändert werden sollte.*

- *Entwickle einen Sprachtest, der bestanden werden muss. Du kannst z.B. nach dem berliner oder bayrischen Modell vorgehen.*
  Die gesetzlichen Bestimmungen müssen durch diesen Test erfüllt werden.
  Überlege: – was soll getestet werden?
  – wie soll getestet werden?
  Stelle Materialien zusammen und formuliere Aufgaben dazu.
  Ab wann soll der Test bestanden sein?

Welche Bedeutung haben Sprachtests für Aussiedler?

Im *Bericht der Unabhängigen Kommission „Zuwanderung"* vom 4. Juli 2001 (S. 181) ist folgendes zu lesen:

Der Sprache kommt als Bestätigungsmerkmal für die deutsche Volkszugehörigkeit besondere Bedeutung zu. Deshalb hat jeder Antragsteller im Rahmen eines seit 1997 flächendeckend in den Aussiedlungsgebieten durchgeführten Überprüfungsverfahrens seine deutschen Sprachkenntnisse nachzuweisen. Für viele Antragsteller stellt dieser Sprachtest jedoch ein unüberwindliches Hindernis dar: Etwa die Hälfte der Teilnehmer können den Nachweis über vorhandene Deutschkenntnisse derzeit nicht mehr erbringen – mit der Folge, dass ihnen der Aufnahmebescheid versagt wird. Der Sprachtest hat insofern eine bedeutende Filterfunktion. Er kann, da mit ihm ein in der Vergangenheit vermitteltes Bestätigungsmerkmal festgestellt werden soll, auch nicht (z.B. nach Verbesserung der Deutschkenntnisse durch Sprachunterricht) wiederholt werden.

Ergebnisse des Sprachtests für Spätaussiedler (Juni 1996-2000)

Jahr	Durchgeführte Sprachtests	Bestandene Sprachtests (in %)
1996	8196	72,9
1997	57236	63,9
1998	58929	57,8
1999	22862	51,6
2000	35004	47,7

Eine Entscheidung des Bundesverwaltungsgerichts vom 19. Oktober 2000 stellt diese Praxis jedoch in Frage. Dieses Urteil (Az.: 5 C 44.99) besagt, dass die aktuelle Beherrschung der deutschen Sprache als so genanntes bestätigendes Merkmal nicht gefordert werden kann. Die Kenntnis oder Unkenntnis der deutschen Sprache zur Zeit der Aus- bzw. Einreise sei lediglich ein Indiz für oder gegen eine frühere Vermittlung der deutschen Sprache. Vielmehr reiche es für die Übersiedelung aus, wenn dem Spätaussiedler in der Zeit zwischen Geburt und Selbständigkeit die deutsche Sprache vermittelt worden sei.

(aus: http://www.bmi.bund.de/dokumente/artikel/ix_46876.htm)

Vorschläge zur Bearbeitung:

- *Informiere dich über die gesetzlichen Regelungen für Spätaussiedler.*
- *Welche Ergebnisse haben die Sprachtests und welche Erklärungen lassen sich finden?*
- *Vergleiche die Bedeutung der Sprachtests für Spätaussiedler und für die Einbürgerung von ausländischen Staatsangehörigenn. Wie beurteilst du die Unterschiede?*

Überbreifende Aufgaben:

- *Welche Folgen haben mangelnde Sprachkenntnisse?*
- *Welche Bedeutung Kenntnisse der deutschen Sprache haben, kannst du z.B. in der folgenden Broschüre nachlesen: DEUTSCH LERNEN (K)EIN PROBLEM? Sprache und Sprachkompetenz als Instrument der Integration. Hsrg. Die Beauftragte der Bundesregierung für die Belange der Ausländer, Postfach 14 02 80, 53107 Bonn. Als download: www.bundesauslaenderbeauftragte.de/publikationen.*

www.:
Die *Verwaltungsvorschriften* sind einzusehen unter:
www.bundesauslaenderbeauftragte.de/download/verwalt_staat.rtf
Genaueres zu den Sprachkenntnissen findet man unter Punkt 86.1

Modelltests sind einzusehen unter:

- www.rz.uni-frankfurt.de/die/wbt/
- www.wbtests.de/TestDeutsch/modell.htm: Die WBT Weiterbildungs-Testsysteme GmbH in Frankfurt (vormals Prüfzentrale des deutschen Volkshochschulverbandes) informiert über Struktur und Format, Bewertungskriterien der schriftlichen und mündlichen Prüfung sowie Modellbeispiele des Sprachtests als Sprachzertifikat der VHS.

Wie es der vietnamesischen Mutter Trinh Kim Van in einem Kurs „Deutsch für Ausländer“ in Berlin erging, erfährt man im Artikel der Berliner Morgenpost vom 11.04.2000 (Schwere Grammatik.VHS-Kurse „Deutsch für Ausländer“ sind in Reinickendorf heiß begehrt von Matthias Matern). *www.morgenpost.de.*

Der Modelltest aus Berlin kann angefordert werden bei: Senatsverwaltung für Arbeit, Soziales und Frauen – Ausländerbeauftragte – Potsdamer Str. 65, 10785 Berlin.

9 Wie machen es Andere?

Vive la difference!

Frankreichs WM-Triumph ist auch ein Sieg der Integration

Die Grande Nation feiert den „wichtigsten Tag seit der Befreiung", und alle Kommentatoren bejubeln die so vielfarbige wie einige Mannschaft: Die Helden von Paris stammen aus Algerien oder dem Baskenland, aus Afrika, Armenien oder von den Antillen.

Paris – Sie heißen Zinedine Zidane, Lilian Thuram, Fabien Barthes, Emmanuel Petit. Laserkanonen werfen die Konterfeis der glorreichen Equipe tricolore auf die mächtigen Pfeiler des Triumphbogens. [...] Wildfremde Menschen küssen und umarmen einander. [...] „On a gagné! C'est génial!" lautet die Botschaft, die hinauf in den Nachthimmel geschrieen wird: „Wir haben gewonnen! Wie genial!"

Der glanzvolle Sieg über den amtierenden Weltmeister Brasilien hat die ganze französische Nation in einen Taumel versetzt. [...] Alle, ob von weißer, schwarzer oder kaffeebrauner Hautfarbe, wollen in der Stunde des Erfolgs demonstrieren, daß sie Franzosen sind. Stolz schwenken sie die blau-weiß-rote Trikolore, tragen blau-weiß-rote Schals, Hemden und Perücken, haben die Nationalfarben auf Gesichter und Hände gemalt. Aus voller Brust schmettern sie immer wieder die Marseillaise.

[...] Der Erfolg vereint die Bürger aus den vornehmen Pariser Wohnvierteln mit jenen aus den Vorstädten, in denen soziale Mißstände, hohe Arbeitslosigkeit, Kriminalität und Gewalt normalerweise den Alltag bestimmen. Wie kein anderer verkörpert „Zi-Zou" oder „ZZ", wie Zinedine Zidane von seinen Fans liebevoll genannt wird, in diesen Stunden das Gemeinschaftsgefühl. Als eine Gruppe Jugendlicher „Zi-Zou président!" skandiert, wird der Slogan spontan von den Massen aufgegriffen und kilometerweit über den Boulevard weitergetragen.

Am Tag danach ernennt die Zeitung „Libération" den zweifachen Torschützen und Spielmacher der französischen Nationalmannschaft zur „Ikone der Integration". Zidane, in der Cité Castellane, einem Armenviertel im Norden von Marseille, als Sohn algerischer Emigranten geboren, hätte als einer von vielen in Frankreich wohl kaum eine Chance auf beruflichen und sozialen Erfolg gehabt. Allein seinem fußballerischen Talent, das er zuerst in Bordeaux, dann bei Juventus Turin unter Beweis stellte, verdankt er es, daß er heute auch von jenen 40 Prozent der Franzosen zumindest „respektiert", wenn nicht gar „verehrt" wird, die – wie kürzlich eine Umfrage ergab – der Auffassung sind, daß es in ihrem Land zu viele Araber und Schwarze gibt.

Lilian Thuram, aus Pointe-à-Pitre (Guadeloupe) stammend, bewahrte Frankreich mit zwei prachtvollen Toren gegen die überraschend starke Mannschaft Kroatiens, die Deutschland aus dem Turnier geworfen hatte, vor dem Ausscheiden. Youri Djorkaeff – Mutter Armenierin, Vater Pole – gehört neben Zidane und Thuram zu den großen Stars der Mannschaft. Ohne die „Ausländer", da sind sich die Experten einig, hätte Frankreich den Weltpokal wohl kaum erringen können. Der frühere Integrationsminister Kofi Yamgnane, selbst von schwarzer Hautfarbe, merkt allerdings an, man könne daraus auch die Lehre ziehen, daß Kinder von Einwanderern erst Außergewöhnliches leisten müßten, bevor sie von der Öffentlichkeit anerkannt werden – und das nicht nur im Sport.

Daß ein Fußballgenie wie Zinedine Zidane mit seinen unnachahmlichen Dribblings mehr als zuvor 20 Jahre französischer Integrationspolitik zu leisten vermag, steht seit Sonntag abend fest. Darüber hinaus wirkt er völkerverbindend: Auch Zidanes Heimatland Algerien jubelte über den WM-Triumph Frankreichs. In der Begeisterung über den Erfolg ihres berühmten Landsmanns verdrängen die Algerier plötzlich ihren tiefsitzenden Haß gegenüber der einstigen Kolonialmacht, deren Sprache sie zwar mehrheitlich sprechen, die sie aber erst vor einer Woche per Gesetz aus dem offiziellen Schriftverkehr verbannt haben [...].

(Quelle: JOCHEN HEHN, in: Die Welt vom 14.08.1998. http://www.welt.de/daten/1998/07/14/0714s375491.htx)

Vorschläge zur Bearbeitung:

- *Welche Änderungen hätten sich in der französischen Weltmeistermannschaft ergeben, gäbe es in Frankreich das deutsche Staatsangehörigkeitsrecht von 1990 bzw. von 2000?*
- *Was wird im Zeitungsartikel unter Integration verstanden? Ist die französische Nationalmannschaft ein Beispiel für gelungene Integration?*
- *Besteht ein Zusammenhang zwischen Staatsangehörigkeitsrecht und Diskriminierung? Welche Hinweise gibt das Beispiel Frankreich. Kläre zuvor, was du unter Diskriminierung verstehst.*

Pragmatische Nachbarn

Die Industrieländer und ihr Umgang mit der doppelten Staatsangehörigkeit

Die wichtigsten westlichen Länder akzeptieren die doppelte Staatsangehörigkeit. Einige Länder haben ihre Regelungen in den vergangenen Jahren weiter liberalisiert.

Frankreich. Jeder vierte Staatsbürger ist Einwanderer, Kind oder Enkel eines Einwanderers. Das hat Frankreichs Haltung zur doppelten Staatsangehörigkeit geprägt. Bei Einbürgerungen wird nicht danach gefragt, ob ein Immigrant seine ursprüngliche Staatsangehörigkeit behält. Entscheidend sind Sprachkenntnisse, berufliche und familiäre Verwurzelung. Mehrstaatlichkeit ist grundsätzlich möglich, wenn sie nicht durch bilaterale Abkommen – wie mit Deutschland – ausdrücklich ausgeschlossen wird.
Die amtliche Frage nach der Herkunft hat in Frankreich einen unanständigen Beigeschmack. Daher gibt es keine offiziellen Zahlen zur doppelten Staatsangehörigkeit. Das Sozialministerium schätzt, daß 80 bis 90 Prozent der Zuwanderer aus dem Maghreb ihre alte Staatsangehörigkeit behalten.
Die bürgerliche Regierung hatte den Erwerb der Staatsangehörigkeit mit einem Willensakt bei Volljährigkeit verbunden. Die gegenwärtige Linksregierung macht die Gesetzesänderungen ihrer Vorgänger wieder rückgängig und setzt auf die Staatsangehörigkeit als Integrationsfaktor. Wer in Frankreich geboren ist und mindestens fünf Jahre auf französischem Boden verbracht hat, wird mit 16 Jahren Franzose, auf Antrag der Eltern schon mit 13 Jahren.

Italien. Ein 1992 erlassenes Gesetz macht den Erwerb der Staatsangehörigkeit relativ leicht. EU-Bürger können nach vierjährigem Aufenthalt Italiener werden, ebenso Personen, deren Vorfahren italienische Staatsbürger waren oder die fünf Jahre im Ausland dem italienischen Staat gedient haben – etwa der chinesische Pförtner der italienischen Botschaft in Peking. Das Gesetz verlangt nicht, daß die Neuitaliener auf ihre ursprüngliche Staatsangehörigkeit verzichten müssen. Ein Italiener wiederum, der eine ausländische Staatsangehörigkeit besitzt oder erwirbt, darf gar nicht auf seinen italienischen Paß verzichten. Er ist zwangsläufig Doppelstaatler.
Integration aus italienischer Sicht heißt: Die anderen müssen sich anpassen. Ein italienischer Ministerialdirektor, zum Thema befragt, sieht in der Vermehrung türkischer Lebensmittelgeschäfte in Rom einen Beweis dafür, daß „die Türken selbst sich nicht integrieren wollen".

Grossbritannien. Der Gesetzgeber hat die Frage der doppelten Staatsangehörigkeit denkbar einfach gelöst: Wird einem Ausländer die Staatsangehörigkeit gewährt, ist der Fall für die Behörden erledigt. Niemand schert sich darum, ob der neue Bürger den anderen Paß behält. Das Innenministerium führt darüber keine Statistik. Selbst Politiker mit fremdenfeindlichen Tendenzen haben nie behauptet, daß aus der doppelten Staatsangehörigkeit gefährliche Loyalitätskonflikte erwüchsen. Als Norman Tebbit, Margaret Thatchers politischer Kampfgefährte, den

Briten indischer und pakistanischer Abstammung mangelnden Patriotismus vorwarf, argumentierte er mit dem *cricket test:* Die Einwanderer würden bei Spielen gegen Teams vom indischen Subkontinent nie die englische Mannschaft unterstützen.
Bei der Einwanderung verfolgt Großbritannien allerdings einen harten Kurs. Die Erfahrungen der Nachkriegszeit mahnen zur Restriktion: Der rege Zuzug aus der Karibik und vom indischen Subkontinent verursachte Spannungen, von denen rechtsextreme Parteien profitierten. Britische Regierungen antworteten darauf mit einer rigiden Asyl- und Einwanderungspolitik. Dazu gehörte auch, den Angehörigen der Commonwealth-Staaten das Recht auf Ansiedlung in Großbritannien zu nehmen.

Vereinigte Staaten. Es brauchte einen Bürgerkrieg, bevor jeder Mensch – ob schwarz, ob weiß –, der in den Vereinigten Staaten geboren wurde, amerikanischer Staatsbürger war. Erst mit dem 1868 verabschiedeten 14. Verfassungszusatz waren in Amerika auch Sklavenkinder gleich vor dem Gesetz.
Wer nicht in den USA geboren wurde oder nicht mindestens einen amerikanischen Elternteil hat, kann sich um die Staatsangehörigkeit bewerben. Der Bewerber muß mindestens fünf Jahre im Land gelebt und in dieser Zeit eine Arbeitserlaubnis – die *green card* – gehabt haben. Ehepartner amerikanischer Staatsbürger können nach drei Jahren die US-Staatsangehörigkeit beantragen.
Nach Angaben der Einwanderungsbehörde bewarben sich im vergangenen Jahr 770 000 Ausländer um die US-Staatsangehörigkeit; 473 000 wurden akzeptiert. Alle Bewerber müssen ihre Fingerabdrücke abgeben, die von der Bundespolizei FBI überprüft werden. Stellen die Bewerber in einem Test ihre Sprach- und Geschichtskenntnisse unter Beweis, steht ihrer Einbürgerung nichts mehr im Wege.
Bis heute müssen alle Neubürger in den USA einen Eid ablegen, in dem sie „jeglicher Loyalität" zu einem anderen Land abschwören. Die Gesetze erkennen die doppelte Staatsangehörigkeit nicht offiziell an. Doch die Einwanderungsbehörde prüft nicht, ob ein neuer US-Bürger seine alte Staatsangehörigkeit behält.

(Quelle: Jacqueline Hénard, Valeska von Roques, Jürgen Krönig, Mario Kaiser, in: DIE ZEIT 1999 Nr. 03 www.archiv.zeit.de/zeit-archiv/daten/pages/199903.ausland_.html)

Vorschläge zur Bearbeitung:

- *Stelle in einer Tabelle (Wandzeitung, Folie) die verschiedenen Bestimmungen zur Einbürgerung nach mehreren Merkmalen zusammen. Ordne auch die deutschen Vorschriften ein. (Gruppenarbeit)*
- *Was meinen die Autoren, wenn sie von „pragmatischen Nachbarn" sprechen?*
- *Welche Regelungen aus anderen Staaten sollten in Deutschland angewendet werden, welche nicht? Begründe die Entscheidungen. (Gruppenarbeit).*
- *Entscheide bei den Familien aus dem Kapitel 4 über die Einbürgerung in andere Länder.*

www.
www.griechenlandinformation.de/jur_wegweiser.htm (zu Griechenland)
www.ikforum.de/Unsere_AK_s/AK_Integration/Landervergleich/landervergleich.html (=*Interkulturelles Forum* ausführlich zu: Australien, Brasilien, Frankreich, Großbritannien, Israel, Italien, Kanada, Schweden, Türkei)
www.proasyl.de/index.html (=*PRO ASYL Infonetz Asyl* zu: UNHCR-Stellungnahme zu Staatsangehörigkeits- und Statusfragen im Zusammenhang mit dem Konflikt zwischen Äthiopien und Eritrea)

www.einbuergern.de (=Aktionsbüro Einbürgerung im Paritätischen Wohlfahrtsverband NRW: Unter dem button Gesetzestexte ist das Staatsangehörigkeitsgesetz der Türkei auf türkisch abrufbar)
www.sos-mitmensch_at.htm (=Die Zeitung von SOS Mitmensch im Internet ausführlich zu: Abstimmungsprinzip und Territorialprinzip in den Staaten Europas mit Karten, Kreisdiagrammen und umfangreicher tabellarischer Übersicht)
www.austausch.com/migra/faqs.htm (=MIGRA Integration von Migrantinnen: Fragen und Antworten zu Frankreich und Schweden. Das Projekt MIGRA ist Teil des *Mittelfristigen Aktionsprogrammes der Europäischen Gemeinschaft von Männern und Frauen"*)

10 Das neue Staatsangehörigkeitsrecht – ein Fortschritt?

Prof. Dr. Hakki Keskin, Bundesvorsitzender der Türkischen Gemeinde in Deutschland und Hochschullehrer in Hamburg.
Foto: www.tgd.de/htdocs/news/keskin.htm

Die Enttäuschung eines Türken
„Das neue Einbürgerungsrecht bedeutet für viele sogar eine ganz massive Verschlechterung"

Von HAKKI KESKIN

Das neue Staatsangehörigkeitsrecht ist seit dem 1. Januar 2000 in Kraft. Von der Bundesregierung wird es als ein modernes Recht bewertet, das sich an das Staatsangehörigkeitsrecht anderer europäischer Staaten anlehnt, und als zeitgemäßes Recht, das die Wirklichkeit in der Bundesrepublik Deutschland widerspiegelt. Wird und kann das neue Staatsbürgerschaftsrecht dieser Ankündigung, dieser hohen Erwartung gerecht werden? Wie beurteilen die Betroffenen selbst diese Reform? [...]
Dieses so genannte Optionsmodell der FDP sieht also eine befristete Möglichkeit der doppelten Staatsbürgerschaft vor.
Wer die Familienstrukturen, wer den Zusammenhalt einer Familie aus dem Mittelmeerraum kennt, wird Zweifel anmelden, ob überhaupt, und wenn ja, inwieweit die Einwanderer diese Trennung und unterschiedliche Behandlung zwischen Eltern und Kindern akzeptieren werden.
Auch müssen die Eltern der unter Zehnjährigen selbst die Initiative ergreifen und für ihre Kinder einen Antrag auf Einbürgerung stellen. Die Türkische Gemeinde in Deutschland wird sich zusammen mit ihren Landesorganisationen aktiv durch Informationsveranstaltungen sowie durch praktische Überzeugungsarbeit bei den Eltern an dieser Einbürgerungsaktion beteiligen.
Unser Unbehagen für diese Reform liegt jedoch darin, dass die große Masse der Einwandererbevölkerung davon ausgeklammert ist. Von den 7,5 Millionen Nichtdeutschen erfahren rund 6,5 Millionen – das sind mehr als 86 Prozent (!) – keine Erleichterungen, sondern ganz im Gegenteil deutliche Verschärfungen der Einbürgerungsbedingungen.
Das Haupthindernis beim Erwerb der deutschen Staatsbürgerschaft ist die erzwungene Aufgabe der alten Staatsbürgerschaft als Voraussetzung der Einbürgerung. [...] Das ist der Grund dafür, weshalb Deutschland im Vergleich zu den anderen EU-Staaten die niedrigsten Einbürgerungsquoten bei den Ermessenseinbürgerungen aufweist. Dieses Hindernis bleibt für 86 Prozent der Nichtdeutschen also bestehen.
Für die größte Gruppe der Einwandererbevölkerung, für die Menschen aus der Türkei, sieht das neue Einbürgerungsrecht sogar eine ganz massive Verschlechterung vor: Hatten Türken

bisher zumindest die Möglichkeit, sich für den Erwerb der deutschen Staatsbürgerschaft ausbürgern zu lassen und nach dem Erwerb der deutschen Staatsangehörigkeit ihre alte türkische Staatsbürgerschaft zurückzubekommen, so wurde ihnen mit den geänderten Vorschriften des neuen Gesetzes diese Möglichkeit genommen.
Langjährige Erfahrungen und zahlreiche Erhebungen zeigen, dass die Einwanderer der ersten und zweiten Generation aus vielerlei Gründen auf ihre bisherige Staatsangehörigkeit nicht verzichten wollen. Dieser entscheidenden Tatsache trägt das neue Staatsangehörigkeitsrecht leider keinerlei Rechnung.
Eine weitere Erschwernis stellt die Sprachprüfung im neuen Einbürgerungsrecht dar. Dort werden im Gegensatz zur bisherigen Praxis, die lediglich eine einfache mündliche Verständigung in deutscher Sprache vorsah, nun ausreichende Deutschkenntnisse verlangt. Nach den neuen Verwaltungsvorschriften soll der Antragsteller eine Zeitung lesen, verstehen und den Inhalt erklären können. Diejenigen, die in Deutschland nicht zur Schule gegangen sind, werden diese Voraussetzung nur schwerlich erfüllen können.
Unsere Vision war immer und wird es auch bleiben, die sogenannten Ausländer, die seit Jahrzehnten mit allen staatsbürgerlichen Pflichten in Deutschland leben, von ihrem mit minderen Rechten behafteten Ausländerdasein zu befreien. Dies ist die Grundvoraussetzung jeder Integrationspolitik, nur so kann nach einhelliger Auffassung aller Fachleute das Zugehörigkeitsgefühl zur deutschen Gesellschaft glaubhaft vermittelt werden. Wer die deutsche Staatsbürgerschaft nicht besitzt, wird sich schwerlich mit der deutschen Gesellschaft und mit dem deutschen Staat identifizieren und sich hier heimisch fühlen können.
Es ist durchaus im Interesse der deutschen Gesellschaft, den hier dauerhaft lebenden Nichtdeutschen den Weg zu vollen Bürgerrechten freizumachen. Daher werden wir auch in Zukunft für unsere Forderung nach Bürgerrechten für alle Einwanderer konsequent eintreten.

(Quelle: Hamburger Abendblatt vom 03.01.2000. www.abendblatt.de/contents/)

Vorschläge zur Bearbeitung:

- *Aus welchen Gründen spricht Hakki Keskin von einer Enttäuschung? Markiere die Stellen im Text.*
- *Kannst du der Beurteilung zustimmen?*

Der erste Entwurf zum neuen Gesetz vom 13.01.1999

Am 13.1.1999 legte Bundesinnenminister Otto Schily (SPD) den 1. Entwurf eines „Gesetzes zur Reform des deutschen Staatsangehörigkeitsgesetzes" vor. Dieses Gesetz basiert auf der Koalitionsvereinbarung von SPD / Bündnis 90/Die Grünen vom 22.10.1998. Dieser Entwurf gestattete prinzipiell die doppelte Staatsbürgerschaft, d.h. es war keine Optionspflicht vorgesehen.
Wenige Tage später rief die CDU/CSU zu ihrer Unterschriftenaktion „Ja zur Integration – Nein zu doppelter Staatsangehörigkeit" auf.

Vorschläge zur Bearbeitung:

Sollte die Optionspflicht beibehalten werden? Eine Entscheidung.

- *Angenommen, es steht zur Entscheidung im Bundestag an:*
  - *die Optionspflicht soll beibehalten werden, d.h.*
    die **doppelte Staatsbürgerschaft** *ist auf Lebenszeit grundsätzlich* **nicht erlaubt**

   - *die Optionspflicht soll abgeschafft werden, d.h.*
     die doppelte Staatsangehörigkeit ist grundsätzlich auf Lebenszeit **erlaubt**
- *Wie würdest du als Abgeordneter oder Abgeordnete abstimmen? Begründe! Du hast 5 Minuten Zeit zum Aufschreiben.*

Denkbar ist auch eine ausführliche Bearbeitung in Gruppen.

Vorschlag für eine Podiumsdiskussion mit Zuschauerbeteiligung:

- *Schreibe mit Hilfe der Materialien Rollenkarten auf, um eine Podiumsdiskussion mit Vertretern verschiedener Meinungen zum Thema „Abschaffung der Optionspflicht?“ vorzubereiten.*
- *Aus den Reihen der Zuschauer (Klasse) sollten während der Diskussion auch Fragen gestellt und Kommentare abgegeben werden. Bereite auch solche Fragen als Rollenkarten vor.*

11 Einwanderungsland Deutschland?

Aufenthaltsdauer der ausländischen Bevölkerung am 31. Dezember 1999 – in Tausend –

ausgewählte Staatsangehörigkeiten	Insgesamt	Davon Aufenthaltsdauer von ... bis unter ... Jahren									
		unter 1	1 bis 4	4 bis 6	6 bis 8	8 bis 10	10 bis 15	15 bis 20	20 bis 25	25 bis 30	30 und mehr
EU-Staaten	1 858,7	72,7	186,5	119,2	102,0	106,9	196,1	151,7	178,6	316,3	428,5
Türkei	2 053,6	55,8	214,7	148,9	154,7	157,5	280,8	232,2	299,1	380,0	129,8
Bosnien-Herzegowina	167,7	3,5	10,8	27,2	68,3	11,0	6,7	5,5	7,9	20,0	6,9
BR Jugoslawien	737,2	60,6	94,1	64,2	151,7	75,2	49,0	29,3	38,6	111,7	62,7
Kroatien	214,0	4,9	12,4	10,3	19,6	15,6	14,3	15,7	22,3	54,9	44,0
Makedonien	49,4	2,1	6,2	3,9	5,5	5,0	7,5	3,5	4,2	8,7	2,8
Slowenien	18,6	0,5	1,1	0,8	1,0	0,6	0,9	1,0	1,7	5,0	6,0
Griechenland	364,4	10,0	29,7	21,1	21,8	28,5	44,8	23,1	29,6	72,0	83,8
Spanien	129,9	4,6	9,6	5,0	4,3	3,6	6,9	6,8	10,8	31,0	47,3
Portugal	132,6	5,7	19,0	16,1	11,5	10,1	9,9	6,7	13,4	29,7	10,6
Italien	615,9	19,3	56,3	36,1	26,9	29,6	67,4	61,3	72,0	101,5	145,5
Marokko	81,5	4,2	11,5	6,0	7,5	8,4	15,7	9,7	6,4	7,3	4,8
Tunesien	24,3	1,4	3,6	1,8	2,2	1,9	3,0	2,9	2,6	3,7	1,1
Iran	116,4	4,8	14,7	9,0	6,8	12,7	43,2	11,9	5,7	2,9	4,7
Afghanistan	72,0	6,3	15,5	13,5	10,7	12,4	9,0	3,6	0,5	0,2	0,1
Libanon	54,1	2,1	6,5	4,1	5,5	12,4	18,0	2,3	2,5	0,4	0,2
Pakistan	38,3	2,9	7,2	4,4	4,6	6,0	7,0	2,2	3,2	0,5	0,3
Polen	291,7	21,0	49,0	32,0	32,1	39,7	74,8	26,5	5,5	2,6	8,4
Rumänien	87,5	7,3	13,0	7,9	28,9	20,9	6,1	1,7	0,7	0,7	0,3
Ungarn	53,2	5,2	8,0	4,9	6,4	7,0	9,5	4,5	2,3	2,1	3,2
Vietnam	85,4	4,9	11,4	7,2	14,7	18,3	19,8	6,6	2,2	0,2	0,2
Ausländische Wohnbevölkerung insgesamt	7 343,6	413,7	1019,0	641,8	791,4	647,4	905,8	578,4	628,7	957,3	760,2

Quelle: Statistisches Bundesamt
(Quelle: http://www.bundesauslaenderbeauftragte.de/fakten/tab9)

Vorschläge zur Bearbeitung:

- *Für wen herrscht aufgrund der Aufenthaltsdauer schon ein Einbürgerungsanspruch? Nach dem alten Recht? Nach dem neuen Recht?*
- *Aus welchen Gründen wohnen die Menschen nichtdeutscher Staatsangehörigkeit unterschiedlich lange in Deutschland? Gibt es zeitliche Schwerpunkte bei bestimmten Nationalitäten? Warum?* Denkbar ist hier z.B. eine Gruppenarbeit. Den Gruppen könnten Datensammlungen aus verschiedenen Verlagen an die

Hand gegeben werden, die jährlich herausgegeben werden. Die Schüler könnten so nach historischen Ursachen für Migration nach Deutschland suchen.

- *Fasse die Menschen nach Ländergruppen/Kontinenten zusammen. Wer stammt aus EU-Ländern?*
- *Vergleiche mit Daten für deinen Wohnort/dein Bundesland. Das Datenmaterial kannst du dir z.B. beim Statistischen Bundesamt im www beschaffen.*
- Datenmaterial zu Deutschland als Einwanderungsland findet man im Handbuch u.a. bei Henning Storz, Teil I, Kap. 1.3

Menschen mit Migrationshintergrund – Eine Reportage

Vorschläge zur Bearbeitung

Die Frage „Ist dein Wohnort ein Ort der Einwanderer?" könnte in verschiedene Richtungen bearbeitet werden.

- *Wie eine Reportage geschrieben werden kann, erkennst du an den beiden Zeitungsartikeln im Kapitel „Einbürgerung nach neuem Recht".*
- *Stelle auf Grundlage der Karte verschiedene Gebiete deines Wohnortes in einer Reportage gegenüber. Du kannst eine Fotodokumentation/eine Videodokumentation erstellen, einen Text dazu verfassen oder Interviews führen (Gruppenarbeiten).*
- *Am Rande einer großen Übersichtskarte deines Wohnortes könnten jeweils typische Fotos aufgeklebt werden. Ausgehend von den Fotos können dann Linien zum Aufnahmeort führen. Kurze Texte zu den Fotos geben erläuternde Hinweise.*
- *Bereite einen Multimediavortrag vor, indem du dich mit der Frage beschäftigst, inwieweit dein Wohnort eine Stadt der Einwanderer ist. Beispielsweise könnten dazu Daten anschaulich mit einem Grafikprogramm auf dem PC aufbereitet werden*

Einige Städte haben Karten zur regionalen Verteilung von Migranten ins Internet gestellt

- *www.hamburg.de/Behoerden/Auslaenderbeauftragter/themen/statdok/stadtteilzahl99.htm* bietet umfangreiche Dateien zum Anteil nichtdeutscher Staatsangehöriger in **Hamburg** nach Stadtteilen und Bezirken 1999
- Eine Karte zu Stadtbezirken von **München** *(Ausländeranteil in % an der Bevölkerung **Stand** 31.12.99)* ist abrufbar unter http://www.muenchen.de/statamt/index_m.htm
- Datenmaterial zu **Köln** ist zu finden unter http:/www.stadt-koeln.de/15/156/00/01/zahlen/bevoelkerung. Vgl. auch Henning Storz, Handbuch, Teil I, Kap.1.3.

12 „Integration – Toleranz – Anerkennung" – mehr als Worte?

12.1 Perspektivisches Schreiben

(Foto. Wolfgang Borrs. In: die tageszeitung vom 07.09.2000)

Vorschläge zur Bearbeitung:

- *Schreibe aus der Sicht eines Menschen, der auf dem Foto abgebildet ist, was er unter Integration, Toleranz und Anerkennung versteht und was er sich für sein Leben in Deutschland wünscht. Was ist schon an deinem Wohnort, in der Region, wo du wohnst, verwirklicht, was nicht?*

12.2 Robert Multikulti meint ...

(Robert Gernhardt, Vom Schönen, Guten, Baren. Bildergeschichten und Bildergedichte, 3. Auflage, Zürich: Haffmans 1997, S. 346)

- *Stelle Bezüge zwischen der Karikatur und den Begriffen Integration, Toleranz, Anerkennung her*

12.3 Wilhelm Heitmeyer, als Wissenschaftler meint ...

Leiter des Instituts für interdisziplinäre Konflikt- und Gewaltforschung der Universität Bielefeld.

> [...] Nirgends wird die Brisanz deutlicher als im Alltag von Städten und Stadtteilen, wo Menschen unterschiedlicher sozialer Lagen und ethnisch-kultureller Herkunft zusammenleben, aber die Rückzugstendenzen von Migranten unübersehbar sind. Es ist deshalb notwendig, dass sich die Stadtgesellschaften mehr und intensiver denn je um den Integrationszustand ihres Gemeinwesens kümmern. Das bedeutet auch, dass sich die lokalen Eliten zu Wort melden müssen, was bisher nicht passiert. Aber erfahrungsgemäß wollen die Bewohner so genannter besserer Gegenden mit dem Thema wenig zu tun haben und legen Distanz zu Fremden an den Tag. Der Lack von angeblich liberaler Toleranz blättert schnell ab, wenn zum Beispiel Symbole einer fremden Religion im eigenen Wohngebiet auftauchen.
> Im übrigen halte ich den Begriff der Toleranz für eher problematisch, weil er oft nichts anderes als Duldung meint, was immer auch eine Art versteckter Abwertung enthält. Toleranz betont das Konfliktlose, ja negiert gar Konflikte, [...] Der angemessene Begriff wäre Anerkennung, was auf ein konflikthaftes Ringen um gemeinsam geteilte Prinzipien angelegt ist, auf Unversehrtheit und Gleichwertigkeit. Daher müsste Politik ihre Maxime überprüfen, wo positive Anerkennung verknappt wird, um die Moderniserungsdynamik in Gang zu bringen, aber auch Verlierer oder Verunsicherte produziert werden, die dann auch negative Anerkennung noch als Gewinn verbuchen [...].

(Quelle: Gefährliche Selbsttäuschung. Rechts kommt nicht aus dem Nichts. In: Süddeutsche Zeitung vom 30.08.2000. www.szarchiv.de/oba/artikel/sz/2000/08/30/feuilleton)

Vorschläge zur Bearbeitung:

- *Erstellt ein Strukturschema zu den Begriffen Integration, Toleranz, Ankennung (zieht auch die Positionen aus den vorigen Kapiteln hinzu) (Partnerarbeit/ Kleingruppen)*

- *Bildet anschließend einen Doppelkreis/mehrere Doppelkreise und tragt euch gegenseitig eure Ergebnisse vor.*
- Im Klassenplenum werden die Positionen zusammenfassend diskutiert und mögliche offene Fragen geklärt. Als Wandzeitung können die Ergebnisse zu den Kernbegriffen fixiert werden.
- Wie versteht die Kommission „Zuwanderung" diese Begriffe (Handbuch, Teil I, Kap. 1.5 und 1.9; Teil II, Kap. 5), welche regionalen Beispiele gibt das Handbuch? Das Verständnis von Integration z.B. in Hamburg kann dem „Projekt Integration" entnommen werden.

Weitere Aspekte:

- *Was bedeuten Assimilation und Segregation? Wo sind die Grenzen von Toleranz? Wie kann Anerkennung organisiert werden?*
- *Sucht Belege, um die Meinung von Heitmeyer zu bestätigen oder zu widerlegen.*

Weitere Materialhinweise zu Integrationskonzepten:

Zur Konzeption der CDU:
- Einheit in Vielfalt. Für eine neue Politik der Integration" Rede von Jürgen Rüttgers auf dem integrationspolitischen Fachkongress der CDU-Landtagsfraktion am 19. Februar 2001 (www.cdu-nrw.de/aktuelles/integration/papier.html)
- Integration und Toleranz – das Integrationskonzept der CDU (www.cdu.de/politik-a-z/auslaender/kap32.htm)

Informationen zu den Konzeptionen der Zuwanderungskommission, von Migrantenorganisationen und weiteren Organisationen sind im Handbuch zu finden (Teil I, Kap. 1.9; Teil II)

12.4 „Dieser song gehört uns!" – Kanak Attak

Kanak Attak: Ein Manifest gegen Mültükültüralizm, gegen demokratische und hybride Deutsche sowie konformistische Migranten

Kanak Attak ist ein Zusammenschluß von Leuten über die Grenzen zugeschriebener, quasi mit in die Wiege gelegter „Identitäten" hinweg. Kanak Attak fragt nicht nach dem Paß oder nach der Herkunft, sondern wendet sich gegen die Frage nach dem Paß und der Herkunft. Unser gemeinsamer Nenner besteht darin, die Kanakisierung bestimmter Gruppen durch rassistische Zuschreibungen mit all ihren Folgen anzugreifen. Kanak Attak ist antinationalistisch, antirassistisch und lehnt jegliche Form von Identitätspolitiken ab, die sich etwa aus ethnologischen Zuschreibungen speisen.

Das Interventionsfeld von Kanak Attak reicht von der Kritik an den politisch-ökonomischen Herrschaftsverhältnissen und den kulturindustriellen Verwertungsmechanismen bis hin zu einer Auseinandersetzung mit Alltagsphänomenen in Almanya. Wir setzen uns für die Grund- und Menschen- rechte ein, befürworten aber eine Haltung, die sich von dem Modell der Gleichheit absetzt und sich gegen die Unterwerfung durch eine hegemoniale Kultur richtet. Was richtig ist, muß in der jeweiligen Situation verhandelt und entschieden werden.

[...] Es ist Zeit, denen das Feld streitig zu machen, die über Deutschland lamentieren, Respekt und Toleranz einklagen, ohne die gesellschaftlichen und politischen Zustände beim Namen zu nennen. Wir wollen weder ihre Nischen, noch akzeptieren wir ihre Anmaßung, uns, also dich und mich, zu repräsentieren.

Obwohl Kanak Attak für viele nach Straße riecht, ist es kein Kind des Ghettos. So hätten es die Spürhunde der Kulturindustrie gerne, die auf der Suche nach authentischem und exotischem Menschenmaterial sind. Dazu paßt die Figur des jungen, zornigen Migranten, der sich von ganz unten nach oben auf die Sonnenseite der deutschen Gesellschaft boxt. [...]
Kanak Attak grenzt sich gegen Veranstaltungen wie den "Tag des ausländischen Mitbürgers" ab, die den Dialog und das friedliche Zusammenleben zwischen Kanaken und der Mehrheitsgesellschaft fördern wollen. Kanak Attak ist kein Freund des Mültikültüralizm. Viele Befürworter hat dieses Modell aber ohnehin nicht mehr. Als ob es jemals über den Status kommunalpolitischer Experimente hinausgekommen wäre, reden Teile des Mainstreams inzwischen vom Scheitern der multikulturellen Gesellschaft. [...]
Klar, was den Migranten vor allem fehlt, ist Toleranz. Und wer sich nicht eingliedern will, der hat im aufgeklärten Almanya nichts verloren. Aber das ist nur eine Variante des Rassismus in Deutschland. Die Durchsetzung von national befreiten Zonen im Osten der Republik geht einen Schritt weiter: Ausländerfrei soll das Land werden.
Kanak Attak tritt gegen den Status „Ausländer" an, der auch bei partieller Gewährung von Bürgerrechten alles andere als unseren Vorstellungen entspricht. Ohne daß wir es für den Himmel auf Erden erachten, wenn alle Pässe oder das Wahlrecht bekommen, erscheint es uns als notwendige Voraussetzung, daß jeder wenigstens gleiche Rechte genießt. Kommt doch der Frage der Staatsbürgerschaft gerade in Anbetracht alltäglicher Fragen mitunter existentielle Bedeutung zu. Man denke nur an Abschiebungsschutz bei Drogengebrauch, Arbeitslosigkeit oder unliebsamer politischer Betätigung. Eine juristische Gleichheit aller würde es erleichtern, über ökonomische Ursachen sozialer Ungleichheit nachzudenken und diese zu bekämpfen. [...]
Der Rassismus artikuliert sich auch in Deutschland aktuell vor allem in kulturalistischer Ausprägung: Der Islam dient als eine Projektionsfläche für unterschiedliche Rassismen. Dabei geht es nicht zuletzt um das Phantasma der Unterwanderung durch fremde Mächte. Für uns kommt der Islam nicht als homogene Ideologie daher. Mit der alltäglichen Religionsausübung hat der organisierte politische Islam, den wir gänzlich ablehnen, wenig zu tun. Im Kopftuch-Diskurs verdichten sich die Zuschreibungen. [...]
Eine andere rassistische Denkfigur, die es zu attackieren gilt, ist die Vorstellung, daß die Zusammensetzung von Bevölkerungen nicht dem Zufall überlassen, sondern reguliert werden muß. Wer ein Verständnis dafür zeigt, daß auch andere gerne selbst entscheiden, wo und wie sie leben wollen, wird von Wohlmeinenden auf den Problemdruck hingewiesen, den die unkontrollierte Einwanderung zur Folge habe. Ein „Zuviel" von den einen und ein „Zuwenig" von den anderen sorge im besten Fall für schlechte Stimmung. Wir fordern nicht die Ausdehnung der staatsbürgerlichen und anderer Privilegien auf eine zusätzliche Gruppe, sondern stellen die Regelung des „Drinnen" und „Draußen", die Hierarchisierung der Lebensmöglichkeiten durch Rassismus als solche in Frage.
Kanak Attak bietet eine Plattform für Kanaken aus den verschiedensten gesellschaftlichen Bereichen, denen die alte Leier vom Leben zwischen zwei Stühlen zum Hals raushängt und die den Quatsch vom lässigen Zappen zwischen den Kulturen für windigen, postmodernen Kram halten. Kanak Attak will die Zuweisung von ethnischen Identitäten, das „Wir" und „Die" durchbrechen. Und weil Kanak Attak eine Frage der Haltung und nicht der Herkunft oder der Papiere ist, sind auch Nichtmigranten und Deutsche der n^2-Generation mit bei der Sache. [...]
Wir treten an, eine neue Haltung von Kanaken aller Generationen auf die Bühne zu bringen, eigenständig, ohne Anbiederung und Konformismus. Wir greifen auf einen Mix aus Theorie, Politik und künstlerischer Praxis zurück.
Dieser Song gehört uns. Es geht ab. Kanak Attak!

(aus: taz, Nr. 5757, 28.01.1999; vgl. http://www.nadir.org/nadir/initiativ/ci/nf/53/21.html am 18.10.01) Zum Selbstverständis der Personen die hinter dem Namen Kanak Attak stehen: kanakattak@navigate.org am 18.10.01.

Vorschläge zur Bearbeitung:

- *Erläutere in eigenen Worten, was mit der gesamten Überschrift gemeint ist.*
- *Erfasst Schlüsselwörter im Text (z.B. Integration) und erstelle zu jedem Schlüsselwort auf einer Wandzeitung eine mind-map. (Partner- oder Gruppenarbeit). Präsentiert anschließend eure Ergebnisse.*
- *Welche Bedeutung misst Kank Attak der Staatsangehörigkeit zu?*
- *Kläre das Verständnis von Integration, Toleranz, Anerkennung, das im Manifest vertreten wird.*
- *Vergleiche die im Manifest vertretenen Beurteilungen (siehe Schlüsselwörter) mit anderen bekannten. Wo stimmst du zu, wo nicht? Erstelle eine Positiv-Negativliste auf einer Wandzeitung.*
- *Vergleiche die in diesem Text vertretene Meinung mit den oben abgedruckten Materialien und mit dem bei Henning Storz (Handbuch, Teil I, Kap.1) wiedergegebenen Positionen zu einer Politik der Integration.*

Wir überprüfen die Konzeptionen zur Toleranz, Integration und Anerkennung vor Ort

- *Schreibt eine Reportage über positive/negative Beispiele vom Zusammenleben von Menschen unterschiedlicher ethnisch-kultureller Herkunft in eurem Wohnort/eurer Region.*
- *Lassen sich Prozesse der Assimilation, Segregation, Integration und Anerkennung dokumentieren? Nimm eine Karte oder Statistiken über die Verteilung der Migranten in eurem Wohnort zu Hilfe.*
- *Führe Interviews mit Menschen in deinem Wohnort durch.*
- *Du kannst z.B. die Videokamera verwenden, den Kasettenrekorder oder die Fotokamera.*
- *Mögliche Adressen sind z.B. Interkulturelle Treffpunkte und Begegnungsstätten an deinem Wohnort.*
- *Überprüfe die folgende Überschrift in deinem Wohnort: „Das Problem: ‚Ausländerstadtteile' sind benachteiligte Stadtteile" (Michael Krummacher, Viktoria Waltz im Handbuch, Teil I, Kap. 4.2)*

12.5 *Körperbilder* – Wege zur Anerkennung

Durchführung

Empfehlenswert ist eine Vorbereitung des Statuentheaters durch Übungen, die die Schüler in kleinen Schritten an die ‚Arbeit' mit dem Körper heranführen (z.B. ‚Spiegeln' nach Augusto Boal: Theater der Unterdrückten. Übungen und Spiele für Schauspieler und Nicht-Schauspieler. Frankfurt am Main: Suhrkamp 1989, 209-214).

Gruppenbildung

Bildet Gruppen mit drei Personen. Setzt euch mit drei Stühlen zusammen.

- **Brainstorming**
  Notiert, was euch zum Begriff ‚Diskriminierung' einfällt.
  Formuliert anschließend auf einem DIN-A-4-Blatt eure Definition von ‚Diskriminierung'

- **Austausch von Diskriminierungserfahrungen**
  Tauscht in der Gruppe eigene Erfahrungen aus, bei denen ihr Diskriminierungen beobachtet habt oder bei denen ihr selbst diskriminiert worden seid oder auch bei denen ihr selbst diskriminiert habt.
  Entscheidet, welches Diskriminierungsbeispiel ihr als ‚stilles Bild' darstellen möchtet.

- **selbsterlebte Diskriminierung als stille Bilder**
  1. *Legt die* Rollen *fest. Entscheidet Sie, wer einen Beobachter, wer den Diskriminierten und wer den Diskriminierenden darstellt.*
  2. *Gestaltet als Gruppe mit ihren Körpern ein Abfolge von zwei oder drei* Realbildern *zu einer erlebten Diskriminierung. Jeder Darsteller sollte als die Person ‚agieren', die er darstellt.*
  3. *Gestaltet als Gruppe mit euren Körpern ein* Idealbild *(die Diskriminierung ist verschwunden, die bisher diskriminierte Person wird von den anderen anerkannt)*
  4. *Geht nun zurück zum Realbild und gestaltet ein* Übergangsbild *(der Schritt vom Real- zum Idealbild)*

- **Präsentation, Einbeziehung von Zuschauern (Klasse) und Diskussion im Plenum**
  Die auf DIN-A-4-Blätter aufgeschriebenen Definitionen von ‚Diskriminierung' werden an die Klassenwände gehängt.
  Die einzelnen Gruppen stellen ihre drei Bilder in der Reihenfolge Realbild, Idealbild, Übergangsbild dar.
  Anschließend können die Zuschauer sich an die Stelle eines Gruppenmitglieds in das Bild einfügen. Jeder darf das Übergangsbild verändern und seine eigene Vorstellung vom möglichen Übergang darstellen. Die nun gestaltenden Zuschauer sollen, falls erforderlich, ohne zu sprechen, die anderen beiden Darsteller ‚instruieren' und in die gewünschte Position innerhalb des Bildes bringen.

Weitere Anregungen:

- Viele Anregungen gibt auch das Theaterprojekt „Nase oder Nichtnase. Das ist hier die Frage", das von Bettina Huhn vom Theaterpädagogischen Zentrum Kön geleitet wurde (Handbuch Teil IV, Kap. 4). Die durch in Standbildern visualisierten Begriffe wie „Willkommen", „Heimat", „Freundschaft" und „Zuhause" könnten auch im ‚normalen' Unterricht umgesetzt werden.

- Denkbar ist auch, Ideen von STEP 21, dem Comicwettbewerb mit Jugendlichen, aufzugreifen und auf die Thematik Toleranz, Integration, Anerkennung zu beziehen (Handbuch, Teil IV Kap. 4)

Literaturverzeichnis

Apel, Günter (April 1999): Deutschland braucht ein neues Staatsangehörigkeitsrecht. Ausländerbeauftragter des Senats der Freien und Hansestadt Hamburg

Die Ausländerbeauftragte des Senats der Freien und Hansestadt Hamburg – Projekt Integration – in Kooperation mit der Behörde für Inneres Einwohner – Zentralamt (2000): Das neue Staatsangehörigkeitsrecht. Partnerschaft für Integration. Handreichung für Multiplikatoren. 2. aktualisierte Auflage. Hamburg: 23 S.

Die Ausländerbeauftragte des Senats der Freien und Hansestadt Hamburg / Behörde für Inneres / Einwohner – Zentralamt (Hrsg.): Einbürgerung und Zusammenleben (es passiert was). Hamburg o.J. 50S.

Die Ausländerbeauftragte des Senats der Freien und Hansestadt Hamburg (Hrsg.) (September 1999): Zahlenmaterial zur Situation der nichtdeutschen Bevölkerung in der Freien und Hansestadt Hamburg Hamburg 34 S.

Bericht der Beauftragten der Bundesregierung für Ausländerfragen über die Lage der Ausländer in der Bundesrepublik Deutschland (Februar 2000): Berlin und Bonn

Bericht der Unabhängigen Kommission „Zuwanderung". Zuwanderung gestalten – Integration fördern. 4. Juli 2001.

Diehm, Isabell/Radtke, Frank-Olaf (1999): Erziehung und Migration. Eine Einführung. Stuttgart, Berlin, Köln: Kohlhammer.

Familien ausländischer Herkunft in Deutschland. Leistungen. Belastungen. Herausforderungen. Sechster Familienbericht. Bundesministerium für Familie, Senioren, Frauen und Gesundheit (Hrs.), Berlin 2000.

Holzbrecher Alfred (2001): AnEignung des Politischen: Subjektentwicklung durch Kompetenzerfahrung. In: Landeszentrale für politische Bildung Rheinland-Pfalz (Hrs.). Einmischen. Subjektorientierung als didaktisches Prinzip. Schwalbach/Ts.: Wochenschau 2001, Kap. 1.

Institut der deutschen Wirtschaft (Hrsg.) (2000): Ausländer in Deutschland. Daten und Fakten von A-Z.. Dossier. Themenservice des Instituts der deutschen Wirtschaft. Köln.

Jaitner, Thomas (1998): Von der Abstammungsgesellschaft zur Abstimmungsdemokratie – Unterrichtsmaterial zur Debatte um das neue Staatsangehörigkeitsgesetz. In: Politisches Lernen. Deutsche Vereinigung für Politische Bildung – NW (Hrsg.) Göttingen: Verlag Wieland Ulrichs. 3-4.1998, 81-108.

Massaquoi, Hans-Jürgen (1999): «Neger, Neger, Schornsteinfeger!» Meine Kindheit in Deutschland. Mit einem Nachwort von Ralph Giordano. Bern, München, Wien: Scherz Verlag, Fretz&Wasmuth Verlag, 416 S.

„Reform des Staatsangehörigkeitsrechts – die parlamentarische Beratung" (1999): Innenausschuss des Deutschen Bundestages (Hrsg.: Deutscher Bundestag. Referat Öffentlichkeitsarbeit) – Berlin (Zur Sache 1 / 99), 595 S.

Rinke, Kuno (1998): Antirassistisches Lernen, interkulturelles Lernen und Erinnerungsräume. In: Politisches Lernen. Deutsche Vereinigung für Politische Bildung – NW (Hrsg.). Göttingen: Verlag Wieland Ulrichs. 1-2.1999, 45-59.

Rinke, Kuno (2000): Politische Bildung. In: Reich, Hans. H./Holzbrecher, Alfred/Roth, Hans-Joachim (Hrsg.): Fachdidaktik interkulturell. Ein Handbuch. Opladen: Leske + Budrich, 93-129.

Anhang

Einleitung

Das Thema „Staatsbürgerschaft im Einwanderungsland Deutschland“ ist komplex. Nur einige Stichworte: Die Dimensionen des Themas reichen von der globalen Ebene über die Europäische Union, Deutschland, einzelne Bundesländer bis hin zu den Lebenslagen der Migranten in Deutschland und ihrer einheimischen Nachbarn. Menschenrechtliche Verpflichtungen und ökonomische Interessen sind berührt, die demografische Entwicklung ist zu beachten. Sozial- und Wirtschaftswissenschaften, Rechtswissenschaft und Pädagogik leisten ihre Beiträge – Ergebnis ist eine auch für Experten nicht überschaubare Fülle einschlägiger Veröffentlichungen. Im politischen Meinungskampf spiegeln sich die unterschiedlichen Einstellungen, Interessen und Vorurteile wieder, sie werden in Wahlkämpfen polarisierend zugespitzt. Oft sind bereits die Begriffe kontrovers, mit denen die Diskussion geführt wird und sie verändern sich, wie etwa der Begriff „Integration“ entsprechend dem „Zeitgeist“ oder „mainstream“.

Angesichts dieser Komplexität enthält der Anhang des Handbuches „Staatsbürgerschaft im Einwanderungsland Deutschland“ für die Praktiker der interkulturellen Arbeit fünf Abschnitte:

1. Glossar

Das Glossar – eine Art Lexikon – beschreibt/definiert Begriffe, die im Zusammenhang von Einwanderung und Einbürgerung wichtig sind. Dabei handelt es sich um rechtlich festgelegte Begriffe („Legaldefinitionen“, wie z.B. „Asylbewerber“), um Begriffe aus der Wissenschaftssprache (z.B. „Ambiguitätstoleranz“) und um Begriffe aus dem allgemeinen Sprachgebrauch (z.B. „multikulturelle Gesellschaft“). Für die Definition dieser Begriffe sind verschiedene Quellen verwendet worden (siehe Glossar)

2. Häufig gestellte Fragen und Antworten zum StAG

Hier wird eine exemplarische Auswahl der etwa 1500 Fragen und Antworten aus der Beratungspraxis des Interkulturellen Rates in Deutschland (http:// interkultureller -rat.de/projekte/STAR/Fragen.htm) vorgestellt, ergänzt durch Beiträge aus dem Internet-Diskussionsforum www.musstar.de. Die Auswahl zeigt, wie unterschiedlich die Lebenslagen der Zuwanderer sind und wie kompliziert das neue Recht für die einzelnen Einbürgerungsbewerber und die Einbürgerungsbehörden ist. Sie gibt Hinweise für eine entsprechende Beratung.

3. Verzeichnis wichtiger Internet-Adressen

Die ausgewählten Internetadressen von Regierungsorganisationen, Nicht-Regierungsorganisationen und aus der Forschung führen zu Gesetzestexten, Verwaltungsvorschriften und Statistiken, zu Stellungnahmen aus Politik und beruflicher Praxis und zu wissenschaftlichen Veröffentlichungen. Sie laden ein zum „download“, zum Bestellen und zu weiterer Recherche. Zu beachten ist, dass die „web-Seiten“ aus Gründen der Aktualität verändert werden.

4. Literaturverzeichnis

Die in den einzelnen Kapiteln verwendete Literatur findet sich am Ende der einzelnen Beiträge im Handbuch. Das abschließende Literaturverzeichnis kann daher begrenzt werden.

- Die wichtigen aktuellen Berichte (Beauftragte der Bundesregierung für Ausländerfragen, Sechster Familienbericht, Unabhängige Kommission „Zuwanderung“, Lebenslagen in Deutschland – Erster Armuts- und Reichtumsbericht der Bundesregierung) und die ihnen zugrunde liegenden wissenschaftlichen Gutachten ermöglichen den Zugang zum Stand der Diskussion;
- die genannten Titel zum Thema „Einwanderungsland Deutschland“ behandeln die historische Entwicklung, den aktuellen Stand, die ethnischen Minderheiten in der Bundesrepublik Deutschland und das Problem von Rassismus und Rechtsextremismus und enthalten Literaturhinweise zum Weiterstudium;
- der juristische Teil nennt die Quellen für Texte von Gesetzen und Verordnungen, Kommentare zum Staatsangehörigkeitsrecht und eine umfassende Darstellung des nationalen und internationalen Einwanderungsrechtes.

5. Autorinnen und Autoren

Die Autorinnen und Autoren des Handbuches arbeiten in unterschiedlichen Arbeitsfeldern, an unterschiedlichen Orten und mit unterschiedlichen Aufgaben und Verantwortungen. Sie haben sich auch in unterschiedlichen Studiengängen qualifiziert. Gemeinsam haben sie das Bemühen, mit ihrer jeweiligen Kompetenz an der Gestaltung des „Einwanderungslandes Deutschland" mitzuarbeiten.

1. Glossar

Die Erläuterungen der einzelnen Begriffe sind folgenden Quellen entnommen:

1. Bundeszentrale für politische Bildung (Hrsg.):Interkulturelles Lernen. Arbeitshilfen für die politische Bildung, Neudruck Bonn 2000, enthält ein Glossar von Wolf Rainer Leenen und Harald Grosch
2. Brockhaus in Text und Bild. PC-Bibliothek Version 2.01, Bibliographisches Institut & F. A. Brockhaus AG. Mannheim, 2000
3. http://www.bundesauslaenderbeauftragte.de/lexikon/index.stm
4. http://www.bmi.bund.de/frameset/index.jsp, > Lexikon > Ausländer, Flüchtlinge, Asyl
5. http://www.einbuergerung.de/ > Einbürgerung > Einbürgerung: Das Lexikon
6. Eigene Beiträge von Autoren des Handbuchs

Die jeweilige Quelle wird mit der entsprechenden Ziffer jeweils am Ende der Erläuterung genannt.

Abschiebung ist eine zwangsweise Durchsetzung der Ausreisepflicht. Sie darf nur dann vorgenommen werden, wenn die Ausreisepflicht vollziehbar ist und wenn die freiwillige Ausreise des Ausländers nicht gesichert oder aus Gründen der öffentlichen Sicherheit und Ordnung eine Überwachung der Ausreise erforderlich erscheint (vgl. § 49 Ausländergesetz). (4)

Abstammungsprinzip > ius sanguinis.

Abstammungsrecht > ius sanguinis.

Akkulturation Die Übernahme von Elementen einer fremden Kultur nach dem Prozeß der Enkulturation, z.B. in der Folge eines längeren Aufenthaltes in fremdkultureller Umgebung. A. geht über Akkomodation hinaus und setzt diese voraus. >Enkulturation. (1)

Akteur(e) Handelnde Personen und Institutionen; im vorliegenden Text v.a. in Zusammenhang mit den Handlungsfeldern Migration, Stadtentwicklung und Lokalpolitik. (6)

Alltagskultur Kulturelle Sinnschicht der alltäglichen Lebenswelt, also derjenigen Wirklichkeit, „die der wache, normale Erwachsene in der natürlichen Einstellung als schlicht gegeben vorfindet." (Schütz,A & Luckmann, Th.: Strukturen der Lebenswelt, Bd. 1, Frankfurt 1979, S.47.) >Kultur (1)

Ambiguitätstoleranz das Ertragenkönnen von Mehrdeutigkeiten in der Wahrnehmung, auf emotionaler und auf kognitiver Ebene; wird u.a. als notwendiges Sozialisierungsergebnis einer Gesellschaft mit versch. Wertgeltungen gedeutet und als Eigenschaft einer kreativen Persönlichkeit aufgefasst. A. trägt dazu bei, interkulturelle Irritationen und Dissonanzen in produktiver, d.h. verständnisvorbereitender Weise auszuhalten. >Empathie (1)

Ambivalenz Zwiespältigkeit bestimmter Begriffe und Handlungsweisen. (2)

Anspruchseinbürgerung gibt dem Betroffenen ein Recht auf die deutsche Staatsangehörigkeit, wenn er die im Gesetz aufgeführten Voraussetzungen erfüllt. Durch die Herabsetzung der Fristen bei der Anspruchseinbürgerung nach dem Ausländergesetz besteht nunmehr bereits nach acht Jahren Aufenthalt im Normalfall ein solcher Anspruch. (5)

Asylberechtigte sind Ausländer, die vom Bundesamt für die Anerkennung ausländischer Flüchtlinge oder einer verwaltungsgerichtlichen Instanz als asylberechtigt nach Art. 16a Grundgesetz anerkannt worden sind. (4)

Asylbewerber sind Ausländer, die Schutz als politisch Verfolgte nach Art. 16a Abs. 1 des Grundgesetzes oder Schutz vor Abschiebung oder einer sonstigen Rückführung in einen Staat beantragen, in dem ihr Leben oder ihre Freiheit wegen ihrer Rasse, Religion, Staatsangehörigkeit, ihrer Zugehörigkeit zu einer bestimmten sozialen Gruppe oder wegen ihrer politischen Überzeugung bedroht ist. Nach der höchstrichterlichen Rechtsprechung, die diesen Begriff unter Anknüpfung an den Regelungsgehalt des Artikels 1 A der Genfer Flüchtlingskonvention näher bestimmt, ist politische Verfolgung grundsätzlich staatliche, also vom Staat ausgehende oder ihm zumindest zuzurechnende Verfolgung. Dem Staat stehen dabei solche staatsähnlichen Organisationen gleich, die den jeweiligen Staat verdrängt haben oder denen dieser das Feld überlassen hat und die ihn daher insoweit ersetzen. Maßgeblich für die Bewertung einer Maßnahme als politische Verfolgung ist danach, dass der Schutzsuchende einerseits in ein übergreifendes, das Zusammenleben in der konkreten Gemeinschaft durch Befehl und Zwang ordnendes Herrschaftsgefüge eingebunden ist, welches den ihm Unterworfenen in der Regel Schutz gewährt, andererseits aber wegen asylerheblicher Merkmale von diesem Schutz ausgenommen und durch gezielt zugefügte Rechtsverletzungen aus der konkreten Gemeinschaft ausgeschlossen wird, was ihn in eine ausweglose Lage bringt, der er sich nur durch Flucht entziehen kann. Auch in einer Bürgerkriegssituation kann nach dem Fortfall der bisherigen Staatsgewalt von einer Bürgerkriegspartei politische Verfolgung ausgehen. Das beurteilt sich maßgeblich danach, ob diese zumindest in einem Kernterritorium ein solches Herrschaftsgefüge von gewisser Stabilität – im Sinne einer übergreifenden Friedensordnung – tatsächlich errichtet hat. Auf Art. 16a Abs. 1 des Grundgesetzes kann sich nicht berufen, wer aus einem sicheren Drittstaat im Sinne des § 26a Abs. 2 des Asylverfahrensgesetzes einreist. (4)

Asylbewerberleistungsgesetz Asylbewerber und Ausländer, die über einen Flughafen einreisen wollen und denen die Einreise nicht oder noch nicht gestattet ist, Kriegs- und Bürgerkriegsflüchtlinge sowie geduldete und vollziehbar ausreisepflichtige Ausländer nebst deren Ehegatten und minderjährigen Kindern erhalten Leistungen nach dem Asylbewerberleistungsgesetz (AsylbLG) vom 5. August 1997 (BGBl. I S. 2022). Diese Leistungen sind um rund 20% niedriger als die Leistungen nach dem Bundessozialhilfegesetz (BSHG). Nach dem Zweiten Gesetz zur Änderung des AsylbLG vom 25. August 1998 (BGBl. I S. 2505) erhalten Leistungsberechtigte, bei denen verhaltensbezogene Missbrauchstatbestände festzustellen sind, gegenüber dem Niveau des AsylbLG weiter reduzierte Leistungen. Diese Tatbestände können z.B. illegale Einreisen in das Bundesgebiet zur Erlangung sozialer Leistungen oder Identitätsverschleierungen zur Verhinderung aufenthaltsbeendender Maßnahmen sein. (4)

Asylverfahrensgesetz (AsylVfG vom 27. Juli 1993, BGBl. I S. 1361) regelt das Verfahren für Ausländer, die Schutz als politisch Verfolgte nach Art. 16a des Grundgesetzes oder Schutz vor einer Abschiebung oder sonstigen Rückführungen in einen Staat beantragen, in dem ihr Leben oder ihre Freiheit wegen ihrer Rasse, Religion, Staatsangehörigkeit, Zugehörigkeit zu einer bestimmten sozialen Gruppe oder ihrer politischen Überzeugung bedroht ist. (4)

Aufenthaltsbeendigung

Ein Ausländer ist grundsätzlich zur Ausreise verpflichtet, wenn er die erforderliche Aufenthaltsgenehmigung nicht oder nicht mehr besitzt. Er kann aber auch bei Vorliegen bestimmter Voraussetzungen durch besondere Verfügung ausgewiesen werden. Eine zwangsweise Durchsetzung der Ausreisepflicht erfolgt, wenn der Ausländer dieser Verpflichtung nicht nachkommt. Es sind dabei jedoch auch die auf Grund des Bestehens von Abschiebungshindernissen oder aus humanitären Gründen erteilten Duldungen zu beachten. (vgl. §§ 51-56 Ausländergesetz – AuslG). (4)

Aufenthaltsbefugnis

(§ 30 AuslG) wird erteilt, wenn einem Ausländer der Aufenthalt aus völkerrechtlichen oder dringenden humanitären Gründen oder zur Wahrung politischer Interessen der Bundesrepublik Deutschland erlaubt werden soll. Das gilt insbesondere für Ausländer, die sich rechtmäßig im Bundesgebiet aufhalten und für die auf Grund besonderer Umstände des Einzelfalls das Verlassen des Bundesgebiets eine außergewöhnliche Härte darstellen würde. (3)

Aufenthaltsberechtigung

(§ 27 Ausländergesetz – AuslG) sichert ein dauerhaftes Aufenthaltsrecht mit einem verstärkten Schutz vor Ausweisung, die dann nur noch aus schwerwiegenden Gründen der öffentlichen Sicherheit zulässig ist. Sie wird insbesondere erteilt, wenn ein Ausländer 8 Jahre eine Aufenthaltserlaubnis besitzt, sein Lebensunterhalt sowie seine Altersversorgung gesichert sind und er in den letzten drei Jahren im wesentlichen straffrei war. Sie kann in begründeten Fällen auch an einen Ausländer erteilt werden, wenn er seit 5 Jahren eine Aufenthaltserlaubnis besitzt. (3)

Aufenthaltsbewilligung

(§§ 28, 29 AuslG) wird erteilt, wenn einem Ausländer der Aufenthalt nur für einen bestimmten, seiner Natur nach einen nur vorübergehenden Aufenthalt erfordernden Zweck erlaubt sein soll. Die Aufenthaltsbewilligung wird dem Aufenthaltszweck entsprechend befristet (z. B. Saisonarbeiter in Landwirtschaft, Baugewerbe und Gastronomie, Studenten und Auszubildende). Sie wird für längstens zwei Jahre erteilt und kann verlängert werden (3).

Aufenthaltserlaubnis

(§§ 15, 17 Ausländergesetz – AuslG) wird erteilt, wenn einem Ausländer der Aufenthalt ohne Bindung an einen bestimmten Aufenthaltszweck erlaubt sein soll. Die Aufenthaltserlaubnis für ausländische Arbeitnehmer verfestigt sich mit zunehmender Aufenthaltsdauer. Sie wird zunächst befristet für ein Jahr, danach zweimal befristet für je zwei Jahre und schließlich unbefristet erteilt. Die unbefristete Aufenthaltserlaubnis bedeutet eine erste rechtliche Absicherung des Daueraufenthalts. Sie kann nachträglich nicht mehr befristet werden, wenn die Erteilungsvoraussetzungen entfallen. (4)

Aufenthaltsgenehmigung

Das Ausländergesetz kennt folgende Genehmigungen: Aufenthaltserlaubnis, Aufenthaltsbefugnis, Aufenthaltsbewilligung und Aufenthaltsberechtigung. Eine befristete/unbefristete Aufenthaltserlaubnis oder Aufenthaltsberechtigung ist für die Anspruchseinbürgerung erforderlich. Eine Ermesseneinbürgerung kann im Einzelfall – je nach Entscheidung der Behörde – auch bei Besitz einer Aufenthaltsbefugnis möglich sein. Voraussetzung des Geburtsrechts ist es, dass ein Elternteil eine unbefristete Aufenthaltserlaubnis oder -berechtigung besitzt. Eine Aufenthaltsgenehmigung wird erteilt als Aufenthaltserlaubnis nach §§ 15 und 17, als Aufenthaltsberechtigung nach § 27, als Aufenthaltsbewilligung nach §§ 28 und 29 und als Aufenthaltsbefugnis nach § 30 Ausländergesetz. (5)

Aufenthaltsgestattung Einem Ausländer, der um Asyl nachsucht, ist zur Durchführung des Asylverfahrens der Aufenthalt in der Bundesrepublik gestattet (§ 55 AsylVfG). Die Aufenthaltsgestattung erlischt u.a. bei Unanfechtbarkeit der Entscheidung des Bundesamtes für die Anerkennung ausländischer Flüchtlinge. Mit der Anerkennung als Asylberechtigter hat ein Ausländer Anspruch auf Erteilung einer unbefristeten Aufenthaltserlaubnis (§ 68 Abs. 1 AsylVfG). (3)

Ausländer ist jeder, der nicht Deutscher im Sinne des Art. 116 Abs. 1 des Grundgesetzes ist, d.h. nicht die deutsche Staatsangehörigkeit besitzt. Ausländer genießen grundsätzlich Meinungs-, Versammlungs- und Vereinigungsfreiheit. Sie können in politischen Parteien und kommunalen Ausschüssen (soweit das Landesrecht dies vorsieht) mitwirken. Das Grundgesetz lässt jedoch mit Ausnahme des Kommunalwahlrechts für Unionsbürger kein Wahlrecht für Ausländer bei Bundestags-, Landtags- und Kommunalwahlen zu. (3)

Ausländeranteil 7,3 Millionen Ausländer leben in Deutschland, das sind etwa neun Prozent der Gesamtbevölkerung. Über die Hälfte von ihnen leben acht und mehr Jahre in Deutschland. Wer seit acht und mehr Jahren in Deutschland lebt und bestimmte Voraussetzungen erfüllt, hat einen Anspruch auf Einbürgerung. Fast 22 Prozent der hier lebenden Ausländer sind bereits in Deutschland geboren. (5)

Ausländergesetz (AuslG vom 9. Juli 1990, BGBl. I S. 1354) regelt die Einreise, den Aufenthalt, die Niederlassung, die Erwerbstätigkeit, die Aufenthaltsbeendigung und die Einbürgerung von Menschen ohne deutsche Staatsangehörigkeit, mit Ausnahme bestimmter Personengruppen (Diplomaten, § 2 AuslG). (3)

Ausländerwahlrecht, kommunales Als Bestandteil des integrationspolitischen Gesamtkonzepts der rot-grünen Bundesregierung sieht die Koalitionsvereinbarung vom 20. Oktober 1998 im Abschnitt IX.7 die Einführung eines allgemeinen kommunalen Ausländerwahlrechts vor. Dieses soll – abweichend von der in Art. 28 Abs. 1 Satz 3 GG getroffenen Regelung – auch Staatsangehörigen aus Nicht-EU-Staaten gewährt werden, die auf Dauer im Bundesgebiet leben. Die gesetzestechnische Umsetzung dieses Vorhabens macht eine Grundgesetzänderung (Anpassung des Art. 28 Abs. 1 Satz 3 GG) erforderlich, die nach Art. 79 Abs. 2 GG der Zustimmung von zwei Dritteln der Mitglieder des Bundestages und zwei Dritteln der Stimmen des Bundesrates bedarf. Angesichts dieser qualifizierten Mehrheitsanforderungen kann eine entsprechende Gesetzesinitiative nur im parteiübergreifenden Konsens beschlossen werden. (3)

Ausländerzentralregister (AZR) besteht seit 1953. Es wird beim Bundesverwaltungsamt in Köln (Registerbehörde) auf der Rechtsgrundlage des Gesetzes über das Ausländerzentralregister (AZR-Gesetz) vom 2. September 1994 (BGBl. I S. 2265), der Verordnung zur Durchführung des AZR-Gesetzes (AZRG-DV) vom 17. Mai 1995 (BGBl. I S. 695) und der Verwaltungsvorschrift zum AZR-Gesetz (AZR-VV) vom 4. Juni 1996 (GMBl 1996, S. 334) geführt. Das Register besteht aus einem allgemeinen Datenbestand und einer Visadatei. Im allgemeinen Datenbestand werden Daten von Ausländern zentral gespeichert, die sich nicht nur vorübergehend – d.h. länger als drei Monate – in Deutschland aufhalten bzw. aufgehalten haben oder bei denen ein anderer in § 2 AZR-Gesetz festgelegter Anlass für eine Datenspeicherung vorliegt. (4)

Ausländische Kinder
Etwa zwei Drittel aller ausländischen Kinder sind in Deutschland geboren: 65 Prozent der unter 18-Jährigen und 87 Prozent der unter 6-Jährigen. Ein Großteil der Neugeborenen wird ab dem 1. Januar 2000 durch Geburtsrecht Deutsche/r sein. (5)

Ausweisung
ist ein spezifisch ausländerrechtlicher Verwaltungsakt, durch den die Aufenthaltsgenehmigung erlischt und der Ausländer zur Ausreise verpflichtet wird. Sie beendet die Rechtmäßigkeit des Aufenthalts eines Ausländers. Ein Ausländer kann ausgewiesen werden, wenn sein Aufenthalt die öffentliche Sicherheit und Ordnung oder sonstige erhebliche Interessen der Bundesrepublik beeinträchtigt (vgl. §§ 45 und 46 AuslG). (3)

Beibehaltungsgenehmigung
Das Staatsangehörigkeitsrecht sieht bestimmte Verlustgründe für die deutsche Staatsangehörigkeit vor. So geht die deutsche Staatsangehörigkeit in der Regel verloren, wenn eine andere Staatsangehörigkeit angenommen wird. Gleiches gilt beim Geburtsrecht, wenn die andere Staatsangehörigkeit nicht nach Volljährigkeit aufgegeben wird. Will der Betroffene in den genannten Fällen eine Ausnahme von der Verlustregelung erreichen, so muss er eine Beibehaltungsgenehmigung beantragen. (5)

Bundesamt für die Anerkennung ausländischer Flüchtlinge
Die Durchführung von Asylverfahren ist in der Bundesrepublik Deutschland dem Bundesamt für die Anerkennung ausländischer Flüchtlinge (BAFl) mit seinen z.Zt. 32 Außenstellen übertragen. Der Dienstsitz des BAFl ist seit 1. Oktober 1993 Nürnberg. Das Bundesamt entscheidet nach Maßgabe des Asylverfahrensgesetzes im Rahmen eines besonders ausgestalteten förmlichen Verwaltungsverfahrens durch weisungsunabhängige Einzelentscheider über Asylanträge. Dabei wird das Vorliegen politischer Verfolgung im Sinne des Art. 16a des Grundgesetzes und das Vorliegen der Voraussetzungen des § 51 Abs. 1 des Ausländergesetzes geprüft. In diesem Zusammenhang ist das Bundesamt auch für die Feststellung der Voraussetzungen von Abschiebungshindernissen nach § 53 Ausländergesetz zuständig. (4)

De-facto-Flüchtlinge
sind Personen, die keinen Asylantrag gestellt haben oder deren Asylantrag abgelehnt worden ist, denen aber aus humanitären oder politischen Gründen die Rückkehr in ihr Heimatland nicht zumutbar ist, sowie Personen, die ursprünglich aus diesen Gründen Aufnahme gefunden haben und sich immer noch im Bundesgebiet aufhalten. (3)

Deutsche(r)
Angehörige des deutschen Volkes. Im Sinne des Grundgesetzes ist Deutscher, »wer die deutsche Staatsangehörigkeit besitzt oder als Flüchtling oder Vertriebener deutscher Volkszugehörigkeit oder als dessen Ehegatte oder Abkömmling in dem Gebiete des Deutschen Reiches nach dem Stande vom 31.12. 1937 Aufnahme gefunden hat« (Artikel116 Absatz1 GG). Als Deutsche gelten demnach außer den Bürgern der Bundesrepublik Deutschland auch viele Aussiedler, die, sofern sie nicht schon aufgrund des Artikels116 GG die deutsche Staatsangehörigkeit besitzen, nach den Staatsangehörigkeitsgesetzen Anspruch auf Verleihung der deutschen Staatsbürgerschaft haben. (2)

Diskriminierung
Soziologie: Ungleichbehandlung, Benachteiligung v.a. von sozialen Minderheiten aufgrund von Merkmalen wie rassische oder ethnische Zugehörigkeit, Geschlecht, religiöse oder politisch-weltanschauliche Überzeugung, Zugehörigkeit zu bestimmten sozialen Gruppen. (2)

Doppelpass
Ursprünglich Begriff aus dem Fußball, der das Zusammenspiel zweier Spieler beschreibt. Umgangssprachlich auch für Mehrstaatigkeit. (5)

Doppelte Staatsbürgerschaft > Mehrstaatigkeit

Drittstaaten, sichere Sind nach § 26a Asylverfahrensgesetz und den verfassungsrechtlichen Vorgaben die Mitgliedstaaten der Europäischen Gemeinschaften sowie weitere europäische Staaten, in denen die Einhaltung der Genfer Flüchtlingskonvention und der Europäischen Menschenrechtskonvention sichergestellt ist. Dies sind: Finnland, Norwegen, Österreich, Polen, Schweden, die Schweiz und die Tschechische Republik. Wenn ein Ausländer bereits einen dieser Staaten erreicht hat, in dem er gleichfalls Schutz nach der Genfer Flüchtlingskonvention erhalten kann, ist ihm die Einreise in die Bundesrepublik Deutschland schon an der Grenze zu verweigern. Denn wer aus einem „sicheren Drittstaat" einreist, kann sich nicht mehr auf das Grundrecht auf Asyl berufen. (3)

Duldung (§§ 55, 56 Ausländergesetz – AuslG) ist kein Titel, der zum Aufenthalt berechtigt. Sie bewirkt nur die förmliche Aussetzung der Abschiebung eines ausreisepflichtigen Ausländers. Die Ausreiseverpflichtung wird durch die Duldung nicht aufgehoben, lediglich ihre Vollziehung wird zeitweise ausgesetzt. Eine Duldung kann insbesondere Ausländern erteilt werden, deren Abschiebung aus rechtlichen Gründen (beispielsweise Abschiebungshindernisse nach § 53 AuslG) oder aus tatsächlichen Gründen (beispielsweise Reiseunfähigkeit) unmöglich ist(sie wird nach Ablauf von drei Monaten überprüft und ggf. verlängert – d.H.). (3)

Durchreiseabkommen Bi- oder multilaterales Abkommen zur Regelung der Durchreise von Drittstaatsangehörigen und Staatenlosen durch das Hoheitsgebiet der Vertragspartei/-en in ihre Herkunftsländer. (4)

Einbürgerung Die deutsche Staatsangehörigkeit wird auf Antrag erworben. Anders als beim Geburtsrecht tritt der Erwerb der deutschen Staatsangehörigkeit hier nicht automatisch ein, sondern es muss ein Antrag gestellt werden. (5)

Einreiseverweigerung ist eine polizeiliche Maßnahme zur Verhinderung einer unerlaubten Einreise (vgl. § 60 Ausländergesetz). Einem Angehörigen eines Staates, der nicht der Europäischen Union (EU) angehört, kann die Einreise in das Hoheitsgebiet der EU versagt werden, wenn er: a) nicht im Besitz von gültigen Grenzübertrittspapieren ist, b) nicht im Besitz eines erforderlichen gültigen Sichtvermerkes ist, c) nicht die sonstigen erforderlichen Dokumente über seinen Aufenthaltszweck und die Umstände seines Aufenthaltes vorweisen kann, d) nicht über die entsprechenden Mittel zur Bestreitung seines Lebensunterhaltes verfügt, e) zur Einreiseverweigerung ausgeschrieben ist oder eine Gefahr für die öffentliche Ordnung, die nationale Sicherheit oder die internationalen Beziehungen einer der Vertragsparteien darstellt. > Zurückweisung (4)

Einwanderung Mit der Anwerbung ausländischer Arbeitnehmer vor über 40 Jahren beginnt die neuere Geschichte der Bundesrepublik als „Einwanderungsland". Was ursprünglich als vorübergehender Aufenthalt zu Arbeitszwecken geplant war, führte zur inzwischen selbstverständlichen Tatsache der Einwanderung. Die aktive Anwerbungspolitik wurde 1973 beendet, Familiennachzug ist weiterhin möglich und grundgesetzlich garantiert. (5)

Empathie [grch.-engl.] die, Bereitschaft und Fähigkeit, sich in die Erlebensweise anderer Menschen einzufühlen. (Einfühlung) (2)

Enkulturation [lateinisch] die, Prozess im Rahmen der frühkindlichen (»primären«) Sozialisation, in dem Grundzüge (besonders »Kernrollen« sozialen Verhaltens) der eigenen Kultur vermittelt und durch bewusste und unbewusste Lernprozesse angeeignet werden; im Unterschied zur >Akkulturation. (1)

Ermessenseinbürgerung Unter bestimmten Voraussetzungen kann nach Ermessen eingebürgert werden. Ermessen bedeutet dabei, dass der Behörde – auch wenn die gesetzlichen Voraussetzungen erfüllt sind – ein gewisser Entscheidungsspielraum bleibt. (5)

Ethnie, ethnisch, multi-ethnisch Menschen- bzw. Volksgruppen mit gemeinsamer Herkunft und gemeinsamen historisch gewachsenen kulturellen Werten, die sich von anderen unterscheiden; im vorliegenden Text v.a. in Zusammenhang mit der kulturellen Vielfalt der unterschiedlichen Mirgantengruppen in der Bundesrepublik. (6)

Ethnozentrismus [grch.], Soziologie: Einstellung, Auffassung oder Lehre, die das eigene soziale Kollektiv (Gruppe, Schicht, Ethnie, Volk, Nation, Rasse u.a.) in den Mittelpunkt stellt und gegenüber anderen, fremden als höherwertig, überlegen interpretiert. (1)

Familiennachzug Das Ausländergesetz regelt auch den Nachzug von Ehegatten und Kindern aus Staaten außerhalb der Europäischen Union. Voraussetzung für den Familiennachzug zu einem Ausländer ist nach § 17 Ausländergesetz allgemein, dass: a) der bereits hier lebende Ausländer eine Aufenthaltserlaubnis oder Aufenthaltsberechtigung besitzt, b) ausreichender Wohnraum zur Verfügung steht, c) der Lebensunterhalt des Familienangehörigen aus eigener Erwerbstätigkeit, eigenem Vermögen oder sonstigen Mitteln gesichert ist. Darüber hinaus müssen je nach Fallkonstellation weitere Voraussetzungen erfüllt werden. Abweichend hiervon kann bei Asylberechtigten von dem Nachweis ausreichenden Wohnraums und eigenständiger Unterhaltssicherung abgesehen werden, weil diese wegen ihrer politischen Verfolgung nicht in ihrem Herkunftsland mit ihrer Familie zusammenleben können. Ehegatten und Kinder von deutschen Staatsangehörigen haben auch ohne den Nachweis ausreichenden Wohnraums und Unterhaltssicherung Anspruch auf eine Aufenthaltserlaubnis. Einem Ausländer, der eine Aufenthaltsbefugnis besitzt, kann der Nachzug seiner Familienangehörigen nur gestattet werden, wenn dringende humanitäre Gründe vorliegen. Andere Verwandte als Ehegatten oder minderjährige ledige Kinder können nur nachziehen, wenn es zur Vermeidung außergewöhnlicher Härte erforderlich ist. (3)

Flüchtlinge sind Personen, die sich aus der begründeten Furcht vor Verfolgung wegen ihrer Rasse, Religion, Nationalität, Zugehörigkeit zu einer sozialen Gruppe oder wegen ihrer politischen Überzeugung außerhalb des Landes befinden, dessen Staatsangehörigkeit sie besitzen, oder die sich als Staatenlose aus der begründeten Furcht vor solchen Ereignissen außerhalb des Landes befinden, in dem sie ihren persönlichen Aufenthalt hatten. (3)

Flughafenregelung Für Ausländer aus sicheren Herkunftsländern, die über einen Flughafen einreisen (vgl. § 18a Asylverfahrensgesetz) und bei der Grenzbehörde um Asyl nachsuchen, ist das Asylverfahren vor der Einreise durchzuführen, soweit die Unterbringung auf dem Flughafengelände während des Verfahrens möglich ist. Diese Regelung gilt auch für Ausländer, die sich nicht mit einem gültigen Pass oder Passersatz ausweisen und ebenfalls über einen Flughafen einreisen. Für die Dauer des Verfahrens ist ein Verlassen des Transitbereiches nicht möglich. (3)

Freizügigkeit Arbeitnehmer und selbständig erwerbstätige Unionsbürger und ihre Familienangehörige genießen Freizügigkeit aufgrund des Gemeinschaftsrechts. Gleiches gilt für die sogenannten Verbleibeberechtigten, die die beruflich aktive Zeit in einem anderen Mitgliedstaat der EU abschließen, aber auch für nicht Erwerbstätige wie z. B. Rentner, die ihren Wohnsitz erst nach Abschluss der beruflich Tätigkeit in einem anderen Mitgliedstaat nehmen, sowie Studenten und die jeweiligen Familienangehörigen. Erwerbstätige und verbleibeberechtigte Unionsbürger, Studenten sowie die jeweiligen Familienangehörigen mit Staatsangehörigkeit eines Mitgliedstaates sollen im Laufe des nächsten Jahres von der Aufenthaltserlaubnispflicht befreit werden. (4)

Gebühren Die Einbürgerungsgebühren für Erwachsene betragen 500 DM, für miteingebürgerte Minderjährige ohne eigene Einkünfte 100 DM. (5)

Geburtsortprinzip > ius soli.

Geburtsrecht > ius soli.

Ghetto ursprünglich: von den übrigen Vierteln der Stadt abgetrenntes Wohnviertel, in dem die jüdische Bevölkerung zwangsweise lebte (Bsp. Venedig im Mittelalter, Warschau unter der Herrschaft des deutschen Nationalsozialismus); im vorliegenden Text v.a. in Zusammenhang mit der sozialräumlichen Konzentration sozial benachteiligter deutscher und ausländischer Minderheiten in bestimmten Stadtteilen > Segregation. (6)

Heimatlose Ausländer sind Personen, die eine besondere geschützte Rechtsstellung nach dem Gesetz über die Rechtsstellung heimatloser Ausländer im Bundesgebiet – HAG – vom 25.4.1951 (BGBl. I S. 269) innehaben. Zur Geschichte: Nach 1945 befanden sich zahlreiche Ausländer auf deutschem Boden, die infolge der veränderten Nachkriegsverhältnisse nicht mehr in ihre Heimat zurückkehren konnten und deshalb von der Internationalen Flüchtlingsorganisation der Vereinten Nationen (IRO) als verschleppte Personen oder Flüchtlinge anerkannt und betreut wurden. Die IRO bemühte sich, den meisten dieser Ausländer durch Auswanderung eine neue Existenzgrundlage zu verschaffen. Die Tätigkeit der IRO ging 1950 zu Ende. Die Flüchtlinge, die bis dahin nicht auswandern konnten, wurden der Obhut der deutschen Verwaltung übergeben. Das HAG hat den weiteren Aufenthalt im Bundesgebiet für diesen Personenkreis geregelt. (5)

Herkunftsstaaten im Asylrecht sind die Staaten, aus denen der Asylbewerber stammt. Sichere Herkunftsstaaten (nach § 29a Asylverfahrensgesetz) sind Staaten, bei denen aufgrund der allgemeinen politischen Verhältnisse die gesetzliche Vermutung besteht, dass dort weder politische Verfolgung noch unmenschliche oder erniedrigende Bestrafung oder Behandlung stattfindet. Diese Vermutung besteht, solange ein Ausländer aus einem solchen Staat nicht glaubhaft Tatsachen vorträgt, die die Annahme begründen, dass er entgegen dieser Vermutung doch politisch verfolgt wird. „Sichere Herkunftsstaaten" sind Bulgarien, Ghana, Polen, Rumänien, Senegal, Slowakische Republik, Tschechische Republik und Ungarn. Stammt der Asylbewerber aus einem dieser Länder, so ist sein Asylantrag in der Regel als offensichtlich unbegründet abzulehnen. (3)

Identität psycholgisch: Die als „Selbst" erlebte innere Einheit der Person; im Migrationszusammenhang als Voraussetzung für Integration verstanden; dazu gehört Identität des „Selbst" mit der es umgebenden Umwelt und Gesellschaft und erfordert deshalb chancengleiche Teilhabe in gesellschaftlich relevanten Bereichen wie Arbeit, Ausbildung, Kultur, Politik. (6)

Illegale Beschäftigung von Ausländern liegt vor, wenn ein Ausländer entgegen bestehender Arbeitsgenehmigungspflicht ohne Genehmigung des Arbeitsamtes einer Beschäftigung nachgeht. (4)

Infrastruktur, soziale Infrastruktur allgemein: wohn- und wohnumfeldergänzende technische, baulich-räumliche, wirtschaftliche und soziale Versorgungseinrichtungen im Stadtteil (z.B. Wasser/Abwasser, Strom, Nahverkehr, Handel und Dienstleistungen); soziale I.: Kindergärten, Schulen, soziale Dienste im Stadtteil. (6)

Integration Einbeziehung, Eingliederung in ein größeres Ganzes; im vorliegenden Text v.a. in Zusammenhang mit der Eingliederung von Migrationsminderheiten in die Aufnahmegesellschaft als wechselseitige Herausforderung an die Zugewanderten und die Mehrheitsgesellschaft; zur I. gibt es in der Bundesrepublik eine sehr stark wertemäßig besetzte Debatte. (6)

interkulturell die Beziehungen zwischen den verschiedenen Kulturen betreffend. (2)

interkulturelle Kompetenz ist eine um die kulturelle Komponente erweiterte Form von sozialer Kompetenz. i.K. ist Kommunikations- und Handlungsfähigkeit in kulturellen Überschneidungssituationen, also die Fähigkeit, mit Angehörigen einer anderen Kultur zur wechselseitigen Zufriedenheit unabhängig, kultursensibel und wirkungsvoll interagieren zu können. (siehe auch Teil III, Kap. 2) (1)

interkulturelle Überschneidungssituation In einer interkulturellen Überschneidungssituation treffen unterschiedliche „Horizonte des Vertrauten", also verschiedene Entwürfe der Wirklichkeit und unterschiedliche Normen bzw. Wert- und Deutungssysteme, manchmal auch einfach nur miteinander nicht kompatible kulturelle Regeln aufeinander. (1, 6)

interkulturelles Lernen „ist eine Form des sozialen Lernens, das durch die Erfahrung kultureller Unterschiede und in der Form kultureller Vergleiche sowohl zu einer genaueren Analyse und Relativierung der eigenen Normen und Sozialsysteme, als auch zum Abbau kultureller (nationaler) Vorurteile führt (...)". (Breitenbach, Saarbrücken Fort Lauderdale, 1979, S. 40) > (Teil III, Kap.2) (1)

ius sanguinis lateinisch; Recht des Blutes, Recht, das die Staatsangehörigkeit von den Eltern ableitet > Abstammungsprinzip (5)

ius soli lateinisch; Recht des Bodens, Landesrecht, das die Staatsangehörigkeit vom Geburtsort/-land ableitet > Geburtsrecht (5)

Kinder aus binationalen Ehen Kinder von Eltern mit unterschiedlicher Staatsangehörigkeit haben zumeist die Staatsangehörigkeit beider Elternteile. Sie fallen nicht unter das Optionsmodell. (5)

Kontingentflüchtlinge sind Flüchtlinge aus Krisenregionen, die im Rahmen internationaler humanitärer Hilfsaktionen aufgenommen werden. Ihr Status richtet sich nach dem Gesetz über Maßnahmen für im Rahmen von humanitärer Hilfsaktionen aufgenommenen Flüchtlinge vom 22. Juli 1980 (BGBl. I S. 1057). Deutschland hat seit 1973 in großer Zahl u.a. Flüchtlinge aus Indochina (insbesondere Vietnam, sog. Boatpeople) und aus Chile aufgenommen. Die Aufnahme jüdischer Zuwanderer aus der ehemaligen Sowjetunion erfolgte aufgrund des Beschlusses der Regierungschefs des Bundes und der Länder vom 9. Januar 1991 in entsprechender Anwendung des Gesetzes. Bei den Einzelfallentscheidungen sollen Fälle der Familienzusammenführung und sonstige Härtefälle, sowie Gesichtspunkte der Erhaltung der Lebensfähigkeit jüdischer Gemeinden in Deutschland im Vordergrund stehen. Jüdische Zuwanderer genießen die Rechtsstellung nach den Artikeln 2 -34 der Genfer Konvention. Sie erhalten Eingliederungshilfen und können Maßnahmen der Sprachförderung und der Hilfe bei der Ausbildung sowie Leistungen nach dem Bundessozialhilfegesetz in Anspruch nehmen. (4)

Konventionsflüchtlinge sind Personen, die Abschiebungsschutz genießen, weil im Heimatstaat ihr Leben oder ihre Freiheit wegen ihrer Rasse, Religion, Staatsangehörigkeit, Zugehörigkeit zu einer bestimmten sozialen Gruppe oder wegen ihrer politischen Überzeugung bedroht ist (§ 51 AuslG). Ihr Rechtsstatus ist im Abkommen über die Rechtsstellung der Flüchtlinge vom 28. Juli 1951 (sog. Genfer Flüchtlingskonvention) geregelt. (4)

Kriegs- und Bürgerkriegsflüchtlinge sind Personen, die wegen der Kriegsereignisse ihre Heimat aus Furcht vor den Auswirkungen kriegerischer Auseinandersetzungen (direkte Auswirkungen der Kampfhandlungen, Übergriffe der Kriegsparteien, gezielte Vertreibung o.ä.) verlassen. Die meisten von ihnen sind keine Flüchtlinge im Sinne der Genfer Flüchtlingskonvention, weil Voraussetzung für die Zuerkennung des Flüchtlingsstatus eine Verfolgung des Einzelnen durch den Staat ist und eine Kriegs-/ Bürgerkriegssituation für sich genommen keine staatliche Verfolgung darstellt. Es handelt sich somit mehrheitlich um sog., „de-facto- Flüchtlinge", deren Aufenthaltsstatus je nach den Umständen ihrer Aufnahme unterschiedlich sein kann (i.d.R. Duldung oder Aufenthaltsbefugnis). Die Aufnahme von Flüchtlingen aus Bosnien-Herzegowina basiert auf einem Beschluss der Ständigen Konferenz der Innenminister des Bundes und der Länder vom 22. Mai 1992. Danach sollten Verwundete und Kranke ohne Gewährleistung medizinischer Betreuung am bisherigen Aufenthaltsort sowie Personen, deren Unterbringung und Versorgung durch in Deutschland lebende Verwandte, Bekannte oder durch Wohlfahrtsverbände oder kirchliche Einrichtungen sichergestellt werden konnte, aufgenommen werden. Im Rahmen dieser Sonderaufnahmeaktion gelangten vorwiegend hilfsbedürftige Frauen, Kinder und ältere Menschen nach Deutschland. Nach dem Bekannt werden der Existenz serbischer Internierungslager bemühte sich die Staatengemeinschaft um die unverzügliche Freilassung der inhaftierten Bosnier. Da die Freilassung der Internierten mit der Bedingung der Aufnahme in Drittländern verbunden wurde, wurden in Deutschland in den folgenden Jahren Aufnahmemöglichkeiten für weitere – mehrere Tausend – Bosnier geschaffen. Die Flüchtlinge erhielten eine (befristete) Aufenthaltsbefugnis. In Folge der Zuspitzung der Kosovo-Krise war auch ein erhöhter Zustrom von Kosovo-Albanern in Deutschland zu verzeichnen. Im Rahmen der humanitären Evakuierung wurden 1999 14.726 Kosovo-Albaner aus Mazedonien nach Deutschland ausgeflogen. Nach weitgehender Normalisierung der Lage, wird seit dem 8. Juli 1999 die freiwillige Rückkehr der evakuierten und sonstigen ausreisepflichtigen Kosovo-Albaner (insgesamt ca. 170.000) organisiert. Bis Ende August 2000 sind gut 60.000 Kosovaren in ihre Heimat zurückgekehrt. Darüber hinaus werden seit dem Frühlingsbeginn 2000 auch zwangsweise Rückführungen maßvoll durchgeführt. (4)

Kultur [lateinisch »Bebauung«, »Pflege« (des Körpers und Geistes), »Ausbildung«] die, Gesamtheit der typischen Lebensformen größerer Gruppen einschließlich ihrer geistigen Aktivitäten, besonders der Werteinstellungen. Kultur gilt im weitesten Sinn als Inbegriff für all das, was der Mensch geschaffen hat, im Unterschied zum Naturgegebenen. Die materielle Kultur, die technischen Grundlagen des Daseins samt deren materiellen Produkten (Obdach, Kleidung, Werkzeug, Gerät), wird heute nicht mehr in der früher geübten Weise zu einer geistigen Kultur in Gegensatz gestellt. Im engeren Sinn bezeichnet Kultur alle Bereiche der menschlichen Bildung im Umkreis von Erkenntnis, Wissensvermittlung, ethischen und ästhetischen Bedürfnissen. Kultur wird auch bedeutungsgleich mit Kultiviertheit verwendet, z.B. im Hinblick auf die zwischenmenschliche Kommunikation (siehe auch Teil II, Kap 2). (2, 1)

Kulturzentrismus die aus der Zugehörigkeit zu einer Kommunikationsgemeinschaft stammende Perspektivität von Alltagsorientierungen und affektive Bindungen an die Lebensweise der je eigenen Kultur, die diese „natürlich", andere Kulturen dagegen „befremdlich" erscheinen lassen. (1)

Lebensunterhalt, Sicherung Voraussetzung einer Anspruchseinbürgerung ist grundsätzlich, dass der Betreffende seinen Lebensunterhalt für sich und seine Familienangehörigen ohne Inanspruchnahme von Sozialhilfe und Arbeitslosenhilfe sichern kann. Diese Voraussetzung gilt nicht bei Ausländern, die das 23. Lebensjahr noch nicht vollendet haben, weil der Lebensunterhalt in diesem Alter oft noch nicht selbst gesichert werden kann. Im Übrigen muss wie bisher immer eine Ausnahme gemacht werden, wenn die Notlage nicht vom Betroffenen verschuldet wurde. (5)

Mehrstaatigkeit Mit diesem Begriff ist gemeint, dass eine Person mehr als eine Staatsangehörigkeit besitzt. Mehrstaatigkeit ist bereits jetzt in Deutschland keine Seltenheit: Schätzungen gehen von zwei Millionen Mehrstaatern aus. Sie kann aus einer Vielzahl von Gründen entstehen, zum Beispiel bei Kindern aus binationalen Ehen. Deutsche Mehrstaater haben in Deutschland die gleichen Rechte und Pflichten wie alle Deutschen. Probleme für die deutsche Gesellschaft sind aus der Mehrstaatigkeit nicht entstanden. Dennoch geht auch das neue Recht vom Grundsatz der Vermeidung von Mehrstaatigkeit aus: Beim Geburtsrecht müssen sich die Betroffenen nach Volljährigkeit für eine Staatsangehörigkeit entscheiden. Bei der Anspruchseinbürgerung müssen sie die Aufgabe oder den Verlust der anderen Staatsangehörigkeit nachweisen. In beiden Fällen gibt es Ausnahmen. Begriffe, die in der öffentlichen Diskussion um die Hinnahme von Mehrstaatigkeit oft verwendet werden, sind: a) Doppelpass und b) doppelte Staatsangehörigkeit. (In den meisten EU – Ländern wird Mehrstaatigkeit weitgehender akzeptiert, siehe Teil I, Kap. 1) (3)

Migration, Migrant Ab- bzw. Auswanderung von Menschen aus ihrem/r Herkunftsland/-region (Emigration), Zu- bzw. Einwanderung in ein/e Aufnahmeland/-region (Immigration); in Anlehnung an die Fachdiskussion werden im vorliegenden Text als Migranten auch die in der Bundesrepublik geborenen Kinder von Migranten bezeichnet. (6)

Migration, Wanderung Aus dem Lateinischen (migratio = Wanderung) deutsch: Einwanderung; Vor über 40 Jahren begann die Geschichte der Migration ausländischer Arbeitnehmer in die Bundesrepublik Deutschland. Die anfängliche Annahme von Deutschen wie Ausländern, die „Gastarbeiter" würden nach einer gewissen Zeit wieder in ihre Heimatländer zurückkehren, erwies sich bald für beide Seiten als Illusion. Spätestens seit dem Familiennachzug von ausländischen Arbeitnehmern steht fest, dass die „ausländischen Mitbürger" dauerhaft hier bleiben. Inzwischen lebt in Deutschland eine zweite und dritte Ausländergeneration. (siehe Teil I, Kap 1) (3)

multikulturell sind Situationen, an denen Menschen unterschiedlicher kultureller Herkunft beteiligt sind. (1)

multikulturelle Gesellschaft Begriff aus der Sprache der Politik und der Soziologie; nimmt Bezug darauf, dass in jeder Gesellschaft Menschen unterschiedlicher Sprachen, Traditionen, religiöser Bekenntnisse, Wertvorstellungen, Staatsangehörigkeit, Erziehung und Lebensstile zusammenleben. Multikulturelle Gesellschaft als Programm zielt auf den Abbau vorhandener Diskriminierung, lehnt die zwanghafte Anpassung unterschiedlicher kultureller Auffassungen und Verhaltensweisen an eine vorherrschende Kultur ab und rückt die Vorstellung eines soziokulturellen Pluralismus in den Mittelpunkt. In der Bundesrepublik Deutschland kam der Begriff v.a. seit Ende der 1980er-Jahre in der öffentlichen Diskussion um die Ausländerpolitik in Gebrauch. (2)

Norm [lateinisch] die; allgemein: als verbindlich anerkannte Regel, Richtschnur, Maßstab; Durchschnitt. (2)

Optionsmodell/-lösung Kinder, die aufgrund des Geburtsrechts Deutsche geworden sind, müssen sich nach Volljährigkeit für eine Staatsangehörigkeit entscheiden. Das Modell dient dem Ziel der Vermeidung von Mehrstaatigkeit. Für die Einbürgerung von Kindern unter 10 Jahren gibt es ab 1. Januar 2000 eine Übergangsregelung. Die Kinder, die vor in Kraft treten des neuen Gesetzes geboren worden sind, haben einen Einbürgerungsanspruch, wenn die Voraussetzungen erfüllt sind, die für alle ab 1. Januar 2000 in Deutschland geborenen Kinder ausländischer Eltern gelten. Dieser Anspruch muss von den Eltern durch Antrag innerhalb eines Jahres geltend gemacht werden.

Auch diese Kinder müssen sich nach dem 18. Lebensjahr innerhalb von fünf Jahren endgültig für die deutsche oder die ausländische Staatsangehörigkeit entscheiden. Der Anspruch auf Einbürgerung für Kinder unter 10 Jahren ist am 31.12.2000 abgelaufen. (3, 5)

Potenzial Leistungsfähigkeit, Handlungsmöglichkeit; im vorliegenden Text v.a. in Zusammenhang mit den real vorhandenen Fähigkeiten, Handlungsmöglichkeiten, Handlungschancen z.B. zur Selbsthilfe von Personen bzw. Personengruppen; siehe auch Ressource/ endogene Ressource. (6)

Rassismus der, Gesamtheit der Theorien und politischen Lehren, die versuchen, kulturelle Fähigkeiten und Entwicklungslinien der menschlichen Geschichte nicht auf politische und soziale, sondern auf biologisch-anthropologische (das heißt typologische) Ursachen zurückzuführen; im engeren Sinn alle Lehren, die aus solchen Zusammenhängen eine Über- beziehungsweise Unterlegenheit einer menschlichen Rasse gegenüber einer anderen behaupten, um Herrschaftsverhältnisse zu rechtfertigen sowie mithilfe dieser Ideologie Massen für objektiv andere (z.B. politische oder wirtschaftliche) Interessen zu mobilisieren. Der Rassismus liefert innenpolitisch die Begründung für Diskriminierung, Unterprivilegierung oder Unterdrükkung ethnischer Gruppen (oft Minderheiten), die als Vertreter anderer Rassen bezeichnet werden. Außenpolitisch wird der Rassismus zur Rechtfertigung von Imperialismus und Kolonialismus herangezogen. (siehe Teil I, Kap. 1) (2)

Rechtsextremismus geistige beziehungsweise politische Bewegungen, die demokratischen Grundsätzen autoritäre Vorstellungen entgegensetzen und zum Teil Gewalt und Neofaschismus gutheißen. (siehe Teil I, Kap. 1) (2)

Rechtsradikalismus Extremismus bezieht sich auf die Platzierung von Parteien und Wählern auf der Links-Rechts-Dimension und bezeichnet den Wert- oder Zielaspekt. (...) Radikalismus wird demgegenüber als auf der Norm- oder Mittelebene angesiedelt vorgestellt und kennzeichnet eine Tendenz zur Ablehnung demokratisch-institutionalisierter Regelungen. wobei im Extremfall auch politische Gewalt befürwortet wird. (Kaase/Klingeman in Greiffenhagen/Greifenhagen/Prätorius (Hrsg.), 1981, S. 393) (siehe Teil I, Kap. 1) (1)

Regelanspruch Das Staatsangehörigkeitsrecht räumt den Ehegatten Deutscher unter bestimmten Voraussetzungen einen Regelanspruch ein: Eine Einbürgerung ist auch nach weniger als acht Jahren Aufenthalt möglich. Das neue Recht lässt nunmehr zu, dass auch bei dieser Einbürgerung Ausnahmen vom Grundsatz der Vermeidung von Mehrstaatigkeit gemacht werden können. (5)

Ressource, endogene Ressource Hilfsmittel, Hilfsquelle; im vorliegenden Text v.a. in Zusammenhang mit real vorhandenen bzw. angelegten Fähigkeiten, Handlungsmöglichkeiten, Handlungschancen von Personen bzw. Personengruppen > Potenzial. (6)

Schengener Durchführungsübereinkommen (vom 19. Juni 1990) regelt den schrittweisen Abbau der Binnengrenzkontrollen und die Zuständigkeit für die Durchführung des Asylverfahrens. Die Kontrollen an den Außengrenzen sind einheitlich geregelt. (3)

(SDÜ)

Segregation Ausscheidung, Absonderung; im vorliegenden Text v.a. in Zusammenhang mit der sozialen und räumlichen Absonderung und Konzentration von Menschengruppen (meist Minderheiten) in bestimmten Wohnquartieren; > Ghetto. (6)

Sprachkenntnisse Bedingung für die Einbürgerung sind ausreichende deutsche Sprachkenntnisse. Es soll keine formelle Sprachprüfung geben. Oft wird die Vorlage von Zeugnissen ausreichen. Wird in einem Gespräch mit dem Einbürgerungsbewerber deutlich, dass eine Verständigung im täglichen Leben nicht möglich ist, wird die Einbürgerung versagt. (5)

Staatsangehörigkeit ist eine besondere Eigenschaft oder Rechtsbeziehung, die eine Person einem bestimmten Staat zuordnet. Gegenüber allen anderen Staaten (anders nur bei Mehrstaatigkeit) ist diese Person Ausländer. Personen, die keine Staatsangehörigkeit besitzen, sind staatenlos. (3)

Staatsbürger, Staatsbürgerschaft im weiteren Sinn der Staatsangehörige (Staatsangehörigkeit), im engeren Sinn nur der Staatsangehörige mit vollen politischen Rechten (besonders dem Wahlrecht). Staatsbürgerliche Rechte und Pflichten sind die Rechte und Pflichten des Einzelnen, die in einem Anteil an der Bildung des Staatswillens oder an der Ausübung der Staatsfunktionen bestehen (Wahlrecht, Recht zur Bekleidung öffentlicher Ämter als Ehrenbeamter, Recht zur Bildung von politischen Parteien, Wehrpflicht u.a.). Nach Artikel 33 GG hat jeder Deutsche in jedem Land Deutschlands die gleichen staatsbürgerlichen Rechte und Pflichten. (5)

Stereotyp [griechisch] das, Sozialwissenschaft: vereinfachende, verallgemeinernde, schematische Reduzierung einer Erfahrung, Meinung oder Vorstellung auf ein (meist verfestigtes, oft ungerechtfertigtes und gefühlsmäßig beladenes) Vorurteil über sich selbst oder über andere. (2)

Straftaten Bewerber, die wegen einer Straftat verurteilt worden sind, werden nicht eingebürgert. Bagatelldelikte wie zum Beispiel Geldstrafen bis zu 180 Tagessätzen sind ausgenommen. (5)

Übergangsregelung > Optionsmodell/-lösung

Urbanität, urban Typisch städtische Strukturen, Lebens- und Verhaltensweisen im Unterschied zu Strukturen, Lebens- und Verhaltensweisen in ländlichen Regionen. (6)

Verfassungstreue Bei der Einbürgerung wird ein Bekenntnis zur freiheitlichen demokratischen Grundordnung des Grundgesetzes für die Bundesrepublik Deutschland gefordert. (siehe Teil I, Kap. 3) (2)

Volk [althochdeutsch folc, wohl eigentlich »viele«], vielschichtiger, unterschiedlich definierter Begriff: 1) sprachgeschichtlich (veraltet) z.B. die Mannschaft eines Schiffes oder die Angehörigen eines Heerhaufens; 2) die »breite Masse« der »einfachen« Mitglieder einer Gesellschaft; 3) die ethnisch-spezifische Einheit einer Gruppe von Menschen im Sinne von Ethnie; 4) eine Gruppe von Menschen, die sich als ideelle Einheit begreift, das heißt als eine durch gemeinsame Herkunft, Geschichte, Kultur und Sprache, zum Teil auch Religion verbundene Gemeinschaft. Im allgemeinen Sprachgebrauch ist dieses Verständnis von Volk nicht klar abgrenzbar von dem der Nation; beide Begriffe können insofern voneinander abgehoben werden, als Nation mehr Elemente der politischen Willensbildung enthält und Volk stärker emotionale Erfahrungen anspricht (Nationalbewusstsein). Die Unbestimmtheit beider Begriffe fördert ihren demagogischen Gebrauch, was zur Diskreditierung des Begriffs Volk (und besonders des Adjektivs »völkisch«)

nach der nationalsozialistischen Zeit führte; 5) staatsrechtlich Träger der Staatsgewalt (Staatsvolk), in einer Demokratie Inhaber der Souveränität (Volkssouveränität), die in Abstimmungen und Wahlen ausgeübt wird. (3)

Vorurteil kritiklos, ohne persönliche Urteilsbildung oder Erfahrung übernommene Meinung, die einer sachlichen Argumentation nicht standhalten kann. Es dient der psychischen Entlastung des Urteilenden in Angstsituationen mangels Orientierung und dem Abbau von Unsicherheit in sozialen Handlungsfeldern. Gruppenvorurteile, mit denen eigenes Unvermögen dadurch kompensiert wird, dass dieses u.a. auf fremde Völker oder nationale Minderheiten und/oder deren Wertsysteme übertragen wird, werden oft durch Manipulation vermittelt oder bestärkt. (3)

Zurückweisung > Einreiseverweigerung

2. Häufig gestellte Fragen und Antworten zum neuen Staatsangehörigkeitsrecht

Die Fragen und Antworten auf den folgenden Seiten sind dem Alltag entnommen. Sie verdeutlichen, wo die Unsicherheiten der betroffenen Migranten am größten sind und wie die Rechtsberater angemessen antworten können. Fragen und Antworten sind – regelmäßig aktualisiert – auch auf der Internetseite des Interkulturellen Rates in Deutschland (http://www.interkultureller-rat.de/projekte/STAR/Fragen.htm) aufgelistet und wurden für das Manual durch Beiträge aus dem Diskussionsforum www.musstar.de ergänzt. Die künftige Umsetzung des Optionsmodells wird hier nicht besprochen, weil der Gesetzgeber bisher noch keine Regelungen oder Ausführungen vorgesehen hat.

Arbeitslosenhilfe bzw. Sozialhilfe
Frage: Kann ich mich einbürgern lassen, obwohl ich Arbeitslosenhilfe bzw. Sozialhilfe bekomme?

Antwort: Das geht nur dann, wenn Sie Ihren vorher bestehenden Arbeitsplatz durch gesundheitliche, betriebsbedingte oder konjunkturelle Gründen verloren haben oder aufgegeben mussten. Gleichzeitig müssen Sie auch nachweisen, dass Sie sich intensiv um eine neue Beschäftigung bemüht haben.

Asylberechtigte
Frage: Ich bin als Asylberechtigter unter Hinnahme von Mehrstaatigkeit eingebürgert worden. Warum können meine in Deutschland geborenen minderjährigen Kinder nicht genauso eingebürgert werden?

Antwort: Dafür müssen Ihre Kinder ebenfalls als Asylberechtigte anerkannt sein. Sie werden das nicht automatisch durch die Geburt in Deutschland. Als Eltern müssen Sie innerhalb eines Jahres nach Geburt einen Asylantrag für das Kind stellen (§26 Absatz 2 Satz 2 Asylverfahrensgesetz). Dann kann auch das Kind unter Hinnahme von Mehrstaatigkeit eingebürgert werden.

Aufenthaltsbewilligung
Frage: Ich bin marokkanischer Staatsbürger und studiere hier. Kann ich, auch wenn ich nur eine Aufenthaltsbewilligung habe, eingebürgert werden?

Antwort: Das können Sie leider nicht. Eine Aufenthaltsbewilligung (§ 28 Ausländergesetz) bekommen Sie nur für einen bestimmten, vorübergehenden Zweck. Das reicht für eine Einbürgerung nicht.

Ausländische Ehegatten Deutscher
Frage: Ich bin als Türke mit einer Deutschen verheiratet. Unter welchen Voraussetzungen kann ich eingebürgert werden?

Antwort: Das ist möglich, wenn nach § 9 Staatsangehörigkeitsgesetz eine *wirksame* Ehe besteht. Dies bedeutet, dass die Eheschließung nach deutschem Recht gültig sein muss und es sich nicht um eine „Scheinehe“ handelt. Eventuelle Zweifel müssen die Einbürgerungsbehörden nachweisen. Außerdem muss die Ehe zum Zeitpunkt der Einbürgerung bereits seit zwei Jahren bestehen. Hinzukommt, dass Sie sich seit drei Jahren rechtmäßig im Inland aufhalten müssen. Sie sollten sich im Alltagsleben ohne nennenswerte Probleme in deutscher Sprache ausdrücken können und sich zur freiheitlich demokratischen Grundordnung bekennen.

Frage: Ich bin Albaner, lebe seit 1991 in Deutschland und bin seit 1994 mit einer Deutschen verheiratet. Seit 1997 besitze ich eine unbefristete Aufenthaltserlaubnis. Während meine Frau zur Zeit Arbeitslosenhilfe bezieht, arbeite ich seit fünf Jahren. Als ich mich einbürgern wollte, hat man mir gesagt, dass das nicht geht, weil meine Frau Arbeitslosenhilfe bezieht. Ist das richtig?
Antwort: Nein. Die Tatsache, dass Ihre deutsche Ehefrau Arbeitslosenhilfe bezieht, ist völlig irrelevant. Es geht um Sie: Wenn Sie eine Erwerbstätigkeit ausüben und ihren Lebensunterhalt damit bestreiten können, müssen Sie eingebürgert werden.

Beibehaltung der deutschen Staatsangehörigkeit
Frage: Ich lebe als Deutsche in Amerika. Nun möchte ich gerne die amerikanische Staatsbürgerschaft erwerben und gleichzeitig meine deutsche Staatsangehörigkeit behalten. Ist das möglich?

Antwort: Deutsche Staatsangehörige, die eine andere Staatsangehörigkeit erwerben möchten, können beim Bundesverwaltungsamt (über die deutsche Auslandsvertretung) einen Antrag auf „Beibehaltungsgenehmigung der deutschen Staatsangehörigkeit“ stellen.

Bestattungen im Heimatland
Frage: Ich habe durch Einbürgerung meine türkische Staatsangehörigkeit verloren. Kann ich trotzdem in meinem Herkunftsland beerdigt werden?

Antwort: Ja. Überführungen in das Heimatland sind grundsätzlich möglich. Die Kosten dafür variieren jedoch stark. Sie hängen davon ab, welche Staatsbürgerschaft die verstorbene Person zum Zeitpunkt der Geburt und des Todes hatte. Über Einzelheiten informiert Sie ein Bestattungsunternehmen, das Überführungen ins Ausland durchführt.

Duldung
Frage: Kann ich die deutsche Staatsangehörigkeit erwerben, wenn ich nur eine Duldung habe?

Antwort: Nein. Eine Duldung verzögert nur eine bereits bestehende Ausreisepflicht. Deshalb werden Ausländer, die im Besitz einer Duldung sind, nicht eingebürgert.

Einbürgerung/Türkei
Frage: Ich bin 22 Jahre alt und in Deutschland geboren. 1998 habe ich beim türkischen Generalkonsulat einen Antrag auf Entlassung aus der türkischen Staatsangehörigkeit gestellt. Ein Jahr später lehnte das türkische Innenministerium – ohne nä-

here Begründung – ab, obwohl ich mich auch von meiner Wehrpflicht ordnungsgemäß zurückstellen ließ. Daran kann es also nicht liegen. Was soll ich jetzt tun? An wen kann ich mich wenden?

Antwort: Für die Entlassung aus der türkischen Staatsbürgerschaft muss man nicht mehr seinen Militärdienst ableisten. Diese Gesetzesänderung hat die Türkische Große Nationalversammlung im Juni 1995 verabschiedet. Wichtig ist allerdings, dass sich türkische Männer, die ihren Militärdienst noch nicht abgeleistet haben, von ihrer Militärdienstpflicht ordnungsgemäß zurückstellen ließen.

Wenden Sie sich an einen Rechtsanwalt in der Türkei. Er muss beim Innenministerium der Türkei nachfragen, warum Sie nicht aus der türkischen Staatsangehörigkeit entlassen werden. In der Regel lässt sich das klären. Wenn nicht, dann wäre zu prüfen, ob Sie nicht ausnahmsweise unter Hinnahme von Mehrstaatigkeit eingebürgert werden können. Das geht aber nur, wenn seit dem Entlassungsantrag zwei Jahre vergangen sind und in den nächsten sechs Monaten eine Entlassung nicht mehr zu erwarten ist. Sie müssen sich aber vorher bemüht haben, die Sache aufzuklären. Heben Sie deshalb entsprechende Schreiben auf.

Entlassungsgebühren / Kroatien
Frage: Ich bin 20 Jahre alt und habe im März 2000 einen Antrag auf Einbürgerung gestellt. Die Entlassungsgebühren aus der kroatischen Staatsangehörigkeit betragen zur Zeit 2.000 DM. Da ich gerade in der Ausbildung bin, verdiene ich nicht soviel. Muss ich trotzdem zahlen oder kann ich nicht unter Hinnahme von Mehrstaatigkeit eingebürgert werden? Die Einbürgerung kostet doch auch schon 500 DM.

Antwort: Eine Hinnahme von Mehrstaatigkeit käme nach § 87 Absatz 1 Nr. 3 Ausländergesetz nur dann in Betracht, wenn die Entrichtung von 2.000 DM Entlassungsgebühr als unzumutbar anzusehen wäre. Das ist jedoch erst der Fall, wenn die Entlassungsgebühren ein durchschnittliches Bruttomonatseinkommen des Einbürgerungsbewerbers übersteigen und mindestens 2.500 DM betragen. Ihnen wird daher zugemutet, auch wenn Sie als Auszubildende wenig verdienen, die Entlassungsgebühr zu entrichten.

Entzug der Staatsangehörigkeit
Frage: Ich besitze seit 1997 die deutsche Staatsangehörigkeit und seit 1999 wieder meine türkische. Kann mir meine deutsche Staatsangehörigkeit jetzt entzogen werden?

Antwort: Nein. Alle, die bis zum 31.12.1999 ihre alte Staatsangehörigkeit wieder erworben haben, können ihre ausländische Staatsangehörigkeit weiterhin beibehalten. Ihnen kann die deutsche Staatsangehörigkeit nachträglich nicht entzogen werden.

EU-Staatsangehörige
Frage: Ich bin Italiener und möchte gerne die deutsche Staatsangehörigkeit erwerben, aber die Behörden verlangen von mir, dass ich vorher meine italienische

Staatsangehörigkeit aufgebe. Das kann ich aber nicht. Darf ich denn nicht als EU-Staatsangehöriger sowohl Deutscher als auch Italiener sein?

Antwort: Das ist zur Zeit noch nicht möglich. Das Übereinkommen über die Verringerung der Mehrstaatigkeit (Kapitel I) und über die Wehrpflicht von Mehrstaatern (Kapitel II) von 1963 verhindert das. Zwar können nach § 87 Absatz 2 des Ausländergesetzes EU-Staatsangehörige unter Hinnahme von Mehrstaatigkeit eingebürgert werden, wenn sogenannte Gegenseitigkeit besteht. Aber das gilt zur Zeit nur für Griechenland, Großbritannien, Irland und Portugal. Griechenland und Portugal sind dem Abkommen überhaupt nicht und Großbritannien und Irland lediglich dem Kapitel II beigetreten.

Daher können zur Zeit nur Griechen, Briten, Iren und Portugiesen unter Hinnahme von Mehrstaatigkeit eingebürgert werden. Alle anderen EU-Staatsangehörigen müssen aus ihrer Staatsangehörigkeit entlassen werden, wenn sie die deutsche Staatsangehörigkeit erwerben möchten.

Erwerb der deutschen Staatsbürgerschaft durch Geburt

Frage: Wir kommen aus dem Libanon und leben seit zwei Jahren in Deutschland. Unser Kind kam am 23.11.2000 in Deutschland zur Welt. Erwirbt es mit Geburt die deutsche Staatsangehörigkeit ?

Antwort: Nein. Für den automatischen Erwerb der deutschen Staatsangehörigkeit durch Geburt in Deutschland muss mindestens ein Elternteil (Vater oder Mutter) zum Zeitpunkt der Geburt des Kindes seit mindestens acht Jahren rechtmäßig seinen gewöhnlichen Aufenthalt in Deutschland haben und seit drei Jahren entweder eine unbefristete Aufenthaltserlaubnis oder eine Aufenthaltsberechtigung besitzen.

Gewöhnlicher Aufenthalt/Asylbewerber

Frage: Ich bin Asylberechtigter und lebe seit sechseinhalb Jahren in Deutschland. Habe ich einen Anspruch auf Einbürgerung, wenn ich sonst alle anderen Voraussetzungen erfülle?

Antwort: Nach dem Ausländergesetz haben Sie keinen Anspruch auf Einbürgerung, dafür aber nach dem Staatsangehörigkeitsgesetz. Asylberechtigte haben nach § 85 Ausländergesetz nur dann einen Anspruch auf Einbürgerung, wenn sie nachweisen können, dass sie sich seit mindestens acht Jahren rechtmäßig in Deutschland aufgehalten haben. Dann werden sie unter Hinnahme von Mehrstaatigkeit eingebürgert. Sollten Sie diese Voraussetzung nicht erfüllen, könnte eine Einbürgerung nach Ermessen in Betracht kommen. Nach § 8 Staatsangehörigkeitsgesetz dürfen insbesondere Asylberechtigte bereits nach einem sechsjährigen rechtmäßigen Aufenthalt in Deutschland – auch unter Hinnahme von Mehrstaatigkeit – eingebürgert werden (Nr. 8. 1.3.1 VwV-StAR).

Gewöhnlicher Aufenthalt/Einschulung

Frage: Kann ich meinen Sohn im Ausland einschulen lassen, obwohl ich für ihn einen Einbürgerungsantrag nach der Übergangsregelung gestellt habe?

Antwort: Im Prinzip ja. § 40 b Staatsangehörigkeitsgesetz setzt lediglich voraus, dass Ihr Sohn am 1. Januar 2000 seinen rechtmäßigen gewöhnlichen Aufenthalt in Deutschland hat. Wenn die Einbürgerungsurkunde übergeben wird, muss sich ihr Sohn nicht in Deutschland befinden.

Kontingentflüchtlinge

Frage: Können auch in Deutschland geborene Kontingentflüchtlingskinder unter Hinnahme von Mehrstaatigkeit eingebürgert werden?

Antwort: Hier gilt grundsätzlich das gleiche wie bei Asylberechtigten. Der Unterschied besteht nur darin, dass man nach der Geburt eines Kontingentflüchtlingskindes in Deutschland – also im Nachhinein – keine Möglichkeit hat, den Flüchtlingsstatus herbeizuführen. Eine entsprechende Regelung wie § 26 Asylverfahrensgesetz gibt es für Kontingentflüchtlinge nicht.

Kontinuität der Gesetzgebung

Frage: Besteht die Möglichkeit, dass das neue Staatsangehörigkeitsrecht bei einem Regierungswechsel gekippt werden könnte?

Antworten: Grundsätzlich kann eine andere Bundesregierung das StAR ändern. Es ist Teil der sog. einfachen gesetzlichen Regelung. Das bedeutet, dass eine Gesetzesänderung keine verfassungsrechtlich qualifizierte Mehrheit erfordert (beispielsweise Zweidrittel aller Abgeordneten). Aber das jetzige Gesetz ist ein fraktions- und koalitionsübergreifender Kompromiss. Das zeigt sich nicht zuletzt darin, dass man Doppelstaatlichkeit nicht anerkannte und die Verwaltungs- und Durchführungsvorschriften auf Länderebene unterschiedlich auslegt. Das wiederum macht es höchst unwahrscheinlich, dass eine andere Bundesregierung (z.B. unter einem CDU/CSU-Kanzler) das Gesetz völlig kippt. Gleichwohl mag es geringfügige Änderungen geben. Ein Grund, der gegen eine wesentliche Änderung oder gar Aufhebung des StAR spricht, ist sicherlich auch, dass die Zahl der Anträge weit unter den Erwartungen oder Befürchtungen zurückgeblieben ist. Fazit: das StAR in der aktuellen Fassung wird – das ist auch die

Einschätzung des Bundesinnenministeriums – bleiben. Eine Garantie ist diese Einschätzung nicht. Letztlich ist alles davon abhängig, wer sich im Willensbildungs- und politischen Entscheidungsprozess mehrheitlich durchsetzt.

Militärdienst/Wehrpflicht

Frage: Meine Söhne haben die deutsche und die türkische Staatsangehörigkeit. Sie sind beide hier geboren und aufgewachsen. Müssen sie den Wehrdienst zweimal leisten?

Antwort: Nein. Wer in Deutschland seine Wehrpflicht abgeleistet hat – Bundeswehr- oder Zivildienst -, muss in der Türkei keinen – auch nicht den verkürzten – Militärdienst mehr leisten. Die Türkei erkennt sowohl den deutschen Wehrdienst als auch Ersatzdienst vollständig an.

Frage: Ich bin 32 Jahre alt, Asylberechtigter und habe den deutschen und den türkischen Pass. Ich habe meinen Militärdienst in der Türkei bis jetzt noch nicht abgeleistet. Zuletzt habe ich mich 1987 für zwei Jahre zurückstellen lassen. Muss ich mit einer Einziehung rechnen?

Antwort: Türkische Staatsangehörige, die im Ausland ihren gewöhnlichen Aufenthalt haben, können sich bis zum 38. Lebensjahr vom Wehrdienst zurückstellen lassen. Wenn Sie sich nicht ordnungsgemäß zurückstellen lassen, gelten Sie als Fahnenflüchtling. Das bedeutet zum einen, dass Ihr türkischer Pass vom türkischen Generalkonsulat solange nicht verlängert wird, bis Sie ihre Wehrdienstangelegenheiten geregelt haben. Zum anderen besteht die Gefahr, dass Sie festgenommen werden können, wenn Sie in die Türkei einreisen sollten, weil Sie als Fahnenflüchtling gelten. Wenn Sie also vorhaben sollten, in die Türkei einzureisen, sollten Sie vorher im eigenen Interesse Ihre Wehrpflichtangelegenheiten klären. Sonst könnte es zu unangenehmen Überraschungen kommen. Als deutsch-türkischer Mehrstaater genießen Sie in der Türkei auch keinen diplomatischen Schutz.

Frage: Ich bin Kroate, 26 Jahre alt, in Deutschland geboren und aufgewachsen, bin hier zur Schule gegangen, habe eine Berufsausbildung absolviert und bin berufstätig. Ich möchte gerne die deutsche Staatsangehörigkeit erwerben, habe aber meinen Wehrdienst in Kroatien noch nicht abgeleistet. Ich vermute daher, dass ich nicht aus meiner Staatsangehörigkeit entlassen werde. Kann ich trotzdem eingebürgert werden?
Antwort: Grundsätzlich gilt: Jeder Einbürgerungsbewerber muss sich gemäß § 85 Absatz 1 Satz 1 Nr. 4 Ausländergesetz um die Entlassung aus seiner Staatsangehörigkeit bemühen. Da Sie den überwiegenden Teil ihrer Schulausbildung in deutschen Schulen erhalten haben, im Bundesgebiet in deutschen Lebensverhältnissen aufgewachsen sind und das wehrpflichtige Alter hier erreicht haben (§ 87 Absatz 3 Ausländergesetz), besteht für Sie die Möglichkeit der Einbürgerung unter Hinnahme von Mehrstaatigkeit. Voraussetzung ist, dass der Heimatstaat die Entlassung von der Ableistung des Wehrdienstes abhängig macht.

Gemäß Artikel 18 des kroatischen Staatsangehörigkeitsgesetzes macht Kroatien die Entlassung aus seiner Staatsangehörigkeit von der Ableistung des Wehrdienstes abhängig. Da Sie ihren Wehrdienst in Kroatien noch nicht abgeleistet haben, werden Sie auch vermutlich aus ihrer Staatsangehörigkeit nicht entlassen werden. Somit besteht für Sie die Möglichkeit der Einbürgerung unter Hinnahme von Mehrstaatigkeit nach § 87 Absatz 3 Ausländergesetz. Aber auch als Doppelstaater unterliegen sie weiterhin der kroatischen Wehrpflicht !

Nachteile durch Entlassung aus der türkischen Staatsangehörigkeit

- Erbrecht

Frage: Habe ich in meinem Heimatland irgendwelche erbrechtlichen Nachteile, wenn ich aus der türkischen Staatsangehörigkeit entlassen werde?

Antwort: Nein. Ehemalige türkische Staatsangehörige, die ihre türkische Staatsangehörigkeit rechtmäßig aufgegeben haben, sind nach dem türkischen Erbrecht in gleicher Weise erbberechtigt wie türkische Staatsangehörige (Artikel 29 des türkischen Staatsangehörigkeitsgesetzes).

- Rente

Frage: Ich beziehe aus der Türkei eine kleine Witwenrente. Verliere ich meinen Rentenanspruch, wenn ich meine türkische Staatsangehörigkeit aufgebe?

Antwort: Nein. Wenn Sie oder ihr Ehegatte aufgrund einer Erwerbstätigkeit in der Türkei Rentenversicherungsbeiträge geleistet haben, dann verlieren Sie ihren Rentenanspruch mit der Entlassung aus der türkischen Staatsangehörigkeit nicht.

Falls Sie oder ihr Ehegatte jedoch in eine Nachversicherung, die nur für türkische Staatsangehörige gilt, eingezahlt haben, bekämen Sie bei einer Entlassung aus der türkischen Staatsangehörigkeit die geleisteten Versicherungsbeiträge in türkischer Währung ausbezahlt.

- Rosa Karte

Frage: Ich bin Türke. Meine Frau hat die deutsche Staatsangehörigkeit, *ist aber im Besitz der Rosa Karte*. Als mein Schwiegervater in der Türkei verstarb, wollte sie zur Regelung ihrer Erbschaftsangelegenheiten eine beglaubigte Vollmacht erstellen lassen. Dies wurde aber in der Türkei nicht anerkannt. Uns wurde sogar von unserem Rechtsanwalt gesagt, dass die Rosa Karte nicht anerkannt werde. Wie sollen wir uns verhalten?

Antwort: Weisen Sie den Rechtsanwalt auf das Gesetz Nummer 4112 hin. Wenn er nicht einsichtig ist, sollten Sie vielleicht den Rechtsanwalt wechseln. Wenn gar nichts hilft, sollten Sie sich an die Generaldirektion für Einwohnermeldeamts- und Staatsangehörigkeitsangelegenheiten des türkischen Innenministeriums wenden.

Selbständige Einbürgerung minderjähriger Kinder

Frage: Ich bin Mutter von zwei Kindern (10 und 12 Jahre) und seit drei Jahren geschieden. Ich selbst bin eingebürgert worden, aber meine Kinder besitzen noch ihre türkische Staatsangehörigkeit. Ich möchte gerne, dass auch meine Kinder die deutsche Staatsangehörigkeit bekommen. Können sie eingebürgert werden ?

Antwort: Ja. Es besteht die Möglichkeit der Ermessenseinbürgerung. Nach den Allgemeinen Verwaltungsvorschriften zum Staatsangehörigkeitsgesetz können Kinder, die bei der Einbürgerung das 16. Lebensjahr noch nicht erreicht haben, eingebürgert werden. Dafür müssen sie in Deutschland mit einem deutschen Staatsangehörigen, der für das Kind sorgeberechtigt ist, in einer familiären Gemeinschaft leben. Da Sie bereits die deutsche Staatsbürgerschaft haben, für ihre Kinder sorgeberechtigt sind und mit ihnen leben, muss die Einbürgerungsbehörde prüfen, ob ihre Kinder eingebürgert werden können.

3. Wichtige Internet-Adressen zum neuen Staatsangehörigkeitsrecht

Hier noch einige Hinweise zum Gebrauch dieser Liste:

> bedeutet : gehe zu / auf
Unterstrichene und **fettgedruckte** Worte weisen auf „Button's" oder „Link's" auf der jeweiligen Internetseite hin.

Die Internetseite des Innenministeriums enthält zum Thema Staatsangehörichkeitsrecht umfangreiche Informationen und wird daher hier detailliert beschrieben. Da sich Präsenz und Inhalte der in das WWW gestellten Seiten ständig verändern, kann und will diese Aufzählung nicht vollständig sein.

Am Ende der Aufzählung finden sich noch zwei „Mega-Suchmaschinen „ (eine Mega-Suchmaschine sucht gleichzeitig in vielen anderen Suchmaschinen des www nach einem Begriff oder Thema)

3.1 Deutschland: Regierungsorganisationen, Bund

Bundesministerium des Inneren
> http://www.bmi.bund.de

> dem Oberbegriff > Schwerpunkte auf den Link > Ausländer und Asyl.
Es finden sich:
> Politische Ziele (der Bundesregierung)
> Daten und Fakten (zum Thema)
> Publikationen (zum Bestellen und downloaden im pdf Format)

zum Beispiel:
eine Volltextversion des Abschlussbericht „Zuwanderung gestalten – Integration fördern" vom 4. Juli 2001 der Unabhängigen Kommission Zuwanderung „UKZU" befindet sich zur Zeit (Stand13.07.01) auf dieser Seite. Die Kommission wurde am 12. September 2000 von Otto Schily eingesetzt. Ihr gehören 21 Mitglieder an. Die Vorsitzende ist Frau Prof. Dr. Rita Süssmuth, MdB.
„Das neue Staatsangehörigkeitsrecht – Einbürgerung: fair, gerecht, tolerant"
„Ausländerpolitik und Ausländerrecht in Deutschland"
„Entwurf eines Gesetzes zur Steuerung und Begrenzung der Zuwanderung und zur Regelung des Aufenthalts und der Integration von Unionsbürgern und Ausländern (Zuwanderungsgesetz – ZuwG)"
> dem Link > **Bündnis für Demokratie und Toleranz** finden sich Anregungen und Informationen zum gleichnamigen Projekt.
> dem Link > **Lexikon** dann auf > **Ausländer, Flüchtlinge, Asyl** , hier werden wichtige Begriffe zum Thema definiert.
Die **„Allgemeine Verwaltungsvorschrift zum Staatsangehörigkeitsrecht (StAR-VwV)** sind veröffentlicht unter dem Link > **Themen der Innenpolitik** dann > **Staatsangehörigkeit**
Die Beauftragte der Bundesregierung für Ausländerfragen
> http://www.bundesauslaenderbeauftragte.de
Auf der Hauptseite der Beauftragten der Bundesregierung für Ausländerfragen findet sich unter dem Button > **Publikationen** Informationsmaterial zum download und lesen, unter anderem > **4. Bericht zur Lage der Ausländer in der Bundesrepublik Deutschland Berlin Feb. 2000** im RTF-Format.

Statistiken und Tabellen finden sich unter dem Link > **Daten und Fakten**.
Die Beauftragte der Bundesregierung für Ausländerfragen präsentiert auf einer weiteren Seite ausführliche Informationen zum Staatsbürgerschaftsrecht.
> http://www.einbuergerung.de Es werden ebenfalls umfangreiche Publikationen aufgelistet, wie etwa: „Das neue Staatsangehörigkeitsrecht", Broschüre als PDF, „Wie werde ich Deutsche(r)?", Broschüre als PDF, „Wie wird Ihr Kind Deutsche(r)?", Faltblatt als PDF und die Publikationsliste der Ausländerbeauftragten

Die Beauftragte der Bundesregierung für Ausländerfragen hat ebenfalls ein Lexikon auf ihren Seiten.
1. > http://www.einbuergerung.de/einb.html
2. > http://www.bundesauslaenderbeauftragte.de/lexikon/index.stm

Bundesministerium für Familie, Senioren, Frauen und Jugend
> http://www.bmfsfj.de/frameset/index.jsp
> dem Button > **Publikationen** hier findet sich unter anderem der 5. Familienbericht: Familien und Familienpolitik im geeinten Deutschland „Zukunft des Humanvermögens" und der 6. Familienbericht: Familien ausländischer Herkunft in Deutschland: „Leistungen–Belastungen–Herausforderungen"

Bundesamt für die Anerkennung ausländischer Flüchtlinge
> http://www.bafl.de/bafl/

Das Bundesverfassungsgericht
> http://www.verfassungsgericht.de/gg.htm
Hier findet sich das Grundgesetz der Bundesrepublik Deutschland

Die Bundeszentrale für politische Bildung
http://www.bpb.de/

3.2 Deutschland: Regierungsorganisationen, Länder

Landeszentralen für politische Bildung

Baden-Württemberg	> http://www.lpb.bwue.de
Bayern	> http://www.stmukwk.bayern.de/blz/index2.html
Berlin	> http://www.berlin.de/home/Land/RBm-SKzl/LandPol/start.html
Brandenburg	> http://www.brandenburg.de/netpol/
Bremen	> http://www.lzpb-bremen.de/
Hamburg	> http://www.hamburg.de/Behoerden/Landeszentrale/
Hessen	> http://www.hlz.hessen.de/
Mecklenburg-Vorpommern	> http://www.mv-regierung.de/lpb/
Niedersachsen	> http://www.nlpb.de/
Nordrhein-Westfalen	> http://www.lzpb.nrw.de/mfrset.htm
Rheinland-Pfalz	> http://www.politische-bildung-rlp.de/
Saarland	> http://www.lpm.uni-sb.de/start/LPB/lpb.htm
Sachsen	> http://www.slpb.de/
Sachsen-Anhalt	> http://www.lpb.sachsen-anhalt.de/inhalt/fr_aufgaben.htm
Schleswig-Holstein	> http://www.schleswig-holstein.de/politische-bildung
Thüringen	> http://www.thueringen.de/de/lzt/

Ausländerbeauftragte (r) der Länder:

Baden – Württemberg
> http://www.justiz.badenwuerttemberg de/domains/index_auslaenderbeauftragter.html

Bayern
verfügt nicht über die Einrichtung einer Ausländerbeauftragten. Auf der Internetseite der Bayrischen Landesregierung > http://www.bayern.de findet sich der Link >**Themen** dann > **Familie und Soziales** dann > **Bayerisches Familienministerium** > **Ausländer und Flüchtlinge** :
> http://www.stmas.bayern.de/auslaender/index.htm hier finden sich Kontaktadressen von Ausländerberatungsstellen der Wohlfahrtsverbände.

Berlin
> http://www.berlin.de/home/Land/SenArbSozFrau/auslaender/auslbeauft.htm

Brandenburg
> http://www.brandenburg.de/land/masgf/

Bremen
> http://www.bremen.de/web/owa/einrichtung?pi_id=123001

Hamburg
> http://www.hamburg.de/Behoerden/Auslaenderbeauftragter/welcome.htm

Hessen
verfügt nicht über eine url. Anschrift unter:
> http://www.bundesauslaenderbeauftragte.de/kontakt/laender.stm
Mecklenburg-Vorpommern
verfügt nicht über eine url. Anschrift unter:
> http://www.bundesauslaenderbeauftragte.de/kontakt/laender.stm

Niedersachsen
> http://www.niedersachsen.de/MS_auslaenderbeauftragte2.htm

Nordrhein-Westfalen
> http://www.lzz-nrw.de In NRW gibt es anstelle eines Ausländerbeauftragten das Landeszentrum für Zuwanderung (LZZ)
Die wichtigsten Änderungen im neuen Staatsangehörigkeitsrecht in Arabisch, Englisch, Französisch, Polnisch, Serbokroatisch, Russisch, Türkisch finden sich auf
> http://www.lzz-nrw.de/Aktuell/frage_ki.html
Kurz-Info zum neuen Staatsbürgerschaftsrecht in 18 Sprachen: Deutsch, Englisch, Griechisch, Niederländisch, Rumänisch, Bosnisch, Finnisch, Italienisch, Polnisch, Russisch, Dänisch, Französisch, Kroatisch, Portugiesisch, Schwedisch, Serbisch, Spanisch, Türkisch.
> http://www.lzz-nrw.de/Aktuell/uebersetzung.html

Rheinland-Pfalz
> http://www.auslaender.rlp.de/

Saarland
verfügt nicht über eine url. Anschrift unter:
> http://www.bundesauslaenderbeauftragte.de/kontakt/laender.stm

Sachsen
verfügt nicht über eine url. Anschrift unter:
> http://www.bundesauslaenderbeauftragte.de/kontakt/laender.stm

Sachsen-Anhalt
> http://www.ms.sachsen-anhalt.de/ausland/fr_ausland.htm

Schleswig-Holstein
> http://www.sh-landtag.de/F-Beauftragter.htm

Thüringen
> http://www.thueringen.de/de/tsk/ab/

RAA: Regionale Arbeitsstellen zur Förderung von Kindern und Jugendlichen aus Zuwandererfamilien
> http://www.raa.de
Text in Word zum Thema: **Integration in Städten und Gemeinden** zum download auf dieser Seite
> **Dokumentation der Beauftragten der Bundesregierung für Ausländerfragen**
Unter dem Stichwort > **RAA in NRW** bietet die Seite zu allen RAA in NRW und den entsprechenden
Städten statistische Daten, Ansprechpartner und interessante Angebote der einzelnen RAA an.
Unter dem Link: > **Service** bietet die Seite ebenfalls komprimierte Informationen zum
> **Neuen Staatsbürgerschaftsrecht** und noch mehr zum Thema.
Adressenliste unter > http://www.raa.de/adress.html#anfang
Linkliste zum Thema unter > http://www.raa.de/fitfuerdeutsch/index.html
Auf diesen Seiten finden Sie Unterrichtsmaterial, Methoden, Möglichkeiten des Selbsstudiums, Tipps für die Elternarbeit und vieles mehr für die Sekundarstufe und die berufliche Ausbildung.

RAA Brandenburg
> http://www.raa-brandenburg.de/
WBT Weiterbildungs – Testsysteme GmbH in Frankfurt
(vormals Prüfzentrale des deutschen Volkshochschulverbandes)
> http://www.rz.uni-frankfurt.de/die/wbt/
Der Button > **Test Deutsch** führt auf die Seite > http://www.wbtests.de/TestDeutsch/ Es findet sich hier Struktur, Format und Bewertungskriterien der schriftlichen und mündlichen Sprachprüfung sowie Modellbeispiele.

3.3 Forschung

Berliner Institut für Vergleichende Sozialforschung e.V.
> http://userpage.fu-berlin.de/~migratio/emz/bivs.htm hier findet sich eine Linkliste zum Thema

Bevölkerungswissenschaft und Migration in Deutschland, Humboldt Uiversität Berlin
> http://www.demographie.de/info/
> http://www.demographie.de/uebersicht/index.htm
> http://www.demographie.de/info/index6.htm

Europäisches Forum für Migrationsstudien (efms), Universität Bamberg
> http://www.uni-bamberg.de/~ba6ef3/home.html
> http://www.uni-bamberg.de/~ba6ef3/main_g.htm (deutsch)
> http://www.uni-bamberg.de/~ba6ef3/main_e htm (englisch)

Forschungszentrum für Ausländer – und Asylrecht (FZAA) der Universität Konstanz
> http://migration.uni-konstanz.de/german/index.htm

Institut für Interkulturelle Didaktik der Universität Göttingen
> http://www.gwdg.de/~kflechs/

Institut für Interkulturelle und Internationale Studien der Universität Bremen
> http://www-user.uni-bremen.de/~iniis/

Institut für Migrationsforschung und Interkulturelle Studien e.V. (IMIS) der Universität Osnabrück
> http://www.imis.uni-osnabrueck.de/

Informationszentrum Sozialwissenschaften in Zusammenarbeit mit dem LZZ („Migration u. Minderheiten")
> http://www.bonn.iz-soz.de/themen/migration/

Zentrum für Türkeistudien – Institut der Universität Essen
> http://www.uni-essen.de/zft/

3.4 Verbände, Nicht – Regierungsorganisationen

Deutscher Paritätischer Wohlfahrtsverband, Parität – Der Paritätische; DPWV
> http://www.paritaet.org
> http://www.DPWV.de/

Das Aktionsbüro Einbürgerung im Paritätischen NRW
> http://www.einbuergern.de

Es werden die aktuellen Gesetzestexte (StAG und AuslG sowie das türkische Staatsbürgerschaftsgesetz (Türk Vatandasligi Kanunu) angeboten. Zusätzlich stellt man hier jeden Paragrafen der neuen Gesetze dem alten Recht gegenüber
> http://www.einbuergern.de/Angebote/VerglAuslG/vergleich_auslg.htm
> http://www.einbuergern.de/Angebote/VerglStaG/vergleichstag.htm

Deutsches Rotes Kreutz
> http://drk.de/

AWO Bundesverband e.V.; AWO
> http://www.awo.org

Deutscher Caritasverband; DCV
> http://www.caritas.de

Deutsches Rotes Kreuz; DRK
> http://www.rotkreuz.de

Diakonisches Werk; DW
> http://www.diakonie.de

Zentrale Wohlfahrtsstelle der Juden; ZWST
Keine Internetseite

Pro Asyl
> http://www.proasyl.de/

Interkultureller Rat in Deutschland e.V.
> http://www.interkultureller-rat.de/

Amnesty International
> http://www.amnesty.de/rechte/
Hier findet sich die Allgemeine Erklärung der Menschenrechte

Informationen für Sinti und Roma
> http://www.sinti-und-roma-informationen.de/raa.htm

Dokumentations- und Informations- Netzwerk Flucht und Migration e.V. (DIM – Net) – Online-Datenbank – und Informationssystem
> http://www.dim-net.de/flashintro.html
> http://www.dim-net.de/site/html/index.htm

Informationsdienst Asyl des ZDWF e.V.
> http://www.asyl.net/index.html

3.5 International

UNHCR – Der Hohe Flüchtlingskommissar der Vereinten Nationen (deutsche Version)
> http://www.unhcr.de/

EU: Europäische Stelle zur Beobachtung von Rassismus und Fremdenfeindlichkeit (EUMC)
> http://www.eumc.at/
> http://www.eumc.at/publications/index.htm

Zur Zeit steht die Seite nur in Englischer Sprache im WWW, es wird jedoch an einer deutschen Version gearbeitet.
Unter dem Button > publications findet sich trotzdem die deutschsprachige pdf Version des sog. Eurobarometer „Einstellungen gegenüber Minderheiten in West- und Ostdeutschland“.

Europarat: European Commission against racism and intolerance
> http://www.ecri.coe.int/

3.6 Antirassismus

Dokumentations-und Informationszentrum für Rassismusforschung D.I.R. e.V.
> http://www.uni-marburg.de/dir/
> http://www.dir-info.de/
> http://www.dir-info.de/intern/

Online – Aktionen gegen Rechts
Mit der Zunahme der Rechtsradikalen und Rassistischer Inhalte im WWW hat sich auch eine breite Gegenbewegung etabliert. Hier einige der Online Aktionen und Seiten im WWW gegen Rassismus und Rechtsradikalismus
http://www.NetzgegenRechts.de (Presseinitiative)
http://www.gesichtzeigen.de (Aktion weltoffenes Deutschland e.V.)
http://www.webgegenrechts.de (Aufruf gegen Gewalt und Intoleranz)
http://www.drei-n.de (Nein zu Nazis im Netz)
http://www.stern.de/magazin/gewalt (Mut gegen rechte Gewalt „Sern-Aktion")
http://www.netz-gegen-rechts.de (Forum)
http://www.trier-gegen-rechts.de (Bündnis gegen Rechts in der Region Trier)
http://www.trier-gegen-rechts.de/links.htm (Linkliste)
http://www.aktiv-gegen-rechts.de (Brandenburg gegen Rechts „SJD Die Falken")
http://www.anwaelte-gegen-rechts.de/ (Anwälte gegen Rechts)
http://www.nazis-raus-aus-dem-internet.de/ (PDS)
http://www.rechtegewalt.de/ (Dokumentation rechter Gewalttaten im Web)
http://www.naiin.org/intro.html (e.V. gegen Missbrauch im Internet; Vorsitz: Arthur Wetzel)
http://www.zusammengegenrechts.de/ (Internet-Initiative, Berlin, Leiter: Dennis Grabowski)
http://www.is-kassel.de/bgr/ (Bündnis gegen Rechts, C/O DGB Kassel)
http://www.buendnis-gegen-rechts-gera.de/(Initiative v. Antifaschisten, Bürgern & Gewerkschaften)
http://www.saufen-gegen-rechts.de/start.htm (Bundesweite Aktion v. Lokalen, Café)
http://www.artimex.de/action/index1a.htm (Webring: „Gemeinsam für Menschlichkeit")
http://www.organisationenfreepage.de/jugendgegenrechts/
http://www.gegen-rechtsradikalismus.de/ (Medienwissenschaftler, Sascha Eschmann)
http://www.akdh.ch (Zusammenschluss von Nachkommen Überlebender der nationalsozialistischen Judenverfolgung und des Antifaschistischen Widerstandes sowie deren Angehöriger und Freunde)
http://www.anti-nazi.de/dat/index.html (Kampagne: „Weg mit der NPD")
http://www.hilchenbacherbuendnis.de (Bündnis der Ev. Gemeinde sowie dem Bürgermeister und vieler Bürger)
http://www.bnr.de/ („Blick nach rechts" , Schirmherr: Bundespräsident W. Thierse)
http://www.geocities.com/l00ny_2001/
http://www.united.non-profit.nl/ (European network against natinalism, racism, fascism, and in support of migrants and refugees)
http://europa.eu.int/scadplus/leg/de/cha/c10417.htm (EU)

3.7 Mega – Suchmaschinen

1. MetaGer deutschsprachige Suchmaschine
   http://meta.rrzn.uni-hannover.de/
2. Mamma internationale Suchmaschine
   http://mamma.com/

4. Literaturverzeichnis

4.1 Berichte

Beauftragte der Bundesregierung für Ausländerfragen. Bericht über die Lage der Ausländer in der Bundesrepublik. Berlin 2000. (http://www.bundesauslaenderbeauftragte.de)

BMA – Bundesministerium für Arbeit und Sozialordnung (Hrsg.): Lebenslagen in Deutschland. Erster Armuts- und Reichtumsbericht. Berlin 2001

BMFSFJ – Bundesministerium für Familie, Senioren, Frauen und Jugend: Familien ausländischer Herkunft in Deutschland. Leistungen, Belastungen, Herausforderungen. Sechster Familienbericht. Berlin 2001
(http://www.bmfsfj.de). Die Gutachten zum sechsten Familienbericht sind veröffentlicht in: Materialien zum sechsten Familienbericht der Bundesregierung. Familien ausländischer Herkunft. Bd. I-III. Opladen 2000

UKZU – Unabhängige Kommission „Zuwanderung" des Bundesministerium des Inneren, Berlin 2001

4.2 Einwanderungsland Deutschland

Informationszentrum Sozialwissenschaften und Landeszentrum für Zuwanderung NRW: Migration und ethnische Minderheiten, Band 1, Bonn 1999, Band 2, Bonn 2000 (www.bonn.iz-soz.de)

Butterwegge, Christoph: Rechtsextremismus, Rassismus und Gewalt. Erklärungsmodelle in der Diskussion. Darmstadt, 1996

Bade, Klaus. J: Europa in Bewegung. Migration vom späten 18. Jahrhundert bis zur Gegenwart, München, 2000

Bade, Klaus J., Münz/Rainer (Hrsg.): Migrationsreport 2000, Fakten – Analysen – Perspektiven, Bundeszentrale für politische Bildung, Bonn, 2000

Schmalz-Jakobsen, Cornelia/Hansen, Georg (Hrsg.): Ethnische Minderheiten in der Bundesrepublik Deutschland, ein Lexikon, München 1995

Schubarth, Wilfried/Stöss, Richard (Hrsg.): Rechtsextremismus in der Bundesrepublik Deutschland. Eine Bilanz. Schriftenreihe Band 368 der Bundeszentrale für politische Bildung. Bonn, 2000

Recht

Allgemeine Verwaltungsvorschrift zum Staatsangehörigkeitsrecht (StAR-VwV) vom 13. 12. 2000, Bundesanzeiger, Nr. 21a, Jg. 53 vom 31.o1.2001

Ausländerbeauftragte der Hansestadt Hamburg (Hrsg.): Das neue Staatsangehörigkeitsrecht. Handreichung für Multiplikatoren, Hamburg 2000

Deutsches Ausländerrecht, Beck-Texte im dtv, mit einer Einführung von H. Ritterstieg, ab 13. Auflage, München, 2000

Fritz, Roland/Vormeier, Jürgen (Hrsg.): Gemeinschaftskommentar zum Staatsangehörigkeitsrecht, Neuwied und Kriftel, 2000

Giegerich, Thomas/Wolfrum, Rüdiger (Hrsg.): Einwanderungsrecht – national und international. Staatliches Recht, Europa- und Völkerrecht, Opladen 2001

Hailbronner, Kay/Renner, Günter: Staatsangehörigkeitsrecht, 3. Auflage, München 2000

Lübking, Uwe/Bülow, Jörg: Das neue Staatsangehörigkeitsrecht. Der praxisgeleitete Leitfaden für die Umsetzung aktueller Vorschriften (Loseblattsammlung), Mering 2000 (http://www.forum-verlag.com)

5. Autorinnen und Autoren

Kadriye Aydin, Juristin und Referentin bei der Clearingstelle zum Staatsangehörigkeitsrecht des Interkulturellen Rates in Deutschland, Darmstadt. Arbeitsschwerpunkte: Ausländerrecht und Staatsangehörigkeitsrecht

Heino Gröf, Bundeszentrale für politische Bildung, Fachbereich Veranstaltung, Arbeitsschwerpunkte: Migration und Integration, Qualitätsmanagement, Entwicklung neuer Veranstaltungsformen

Silvia Hahn, Bankkauffrau, Diplom-Sozialarbeiterin, Lehrbeauftragte/freie Mitarbeiterin Fachhochschule Köln; freie Trainerin und Beraterin (u.a. für Projektmanagement, Persönlichkeitsentwicklung)

Petra Herzmann, Dr. phil., Pädagogische Leiterin von STEP 21, der Jugendinitiative für Toleranz und Verantwortung in Hamburg. Arbeitsschwerpunkte: politische Bildung und Medienpädagogik

Michael Krummacher, Dr. phil., Professor für Politikwissenschaft/ Sozialpolitik an der Evangelischen Fachhochschule RWL Bochum; Forschungen, Beratungen und Publikationen zur Migrationspolitik, Wohnungspolitik, Kommunal- und Regionalpolitik

Carolin Reißlandt, Diplom-Sozialarbeiterin, wissenschaftliche Mitarbeiterin im Projekt MUSSTAR, Fachhochschule Köln, Fachbereich Sozialarbeit, Arbeitsschwerpunkte: Interkulturelle Soziale Arbeit, Migration, Kinderarmut

Klaus Riekenbrauk, Dr. jur., Professor für Recht, insbesondere Strafrecht, Jugendstrafrecht und Jugendhilferecht an der Fachhochschule Düsseldorf, Fachbereich Sozialarbeit; Publikationen zu den genannten Rechtsgebieten; Vorsitzender der „Brücke Köln e.V."

Kuno Rinke, Dr. phil (Soziologie), Oberstudienrat an einem Gymnasium in NRW. Fächer: Sozialwissenschaften, Politik, Geografie. Arbeitsschwerpunkte: Schüleraustausche, Schulpartnerschaften, internationale Projekte. Mitglied im Landesvorstand der Deutschen Vereinigung für Politische Bildung-NW, Mitglied der Redaktionsleitung von POLITISCHES LERNEN, Zeitschrift der DVPB-NW.

José Sanchez Otéro, Dr. phil, ist stellv. Leiter des Landeszentrums für Zuwanderung NRW (LzZ NRW) und Leiter des Sachgebiets „Netzwerk Wissenschaft und Praxis", Kirsten Laasner, Dipl. – Pol. und Andreas Deimann, Dipl. – Soz.Päd. sind Mitarbeiter des LzZ

Hildegard Simon-Hohm, Dr. phil., Professorin an der Fachhochschule Esslingen, Hochschule für Sozialwesen, Fachbereich Sozialwesen. Lehrgebiete: Interkulturelle Soziale Arbeit, Erziehungs- und Bildungsarbeit, ethische Grundlagen der sozialen Arbeit

Helga Spindler, Dr. jur., Professorin für öffentliches Recht mit dem Schwerpunkt Sozialrecht und Arbeitsrecht an der Universität Essen, Fachbereich 1.

Henning Storz, Dipl.-Pol., Dr. phil., Professor für Politikwissenschaft, Fachhochschule Köln, Fachbereich Sozialarbeit, Arbeitsfeld Interkulturelle Sozialarbeit, Sprecher der Arbeitsgruppe Interkulturelle Soziale Arbeit des Fachbereichstages Soziale Arbeit.

Viktoria Waltz, Dr. rer. pol., Dipl. Ing., Fakultät Raumplanung der Universität Dortmund; Forschungen, Beratungen und Publikationen zur Migrationspolitik, Stadtentwicklungspolitik, Regionalentwicklung „Dritte Welt", z.Zt. insbes. Palästina

Margarete Wohlan, Dipl.-Soz., freie Journalistin mit Schwerpunkt Fernsehreportagen und Dokumentationen, Projektarbeiten u.a. für die Bundeszentrale für politische Bildung, www.musstar.de, Berlin